Nordkroatien allgemein
Reisepraktisches

Kvarner Küste –
Von Opatija nach Brestova

Insel Cres

Insel Lošinj

Küstenland –
Von Rijeka nach Kraljevica

Insel Krk

Insel Rab

Küstenland –
Von Kraljevica nach Prizna

Insel Pag

Küstenland –
Von Karlobag nach Ravni kotari

Dalmatien –
Halbinsel Ravni kotari

Zadar und
Archipel vor Zadar

Text und Recherche: Lore Marr-Bieger
Lektorat: Horst Christoph
Redaktion und Layout: Dirk Thomsen
Fotos: Lore Marr-Bieger; außer S. 20: Adriatic Dolphin Project, Veli Lošinj
Titelfotos: oben: Insel Cres (Lore Marr-Bieger); unten: Insel Rab (Lore Marr-Bieger)
Umschlaggestaltung: Karl Serwotka
Karten: Carlos Borell (Coverkarten), Judit Ladik, Matthias Patrzek

ISBN 3-89953-317-8

3. komplett überarbeitete und aktualisierte Auflage 2006

NORDKROATIEN

Kvarner Bucht

Lore Marr-Bieger

INHALT

Nordkroatien entdecken 10

Nordkroatien – das Land 14

Steckbrief Kroatien 14
Klima/Reisezeit 14
Winde 15
Flora 16
Fauna 18

Geschichte im Überblick 21

Anreise 27

Mit dem eigenen Fahrzeug 27
Mit der Eisenbahn 30
Mit dem Bus 31
Mit dem Flugzeug 32

Unterwegs in Kroatien 33

Mit dem eigenen Fahrzeug 33
Mit der Fähre 34
Mit dem Bus 36
Mit der Eisenbahn 36
Mit dem Flugzeug 37
Mit dem Fahrrad 37
Mit dem Mietwagen 38
Mit dem Taxi 38

Übernachten 39

Essen und Trinken 42

Sport 48

Wissenswertes von A bis Z 52

Ärztliche Versorgung 52
Diplomatische Vertretungen 53
Feiertage 53
Feste und Veranstaltungen 53
Geld 53
Informationen 54
Karten 55
Literaturtipps 55
Nachrichten/Wetterprognosen 55
Öffnungszeiten 56
Papiere 56
Post 56
Strom 56
Telefon/Notrufe 56
Trinkwasser 57
Zoll 57

Kvarner Bucht 58

Kvarner Küste – Von Opatija nach Brestova 59

Opatija 60
Ičići und Ika 68
Lovran 68
Naturpark Učka-Gebirge 72
Medveja 74
Mošćenička Draga 74

Insel Cres 77

Von Porozina nach Beli 80
Beli 80
Von Beli nach Cres 82
Cres 82
Valun 86
Lubenice 87
Vraner See 88
Richtung Martinšćica 88
Martinšćica 88
Inselstraße Richtung Osor 89
Ustrine 89
Punta Križa 90
Osor 90

Insel Lošinj 93

Nerezine 94
Nach Mali Lošinj 97
Mali Lošinj 98
Nach Veli Lošinj 103
Veli Lošinj 104

Ausflugsinseln um Lošinj 107

Die Inseln Ilovik und Sv. Petar 107
Insel Ilovik 108
Insel Sv. Petar 109
Insel Unije 111
Insel Susak 113

Kroatisches Küstenland – Von Rijeka nach Kraljevica 115

Rijeka 115
Ausflug zum Risnjak-Nationalpark 124
Bucht von Bakar 125
Bakar und Bakarac 126
Kraljevica 126

Insel Krk 127

Omišalj 129
Nach Njivice 131
Njivice 131
Malinska 132
Über Glavotok nach Krk 134
Krk 135
Punat 139
Vrbnik 141
Dobrinj 143
Nach Baška 145
Baška 145

Insel Rab 149

Lopar 151
Supetarska Draga 154
Rab 155
Kampor 162
Suha Punta 163
Banjol 164
Barbat 164
Nach Mišnjak 166

Kroatisches Küstenland – Von Kraljevica nach Senj 167

Riviera von Crikvenica und das Vinodol 167
Crikvenica 168
Selce 171
Novi Vinodolski 173
Von Novi Vinodolski nach Senj 175
Senj 175
Ausflug zu den Plitvicer Seen 179

Kroatisches Küstenland – Von Senj nach Prizna 184

Sv. Juraj 184
Jablanac 188

Insel Pag 190

Nach Novalja 193
Novalja 194
Halbinsel Lun 197
Die Pager Bucht 199
Kolan 200
Mandre 201
Šimuni 202
Nach Pag 202
Pag 202
Košljun 206
Von Pag nach Povljana 206
Povljana 207
Nach Vlašići und Smokvica 208
Von Dinjiška bis zum Inselende 208

Kroatisches Küstenland – Von Karlobag nach Ravni kotari 209

Karlobag 209
Starigrad-Paklenica 212
Paklenica-Nationalpark 214

Dalmatien 217

Halbinsel Ravni kotari 217
Novigrad 218
Ražanac 219
Nin 221

Insel Vir 226

Zadar 229

Archipel vor Zadar 240
Insel Olib 241
Insel Silba 243
Insel Premuda 246
Insel Ist 247
Insel Molat 249
Insel Zverinac 252
Inseln Sestrunj und Rivanj 252

Register 253

Kartenverzeichnis

Übersichtskarte Nordkroatien Umschlagklappe vorn
Stadtplan Rijeka Umschlagklappe hinten

Archipel vor Zadar 242/243
Halbinsel Ravni kotari 218/219
Insel Cres 79
Insel Krk 130/131
Insel Lošinj 95
Insel Pag 192/193
Insel Rab 151
Insel Vir 227
Küstenland Karlobag–Ravni kotari 211
Küstenland Kraljevica–Senj 169
Küstenland Rijeka–Kraljevica 116
Küstenland Senj–Prizna 185
Kvarner Küste (Opatija–Brestova) 59
Nationalpark Paklenica 215
Opatija 62/63
Opatija-Volosko 65
Plitvicer Seen 181
Rab 156/157
Zadar 234/235

Zeichenerklärung für die Karten und Pläne

Landkarten

Autobahn
Hauptverkehrsstraße
Landstraße
Nebenstraße
Piste
Wanderweg
Tunnel
Brücke
Autofähre
Personenfähre

Gewässerfläche
Strandfläche
Badestrand
Flughafen/-platz
Kirche
Berggipfel
Höhle
Hütte
Tankstelle
Campingplatz

Stadtpläne

Hauptstraße
Nebenstraße
Bebaute Fläche
Grünanlage
Taxistandplatz
Information
Post
Parkplatz
ärztl. Versorgung
Leuchtturm

Was haben Sie entdeckt?

Vielleicht eine freundliche Konoba weitab vom Trubel, ein nettes Hotel mit Atmosphäre, einen schönen Wanderweg? Wenn Sie Ergänzungen, Verbesserungen oder neue Tipps zu diesem Buch haben, lassen Sie es uns bitte wissen! Wir freuen uns über jeden Brief und jeden Hinweis.

Lore Marr-Bieger
Stichwort „Nordkroatien – Kvarner Bucht"
c/o Michael Müller Verlag
Gerberei 19
91054 Erlangen
E-Mail: l.marr-bieger@michael-mueller-verlag.de

Dieses Buch orientiert sich nicht starr an der „Region Kvarner“, sondern informiert über die gesamte Bucht von der Opatija Riviera über Rijeka und weiter nach Süden über Crikvenica, Novi Vinodolski, Senj, Karlobag, Starigrad-Paklenica bis zur Halbinsel Ravni kotari (Dalmatien) mit den Städten Nin und Zadar als Endstation.

An großen Inseln beschreiben wir Cres und Lošinj – sowie die kleinen Inseln Unije, Susak, Ilovik drum herum – und weiter südlich Silba, Olib, Premuda, Ist und Molat, die bereits kurz vor Zadar liegen. Östlich davon stellen wir die Inseln Krk, Rab, Pag und Vir vor.

Viel Spaß beim Erholen und Entdecken
wünscht Ihre Lore Marr-Bieger!

Blick über Vrbnik (Insel Krk) auf das Vinodol-Küstengebirge

Nordkroatien entdecken

Kirchen, Burgen und Paläste – die Küstenregion

Die *Opatija Riviera* lockt seit dem 19. Jh. mit prachtvollen Seebädern, mildem Klima, subtropischer Vegetation und dem hoch aufragenden Učka-Gebirge im Hintergrund. Die quirlige Handelsmetropole *Rijeka* prunkt mit Architektur des italienischen „Novecento" und sehenswerten Museen – die Großstadt ist Ausgangspunkt für die Reise per Schiff oder Auto nach Süden. Entlang des *Vinodol-Küstengebirges* werben die Touristen- und Badeorte Crikvenica, Selce und Novi Vinodolski mit buntem Sport- und Unterhaltungsprogramm. Weiter südlich, zu Füßen des *Velebit,* wird es dann ruhiger, die Küste steiler. Einen Bummel durch die mittelalterlichen Gassen von *Senj* mit Abstecher auf die Festung Nehaj sollte man sich nicht entgehen lassen. Und ganz im Süden, auf der bereits zu Dalmatien gehörenden Halbinsel Ravni kotari, beeindrucken das beschauliche *Nin* und die Kulturmetropole *Zadar* mit schönen Altstädten.

Üppiges Grün und Mondlandschaft – die Inselwelt

Von Ferne wirken die Kvarner Inseln wie Mondlandschaften: karstige Bleiche im Adriablau, im Innern von würzig duftender Macchia, teilweise von Wald und Feldern bedeckt. Obwohl in der Kvarner Bucht die viel besuchten „Inselriesen" liegen, beschränkt sich der Tourismus auf wenige Orte, sodass die Landschaft bisher weitgehend unberührt blieb.

Die **Insel Krk** ist mit 16.500 Bewohnern und 410 km^2 Fläche die größte der Kvarner Inseln, zugleich die größte des Adriatischen Meeres. Eine Brücke verbindet sie mit dem Festland, und auch der Flughafen von Rijeka befindet sich hier. Karstig-kahl und üppig-grün ist Krk und mit einem engen Straßennetz, Hotels, Campingplätzen, Sportangeboten und Jachthäfen touristisch gut erschlossen. All diese Annehmlichkeiten locken im Sommer natürlich die Besucherschwärme an. Zentren des Getümmels sind Krk, Punat, Baška, Njivice und Malinska.

Die **Insel Cres**, die zweitgrößte Insel der Kvarnergruppe, erstreckt sich auf über 407 steinigen, würzig-duftenden Quadratkilometern im Adriatischen Meer. Nur 3300 Menschen leben auf der eher provinziellen Insel mit den Städten Cres und Osor als Zentren. Eine gut ausgebaute Straße verbindet die kleinen Ortschaften und schön gelegenen Campingplätze. Hotels gibt es kaum, dafür viele Pensionen und Appartements.

Die Insel **Pag**, eine bleiche und karstige Schönheit, ist mit 285 km² und 7500 Bewohnern flächenmäßig die drittgrößte der Kvarner- und fünftgrößte der Adriainseln und durch eine Brücke mit dem Festland verbunden. Wegen ihrer Nähe zu Zadar zählt sie schon zu den Dalmatinischen Inseln; da ihre Nordwestspitze jedoch verwaltungstechnisch zu Senj-Gospić gehört, lassen wir sie im Kvarner Verbund. An ihrer zergliederten Küste reihen sich ungezählte Badebuchten, schön gelegene Campingplätze, Hotels, Pensionen – und es wird viel gebaut, um den touristischen Ansprüchen noch besser zu genügen. Doch es gibt noch stille Winkel genug, wo man hausgemachten Schafskäse oder gedörrte Feigen genießen kann. Die Pager Zentren sind die Orte Pag und Novalja.

Grün und dicht besiedelt ist die **Insel Rab**, die 1989 100 Jahre Tourismusgeschichte feierte. Die 8500 Raber/innen leben auf nur 94 km². Gute Hotels, Pensionen aller Kategorien, Campingplätze, Jachthäfen, ein großes Kulturangebot und die Schönheiten des alten Kurortes Rab sind Anziehungskraft genug, um die Insel in der Hochsaison aus den Fugen geraten zu lassen. Das Raber Klima ist sehr mild, und so kann man sich auch in der Nachsaison und im Winter angenehm erholen – etliche Pensionen und Hotels sind ganzjährig geöffnet.

Die üppig bewachsene, 75 km² große **Insel Lošinj** ist Zuhause für 6000 Menschen. Das milde Klima – 2580 Sonnenstunden jährlich – machte die Insel schon Anfang des 20. Jh. zu einer beliebten Kurregion, und vielleicht fand man seinen „Schatten" in einer der prachtvollen Seefahrer-Villen, die bis heute an die Blütezeit der Lošinjer Segelschifffahrt erinnern. Hotels, Pensionen und Campingplätze gibt es in Fülle, und für Bootsbesitzer ist Lošinj ein guter Ausgangspunkt für einen Trip zu den vorgelagerten Inseln:

Die autofreien **kleinen Kvarner Inseln** laden mit Pensionen und Restaurants zu aktiven oder eher beschaulichen Urlaubstagen ein: *Unije* mit 17 km² Fläche bietet sich für Wanderungen zu entlegenen Badebuchten an. Das 6,3 km² große *Susak* lockt mit Sandstrand und kräftigem Inselwein die Tagesausflügler. Ebenso lebhaft ist es an den Stränden der 5,8 km² kleinen Blumeninsel *Ilovik*, die gerne von Bootsbesitzern angelaufen wird.

Weiter südlich folgen die (meist) autofreien kleinen **Inseln im Archipel vor Zadar**, gleichfalls ein beliebtes Ziel von Bootstouren. *Olib* ist mit 25,6 km² ein sehr ruhiges Eiland im Gegensatz zur 15 km² großen Nachbarinsel *Silba*. Hier herrscht schon seit einiger Zeit reges Badegetümmel. Die abgeschiedene Insel *Premuda* erstreckt sich auf 9 km² und wird fast nur von Bootsbesitzern und Tauchern angelaufen. Die Insel *Ist* setzt seit einigen Jahren auf den Tourismus und lockt mit einem

Lauschige Badebuchten finden sich rund um die Insel Cres

Tauchzentrum. Die üppig bewachsene, 27 km^2 große Insel *Molat* hat einen schön gelegenen Jachthafen und ist inzwischen auch mit dem Auto erreichbar. Und auf den Inseln *Žverinac, Sestrunj* und *Rivanj* halten sich außer Bootsbesitzern kaum noch ausländische Touristen auf.

Berge, Höhlen, Wasserfälle – Ausflüge ins Hinterland

Einen Besuch, vielleicht schon bei der Anreise, lohnen die noch in Slowenien gelegenen weltberühmten *Grotten von Postojna* mit ihren bizarren Tropfsteingebilden. Kilometerweit, rund 1 ½ Stunden, geht es per Elektrobähnchen durch die kalte Unterwelt, durch verschiedenfarbige Säle aus Stalaktiten und Stalagmiten. Von Opatija aus in etwa einer Autostunde zu erreichen.

Ebenfalls rund eine Stunde dauert die Fahrt von Rijeka zum *Risnjak-Nationalpark,* eines der unberührtesten und waldreichsten Gebiete Kroatiens – Ausgangspunkt für wunderbare Wanderungen bis auf über 1500 m Höhe.

Von Senj geht es auf 90 km kurvenreicher Straße zu den weltbekannten *Plitvicer Seen.* Der zum Weltkulturerbe zählende Nationalpark mit seinen durch Wasserfälle verbundenen 16 Seen ist fast 30.000 ha groß – ein unvergessliches Naturerlebnis! Wenigstens einen Tag sollten Sie für diese Tour einplanen.

Etwas südlich von Senj, bei Sv. Juraj, ist der Abzweig zum Nationalpark Nord-Velebit mit dem *Botanischen Garten Velebit;* es bieten sich Wandertouren mit herrlicher Weitsicht inmitten einer üppigen Pflanzenpracht. Hautnah Braunbären beobachten kann man an der Westseite des Velebit bei Kuterevo.

Zu Klettertouren im Felsmassiv und wunderschönen Wanderungen durch Karstschluchten, die schon in Winnetoufilmen als Kulisse dienten, lädt der *Paklenica-Nationalpark* an. Den Park erreicht man von Starigrad-Paklenica.

An Fels und Sand – die schönsten Badebuchten

Baden, Schnorcheln, Tauchen kann man im glasklaren Meer fast überall. Vom Fels ins kühle Nass springen ist allerdings nicht jedermanns Sache. Bootsbesitzer haben's gut: Sie können unkompliziert vom Meer aus ihren Badeplatz aufspüren und fast überall den Anker werfen – kleine Buchten mit Kies/Feinkies, manchmal auch mit Sand gibt es rund um die Inseln zuhauf. Zu Land sind sie manchmal nicht so einfach zu erreichen. Ein (meist überwindbares) Hindernis ist die Steilküste oder urwüchsige Macchia, die, will man durch sie hindurch, ganz schön an den Beinen kratzt. Aber es gibt ja die kleinen Touristenorte mit fast immer guten Bademöglichkeiten drum herum; und wem es dort zu voll ist, der packt sein Rucksäckchen und läuft ein Stück zur nächsten Bucht.

Insel Rab, Lopar: Größter Sandstrand ist der so genannte Paradiesstrand, für Kinder optimal, da es ganz flach ins Meer geht; doch auch an der Nordwestseite gibt es viele Badebuchten mit Sand. In der Hochsaison allerdings sehr voll, die wenigen Schattenplätze sind schnell besetzt.

Insel Krk: Rund um Baška Kies- und Feinkiesstrand.

Insel Silba: Rund um die Insel viele schöne Buchten mit Blick auf andere Inseln, zum Teil mit Sand im Wasser.

Halbinsel Pag: Rund um die *Pager Bucht* viele – allerdings schattenlose – Kies- und Feinkiesstrände mit grandiosem Blick auf die umgebenden weißen Berge und das Velebit-Küstengebirge im Hintergrund. In *Povljana* Buchten mit Sand; sehr schöne Badebuchten auf der *Halbinsel Lun*, immer wieder Kiesbuchten.

Insel Susak: Schöner, flacher Sandstrand. Wird von Ausflugsbooten und Bootsbesitzern gerne angelaufen, doch nur wenige Tamarisken spenden Schatten.

Insel Unije: Baden ohne Rummel an Feinkies- und Kiesbuchten, schattenlos.

Insel Cres: Um den Ort Cres schöne Kiesbuchten, tief unterhalb des Felsplateaus von Lubenice schöner Kiesstrand.

Crikvenica (Vinodol-Küste): 2 km langer Sand-/Kiesstrand hinter der Uferpromenade, wer etwas Rummel und Abwechslung mag, ist hier richtig.

Mošćenička Draga (Opatija-Riviera): Schöner, gepflegter Feinkiesstrand, allerdings in der Hochsaison überlaufen.

Wellness und Kurorte

Wellness ist auch in Kroatien kein Fremdwort mehr – besonders die Kvarner Region war schon zu k.-u.-k.-Zeiten mit ihren Kurorten und Seebädern beliebt, v. a. das durch seine prächtigen Villen herausragende Opatija. Auch heute noch setzt man in Opatija, Crikvenica und Novi Vinodolski auf die altbewährte Thalasso-Therapie (Meerwassertherapie), mit der man hier zahlreichen Leiden zu Leibe rückt. Auf der Insel Lošinj kurt man seit Ende des 19. Jh. im bekannten Luftkurort Mali Lošinj und v. a. in Veli Lošinj. Salzsole, Aerosole zur Inhalation sowie Heilerde und mineralische Peliode setzt man auch in Nin zur Therapie ein. Wer sich ohne ärztliche Aufsicht einfach nur den heilsamen Schlamm z. B. auf die schmerzenden Knie schmieren möchte, kann dies in Pag, auf Krk und Rab tun. Darüber hinaus gibt es inzwischen zahlreiche Hotels, die sich auf ihre gesundheitsbewusste Klientel eingestellt und luxuriöse Wellness- und Beauty-Oasen geschaffen haben. Hier werden neben den traditionellen Therapien u. a. auch Ayurveda-, Thai- und Akupressurmassagen, Bäder mit Ölen und Algenpackungen, Aroma-Therapie, Anti-Stress- und Fitness-Programme und vieles mehr angeboten (Tipps und Adressen im Reiseteil).

Nordkroatien - das Land

Steckbrief Kroatien

Fläche: 56.542 km^2

Hauptstadt: Zagreb, 1 Mio. Einwohner.

Bevölkerung: Ca. 4,4 Mio. Einwohner.

Religion: Die Mehrheit der Bevölkerung ist römisch-katholisch.

Sprache: Landessprache ist Kroatisch; in den Touristenzentren wird deutsch, englisch und italienisch gesprochen.

Politisches System: Parlamentarische Demokratie.

Küste und Inseln: Küstenlänge insgesamt (inkl. Inseln) 5835 km; 1777 km entlang der Adria, 1185 Inseln und Riffs.

National- und Naturparks: Insg. 36.000 ha; *Nationalparks*: im Norden Brijuni-Archipel, Risnjak, Nord-Velebit, Plitvicer Seen und Paklenica-Schlucht; im Süden Archipel Kornati, Krka Wasserfälle, Mljet. *Naturparks*: im Norden Učka und Velebit; im Süden Vransko jezero, Telašćica und Biokovo; im Landesinneren Sumpfgebiet Kopački rit, Lonjsko polje, Medvednica, Žumberak-Samoborsko gorje, Papuk.

Istrien: 2820 km^2, 206.000 Einwohner, die größte kroatische Halbinsel in der Adria, mediterranes Klima. Pazin ist Verwaltungssitz, Pula die größte Stadt (ca. 60.000 Einwohner), zweisprachig (kroatisch, italienisch).

Zeitzone: Mitteleuropäische Zeit.

Währung: Kuna (KN), 1 € beträgt ca. 7,5 KN, 1 KN beträgt ca. 0,13 €.

Klima/Reisezeit

Die Kvarner Bucht und die Küste haben *mediterranes Klima* – mit warmen Sommern mit geringen Niederschlägen. Der Regen kommt im Herbst, die Winter sind mild. Im Jahresdurchschnitt steigen die Temperaturen weder extrem an noch fallen sie extrem ab – beste Bedingungen für einen gelungenen Urlaub. Mit einer Ausnahme: Wenn die *Bora* vom Gebirge in den Küstenraum hinunterbläst, sind kurzzeitige Temperaturstürze die Folge. Weht im Sommer der *Maestral,* ein angenehm erfrischender Wind, vom Meer, ist mit klarem, schönem Wetter zu rechnen. Im Frühjahr und Herbst bringt der warme *Jugo* Wolken und Regen. Im Landesinneren herrschen ganzjährig durch den kalten Nordostwind deutlich kühlere Temperaturen, die bereits ab Spätherbst für Frost und Schnee sorgen.

Die Badesaison beginnt im Juni, dann steigen die Wassertemperaturen auf durchschnittlich 20 °C und bleiben bis Ende September an der Küste konstant zwischen 20 °C und 24 °C. Auch in den heißesten Monaten Juli und August sorgt das mediterrane Klima für erträgliche Temperaturen. Nachts wird es nicht zu kalt (zwischen 18 °C und 20 °C), tagsüber steigt das Quecksilber bis auf 30 °C.

Klimatabelle von Rijeka (Durchschnittswerte)

	April	Mai	Juni	Juli	Aug.	Sept.	Okt.
Tagestemperatur in °C	17	23	26	28	28	25	19
Nachttemperatur in °C	10	14	18	20	19	16	12
Wassertemperatur °C	13	17	20	22	24	22	19
Sonnenstunden/Tag	6	8	8	11	9	8	5
Regentage/Monat	4	6	4	5	3	7	8

Nur im Frühling leuchtet der Ginster zwischen dem kahlen Gestein (Bucht bei Stara Baška)

Beste Reisezeit für die Kvarner Region sind die Monate Mai, Juni und September bis Mitte Oktober. Im Juli und August herrscht Hochbetrieb – für die vielen ausländischen Touristen und auch die Einheimischen ist Ferienzeit.

Wer die aktuellen Wetterprognosen vor Ort empfangen will, kann das in englischer, deutscher und italienischer Sprache: *Radio Rijeka* auf FM 95,1 oder 104,7 in deutscher Sprache um 10.15 Uhr und 12.15 Uhr.

Zudem werden jede volle Stunde im Zweiten Programm des kroatischen Rundfunks Nachrichten und Informationen zum Straßenzustand (direkt aus den Studios von Bayern 3 und Ö 3) gesendet.

Winde

An der kroatischen Adria blasen die Winde aus allen Himmelsrichtungen. Die wichtigsten sind *Bora (bura), Jugo* und *Maestral.*

- **Bora:** Sie kann das ganze Jahr auftreten, kommt aus nordnordöstlicher und ostnordöstlicher Richtung und weht vom Land zum Meer, im Winter ist sie häufiger und stärker. Der trockene, kalte Wind tritt plötzlich auf, schwillt zum Sturm an und bläst in unregelmäßigen Windstößen. Mit Geschwindigkeiten von bis zu 180 km/h fegen dann eiskalte Böen vom Gebirge herab und höchste Vorsicht ist geboten. Besonders stark tritt die Bora im Bereich der Nord-Adria auf. Achtung bei Segeltörns, aber auch beim Auto- und Motorradfahren! Unterarten der Bora sind die **Tramontana,** die ebenfalls aus Norden, häufiger aber im südlichen Adria-Raum weht, sowie der **Levant,** *istočnjak;* er bläst schwächer und regelmäßiger als die Bora und ist eine Art Mischung aus Bora und Jugo.
- **Jugo:** Ein feucht-warmer Wind von gleich bleibender Stärke aus südsüdöstlicher und ostsüdöstlicher Richtung. Innerhalb von 36 bis 48 Stunden wird er etappenweise stärker, bringt Wolken, unruhige See und Regen.

Der **Lebič** bläst aus südwestlicher, der **Punenat** aus westlicher Richtung. Beide halten nur kurze Zeit an.

- **Maestral:** Der Maestral ist ein „Schönwetterwind". Er bläst aus nordwestlicher Richtung und im Sommer vom Meer zum Land. Seine Stärke hängt vom Temperaturunterschied zwischen Meer und Land ab, doch weht er regelmäßig. Er beginnt gegen 9 Uhr, ist gegen 14 Uhr am stärksten und endet vor Sonnenuntergang.

  Der **Burin** kommt aus nordöstlicher Richtung, ist schwächer als der Maestral und weht nachts vom Land her.

- **Newera** *(Neverin):* Diese fast schon launische Winddame, deren Auftritt sich im Wesentlichen auf den nordadriatischen Raum beschränkt, ist ebenfalls nicht zu unterschätzen und vor allem nicht auf den Tag vorhersehbar. Die Newera bringt örtlich begrenzte unwetterartige Stürme, auch Hagel oder extreme Regengüsse. Warnende Vorzeichen sind extreme Hitze und Schwüle, Sturmwolken, Luftdruckabfall, Temperaturanstieg und ein Sinken der relativen Luftfeuchtigkeit. Besonders gefährdet sind dann vor allem kleine Boote, die nicht schnell genug den sicheren Hafen erreichen. Daher die Wetterprognosen unbedingt beachten!

Flora

Zum besonderen Reiz des Mittelmeerraums trägt sicherlich die üppige Welt der Pflanzen bei, die in Kroatien um einiges vielfältiger und artenreicher ist als in bei uns in Mitteleuropa.

Die Adriaküste ist von Karst, Macchia und von subtropischer Vegetation geprägt.
Die Inseln bestehen hauptsächlich aus *Kalkstein.* Kalkstein ist wasserlöslich; seine horizontalen Schichten wurden in geologischer Vorzeit aus dem Erdinnern hochgeschoben und gebrochen – *Karst* entstand. Aber auch der Mensch hat zur Verkarstung der Landschaft beigetragen: durch Rodung der Wälder. Die nunmehr haltlose Erde wurde vom Regen weggespült und von starken Winden abgetragen, sodass der Kalkstein zu seiner heutigen, typischen Form verwitterte – Karren, Schratten, Rillen, Wannen, Löcher blieben übrig. Durch die Spalten drang Wasser in die unterirdischen Schichten und spülte all die Höhlen aus, in denen sich später Tropfsteine entwickelten.

Von den einst riesigen Flaumeichenwäldern sind nur noch Waldflecken übrig geblieben, die den steinigen Boden bedecken. Den größten Baumbestand bildet heute die wieder aufgeforstete Aleppokiefer oder Seestrandföhre.
Die vom mediterranen Klima begünstigte Flora hat für Pflanzenliebhaber aus unseren Regionen eine besondere Anziehungskraft. Das Klima – lange Regenzeit im Winter, kaum Fröste, mehrmonatige heiße Trockenperiode im Sommer – bewirkt spezielle Wachstumszyklen: Im Herbst, mit dem Einsetzen der Regenfälle, beginnen die Pflanzen zu wachsen. Bis auf wenige Arten, die auch im Winter blühen, setzt die Blüte im April und Mai mit dem Ende der Regenperiode ein. Die Sommerhitze lässt die Blütenpracht schnell wieder verschwinden – es sei denn, die Pflanzen bekommen durch Küstennähe oder künstliche Wasserzugabe mehr Feuchtigkeit. Bäume und Sträucher überleben die Trockenzeit dank ihres tief reichenden Wurzelwerks. An krautigen Pflanzen überleben nur die einjährigen, die sich noch schnell durch Samenabwurf fortpflanzen, sowie die Knollenpflanzen, die sich, wie bei uns, zurückziehen und nach dem so genannten Winterschlaf mit der Regenperiode wieder austreiben. Im Spätsommer schließlich präsentiert sich die Pflanzenwelt mit Früchten und Blättern wieder in ihrer ganzen Farbenpracht.

▸ **Wälder:** Ausgedehnte Wälder befinden sich lediglich im Landesinneren, u. a. im Nationalpark Risnjak und bei den Plitvicer Seen, wobei hier Buchen, Kiefern und Tannen wachsen. Auf den Inseln gedeihen durch den Raubbau des Menschen keine dichten, urwüchsigen Wälder mehr; sie wurden durch Forste mit Seestrandföhren- oder Aleppokieferbeständen ersetzt, die oft von Macchia-Unterwuchs begleitet werden. Vereinzelt treten immergrüne Steineiche, Flaumeiche, orientalische Hainbuche, Rotbuche, Zedernwacholder, Pinie, Schwarzkiefer, Lorbeerbaum und Johannisbrotbaum auf.

Eine prachtvolle Bougainvillea zum Verstecken

▸ **Macchia:** Die Macchia ist eine Landschaftsform, die durch menschliches Einwirken entstand – vor allem durch Rodung der immergrünen Wälder seit der Antike und später durch ständige Holzentnahme: Die Pflanzen lieferten nützliche Produkte wie Brennholz, Holzkohle, Harz, Gummi, Farben und Fasern. Aber auch Ziegen- und Schafverbiss richtete viel Schaden an.
Meist ist die Macchia dicht und undurchdringlich. 2 m und höher sind die Sträucher, die oft ledrige Blätter haben und deren Schönheit man eigentlich nur im Frühling betrachten kann. In dieser Jahreszeit verwandelt sich die Landschaft in ein duftendes Blütenmeer – weiß und rosafarben blüht die Zistrose, weiß bis zartrosa die Baumheide, dazwischen leuchten die Gelbtöne verschiedener Ginsterarten und all die Blüten der Knollengewächse. Im Verlauf des Jahres wird die Macchia farbloser und zeigt sich nur in ihrer Gesamtheit als graugrüner Kontrast zu den Felsen. Allerdings duftet sie dann, denn durch die niederbrennende Sonne werden all die ätherischen Öle aus den Blättern freigegeben. Oft atmen wir sie tief ein und genießen ihr „würziges“ Aroma. Im Spätherbst lebt die Macchia noch einmal kurz auf: Die orangeroten Früchte des Erdbeerbaums, das kräftige Rot des Mastixstrauches, das Blau des Wacholders und der Ölbaumgewächse leuchten in ganzer Pracht.

Hohe Macchia: Sie ist geprägt von den 4–5 m hohen Bäumen der Kermeseiche, Aleppokiefer, des Judasbaums, Erdbeerbaums und phönizischen Wacholders, den stattlichen Sträuchern der Baumheide, Myrte, Steinlinde und des Pfriemenginsters.

Niedrige Macchia zeigt sich in den 1,5–2 m hohen Sträuchern des Rosmarins, des lorbeerähnlichen Schneeballs, des Herbstseidelbasts, Mastix, Mäusedorns, der Zistrosen und Erika-Arten. An offenen Stellen wachsen vor allem Zwiebel- und Knollengewächse.

Gemischte Macchia: Sie besteht aus Johannisbrotbaum, Dornenginster, immergrünem Kreuzdorn, Stechwinde.

▸ **Garigue:** Diese Vegetationsart tritt in heißen, trockenen Gebieten mit felsigem und flachgründigem Boden auf. Hier halten sich nur kleine Sträucher bis 0,5 m Höhe.

Auch am Strand blüht es

Die meisten Pflanzen sind aromatisch, einige haben Dornen: Es sind vor allem unsere Gewürzkräuter wie Thymian, Bohnenkraut, Rosmarin, Salbei und Lavendel, aber auch Knollenpflanzen wie Krokus, Schwertlilie, Hyazinthe, Schachblume, Affodill, Immortelle, Wolfsmilchgewächse und viele Orchideenarten. Besonders im Frühling, nach der Regenzeit, kann man ihnen fast beim Wachsen und Erblühen zuschauen.

▸ **Felsentrift:** Hier wurde durch Mensch und Tier jede Vegetation fast vollständig zerstört – der kahle Fels tritt zutage. Trotzdem halten sich in den Felsritzen noch kleine, aber farbenprächtige Pflanzen wie Anemone, Alpenveilchen, Schwertlilie, spanische Winde, Gamander, Backenklee, Thymian, Affodillenarten und dornige Wolfsmilch.

▸ **Kultur- und Zierpflanzen:** Durch Handelsbeziehungen mit teils sehr weit entfernten Ländern gelangten auch exotische Pflanzen nach Kroatien und wurden hier heimisch – so z. B. Oliven, Feigen und Granatäpfel aus dem Orient. Die Araber brachten Zitrusgewächse wie die Apfelsine aus China mit. Eukalyptusarten und Akazien stammen aus Australien und die unechte Dattelpalme von den Kanarischen Inseln. Agave, Bougainvillea, Rizinus, der Feigenkaktus, Oleander und die Tamariske wurden aus den tropischen Zonen Amerikas eingeführt. Auf einigen Inseln mit sandigem Untergrund pflanzte man Bambusrohr als Windschutz und zur Verhinderung der Bodenerosion an.

All diese Pflanzen, die Städte und Dörfer verschönern, sind heute aus Kroatien kaum mehr wegzudenken.

Fauna

Wegen der spärlichen Besiedelung der Inseln und des fast menschenleeren Küstengebirges leben hier zahlreiche Tierarten weitgehend ungestört.

An der Küste und auf den Inseln begegnet man auf Schritt und Tritt Eidechsen, die sich in der Sonne aalen und durchs Gebüsch rascheln. Sie haben sich von Insel zu Insel ganz unterschiedlich und unabhängig voneinander entwickelt. Die prächtigste ist die bis zu einem halben Meter lange *Smaragdeidechse* mit ihrem leuchtenden Grün. Der *Mauergecko,* eine kleine Echse, ist harmlos, obwohl man ihn Tarantula nennt – er klettert lediglich die Wände hoch. Der *Scheltopusik* sieht wie eine Schlange aus, zählt aber ebenfalls zu den Echsen.

Geht man auf schmalen Pfaden durch die Macchia spazieren, verheddert man sich oft in prachtvollen Spinnennetzen, doch die meisten *Spinnen* sind harmlos.

Augenfällig ist die Vielfalt der *Käfer* und *Schmetterlinge.* Vom Nachtpfauenauge über den Schwalbenschwanz und Apollo bis zum gemeinen Blutströpfchen – überall flattert, hüpft, surrt und leuchtet es in allen Farben.

Marathonflieger mit Adlerblick: der Gänsegeier

Er hat eine Spannweite bis 2,80 m, fliegt bis zu 120 km/h schnell und kann täglich Hunderte von Kilometern zurücklegen. Geradeaus erspäht er seine Beute bis zu 12 km weit, und von oben sieht er bis zu 6 km tief. Der Gänsegeier *(Gyps fulvus)* wird etwa 60 Jahre alt und zählt mit maximal 15 kg Körpergewicht zu den größten Vögeln der Erde.

Seinen Horst baut der Gänsegeier im nördlichen Bereich der Insel Cres sowie auf Krk und Privić auf steil abfallenden Klippen, teils nur 10 m über dem Meer. Das Weibchen legt pro Jahr, meist im Dezember, nur ein Ei, das geschlüpfte Vögelchen bleibt danach noch vier Monate im sicheren Horst und lässt sich füttern. Erst dann wird ihm in weiteren 1–2 Monaten von den Eltern das Fliegen und die Nahrungssuche beigebracht.

So durchtrainiert, fliegen die Teenager-Geier dann gleich ganz allein nach Norden in den Alpenraum und von dort anschließend Richtung Süden bis nach Afrika. Wird der Vogel nach etwa fünf Jahren geschlechtsreif, sucht er sich seinen Lebenspartner und kehrt mit ihm in die alte Heimat zurück, manchmal sogar auf den gleichen Felsvorsprung, auf dem er geschlüpft ist, um seinen eigenen Horst zu bauen.

Gänsegeier sind streng geschützt und leisten einen wertvollen Beitrag zur Beseitigung von Tierkadavern, wie Schafe, Füchse, Hasen, von denen sie ausschließlich leben. Auf Cres sind es hauptsächlich die Schafe, mit denen sie im Verbund leben. Die toten Tiere beseitigen sie fein säuberlich und verhindern dadurch die Ausbreitung von Infektionskrankheiten.

Es ist herrlich, diese majestätischen Vögel am Himmel kreisen zu sehen.

Rund 70 Gänsegeier-Paare werden z. Zt. vom Eco-centar Beli auf Cres betreut – mehr dazu im Kapitel Insel Cres/Beli.

Zahlreich sind auch die *ganzjährig heimischen Vogelarten:* Es gibt Meisen, Lerchen, Stieglitze, Wachteln, Zaunkönige, Amseln, Krähen.

Zugvögel, die im Sommer an der Küste und auf den Inseln nisten, sind Nachtigall, Schwalbe, Wiedehopf, Kuckuck und Turteltaube.

An *Greifvögeln* gibt es den Habicht und den Sperber. In entlegenen Gebieten findet man Wanderfalken, Eulen, Uhus und Steinkäuze. Manchmal bekommen die Inseln auch Besuch von Adlern und Königsgeiern, die im Küstengebirge leben. Die sehr seltenen Gänsegeier gibt es auf der Insel Cres. Der Schlangenadler gehört zu den

Greifvögeln und ernährt sich von Schlangen und Eidechsen. Der Steinadler lebt im Velebit-Gebirge, aber auch auf Cres und Lošinj. Beliebte Jagdobjekte sind *Hühnervögel,* wie die reichlich vorhandenen Fasane und Rebhühner. An Sümpfen und Gewässern findet man *Wildgänse* und *Wildenten,* natürlich die Möwe und viele andere *Wasservögel.*

Schildkröten, die einem früher oft begegneten, sind heute leider nur noch selten zu sehen.

Viele der hier lebenden *Schlangen* wie Wasserschlangen, Blindschleichen, Eidechsennattern, Katzennattern, Zornnattern und Leopardnattern sind, obwohl sie der Volksmund als Giftschlangen bezeichnet, völlig ungefährlich. Vor der Hornviper und – seltener – der Kreuzotter sollte man aber auf der Hut sein – sie sind in der Tat giftig. Bei Gebirgswanderungen entlang der Küste kann es durchaus vorkommen, dass man einer begegnet. Es empfiehlt sich deshalb, auf solchen Wanderungen festes Schuhwerk zu tragen und vor allem ein wenig auf diese eigentlich menschenscheuen Tiere zu achten. Fast nie sind dagegen Braunbären, Wölfe, Wildkatzen und Luchse zu sehen, die in den entlegenen Winkeln der Nationalparks Risnjak und Plitvicer Seen und des Naturparks Velebit leben.

Sehr häufig findet man *Hasen* und *Kaninchen, Erdhörnchen, Steinmarder* (Vorsicht, Autos!), *Damhirsche* und *Wildschweine.*

Im Meer tummelt sich verschiedenartigstes *Wassergetier:* Seebarsch, Steinbutt, Seezunge, Makrele, Thunfisch, Aal, Zander, Sardelle, Tintenfisch, Drachenkopf, Scholle, Languste. Hummer, Austern und Muscheln werden gezüchtet. In tieferen Gewässern gibt es kleine *Haie,* und man sieht munter springende *Delphine,* vor allem im Gebiet Kvarnerić. Wer möchte, kann das Delphinprojekt „Blue World“ aktiv oder passiv unterstützen (siehe Insel Lošinj/Veli Lošinj). Eine weitere Rarität ist die *Meeresschildkröte,* die sich ebenfalls in Cres-Lošinjer Gewässern aufhält und akut vom Aussterben bedroht ist. Rar sind auch die bei der Insel Pag gesichteten *Mittelmeermönchsrobben* – sie gehören zu den seltensten und bedrohtesten Tierarten Europas.

Wer Glück hat, sieht Delphine springen

Relikte der Römerzeit – das Forum in Zadar

Geschichte im Überblick

Jungsteinzeit: Seit dem 6. Jt. v. Chr. leben in den Küstengebieten der östlichen Adria Ackerbauern und Viehzüchter. Bekannt geworden ist die *Danilo-Kultur,* die zur Gruppe der Bandkeramiker gehört. Ein berühmtes Gefäß aus der Umgebung von *Šibenik* zeigt das erste Segelschiff, das jemals dargestellt wurde.

Illyrien: Seit dem 2. Jt. v. Chr. werden die östliche Adriaküste und weite Teile des Hinterlands von den indogermanischen *Illyrern* bewohnt. Im 8. Jh. dringen die Griechen zur Küste vor und gründen dort Handelsniederlassungen. Die Illyrer werden ins Hinterland abgedrängt, die Griechen aber müssen sich gegen Angriffe und Seeräuberei der illyrischen Stämme zur Wehr setzen. Römische Truppen kommen zu Hilfe und schlagen 229 v. Chr. im ersten illyrischen Krieg die Truppen der Königin *Teuta.* Rom führt noch sechs weitere Kriege, bevor Illyrien dem Reich einverleibt wird. Das effiziente römische Verwaltungssystem und die Romanisierung von Sprache und Kultur tragen bald Früchte: Illyrische Soldaten stellen im 3. und 4. Jh. den Hauptteil des Heeres und sind ein bedeutender Machtfaktor. Allein sechs römische Kaiser gehen aus Illyrien hervor.

Kroatien entsteht: Im 6. Jh. n. Chr. lassen sich die *Kroaten,* ein südslawischer Großstamm, in Dalmatien und Istrien nieder. Einen ersten, über den Stammesverband hinausgehenden kroatischen Staat gründet Fürst *Trpimir.* 788 besetzt *Karl der Große* Istrien, 806 gerät ganz Kroatien vorübergehend unter fränkischen Einfluss. Die Kroaten wehren sich mit Erfolg. Fürst *Branimir* begründet die Unabhängigkeit Kroatiens. Er festigt seine Herrschaft durch enge Kontakte mit der katholischen Kirche in Rom. Die frühe *Christianisierung* des Landes dokumentieren die Bischofssitze in Trogir und Zadar. Erster König wird 925 Fürst *Tomislav,*

Beeindruckende Kulisse – Ruinen des Benediktinerklosters in Osor, 11. Jh.

der die kroatischen Gebiete vereint. Deren Grenze entspricht etwa der heutigen Landesgrenze. Der Papst erkennt Fürst *Tomislav* 925 als König der Kroaten an.

Im 10. Jh. wird Kroatien um Dalmatien erweitert. Mit der Eroberung einiger dalmatinischer Küstenstädte und Inseln im Jahr 1000 festigt jedoch die aufstrebende *Handelsmacht Venedig* ihren Einfluss im Mittelmeerraum. Noch gelingt es König *Krešimir*, Kroatiens Macht zu erhalten, doch nach der Ermordung des letzten Königs *Zvonimir*, dem Schwager des ungarischen Königs *Koloman*, geht Kroatiens Unabhängigkeit verloren. Streitigkeiten unter den Adelsgeschlechtern verhindern die Wahl eines Nachfolgers. 1102 lässt sich Koloman zum kroatischen König krönen.

Kroatien vergeht: Ende des 13. Jh. geraten die ersten Küstenstädte Istriens unter venezianische Herrschaft. Als im Jahr 1330 auch noch Pula eingenommen wird, kommt der größte Teil Istriens für rund 500 Jahre zu Venedig. Konkurrent um die dalmatinischen Städte ist Ungarn. Die Rivalität zwischen Ungarn und Italien zieht sich über Jahrhunderte, und die Küstenstädte wechseln immer wieder den Besitzer – Zadar allein achtmal. Anfang des 15. Jh. gibt sich das durch Türkenangriffe geschwächte Ungarn geschlagen. 1409 kauft Venedig dem ungarischen König *Ladislaus* für 100.000 Dukaten Zadar und ganz Dalmatien ab. Ab 1421 beherrschen die Venezianer Dalmatien mit Ausnahme von Ragusa, dem heutigen Dubrovnik.

Kroatien als Vorposten der Christenheit: Als Konstantinopel 1453 in türkische Hände fällt, hat das christliche Abendland einen gemeinsamen Feind. 1529 steht Sultan *Süleyman der Prächtige* mit seinem Heer vor den Toren Wiens. Kroatien wird zum „Vorposten der Christenheit", und eine groß angelegte Grenzsicherung unter Führung Österreichs wird in Angriff genommen. Die Kroaten bewähren sich als tapfere Kämpfer und tragen die Hauptlast im Kampf gegen die Türken. Trotz der oft unbesiegbar erscheinenden türkischen Heeresmacht fällt Zagreb nie in türkische Hand, wohl aber Budapest – und das für 150 Jahre.

Kroatien aber bleibt auch in dieser Zeit der Türkenabwehr größere Eigenständigkeit verwehrt. Als „Kronland" Ungarns verliert es Ende des 18. Jh. seine letzte Souveränität – u. a. wird an den kroatischen Schulen Ungarisch zum Pflichtfach. Von Österreich ist keine Hilfe zu erwarten, die Habsburger haben Kroatien sogar um seinen istrischen und dalmatinischen Besitz erleichtert und diesen unter ihre Verwaltung gestellt. Der Status quo wird festgeschrieben, als 1867 Österreich Doppelmonarchie wird, die Auseinandersetzung mit den Wünschen Kroatiens aber den Ungarn überlässt. Der im folgenden Jahr beschlossene ungarisch-kroatische Ausgleich erweist sich dabei als gänzlich unbefriedigend. Die Hoffnungen, die manche Kroaten auf eine von Erzherzog *Franz Ferdinand* vielleicht gewünschte Dreiteilung setzen, müssen nach dessen Ermordung am Vorabend des Ersten Weltkrieges begraben werden.

Der Erste Weltkrieg: Am 28. Juni 1914 ermordet *Gavrilo Princip* im Auftrag der serbischen Geheimorganisation „Schwarze Hand" den österreichischen Thronfolger *Franz Ferdinand* und seine Frau. Trotz fehlender Beweise für eine Mitwisserschaft der serbischen Regierung stellt Österreich am 23. Juli ein auf 48 Stunden befristetes Ultimatum, dessen Anerkennung die Aufgabe der serbischen Souveränität bedeutet hätte und das die Serben trotzdem nur in einem Punkt ablehnen. Am 28. Juli, dem Tag der Kriegserklärung Österreich-Ungarns an Serbien, beschießen Truppen der Donaumonarchie die serbische Hauptstadt Belgrad. Der Erste Weltkrieg hat begonnen.

Der Weltkrieg verändert die Staatenkarte Südosteuropas. Die österreichisch-ungarische Doppelmonarchie zerfällt, das Osmanische Reich verliert den größten Teil seines Territorialbesitzes und wird nach der Reform *Kemal Atatürks* zur türkischen Republik. Der erste jugoslawische Staat entsteht – das *Königreich der Serben, Kroaten und Slowenen* (SHS). Bei seiner Gründung 1918 sind künftige Konflikte schon vorprogrammiert: Bereits in der *Deklaration von Korfu* 1917 wird deutlich, dass die Serben in diesem neuen Staat das Sagen haben wollen.

Früh brechen Gegensätze auf. Die kulturellen und konfessionellen Unterschiede sind zu groß, das wirtschaftliche Nord-Süd-Gefälle zwischen Kroatien/Slowenien und Serbien ist zu stark. Hinzu kommt die zentralistische Ausrichtung der Politik, die von Serbien bestimmt und auf das ganze neue Königreich übertragen werden soll. Nach den Wahlen von 1920, bei denen die neu gegründete *Kommunistische Partei* auf Anhieb drittstärkste Fraktion wird, wird eine entsprechende Verfassung ausgearbeitet. In Kroatien besitzt die Bauernpartei unter *Stjepan Radić* die Mehrheit. Er und seine Mitstreiter wettern lautstark gegen den serbischen Vormachtsanspruch – jedoch nur außerhalb der parlamentarischen Gremien.

Die Kommunistische Partei wird 1921 wieder verboten. Der Bauernparteiführer und Anti-Zentralist Radić, dessen Partei zweitstärkste Kraft geworden ist, gibt 1925 seinen Widerstand gegenüber dem Parlament auf, und seine Anhänger nehmen ihre Sitze ein. 1928 wird Radić im Parlament von einem Anhänger Groß-Serbiens und Mitglied der Radikalen Partei erschossen. Damit erreicht der Konflikt seinen Höhepunkt. Kroaten und Serben stehen sich unversöhnlich gegenüber, die konstitutionelle Monarchie ist schwer erschüttert.

Per Dekret löst König *Alexander Karadjordjević* (König Alexander I.) im Januar 1929 das Parlament auf und setzt die Verfassung außer Kraft. Die Parteien werden aufgelöst, strenge Staatsschutz- und Pressegesetze eingeführt. Es gibt nur noch Verwaltungsbezirke, in denen aber noch immer die Serben bevorzugt werden.

Erstrahlt in neuem Glanz: Wehrkirche Sv. Nikola in Nin (11. Jh.)

Der königliche Diktator Alexander gibt seinem Reich auch einen neuen Namen: *Jugoslawien*.

Bereits 1928 gründet der Führer der kroatischen Rechtspartei, *Ante Pavelić*, eine faschistische Geheimorganisation, die *Ustaša*. Pavelić leitet sie aus dem Exil und hat die Abtrennung Kroatiens zum Ziel. 1934 gelingt es der *Ustaša*, in Zusammenarbeit mit der Geheimorganisation IMRO, König Alexander bei einem Besuch in Marseille zu ermorden. Es war eine Schreckenskunde und erinnerte an die Ermordung des Thronfolgers Franz Ferdinand und den Beginn des Ersten Weltkrieges. *König Alexander I.* stand für die Einheit auf dem Balkan und gab Europa Sicherheit. Bis 1939 leitet der Finanzfachmann *Stojadinović* die Regierungsgeschäfte.

Der Zweite Weltkrieg: Nach dem Sturz von Stojadinović Anfang 1939 wird ein Ausgleich mit Kroatien versucht. Die Kroaten sollen sich selbst verwalten dürfen und erhalten fünf Ministerposten. Der Beginn des Zweiten Weltkriegs mit dem Überfall *Hitlers* auf Polen 1939 zerstört die neue Politik im Keim. Anfang April 1941 greifen Hitlers Truppen an, das Königreich zerbricht. Die bedingungslose Kapitulation erfolgt am 17. April.

Nur für Kroatien gelingt es Ante Pavelić, am 10. April einen „Unabhängigen Staat" ausrufen zu lassen, der von *Hitler* und *Mussolini* geduldet wird. Die Ustaša-Führung bedankt sich mit einem Staat, in dem Mord und Terror herrschen. Gezielt werden Juden verfolgt und wird Jagd auf orthodoxe Serben gemacht, die fast ein Drittel der Bevölkerung stellen. Der Übertritt zum katholischen Glauben rettet vielen das Leben und manchmal sogar das Eigentum. Nur vereinzelt protestiert die katholische Kirche gegen die Verfolgung der Serben, die erzwungenen Kirchenübertritte und die Einrichtung von Konzentrationslagern.

Jugoslawien unter Tito: Der Kroate *Josip Broz*, seit 1937 Generalsekretär der seit 1921 verbotenen Kommunistischen Partei Jugoslawiens (KPJ), nimmt im Untergrund den Namen *Tito* an. Seine Partisanen genießen in der Bevölkerung großes Ansehen. Unter der Parole „Befreiung der Völker Jugoslawiens" gelingt es Tito und den Partisanen schon 1941, größere Gebiete unter ihre Kontrolle zu bringen. Ende 1942 führt Tito etwa 150.000 Mann, bei Kriegsende sind es 700.000. Mit Unterstützung der Roten Armee erobert er im Oktober 1944 Belgrad, die letzten Kämpfe dauern bis ins Frühjahr 1945. Die außenpolitischen Erfolge Titos zeigen sich in Waffenlieferungen der Alliierten und in seiner Anerkennung als alliierter Befehlshaber. So liefern die Alliierten auch die besiegten Ustaša-Verbände an Tito aus. Die Partisanen rächen sich teilweise blutig an den Faschisten. Der Führung und Ante Pavelić gelingt die Flucht.

In den Wahlen zur Nationalversammlung erringt die gemeinsame Volksfront-Liste 90 % der Stimmen. Die verfassungsgebende Versammlung ruft im November 1945 die *Föderative Volksrepublik Jugoslawien* aus. So entstehen die Volksrepubliken *Serbien, Kroatien, Slowenien, Bosnien-Herzegowina, Makedonien* und *Montenegro.* Sie erhalten eigene Verfassungen und Parlamente; die Regionen *Kosovo* und *Wojwodina* bekommen autonomen Status. Dem Bund fällt neben Außenpolitik, Verteidigung und Verkehrswesen auch die Wirtschaftsplanung zu.

Zu ersten Verstaatlichungen von Banken, Bergwerken und Grundbesitz über 45 ha kommt es noch 1945, alle anderen für den Staat wichtigen Unternehmen werden im Dezember 1946 in Staatsbesitz überführt. Die Kollektivierung der Landwirtschaft erweist sich als wirtschaftlicher Fehlschlag – bereits 1956 sind 91 % der landwirtschaftlich genutzten Flächen wieder in bäuerlichem Privatbesitz.

Die KPJ ist die einzige kommunistische Partei Osteuropas, die ohne direkte Mithilfe der Sowjetunion an die Macht gelangt und großes Ansehen in der Bevölkerung genießt. Im Juni 1948 wird Jugoslawien aus der *Kominform* (Nachfolgerin der Kommunistischen Internationale) ausgeschlossen, weil der Nationalismus Titos Stalins Führungsanspruch im Wege steht.

Die Folge ist eine Wirtschaftsblockade durch die kommunistischen Staaten und der Abbruch der Beziehungen zur UdSSR. Stattdessen wird Jugoslawien nun von den USA und den Westmächten durch großzügige finanzielle und wirtschaftliche Hilfe unterstützt. Der eigene Weg Jugoslawiens zeigt sich außenpolitisch in einer Annäherung an die NATO-Staaten Griechenland und Türkei (*Balkanpakt* 1953). Dezentralisierungsmaßnahmen und die Einführung der Arbeiterselbstverwaltung prägen die Innenpolitik und finden 1953 Eingang in die Verfassung. Durch die Abkehr von zentralistischen Prinzipien und die Stärkung der Eigenverantwortung in Planung, Investition, Produktion und Marktteilnahme sollen die Betriebe marktwirtschaftlich konkurrieren können. Nach dem Tod der Integrationsfigur *Tito* am 4. Mai 1980 treten die Eigeninteressen der Teilrepubliken wieder in den Vordergrund.

Jugoslawien zerfällt: In den 80er Jahren geraten die wirtschaftlichen Probleme – galoppierende Inflation und eine hohe Arbeitslosigkeit – außer Kontrolle. Zwei Lager stehen sich gegenüber: Auf der einen Seite der hoch entwickelte slowenische Norden, der mit seinem Anteil von nur acht Prozent an der Gesamtbevölkerung ein Fünftel des Exports erwirtschaftet. Er ist, unterstützt von Kroatien, nicht mehr bereit, den bankrotten Selbstverwaltungssozialismus weiterhin zu finanzieren. Auf der anderen Seite stehen die serbischen Zentralisten in Partei und Armee, die auf dirigistische Maßnahmen setzen und den Kurs der Reformer auf mehr Marktwirtschaft ablehnen.

Kroatien macht sich selbständig: Anfang 1989 bilden sich aus den Kreisen verfolgter Wissenschaftler und Schriftsteller die Parteien *Kroatischer Sozialliberaler Bund*

und *Kroatische Demokratische Union.* Anfang 1990 wird das Mehrparteiensystem legalisiert, nach den Wahlen wird *Dr. Franjo Tudjman* Präsident. Im Mai des gleichen Jahres wird die souveräne *Republik Kroatien* gegründet.

In der Verwaltung werden Serben durch Kroaten und wird die kyrillische Schrift durch die lateinische ersetzt. Im Polizeiamt von Knin bricht am 17. August 1990 der Serbenaufstand gegen die neue Rechtsordnung aus. Die nationalistisch orientierten und bisher autonom lebenden Serben aus der *Krajina,* einem Landstrich Kroatiens, fordern die Wiederherstellung der Autonomie und den Anschluss an Serbien, obwohl es keine gemeinsame Grenze gibt. Der Balkankrieg nimmt seinen Anfang. Die jugoslawische Armee rückt an, um die Krajina-Serben zu verteidigen. Die Kroaten werden entwaffnet. Die Entwicklung zerstört jeden Gedanken an ein weiteres gemeinsames Wirtschaften und Zusammenleben.

Am 8. September 1991 erklärt Kroatien seine Unabhängigkeit, im Dezember 1991 wird die Verfassung der jungen Demokratie verabschiedet. Im Januar 1992 wird die Republik Kroatien völkerrechtlich anerkannt, im Mai 1992 Mitglied der Vereinten Nationen.

In sämtlichen Regionen wird gekämpft, und Kroatien muss Gebiete abgeben. Die Serben dringen im Norden bis Slawonien und im Süden bis Zadar vor und blockieren die Landverbindung zwischen Nord- und Südkroatien. Dalmatinische Städte werden bombardiert; es trifft Zadar, Šibenik, Split und Dubrovnik.

Die Krajina und drei weitere vorwiegend serbische Gebiete werden zu Uno-Schutzzonen. Doch die Uno-Truppen müssen tatenlos mit ansehen, wie das Morden weitergeht. Die Entwaffnung der serbischen Milizen und die Wiedereingliederung kroatischer Bewohner misslingt.

Im Januar 1993 durchqueren kroatische Panzer und schwere Artillerie die Waffenstillstandslinie und dringen in die Krajina ein. Die serbische Regierung kündigt sofortige Mobilmachung an, da der Schutz der Serben durch die UN nicht mehr gewährleistet ist. Die Friedenstruppen retten sich in sicheres Gebiet. Es entbrennen neue Kämpfe, in deren Verlauf Kroatien fast alle von den Serben eroberten Gebiete zurückgewinnt.

Im Dezember 1995 wird der *Friedensvertrag von Dayton* geschlossen. In Kroatien ist nun Ruhe eingekehrt. Der Tourismus, der dringend benötigtes Geld bringt, ist im nördlichen Adriaraum seit 1995 wieder in vollem Gange.

Politisch ist ebenfalls eine Umstrukturierung vollzogen worden. Der Tod des langjährigen Staatspräsidenten Dr. Franjo Tudjman im Dezember 1999 brachte nun auch eine politische Neuorientierung: Die Präsidentschaftswahl gewann im Februar 2000 *Stipe Mesič* (SDP, Kroatische Volkspartei) mit 56 % bei der Stichwahl über den Sozialliberalen *Drazen Budisa* (44 %). Stipe Mesič war Mitglied der Tudjman-Partei HDZ, 1990 Premier in Zagreb, 1991 letzter Staatschef des alten Konföderativen Verbundes Jugoslawien ehe er sich 1994 von der HDZ-Partei wegen Meinungsverschiedenheiten trennte. Mesic war einer der größten Kritiker des Balkankrieges und dessen Kriegsherren. Er tritt für die Minderheiten ein, ist um eine Aussöhnung mit Serbien bemüht und verspricht rasche Verfassungsreformen. 2003 beantragt Kroatien die Mitgliedschaft in der Europäischen Union. Nach der Parlamentswahl im November 2003 bildet sich eine neue Regierung unter Führung der Kroatischen Demokratischen Gemeinschaft (HDZ), Ivo Sanader wird Premierminister. 2005 wird mit den lang ersehnten Beitrittsverhandlungen zur Aufnahme Kroatiens in die Europäische Union begonnen.

Bald ist die Anreise geschafft – nette Übernachtungsquartiere warten

Anreise

Kroatien liegt vor unsrer Haustür! Am schnellsten, bequemsten, aber auch am teuersten erreicht man es mit dem *Flugzeug* – z. B. von München nach Krk oder Zadar in knapp 2 Stunden. Sehr bequem reist es sich auch mit der Eisenbahn, falls die Waggons nicht gerade überfüllt sind – rund 11 Stunden dauert die Fahrt von München nach Rijeka. Ein *Reisebus* benötigt je nach Abfertigung, Straßenverhältnissen und Pausen zwischen 8,5 und 10 Stunden.
Mit dem *Auto* braucht man von München bis Rijeka 6,5 Stunden, ohne mit dem Bleifuß fahren zu müssen. Vorausgesetzt, die Straßen sind frei. Doch damit ist zu Beginn der Schulferien an Ostern, Pfingsten, im Sommer und an langen Wochenenden nicht zu rechnen – man muss sich auf lange Wartezeiten an den Grenzen gefasst machen.

Entfernungen: München–Salzburg 140 km, Salzburg–Villach 180 km, Villach–Ljubljana 120 km, Ljubljana–Rijeka 130 km.

Mit dem eigenen Fahrzeug

Wer seinen Urlaub flexibel und unabhängig gestalten und nicht nur an einem Ort verweilen möchte, für den bringt das eigene Fahrzeug die größtmögliche Beweglichkeit.

Für Wassersportfreunde, die ihr eigenes Gummiboot, Surfbrett oder Kajak mitnehmen wollen, aber auch für Familien mit Kindern, wo tausend Kleinigkeiten anfallen, bleibt als billigste Variante nur das eigene Vierrad. Das Busnetz ist zwar in Kroatien

Nützliche Infos für unterwegs

Schweiz: Vignette (Plakette) pro Kalenderjahr pauschal 27 € (Anhänger zusätzlich 27 €) – obligatorisch auf Autobahnen und autobahnähnlichen Straßen.

Österreich: Vignette (Pickerl) auf Autobahnen und Schnellstraßen, Preis abhängig vom Gültigkeitszeitraum. Pkw z. B. 10 Tage 7,60 €, 2 Monate 21,80 €, 1 Jahr 72,60 €, Motorräder knapp die Hälfte.

Italien: Vignette, Preis abhängig von Hubraum oder Achsabstand. Beispiel Klasse 3 (Hubraum bis 1372 ccm bzw. Achsabstand 2,05–3,20 m): Brenner–Triest (483 km) 24 €.

Slowenien: Autobahngebühren, z. B. Pkw Kranj–Ljubljana ca. 1,50 €. Inzwischen ist die Autobahn auf der Ost-West-Achse von Spielfeld nach Koper fertig, auf der Nordachse Ljubljana–Jesenice fehlen nur noch wenige Kilometer. Seit 2005 ebenfalls fertig gestellt ist das Autobahnteilstück von der slowenischen Grenze bei Rupa nach Rijeka/Opatija.

Kroatien: Mautgebühren am Učka-Tunnel (3,50 €) und Krker-Brücke (2 €). Die im Hinterland verlaufende Autobahn ist fast durchgängig bis Split fertig gestellt. Die Gebühren betragen z. B.: Rijeka–Zadar 13 €, Zagreb–Rijeka 7,50 €.

Notrufnummern

Schweiz: Polizei ✆ **17** oder **117,** Unfallrettung ✆ **144** oder über Polizei.

Österreich: Polizei ✆ **133,** Unfallrettung ✆ **144.**

Italien: Polizei/Unfallrettung ✆ **113.**

Slowenien: Polizei ✆ **113,** Rettungsdienst ✆ **112.**

Kroatien: Polizei ✆ **92,** Unfallrettung ✆ **94,** Feuerwehr ✆ **93,** Kroatische Engel (touristische Informationen April–Mitte Okt., 24 Std.-Service) ✆ **062/999-999.**

gut ausgebaut, aber in der Hauptreisezeit auch überlastet – es muss dann reserviert werden. Fährt man aber ohne viel Gepäck oder hält sich überwiegend an einem Ort auf, kann man sich mit öffentlichen Verkehrsmitteln gut fortbewegen.

Papiere: Autofahrer benötigen die üblichen Papiere (Personalausweis oder Reisepass, nationalen Führerschein, Fahrzeugschein) und das Nationalitätenschild. Die *Grüne Versicherungskarte* ist nicht mehr vorgeschrieben (nur für Schweizer), vereinfacht das Verfahren aber im Schadensfall.

Versicherung: Empfehlenswert ist der Erwerb eines *Auslandsschutzbriefs*, der etwas Glück ins Unglück bringt. Fahrzeugrücktransport, Flug, Zugfahrt oder Leihwagen, Hotelkosten usw. werden übernommen, Kredite für Reparaturen etc. gewährt. Auslandsschutzbriefe gibt es bei den Automobilclubs und Haftpflichtversicherungen. Empfehlenswert ist der Schutzbrief des *VCD* (Verkehrsclub Deutschland), der sich nachdrücklich für die Interessen der Umwelt einsetzt. VCD, Eifelstr. 2, 53119 Bonn, ✆ 0228/98585-0, 📠 0228/98585-10.

Warnwesten: Seit 2005 ist wie in Italien auch in Österreich das Mitführen einer Warnweste sowie das Tragen derselben bei einem Unfall vorgeschrieben.

Autobahnen: Die Autobahnen in der Schweiz, Italien, Österreich, Slowenien und Kroatien sind mautpflichtig.

Abblendlicht: Auch tagsüber ist das Fahren mit Abblendlicht sowohl in Österreich (seit Nov. 2005) als auch in Slowenien und Kroatien vorgeschrieben.

Die schnellste Anreiseroute führt über die Tauernautobahn und die mautpflichtigen Tunnels der Radstätter Tauern (9,50 €) und dann durch den ebenfalls mautpflichtigen Karawankentunnel (6,50 €) nach Slowenien. Auch für Gespannfahrer kein Problem.

Autobahn München – Salzburg – Villach – Karawankentunnel bis slowenische Grenze – Bled – Bundesstraße Kranj – Autobahn Ljubljana – Postojna – Landstraße Ilirska Bistrica – Autobahn Rijeka.

Wer die Mautgebühren sparen oder – zur Reisezeit – nicht in einem Tunnel im Stau stecken bleiben will, kann auf die parallel zur Tauernautobahn verlaufende Bundesstraße über den **Tauernpass** (1738 m, 17 %) und weiter über den **Katschbergpass** (17 %) ausweichen (ohne Anhänger). Diese Strecke lohnt sich nur für Leute, die Zeit haben und die schöne Landschaft genießen wollen.

Per Eisenbahn durch den Tauerntunnel

Autobahn München – Salzburg – Werfen – Landstraße St. Johann – Badgastein – Böckstein – Tauerntunnel (Bahnverladung) – Mallnitz – ab Spittal Autobahn Villach.

• *Tauernschleuse* Bahnverladung Böckstein – Mallnitz; ganzjähriger Betrieb, Mo–Fr 5.45–22.45 Uhr alle 60 Min., in der Hauptsaison Sa und So alle 30 Min., Fahrzeit 12 Min., Fahrpreis einfach für Pkw 14,50 € (ermäßigter Vorverkaufspreis für einfache Fahrt 10 €).

Eine gute Alternative zur stauanfälligen Tauernautobahn ist die 300 km lange Pyrhn-Autobahn mit ihren gebührenpflichtigen Tunnels (13 €). Sie verbindet Suben (dt.-österr. Grenze) und Spielfeld/Šentilj (Grenzübergang Slowenien).

Autobahn Nürnberg – Passau – Regensburg – Wels – Bosruck-Tunnel; Gleinalm-Tunnel – Grailla – Spielfeld – Maribor – Ljubljana.

Eine ebenfalls gute, aber stauanfällige Route führt durch Österreich und Italien auf der Autobahn bis Triest:

Autobahn München – Innsbruck – Brennerpass/Brennerautobahn – Trient – Vicenza (oder Verona) – Venedig – Triest – Koper und weiter Rijeka.

Mit Auto und Fähre von Italien nach Kroatien

Wer über den Brenner oder gar über Mailand kommt, wird sich überlegen, ob er nicht lieber, anstelle in Richtung Triest und Rijeka zu fahren, von Venedig oder Ancona nach Kroatien übersetzen soll. Fähren und Katamarane verbinden diese Städte mit Pula, Mali Lošinj und Zadar. Tatsächlich wird die Fähre rentabler, je weiter man in den Süden will. In der Hauptreisezeit muss eine rechtzeitige Buchung vorgenommen werden.

• *Deutschland* **DER TRAFFIC,** 60424 Frankfurt, Emil-von-Behring-Str. 6, ✆ 069/9588-5800, 📠 069/9588-5822; www.dertraffic.de.

Armando Farina GmbH (für Adriatica), Lyonerstr. 15, Postfach 710103, 60491 Frankfurt, ✆ 069/666-8493, 📠 069/666-8478.

• *Österreich* **Österreichisches Verkehrsbüro,** Schiffe & Fähren, 1043 Wien, Friedrichstr. 7, ✆ 01/5880-0540, 📠 01/5880-0570; www.faehren.at.

• *Schweiz* **Cosulich AG,** 8035 Zürich, Beckenhofstr. 26, ✆ 01/ 3635-255, 📠 01/3626-782; www.cosulich.ch.

• *Kroatien (Jadrolinija-Zentrale)* **Jadrolinija,** 51000 Rijeka, Riva 16, ✆ 051/666-111, 📠 051/213-116; www.jadrolinija.hr.

• *Italien (für Miatours)* Agentur Amatori, Via Loggia 20/22, 60121 Ancona, ✆ 071/204-282, 📠 071/2086-208, www.amatori.com.

Verbindungen

• *Mit Jadrolinija* **Ancona–Zadar** (4–6x wöch., 8 Std.); Pkw bis 1,80 m Höhe 54,50 €; Motorrad 21 €; Wohnwagen bis 5 m 90 €, über 5 m 107 €, Deckpassage 41 €; Flugzeugsitz 47,50 €; Kabinen z. B. (pro Person) 2-Bett-Außenkab. mit Waschbecken 82,50 € oder mit Du/WC ab 98,50 €. Für Fahrräder, Surfbretter, Hunde und Katzen freie Beförderung. 20 % Ermäßigung auf Hin- und Rückfahrkarte.

• *Mit Schnellboot Miatours* **Ancona–Božava–Zadar** (2–3x wöchentl. Mitte Mai–Mitte Sept.; 3–3 ½ Std.). Ohne Autobeförderung! Pro Person im Juli/Aug. 70 € (Sa 80 €), hin und zurück 120 € (Sa 130 €).

Fähragenturen

Rijeka: Jadrolinija, Riva 16, ✆ 051/211-444, 666-100, 📠 211-485; www.jadrolinija.hr.

Mali Lošinj: Lošinjska Plovidba, Riva Lošinjskih kapetana 8, ✆/📠 051/231-077, 📠 231-611; www.losinjska-plovidba.hr.

Zadar: Miatours, Vrata Sv. Krševana, ✆ 023/254-400, 254-300, 📠 023/254-401; www.miatours.hr.

Venedig: G. Radonicich & Co., Riva Schiavoni 4150, ✆ 041/706-765. Telex 410029 Radomasi.

Ancona: Capt. P. Amatori (für Jadrolinija und Miatours), Via Loggia 20, ✆ 071/204-282, 📠 071/2086-208; www.amatori.com.

Mit der Eisenbahn

Von Deutschland bzw. von München fährt der Euro-City derzeit zweimal täglich in ca. zehn Stunden (laut Fahrplan!) über Salzburg, Villach nach Ljubljana (umsteigen) und von dort weiter nach Rijeka. Von Italien (über Venedig und Triest) ist das Schienennetz nach Ljubljana (weiter Rijeka) ebenso gut ausgebaut. Gute Verbindungen bestehen auch von Österreich über Maribor und weiter nach Ljubljana und Rijeka. Möglich sind auch eine Eisenbahnfahrt bis Venedig oder Ancona (Fahrradmitnahme) und die Weiterreise mit dem Schiff. Erkundigen Sie sich auf jeden Fall nach Frühbucher- und Spartarifen (bis zu 50 % Ermäßigung), die die Deutsche Bahn jedes Jahr bereithält; besonders Jugendliche/Studenten und Familien fahren dann günstiger.

• *Preisbeispiele/Person* **München–Rijeka:** Abfahrt München 7.26 Uhr (ICE), umsteigen Ljubljana, Ankunft Rijeka 17.28 Uhr. Preis für Rückfahrtticket ca. 114 € (inkl. Sitzplatzreservierung). Abfahrt München 23.44 Uhr (D-Zug; Direktzug), Ankunft Rijeka 8.50 Uhr. Preis 228 € (inkl. Liegewagen). Beide Preisbeispiele gelten für den billigsten Tarif.

München–Venedig: Einfach ca. 91 € inkl. Sitzplatzreservierung (Normaltarif).
Die schnellste Verbindung bietet der Euro-City: Abfahrt 11.30 Uhr und 23.40 Uhr, Ankunft 18.31 Uhr und 7.15 Uhr.

München–Bologna–Ancona: Abfahrt München 9.33 Uhr (ICE), Ankunft Bologna 16.45 Uhr. Umsteigen in Nahverkehrszug (wegen Fahrradmitnahme!), Abfahrt 17.38 Uhr, Ankunft Ancona 20.34 Uhr. Preis für Rückfahrtticket mit Frühbucherrabatt ca. 91 €; Nahverkehrszug zusätzlich je Strecke 30 €.

Reservierung/Buchung: Zu den Hauptreisezeiten sind die Züge auf allen alpenüberquerenden Strecken voll. Rechtzeitig eine Platzkarte besorgen (3 €), Liegeplatz 13,40 €. Gebucht werden kann auch über das Internet: www.bahn.de oder telefonisch unter 11861.

Fahrradversand: Leider gibt es den Fahrradtransport mit der Bahn von Deutschland nur bis Österreich (Grenzstation Jesenice), ab da heißt es bis Rijeka radeln. Das Fahrradticket, für das man eine Reservierung benötigt, kostet 10 €, leider gilt es nicht für die oben erwähnten schnellen Züge. Ähnliches gilt für Italien: Wer sein Fahrrad z. B. nach Venedig oder Ancona mitnehmen möchte, muss den Zug um 7.26 Uhr bzw. 9.33 Uhr (s. o.) nehmen; die italienische Bahn berechnet für das Rad eine Mitnahmegebühr von 12,40 € sowie eine Reservierungsgebühr. Aktuelle Informationen zur Fahrradmitnahme erhalten Sie unter der **Radfahrer-Hotline** ✆ 01805-151415, täglich von 8–20 Uhr.

München–Jesenice: Günstigster und schnellster Zug (EC und R) mit Fahrradmitnahme: Abfahrt München 7.26 Uhr, an Villach 11.47 Uhr, ab Villach 18.12 Uhr, an Jesenice 18.56 Uhr. Normalfahrpreis einfach 2. Kl. 56,60 €, Fahrradticket 10 €.

Weitere Züge (RE) mit Fahrradmitnahme: Abfahrt München 8.48 Uhr, an Salzburg

Lohnt einen Stopp in Slowenien: der Triglav, 2864 m

10.42 Uhr, ab Salzburg 11.04 Uhr, an Villach 13.47 Uhr, ab Villach 18.12 Uhr, an Jesenice 18.56 Uhr. Normalfahrpreis einfach 2. Kl. 53,10 €, Fahrradticket 10 €.

München–Venedig mit Fahrradmitnahme: Hier gibt es nur einen Zug, die Fahrt dauert 15 Std.; Abfahrt München 7.26 Uhr, an Villach 11.47 Uhr, ab Villach mit Eurocity 19.36 Uhr, an Venedig 22.29 Uhr.

Mit dem Autoreisezug: Zwischen 1. Mai und Mitte Oktober verkehren Autoreisezüge von Berlin und Dortmund nach Villach; zudem von Hamburg, Dortmund und Frankfurt/Neu Isenburg nach Rijeka. *Info-Hotline* ✆ 0180/5241-224 (für alle Länder), www.dbautozug.de.

Berlin–Villach: Auto je nach Saison (billigste/teuerste Variante) 121–190 €, im Liegewagen pro Person mit 5er-Belegung (4er-Belegung) 50/79 € (56/88 €); am günstigsten im Familienabteil mit 2 Erwachsenen und 2 Kindern, max. 5 Betten, Abteilpreis insgesamt 174/273 €. Schlafwagen mit Waschbecken für 3 Pers. 205/322 €, mit eigener Dusche/WC 50 € Aufpreis.

Mit dem Bus

Der Europabus der Deutschen Touring GmbH bietet von vielen deutschen Großstädten aus zahlreiche Fahrten nach Kroatien an, darunter Linien nach Rijeka (von München etwa 8,5 Stunden), über Rijeka weiter nach Opatija (in Richtung Pula) oder u. a. nach Crikvenikca, Novi Vinodolski, Senj oder Zadar. Die Ausstattung der Busse entspricht internationalem Standard. Buchen sollte man mindestens eine Woche vor Reiseantritt. Die Busse verkehren in der Hauptreisezeit meist täglich.

• *Preisbeispiele/Person* **München–Rijeka** einfach 45 €, hin/zurück 69 €; **München–Zadar** einfach 50 €, hin/zurück 77 €. Kinder unter 4 J. 80 %, 4–12 J. 50 %. Jugendliche unter 26 J. sowie Studenten 10 %. Darüber hinaus gibt's Sondertarife, z. B. bis zu 40 % bei Buchung von Hin- und Rückfahrt oder Frühbuchertarife.

• *Gepäckgebühren* Reisegepäck ist auf maximal 2 Gepäckstücke (in Koffermaßen) und 1 Handgepäck/Person begrenzt. Pro Gepäckstück sind 3 € beim Fahrer zu zahlen. Falls es die Kapazität zulässt, wird ein 3. Gepäckstück gegen 5 € Gebühr mitgenommen.

• *Zentrale Reservierungsstelle* **Deutsche Touring GmbH,** ✆ 069/790-350, ✆ 069/7903-219; www.deutsche-touring.com.

• *Ticketverkauf/Reservierung* Beratung, Ticketverkauf etc. in den DTG-Ticketcentern, Touring-Agenturen, DER-Reisebüros oder in den Reisezentren der Deutschen Bahn.

• *Reservierungsstellen in Kroatien* In jedem größeren Ort, meist am Busbahnhof oder bei Autotrans (siehe im Reiseteil). Am Zielort muss eine Rückreservierung getätigt werden (gebührenpflichtig!).

Mit dem Flugzeug

Von allen großen deutschen Flughäfen gibt es in der Regel mindestens ein- bis viermal täglich Linienflüge nach Zagreb. Leider gibt es meist keine direkten Anschlüsse für den Weiterflug nach Pula, Rijeka oder Zadar (die Wartezeit beträgt mindestens 90 Min.). Die Flugzeit von Frankfurt nach Zagreb beträgt 80 Minuten, von Zagreb bis Pula/Zadar sind es weitere 45 Minuten Flugzeit. Alternativ kann man auch einen Flug nach Ljubljana oder Triest buchen und dann per Bus oder Eisenbahn nach Rijeka weiterreisen.

Von München (ab Frankfurt, Zwischenstopp in München) gibt es Direktflüge nach Triest (Italien), Flugzeit 70 Min. (von Frankfurt 3 Std. 35 Min.). Zudem gibt es Direktflüge von Augsburg und Altenrhein (St. Gallen) nach Zadar.

Inzwischen kann man auch über Billiganbieter von nord- bzw. westdeutschen Flughäfen aus (neu auch von München) Flüge nach Italien, Slowenien und Kroatien buchen, eine lohnende und preiswerte Sache: Geflogen wird z. B. mit Hapag Lloyd Express zweimal wöchentlich ab Hannover, dreimal wöchentlich von Köln-Bonn, zudem von Stuttgart und München nach Rijeka sowie von Hamburg, Hannover und Köln-Bonn nach Venedig. Schnäppchenflüge sind schon ab 19,50 € zu haben. German Wings (www.germanwings.com) fliegt von Köln-Bonn, Stuttgart, Berlin und Hamburg nach Split. Sehr preiswert fliegt man auch von Berlin mit EasyJet nach Ljubljana (Slowenien).

• *Preisbeispiel für Linienflüge mit Croatia Airlines* **Frankfurt–Zagreb (Zadar)–Frankfurt** (1x tägl.): 280 € (346 €) inkl. Gebühren (1 Monat gültig).
Buchung über jedes Flugbüro oder über Croatia Airlines: Klingerstr. 25, 60313 Frankfurt, ✆ 069/39200-5248 (Charterflüge), 069/9200-5210 (Linienflüge); www.croatiaairlines.hr.

• *Preisbeispiel für Hapag Lloyd Express* Hauptsaisonpreis von Hannover (München) nach Rijeka, Return-Ticket 350–400 € (200–280 €). Servicecenter ✆ 0180/5093-509, www.hlx.com.

• *Preisbeispiel mit Augsburgairways* **Augsburg-Zadar-Augsburg:** Ab 265–295 € (je nach Monat) zuzüglich ca. 40 € Sicherheitsgebühr (nur April–Okt., 1x wöchentl. Sa).
Buchung Augsburgairways: Flughafen Augsburg, Reiseservice Zlataric, ✆ 0821/705-050, ✆ 0821/607-660; www.reiseservice-zlataric.de.

• *Preisbeispiel mit Air Dolomiti* **München–Triest–München** (1 Std. 10 Min.), bis zu 4x tägl., ca. 207 € inkl. Gebühren.

• *Preisbeispiel mit EasyJet* **Berlin–Ljubljana** (1 ½ Std.), ab 24(!) € aufwärts, je nach Buchung und Tag. Buchung unter www.easyjet.com oder Hotline ✆ 01803-654-321.

Versand von Fahrrädern/Sportgeräten: Der Fahrradversand kostet in der Economy-Class innerhalb der 20-kg-Freigepäckgrenze ca. 26 €. Sportgeräte müssen in der Flugreservierung mindestens 24 Std. vor Abflug eingetragen sein.

Mehr zu Slowenien finden Sie in unserem Reisehandbuch „Slowenien“ von Lore Marr-Bieger, 1. Auflage/2005.

Trajekts verbinden die Inseln mit dem Festland

Unterwegs in Kroatien

Wie schon in der Anreise beschrieben, gibt es viele Möglichkeiten der Fortbewegung innerhalb Kroatiens. Die sicherlich unabhängigste ist mit dem eigenen Fahrzeug. Genießer und Leute mit Zeit benutzen gerne ab Rijeka die Fähre, um sich zum Urlaubsort ihrer Wahl bringen zu lassen. Es gibt ein breites Spektrum und auch viele Kombinationsmöglichkeiten.

Mit dem eigenen Fahrzeug

Kroatien verfügt mittlerweile über eine dichtes Autobahnnetz, das in den letzten Jahren fertig gestellt wurde: Von Rupa (kroat.-slow. Grenzübergang) nach Rijeka (A7), von Rijeka nach Zagreb (A6/A1) und von Zagreb über Karlovac nach Süden durchgehend bis Split (A1). Das Hinterland Slawonien ist von Zagreb über die A3 ebenfalls bis hinter Slavonski Brod erschlossen. Was noch fehlt, ist der nördliche Abschnitt und die Weiterführung der A7 zur A1 von Rijeka bis Žuta Lokva (westlich von Senj) und das Teilstück in Süddalmatien von Split bis Dubrovnik. Die Anfahrtswege innerhalb Kroatiens haben sich dadurch für diejenigen, die Richtung Zadar möchten, sehr vereinfacht und beschleunigt. Auch bietet die im Hinterland verlaufende Autobahntrasse für viele Reisende sicherlich bisher unentdeckte Weiten und eine grandiose Bergwelt, die man bei fast schnurgerader Autobahnführung genießen kann. Wer von der Autobahn A1 an die Kvarner- und Norddalmatinische Küste stoßen möchte, kann von Karlovac nach Rijeka fahren, von der Ausfahrt Žuta Lokva nach Senj, von der Ausfahrt Gospić nach Karlobag, bei der Ausfahrt Maslenica nach Starigrad Paklenica, zur Insel Pag oder weiter bis Zadar. Ein Blick auf die Straßenkarte genügt, um sich eine Reiseroute zusammenzustellen. Immer wieder ein Highlight ist jedoch die malerische Küstenstraße.

Entlang der Küstenstraße (E 65)

Diese zweispurige „Adriaautobahn", die Jadranska Magistrale, verläuft entlang der Küste von Rijeka nach Dubrovnik (608 km) und ist als Panoramastraße ausgebaut. Sie zählt zu den schönsten Küstenstraßen Europas, und das mit Recht: hoch aufragend das Küstengebirge, tiefblau und meist tief unterhalb der Straße das Meer mit der nahen Inselkette, an der Strecke mittelalterliche Hafenstädte und Dörfer.

Der schönste, zum Teil aber auch kurvenreichste Streckenabschnitt liegt zwischen Rijeka und Zadar (226 km). Hoch über dem Meer verläuft die Straße am Velebit-Gebirge entlang und überwindet etliche Schluchten. Besonders zwischen Senj und Karlobag ist für Autofahrer Konzentration angesagt; wenn dazu noch die Bora einfällt und das Auto hin und her drückt, wird es abenteuerlich und für Gespannfahrer gefährlich! Lieber ein paar Stunden anhalten und den Wind abklingen lassen.

Informationen für Kraftfahrer in Kroatien

Abweichende Verkehrsregeln: Unfälle mit Personen- oder erheblichem Sachschaden müssen der Polizei gemeldet werden. Während des gesamten Überholvorgangs muss geblinkt werden. Kolonnenspringen ist verboten. Schul- und Kinderbusse dürfen nicht überholt werden, wenn sie anhalten. Beim Abschleppen muss an der Frontseite des Schleppfahrzeugs und am Heck des geschleppten Fahrzeugs ein Warndreieck angebracht sein.

Die Promillegrenze liegt bei 0,0 (!) für Fahrzeuge, für Boote bei 0,5. Abblendlicht ist auch am Tag vorgeschrieben. Nebelleuchten sind nur bei Sicht unter 50 m erlaubt.

Autobahngebühren: Rijeka–Zadar 103 KN, Rijeka–Zagreb 56 KN, Zagreb–Zadar 109 KN, Zagreb–Dugopolje (bei Split) 157 KN.

Höchstgeschwindigkeit: Pkw und Motorräder innerhalb von Ortschaften 50 km/h, außerhalb 90 km/h; auf Schnellstraßen 110 km/h, auf Autobahnen 130 km/h; Wohnmobile bis 3,5 t auf Autobahnen 80 km/h, Wohnmobile über 3,5 t und Pkw mit Anhänger außerhalb von Ortschaften überall 80 km/h. Achtung: viele Radarkontrollen.

Kraftfahrzeugdokumente: Führerschein, Fahrzeugschein und Grüne Versicherungskarte. Nach Unfällen mit sichtbaren Karosserieschäden sollte man sich von der Polizei eine Schadensbestätigung (Potvrda) ausstellen lassen.

Kraftstoff: Bleifreies Benzin ist überall erhältlich. Tankstellen sind an den wichtigsten Straßen rund um die Uhr geöffnet, Zahlung mit EC-Karte ist problemlos möglich. Infos auch unter www.ina.hr, www.hak.hr oder www.omivistrabenz.hr.

Kraftstoffpreise pro Liter: Bleifrei Eurosuper plus (98 Oktan) 0,99 €; Bleifrei Eurosuper (95 Okt.) 0,96 €; Eurodiesel 0,84 €. Es wird auch verbleiter Kraftstoff verkauft.

Kroatischer Automobilclub (ADAC-Partnerclub): Hrvatski autoklub (HAK), 10000 Zagreb, Draškovičeva 25, ✆ 01/4640-800, www.hak.hr; zudem www.autoweb.hr.1

Notrufnummern: Polizei ✆ 92; Rettungsdienst ✆ 94, Feuerwehr ✆ 93.

Pannenhilfe: Die Straßenwacht des Automobilclubs HAK ist rund um die Uhr unter ✆ 987 (Mob. 00385/1987) erreichbar.

Der deutschsprachige ADAC-Notruf in Zagreb ist ganzjährig unter ✆ 00385/1/3636-666 und 01/3636-000 erreichbar.

Touristische Informationen sind unter ✆ 062/999-999 (Kroatische Engel) rund um die Uhr erhältlich. Die Zentralen der jeweiligen Fremdenverkehrsämter sind mit dieser Info-Nr. verbunden und geben in der Saison Auskunft. An Autobahnausfahrten, z. B. bei Zadar, gibt es die Infostellen Tifon, geöffnet Mai–Mitte Okt. tägl. 8–22 Uhr.

Wettervorhersage und Verkehrsservice: ✆ 060/520-520.

Mit der Fähre

Für viele Kroaten ein wichtiges Verkehrsmittel. Um auf die Inseln zu kommen, muss man mit dem Auto die so genannten Trajekts benutzen. Wer tiefer in den Süden will und dabei Nerven und Auto schonen möchte, nimmt die Küsten-Eilfähre. Zwischen den autofreien Inseln verkehren Personenfähren.

Küsten-Eilfähre

Die Seeschifffahrtsgesellschaft Jadrolinija unterhält eine Verbindung von Rijeka nach Dubrovnik zweimal wöchentlich und ganzjährig.

Rijeka–Split–Stari Grad (Insel Hvar)–*Korčula–Sobra* (Insel Mljet)–*Dubrovnik–Bari* (Italien). Es werden jedoch, bis auf Split, Stari Grad, Korčula und Dubrovnik, nicht immer alle Häfen angefahren und auch die Stopps sind unterschiedlich lang. Somit ändert sich auch die Fahrzeit, die längstens etwas über 20 Stunden, im kürzesten Fall knapp 19 Stunden nach Dubrovnik beträgt. Die Abfahrt in Rijeka ist in der Hauptsaison Montag und Freitag um 20 Uhr, in der Nebensaison um 19 Uhr. Der Fährstopp in Zadar wurde im Frühjahr 2006 eingestellt. Für die Hochsaison müssen Platzreservierungen für Autos langfristig gebucht werden (mindestens drei Monate im Voraus!). Buchung und Auskünfte in Deutschland, Österreich und der Schweiz siehe Kapitel „Mit Auto und Fähre von Italien nach Kroatien“.

• Preisbeispiel **Rijeka–Split:** Pkw bis 1,80 m Höhe 67 €; Motorrad/Fahrrad 23,50 €; Wohnwagen und Anhänger, Wohnmobil bis 5 m 85 €, von 5–7 m 117,50 €. 2-Bett-Außenkabine (Waschbecken) 69 €/Person, 2-Bett-Außenkabine (Du/WC) 76,50 €/Person. Couchette 39,50 €, Deckpassage 25 €. Fahrtzeit ca. 10 Std. Für Surfbretter, Hunde und Katzen freie Beförderung. Im Kabinenpreis ist Frühstück enthalten.

Ermäßigungen: Bei gleichzeitigem Kauf von Hin- und Rückfahrkarte werden 20 % Ermäßigung auf die Rückfahrt gewährt. Für Kinder unter 3 Jahren ist die Kabinenbenutzung gratis (kein eigenes Bett), 3–12 Jahre 50 %, über 12 Jahre voller Preis. Die Deckpassage ist für Kinder unter 3 Jahren frei, 3–12 Jahre 50 % Ermäßigung.

• Buchung – Kroatien (Zentrale) **Jadrolinija,** 51000 Rijeka, Riva 16, ✆ 051/666-111, 051/213-116; www.jadrolinija.hr.

Auto- und Personenfähren (Trajekts) zu den Inseln

Die Inseln Krk, Pag und Vir in der Kvarner Bucht sind über eine Brücke vom Festland aus zu erreichen – trotzdem kann sich die Fähre lohnen, wenn man Umwege vermeiden will. Durch eine Brücke untereinander verbunden sind die Inseln Cres und Lošinj. Zwischen dem Festland und den Inseln gibt es regelmäßige Schiffsverbindungen (manchmal zur Hauptsaison sogar stündlich). Die im Text unter den jeweiligen Inseln angegebenen Preise beziehen sich auf die Hochsaison, außerhalb der Hauptsaison beträgt der Fahrpreis 20 % weniger.

Fährverbindungen

Insel Cres und Lošinj:	Brestova–Porozina, Rijeka–Cres, Lošinj–Zadar, Merag–Valbiska
Insel Krk:	Lopar–Baška, Valbiska–Merag
Insel Rab:	Baška–Lopar, Jablanac–Mišnjak
Insel Pag:	Prizna–Žigljen
Zadar:	Nach Mali Lošinj, Pula

Fischer bei der Arbeit

Reine Personenfähren:

Von Rijeka zu den Inseln Cres, Susak, Unije, Rab und Novalja (Insel Pag).

Von Mali Lošinj (Insel Lošinj) zu den Inseln Unije, Susak, Ilovik, Silba, Rab, Novalja (Insel Pag) und nach Rijeka.

Von Zadar zu den Inseln Olib, Silba, Premuda, Ilovik, Lošinj, Rivanj, Molat, Ist, Sestrunj.

Mit dem Bus

Das kroatische Busnetz ist sehr gut ausgebaut und für die Weiterreise empfehlenswert – der Bus ist nach dem Zug das billigste Verkehrsmittel.

Auf längeren Strecken verkehren Expressbusse (alle mit Aircondition ausgestattet) z. B. nach Zagreb, Rijeka, Zadar, nach Krk und auch über die Fähre zu den Inseln Cres, Lošinj und nach Rab. Die Busse fahren für ein paar Cent pro Kilometer und sind dementsprechend ausgelastet. So zahlt man von Rijeka nach Krk 3 €, von Rijeka nach Zagreb ca. 15 € (2 Std.) und von Zadar nach Zagreb um die 12 € (je nach Busunternehmen). Die Expressbusse verkehren mindestens einmal täglich. In der Hauptreisezeit ist bei längeren Strecken eine Reservierung notwendig. Zwischen den Städten gibt es zusätzlich den regionalen, oftmals stündlichen Busverkehr.

Die *Busbahnhöfe* liegen meist zentral in der Stadtmitte, am Hafen oder bei den Zugbahnhöfen. Fahrkarten kauft man am Busterminal, die Abfahrtszeiten sind auf Tafeln angeschrieben: Abfahrt heißt auf kroatisch *Polazak,* Ankunft *Dolazak.*

Informationen Der aktuelle Fahrplan ist an den Busterminals oder in den Agenturen erhältlich; zudem unter ✆ 060/313-333, 01/6112-789 oder 01/6008-631; www.autotrans.hr.

Mit der Eisenbahn

Die Eisenbahn ist in Kroatien das billigste Transportmittel. Da es aber keine Direktverbindungen zwischen den Küstenstädten gibt, kommt die Schiene nur für die Anreise in Frage. Der Kilometerpreis ist gering. An den Bahnschaltern gibt es für ein paar Euro das Kursbuch *Red Vožnje.*

Die **Hauptstrecke** verläuft auf der Linie *österreichische Grenze* (Jesenice)–*Ljubljana–Zidani most* und weiter nach Kroatien (Zagreb–Karlovac–Rijeka) oder von *Zagreb* an die *Küste* (Zagreb–Karlovac–Plaški–Gospić–Knin–Split); außerdem *Maribor–Celje–Zidani most–Ljubljana–Postojna–Koper* (von hier im Sommer Direktverbindungen nach Deutschland).

Die **Nebenstrecken** verlaufen auf eingleisiger Linie nach Istrien (*Postojna–Pivka–Ilirska Bistrica–Matulji–Rijeka* oder *Divača–Buzet–Pazin–Kanfanar–Pula*) sowie auf der Linie zur Kvarner Küste von *Knin* nach *Zadar*.
Abseits dieser Strecken ist der Bus meist schneller.

• *Preisbeispiel* (Einfach, 2. Kl.): Zagreb–Rijeka: 9 €; Zagreb–Zadar: 12 €; Platzreservierung 1 €.

• *Fahrradversand* Die Fahrradmitnahme ist nur in Zügen mit Gepäckwagen möglich. Den Versand übernehmen alle Bahnhöfe mit Gepäckschalter oder direkt die Gepäckwagen. Der Preis für den Transport ist entfernungsabhängig, Mindestpreis 3 €; z. B. Zagreb–Split 4 €.

• *Informationen* In Deutschland über die Auslandsauskunft ✆ 11861; in Kroatien unter ✆ 060/333-444 oder 01/378-2532; www.hznet.hr.

Mit dem Flugzeug

Bei den kurzen Entfernungen lohnt es sich kaum, das Flugzeug zu besteigen. Es sei denn, man ist nach Zagreb geflogen und möchte auf schnellstem Wege an die Küste. Keine billige Variante – zudem sind die Flüge oft ausgebucht.
Der an das internationale Liniennetz angeschlossene Hauptflughafen ist in Zagreb. Weitere kleine Flughäfen, die im Linienverkehr über Zagreb und im Charterverkehr (von Deutschland aus) direkt angeflogen werden, sind u. a. Pula, Krk, Zadar, Split, Brač, Dubrovnik.

• *Informationen* **Flughafen Zagreb:** ✆ 01/6164-581; www.zagreb-airport.hr.
Flughafen Pula: ✆ 052/550-900.
Flughafen Krk, ✆051/842-040, 842-055, Flug-Info unter 051/842-132; www.rijeka-airport.hr.
Flughafen Zadar, ✆ 313-311, www.zadar-airport.hr.
Inlandsflüge über **Croatia Airlines,** zentrale Reservierungsstelle in Zagreb: ✆ 01/4551-244; www.croatiaairlines.hr.
Reservierung in **Deutschland:** Croatia Airlines, Klingerstr. 25, 60313 Frankfurt, ✆ 069/9200-5210.

Mit dem Fahrrad

Die Inseln eignen sich gut für Fahrradtouren. Kleine Asphaltstraßen führen durch abwechslungsreiche Landschaft, die man in würziger Luft gemütlich erkunden und genießen kann. Kondition ist jedoch erforderlich, denn die Inseln sind hügelig bis bergig. Ebenfalls wunderbar für anspruchsvolle Touren ist die Gegend um die Nationalparks Risnjak und Plitvicer Seen. Fahrradvermieter gibt es inzwischen in allen größeren Städten und Touristenorten. Wer jedoch Wert auf gutes Material legt, sollte besser sein eigenes Fahrrad von zu Hause mitbringen.
Achtung: Möglichst die Küstenstraße meiden! Sie ist sehr verkehrsreich, die Autos und Lastwagen nehmen oft wenig Rücksicht auf Fahrradfahrer.

Tourenvorschläge

Inselprofile

Cres	Der Norden ist bergig, gen Süden geringe Steigungen
Lošinj	Leichte Steigungen
Krk	Im Süden relativ anstrengend
Rab	Sehr wenig Steigungen
Pag	Empfehlenswert, geringe Steigungen
Vir	Flach, kein Problem, aber man muss wieder zurück

Von *Rijeka* mit der Fähre (diese Personenfähre verkehrt nur Juli und August!) nach **Cres** (Insel Cres); ab hier mit dem Fahrrad bis **Mali Lošinj** und weiter mit der Fähre nach *Zadar*. Von Zadar aus entweder mit der Fähre zurück nach Rijeka oder mit dem Fahrrad weiter Richtung **Pag** fahren. Von *Žigljen* (Pag) mit der Fähre nach *Prizna* (Festland), ca. 35 km auf der stark befahrenen Küstenstraße (sehr anstrengend) und von *Jablanac* (Fährhafen) nach **Rab** *(Mišnjak)*. Durch Rab bis *Lopar* radeln und mit der Fähre nach **Krk** *(Baška)* übersetzen. Durch Krk radeln und über die Brücke Richtung *Rijeka* zurück.
Gerade dieses letzte, bergige Stück (ca. 25 km) ist nicht empfehlenswert, da man in Auspuffhöhe an Kolonnen von Autos und Lastwagen vorbeifährt. Zudem führt die Straße hier durch die landschaftlich hässlichste Gegend an der gesamten Adria. Besser vielleicht wieder von der Insel Krk (Fährhafen Valbiška) mit der Fähre zur Insel Cres (Fährhafen Merag) und per Personenfähre (verkehrt nur Juli/August!) von Cres nach Rijeka. Andernfalls mit der Fähre von der Insel Cres (Fährhafen Porozina) nach Brestova (Festland) und über Opatija nach Rijeka. Dieser Abschnitt der Küstenstraße ist zwar landschaftlich sehr reizvoll, jedoch auch kurvenreich, schmal, bergig und voller Autos (wenig Lastwagen).

Mit dem Mietwagen

Autovermietungen gibt es in allen größeren Ferienorten und Städten, zudem an den internationalen Flughäfen in Zagreb und Krk. Die Preise sind relativ hoch, Preisvergleiche lohnen sich. Neben den internationalen Autoverleihern wie Avis, Europcar, Budget und Hertz gibt es kroatische Anbieter, die etwas billiger sind.

Die Verträge sollten genau studiert werden, sie unterscheiden sich von Anbieter zu Anbieter. Man kann den Wagen 1 bis 3, 4 bis 6 oder 7 Tage zuzüglich Kilometergeld mieten, je länger die Anmietung, desto billiger natürlich der Tagessatz. Ohne Kilometerbegrenzung werden meist 4 bis 6 Tage und 7 Tage angeboten. Eine Mietwagenreservierung von zu Hause aus bringt mitunter Preisvorteile. Wer mit dem Flugzeug anreist, kann die Fly & Drive-Angebote nutzen. Lokale Anbieter siehe in den jeweiligen Ortskapiteln.

Preisbeispiele bei unbegrenzter Kilometerzahl für 1 Tag: Fiat Punto ca. 42 €; Opel Astra ca. 90 €; Suzuki Baleno SW 4 x 4 ca. 145 €; zuzüglich Kaution ca. 100 € (unterschiedlich).

• *Einige Adressen* **Hertz**: Zentrale Zagreb, 10000 Zagreb, Mažuranićev Trg 2, ✆ 01/4847-222, ℻ 01/4812-925; www.hertz.hr. Zweigstelle Rijeka, Riva 6, ✆ 051/311-098.

Avis: Zentrale Zagreb, 10000 Zagreb, Hotel Opera, Kršnjavoga 1, ✆ 01/4836-006, 4836-466, ℻ 01/4836-296, 4836-652; www.avis.hr.

Dollar&Thrifty: Rijeka, Riva 22, ✆ 051/325-900, www.subrosa.hr.

Motorräder und **Mofas** kann man in fast jedem Touristenort mieten (übrigens gilt auch in Kroatien Helmpflicht!). Ein Scooter kostet ca. 10 €/Stunde, halber Tag ab 20 €, ganzer Tag ab 30 €.

Mit dem Taxi

Taxistände befinden sich in größeren Orten im Zentrum, an Omnibusbahnhöfen, am Hafen und an Flughäfen. Taxiservice u. a. unter ✆ 970. Für Überlandfahrten ist es sinnvoll, den Preis vorher auszuhandeln. Startpreis in der Stadt sind 28 KN (3,80 €), jeder weitere Kilometer kostet 6 KN (ca. 0,80 €). Von Rijeka zum Flughafen Krk zahlt man ca. 27 €.

ACI-Cres – gutes Übernachtungsquartier für Bootsbesitzer

Übernachten

Das Übernachtungsangebot in der Kvarner Region ist groß und vielfältig – man hat die Wahl zwischen Privatunterkünften, Hotels, Appartements, einigen Jugendherbergen und zahlreichen schön gelegenen Campingplätzen.

In den Hochsaison-Wochen von Anfang bis Mitte August, wenn auch die Italiener Ferien machen, wird es in der Kvarner Region schwierig, eine hübsche Unterkunft ohne Voranmeldung zu ergattern – sicherer ist es, für diese Zeit vorher rechtzeitig zu reservieren. In den anderen Wochen und Monaten dürfte es aber kein Problem sein, kurzfristig eine passable Unterkunft zu finden. Die Campingplätze sind in der Hochsaison zwar meist voll, wer aber kein riesiges Hauszelt aufstellen möchte, findet sicher noch ein schattiges Plätzchen. Touristische Bauernhöfe und Landhäuser werden im Gegensatz zu Istrien im Kvarner Raum noch sehr spärlich angeboten.

Ein jährlich neu erscheinendes Verzeichnis der Hotels, Privatunterkünfte, touristischen Bauernhöfe und Campingplätze ist über das istrische und kroatische Fremdenverkehrsamt gratis erhältlich – s. u. Information.

Seit der Euro-Umstellung haben auch in Kroatien die Übernachtungspreise gewaltig angezogen. Haupt- und Nebensaisonpreise sind an der Küste üblich, in den Touristenhochburgen gibt es von Anfang bis Mitte August sogar Top-Hochsaisonpreise; dagegen vermieten die Pensionen und kleinen Hotels im Landesinneren meist ganzjährig zum gleichen Preis.

Die angegebenen Übernachtungspreise gelten für die Hauptsaison und einen Aufenthalt ab 3 Tagen, für weniger Tage ist ein Aufpreis von 30 % fällig. Nebensaisonpreise sind bis zu 50 % günstiger. Zusätzlich zum Übernachtungspreis ist eine

Kurtaxe zu entrichten, je nach Gebiet in der Hauptsaison von 4 bis 7 KN, in der Nebensaison von 2,50 bis 5,50 KN.

Wer seinen Urlaub größtenteils an einem Ort verbringen möchte, kann mit den Privatvermietern einen reduzierten Preis aushandeln. Auch über die Reiseveranstalter kostet dasselbe Zimmer rund ein Drittel weniger, und dazu gibt's noch Halbpension; allerdings hat die Hotelküche der preiswerten Hotels nie das Niveau der meist sehr guten lokalen Restaurants, und Sie werden die Gaumengenüsse Kroatiens so nicht kennen lernen.

Privatzimmer

In allen Touristenorten weisen an den Häusern *sobe*-Schilder auf Zimmer hin. Privatzimmer werden von den Touristbüros oder Reiseagenturen vermittelt, man kann sich aber auch direkt an den Vermieter wenden. Die meisten Zimmervermieter sind registriert und bezahlen für die Vermietung eine Gebühr. Manche Vermieter versuchen, dies zu umgehen und sprechen Touristen deshalb bereits am (Bus-) Bahnhof oder am Auto an.
Privatzimmer sind in verschiedene Kategorien unterteilt, üblich sind ** bis *** und kosten zwischen 20 und 35 € pro Doppelzimmer. Einzelzimmer kosten 30 % mehr als ein Bett im Doppelzimmer. Die Preise verstehen sich ohne Frühstück – dieses kostet zusätzlich 4 bis 6 € pro Person. In manchen Gegenden, vor allem dort, wo Restaurants rarer sind, wird Halb- oder Vollpension für 12 bis 23 € pro Person angeboten.

Appartements

In jedem Touristenort werden Appartements vermietet – in Privathäusern oder in Feriensiedlungen. In den Siedlungen befinden sich dann meist auch Restaurants, Bars, Einkaufsmöglichkeiten und Sportangebote. Es gibt Appartements für 2 bis 10 Personen. Üblich sind für 4 Personen 2 Räume, Kochnische, Bad/Dusche/WC, evtl. noch ein kleiner Aufenthaltsraum und Terrasse. Es gibt auch sehr komfortable, mit allem Erdenklichen ausgestattete Appartements. Auch die Appartements sind in Kategorien unterteilt (** bis *****) und kosten für 2 Personen 30 bis 100 €.

Hotels

Die Hotels sind in verschiedene Kategorien von ** bis ***** eingeteilt. Wie üblich sind Lage, Komfort des Hauses, Animation, Sportplätze und Fitnessprogramme, Ausstattung der Räume, Balkon und Meeresblick ausschlaggebend. Viele Hotels verfügen auch in Kroatien mittlerweile über einen Wellness- und Beautybereich. Ebenso gibt es immer mehr All-inclusive-Hotels, schade für die guten Restaurants rundum. Die Preise bewegen sich von 60 bis 200 € (und weitaus mehr!) für ein Doppelzimmer. Die Preise schließen meist Frühstück ein. Der größte Teil der Hotels in Kroatien gehört zur Kategorie der Dreisternehotels.

> Viele Hotels und Appartements findet man auch in den Reisebroschüren großer Reiseveranstalter wieder (z. B. TUI und Riva-Tours) – zu einem Bruchteil des Preises, den Individualreisende bezahlen.

Jugendherbergen

Jugendherbergen sind in Kroatien bisher sehr dünn gesät. Es gibt sie nur in Städten, u. a. in Zagreb, Rijeka, Zadar, Pula, Dubrovnik, auf der Insel Lošinj (Veli Lošinj) und der Insel Krk (Krk und Punat). Die meisten Jugendherbergen liegen zentral, sind mit 3- bis 8-Bett-Zimmern ausgestattet (meist mit Dusche/WC im Zimmer), haben Aufenthaltsraum und Restaurant, manchmal auch Garten, Vorplatz oder Sportplatz. Zu Ferienzeiten sind Jugendherbergen in der Regel oft ausgebucht, daher ist Voranmeldung sinnvoll. Man benötigt einen internationalen Jugendherbergsausweis mit Passbild. Wer kein Mitglied ist, erhält einen so genannten Willkommensstempel und zahlt neben den Übernachtungskosten 1,35 €. Ab sechs Stempeln ist man gültiges Mitglied. Die Übernachtungskosten liegen pro Person und Frühstück im Juli/August bei 14 bis 17,50 €, in der Nebensaison sind sie ein paar Euro billiger. Für Halbpension muss man ca. 4 € und für Vollpension ca. 10 € Mehrpreis rechnen. In den Städten sind die Jugendherbergen ganzjährig, auf den Inseln von Mai bis September geöffnet. Gerade für Familien stellen sie eine preisgünstige Übernachtungsmöglichkeit dar.

• *Informationen* Auskunft gibt das jährlich erscheinende **Internationale Jugendherbergsverzeichnis** des Deutschen Jugendherbergswerks (DJH), Bismarckstr. 8, 32756 Detmold, ✆ 05231/74010, 📠 05231/7401-49; www.jugendherberge.de.

Hrvatski ferijalni i hostelski savez (Kroat. Ferien- u. Jugendherbergswerk), Savska 5/1, 10000 Zagreb, ✆ 01/4829-294, 📠 01/4829-296, www.hfhs.hr.

Camping

An der Küste reihen sich die Campingplätze aneinander, und auch die Inseln in der Kvarner Bucht sind diesbezüglich gut versorgt. Die großen Campingplätze an der Küste liegen meist in einer eigenen Bucht unter Olivenbäumen oder Strandkiefern, haben Restaurant und Supermarkt, moderne Sanitäranlagen, Kühlboxen und Grillplätze. Zusätzlich gibt es häufig Sportanlagen sowie Boots- und Wassersportgeräteverleih und auch Molen und Slipanlagen für Boote. Bei der Wasserversorgung kommt es auf großen Plätzen im Hochsommer leicht zu Engpässen. Spitzenkategorie-Campingplätze sind selten.

Vielerorts findet man Naturcamps ohne jeglichen Komfort, die nur angesteuert werden, weil **wildes Campen in Kroatien verboten** ist. Dasselbe gilt für kleine Privatcamps, die oft mitten in den Siedlungen auf einer Wiese vor dem Haus des Inhabers platziert sind und manchmal nur über einen Wasserhahn verfügen. Aber es gibt auch nette Camps mit Meerzugang, Warmwasserduschen und quasi Familienanschluss. Freikörperkultur-Freunde können sich auf eigene FKK-Campingplätze freuen, die zahlreich über die Kvarner Inseln verteilt sind. Manche Camping-Areale gliedern sich in textile und textillose Zonen.

Die meisten Campingplätze sind vom 1. Mai bis 30. September geöffnet, einige große vom 1. April bis Ende Oktober. In der Hauptsaison wird es ganz schön eng, denn auch viele Einheimische verbringen ihre Ferien gern auf den Autocamps.

• *Informationen* Über die kroatischen Fremdenverkehrsämter ist die jährlich aktualisierte Broschüre *Camping* gratis erhältlich. Der *ADAC-Campingführer* mit dem Kroatien-Teil ist sehr umfangreich, verzeichnet aber nicht jeden Platz/Ort.

• *Preise* **Autocamps** (**–***) kosten zur Hauptsaison im Durchschnitt tägl.: 4–6 €/Person, Kinder 2,50–4 €. Entweder wird der weitere Preis nach Parzelle verrechnet (ca. 9–17 €) oder einzeln: Pkw 2,50–4 €, Bus 3–4 €, Caravan 5–8 €, Wohnmobil 4,50–6 €, Zelt 3,50–5 €. Strom 1,50–2,50 €, Kühlbox 1,50–2 €, Antenne 1–1,50 €. Hund/Katze 1–3 €. Zusätzlich ist die nach Gebiet variierende Kurtaxe zu zahlen.

Kleine **Privatcamps** kosten zur Hauptsaison im Durchschnitt pro Tag und Person 5–9 € (alles inkl.) plus örtliche Kurtaxe.

Schwimmender Obst- und Gemüsestand (Mali Lošinj)

Essen und Trinken

Die Küche der Kvarner Bucht ist von der österreichischen, italienischen und natürlich regionalen Kochkunst der ehemaligen jugoslawischen Gebiete beeinflusst. Nach Omas Rezepten garen aber auch heute noch die unterschiedlichsten Gerichte in den Töpfen, und dass am kroatischen Meer frischer Fisch köstlich zubereitet wird, daran hat sich ebenfalls nichts geändert. Serviert wird dazu weißer oder roter Landwein, der bei keinem Essen fehlen darf.

An der Küste und auf den Inseln ist die Küche in der Regel von *Fisch* und *Schalentieren* geprägt, die in guten Lokalen fangfrisch auf den Teller kommen: von Scampi, Hummer, Meeresspinne, Goldbrasse, Seezunge bis zu Austern und Muscheln reicht das Angebot. Komplettiert werden die Speisekarten durch die internationalen touristischen Klassiker: Steaks und Schnitzel (Naturschnitzel – *naravni šnicl;* Wienerschnitzel – *bečki šnicl*) mit Pommes frites *(pomfrit),* dazu kommen die aus der Balkan- und serbischen Küche übernommenen *čevapčići, ražnjiči* sowie der *Mixed Grill.* Mit Ausnahme des Mangold *(blitva)* fehlt in den Sommermonaten Gemüse als Beilage auf dem Teller. Dafür gibt es die leckere, aus jahreszeitlich verschiedenen Gemüsesorten gekochte Minestrone *(maneštra).*

Vor allem im Landesinneren sind Spanferkel, Wildschwein, Lamm und Zicklein vom Grill und im Herbst Wildgerichte wie Fasan und Hase beliebte Spezialitäten. Eine typische und wichtige Zutat, mit der von der Vor- bis zur Nachspeise gern verfeinert oder gewürzt wird, sind die im nahen Istrien beheimateten weißen und schwarzen *Trüffel (tartuf).* Der Wildspargel *(šparogama),* der als Salat, Gemüse oder in Omeletts serviert wird, sprießt im Frühjahr überall. Sehr beliebt sind auch

Pilzgerichte, z. B. mit *Gnocchi* oder *Fuži* oder zu Fleischspeisen. Und auch Naschkatzen kommen auf ihre Kosten – sie haben die Wahl zwischen Pfannkuchen *(palačinke)*, Strudel, Krapfen oder Eis.

Die Lokale

Restoran (Restaurant): Das etwas gehobene Speiselokal, wie bei uns zu Hause auch. Die Speisenauswahl ist groß: Vorspeisen, Fisch- und Fleischgerichte, Nachspeisen.

Riblji restoran (Fischrestaurant): Hier gibt es Meeresspezialitäten, vorwiegend Fische aus der Adria. Angeboten werden Meeresfrüchtesalat, Fischsuppen, gegrillte, gebackene und gekochte Weiß- und Blaufische, gebratene, gefüllte und gegrillte Tintenfische, Muscheln, Hummer. Wer gerne Fisch isst, darf sich hier bestens aufgehoben fühlen, da die Zutaten immer frisch sind und man die Art der Zubereitung bei uns zu Hause nicht findet.

Gostiona (Gasthaus): Gasthäuser sind meist Familienbetriebe. Oft kochen Wirt oder Wirtin selbst, das Essen wird aus frischen Zutaten nach Art des Hauses zubereitet. Das Ambiente reicht von einfacher ländlicher bis zur gehobenen rustikalen oder modernen Ausstattung. In kleineren Gasthäusern beschränkt sich die Auswahl auf wenige preiswerte Fleisch- und Fischgerichte.

Konoba: Ursprünglich ein Weinkeller oder ein winziges Lokal, das Wein und ein paar Vorspeisen wie Oliven, Schinken und Käse, gelegentlich auch kleine Fischgerichte anbietet. Heute bezeichnen sich auch kleine Gostionas als Konobas und haben eine deutlich größere Essensauswahl, z. B. oft die leckeren Peka-Gerichte.

Kavana (Café) und **Bife** (Buffet): Im Café gibt es Kaffee, Tee, türkischen Kaffee, Torten, Gebäck, Eis, Getränke und manchmal kleine Snacks. Bifes sind mehr eine Art Bar und Treff.

Pizzeria: Auch in Kroatien ein preiswertes, schnelles Essen und eine willkommene Abwechslung zu den Fleischgerichten. Jedoch wird in den Pizzerias, im Gegensatz zu ihren deutschen Schwestern, meist tatsächlich nur Pizza angeboten (außer es heißt Restaurant/Pizzeria), dafür meist in großer Auswahl und oft auch die wohlschmeckende Holzofen-Pizza.

Vinoteka (Weingeschäft): Hier kann man vor allem Weine, Grappas und Hochprozentiges kaufen.

Samoposlužni restaurant: Das Selbstbedienungs-Restaurant, meist in Städten und größeren Feriensiedlungen an der Küste zu finden – ein preiswertes Esslokal.

Slastičarna: Eisdiele/Café – sie servieren Espresso, Cappuccino, Kuchen, Torten und Eis.

Vorspeisen und Snacks

Als Vorspeise kennt man in der Küstenregion luftgetrockneten Schinken, *pršut*, und Käse, *sir*, meist vom Schaf oder von der Ziege. Berühmt ist der Schafskäse von der Insel Pag, *paški sir*, mit seinem würzigen Aroma. Im kühleren Landesinneren, z. B. in der Lika (Plitvicer Seen), isst man gerne auch milden Quark oder Frischkäse als Vorspeise, aber auch der Hartkäse aus dem Velebit schmeckt vorzüglich. Dazu isst man Oliven oder eingelegte Zwiebeln, *kapulica*, und Weißbrot.

Eingesalzener Fisch, *usoljena riba*, ist eine ebenso beliebte Vorspeise wie Zwischenmahlzeit. Es werden hauptsächlich rohe Sardinen verwendet, die, in Öl und Essig mit Lorbeerblättern eingelegt, ein paar Wochen durchziehen. Auch Tintenfischsalat, *Bakalar* (gekochter Stockfisch) oder Scampi-Cocktail sind als Appetizer beliebt.

Marinierter Fisch, *marinirana riba*, wird in einem anderen Verfahren zubereitet: Makrelen oder Sardinen werden gebraten, dann in Essig, Öl und Zwiebeln für ein paar Tage eingelegt.

Eine überall bekannte Zwischenmahlzeit ist *burek*, Blätterteigpasteten mit Fleischfüllung oder auch mit Apfel oder Quark. *Omelettes* mit Pilzen, Käse oder Schinken serviert jedes Restaurant.

An Suppen gibt es: Minestrone *(maneštra)* mit je nach Jahreszeit wechselnden Gemüsesorten, Rindfleischsuppe mit Nudeln *(govećda juha sa tjesteninom),* Tomatensuppe *(juha od paradajza),* Gulaschsuppe *(gulaš juha),* Fischsuppe *(brodet* oder *riblja juha)* sowie Lammsuppe *(jagjeća čorba).* Lecker ist auch die Suppe Lika-Art, die mit Lammfleisch, Gemüse und Kartoffeln zubereitet wird.

Essenspreise: Kalte und warme Vorspeisen wie Schinken (pršut), Salat aus Meeresfrüchten, Reis- und Nudelgerichte gibt es ab ca. 5–10 €, Fleischgerichte kosten rund 6–12 €, Gerichte von Meeresfrüchten ab 8 €, ganze Fische (z. B. Zahnbrasse) sind ab 15 € zu haben.

Getränke: Espresso ab 0,70 €, Cappuccino ab 0,80 €, Tafelwein ab ca. 6,70 €/ Liter, Barriqueweine ab 16 € für die 0,75-Liter-Flasche, Grappa ab ca. 1,30 €. Einheimische Biere ab 1,60 € für die 0,33-Liter-Flasche.

Gerichte von Fisch und Meeresfrüchten

Charakteristisch für die Küste und die Inseln sind die Fischgerichte, die auf vielfältigste Art zubereitet werden. Auf den Tisch kommen Drachenkopf, Zahnbrasse, Goldbrasse, Petersfisch, Scampi, Muscheln, Austern, Langusten, Hummer, Tintenfisch.

Na žaru heißen die gegrillten Fische, und der Holzofen, geschürt mit Olivenholz oder dem Reisig der Weinstöcke, verleiht Fischen und Schalentieren besondere Würze. Mit Knoblauch gespickte Gold- und Zahnbrassen, Seebarsche, Meeräschen, aber auch Makrelen und Sardinen werden mit Kräutern und Lorbeerblättern gewürzt und gegrillt.

Für den gekochten Fisch, *na lešo,* müssen Drachenkopf, Zahnbrasse oder Hechtdorsch in den Topf und werden dann in Wasser, Öl, Weinessig und mit Lorbeerblättern, Zwiebeln und Pfefferkörnern gegart.

Besonders lecker schmeckt die Fischsuppe, *brodet,* für die verschiedenste kleine Fische verwendet werden, die mit Wein, Öl, Lorbeerblättern, Zwiebeln, Petersilie und Tomatenmark lange Zeit im Topf garen. Dazu wird Maisgrieß, *pura,* gereicht.

Eine Delikatesse sind die gedünsteten Fische, z. B. Langusten, *scampi na buzaru,* oder gefüllte Tintenfische, *punjene lignje;* sie schmoren mit Knoblauch und Zwiebeln gespickt in einem mit Knoblauch ausgeriebenen und mit Öl und Wein gefüllten Topf. Auf ähnliche Weise dünstet man Muscheln in Wein und viel Knoblauch. Dazu wird Weißbrot gereicht, mit dem man die leckere Soße aufsaugt. Auch im Ofen gebackener Fisch mit Kartoffeln wird gern serviert.

Schalentiere sind ein etwas teuerer Genuss: Hummer, *jastog,* wird gekocht und überbacken in Weißwein und Kräutern mit Hausnudeln oder Mayonnaise oder nach individuellem Wunsch serviert. Fast immer stehen auch Muscheln, manchmal Austern auf der Karte.

Gebackene und panierte Fische sind eine Variation der österreichischen Küche. Dazu nimmt man Sardinen oder Thunfisch, *pečena tuna.*

Fleischgerichte

Fleischspezialitäten in der Kvarner Region sind Lammgerichte: Lammsuppe, Lammbraten (unter der *peka*), Lamm gekocht und auch Lamm am Spieß. Immer beliebter wird auch im Norden Kroatiens das Fleischgaren auf dem Holzkohlengrill unter der

Hummer ist auch in Kroatien eine etwas teurere Delikatesse

peka (auch *cripnja* genannt), einer Art Tonglocke, die mit Glut und Asche bedeckt ist *(meso pod pekom)*. Auf diese Weise wird Wildschwein, Kalb, Huhn oder Lamm zubereitet (auch Oktopus); das Fleisch wird langsam und schonend gegart und bleibt dabei zart und saftig. Fleischspeisen vom Holzkohlengrill gelten als Nationalgerichte Ex-Jugoslawiens und stehen überall auf der Karte. Die bekanntesten und verbreitetsten sind *čevapčići* (Fleischröllchen aus gehacktem Schweine-, Hammel- oder Kalbfleisch), *ražnjiči* (gemischte Fleischspieße) und *pljeskavica* (eine Art Hamburger). *Mixed Grill* ist eine Grillplatte mit verschiedenen Fleischgerichten – čevapčići, ražnjiči, Lamm- und Schweinekotelett sowie Leber. *Hajdučki ćevap,* der Spieß der *Heiduken,* wird aus mariniertem Lamm- und Rindfleisch mit Zwiebeln zubereitet und mit Djuveč-Reis serviert.

Wildgerichte bieten vor allem die binnenländischen Restaurants, doch ab und zu gibt es sie auch an der Küste und auf den Inseln. Meist werden Hase und Wildschwein, manchmal auch Fasan serviert.

Eintöpfe und Aufläufe

Eintöpfe werden vorwiegend in einfachen Gostionas serviert oder in größeren Selbstbedienungsrestaurants, die auch gefüllte Paprika, Szegediner Gulasch oder ein Fleisch-Nudel-Gericht anbieten.
Aus der Balkan-Küche kommt *mučkalica,* zubereitet in den vielfältigen Variationen: z. B. Schweinefleischstückchen mit Paprika, Tomaten und Zwiebeln oder Lammfleischstückchen mit Weißkohl und Knoblauch.

Der *djuveč* ist ein Eintopf mit Lamm, Hammel, Schwein oder Rind, Reis und Gemüse wie Zwiebeln, Tomaten, Paprika. Dieses Gericht kommt ursprünglich aus Griechenland.

Reis- und Nudelgerichte

Die Venezianer hinterließen Reis- und Nudelgerichte in zahlreichen Variationen mit Meeresfrüchten, Fleisch, mit Gemüse, Pilzen oder Hackfleischsoße.

Fangfrischer Fisch wartet auf Kunden

Reisgerichte, *rižoto,* werden an der Küste mit Tintenfischen (schwarz oder weiß), Muscheln oder Langusten zubereitet. Spaghetti gibt es ebenfalls in allen Varianten: mit Tomatensoße, Hackfleischsoße oder, besonders wohlschmeckend, mit Hummer, Muscheln oder Trüffeln; auch *gnocchi* (zarte Kartoffelmehlklößchen) mit Gorgonzola oder Trüffeln stehen oft auf der Karte. Überhaupt spielen istrische Trüffeln in der nordkroatischen Küche eine große Rolle. Eine Nudelspezialität aus dem nahen Istrien sind *fuži* (bestimmter Nudelteig), die zu Fleisch oder Wild gereicht werden.

Gemüsegerichte

Das beliebteste Gemüse an der Küste ist Mangold, *blitva,* gekocht und mit viel Olivenöl abgeschmeckt. Im Frühjahr steht auf der Speisekarte der beliebte grüne Wildspargel. Außerdem gibt es Tomaten, *paradajz,* Auberginen und Zucchini.

Beilagen

Eine Spezialität in der Kvarner Bucht ist Maisbrei, *pura* oder *palenta,* der zu Fischsud oder frischem Tintenfischfleisch und Makrelen gereicht wird. Die zarten *gnocchi* oder *fuži* sind auch eine leckere Beilage zu Fleisch- oder Pilzgerichten. Die üblichen Beilagen auf der Speisekarte sind Kartoffeln, Reis, der serbische *djuveč-Reis* mit Gemüse und die unausweichlichen Pommes frites. Zu Grillfleisch, *pljeskavica,* isst man *ajwar,* ein rötliches Mus aus Tomaten, Paprika und Auberginen. Gehackte Zwiebeln dürfen ebenfalls nicht fehlen. An Salaten gibt es Tomaten-, Gurken- und Krautsalat. Manchmal auch Blatt-, Bohnen- oder Auberginensalat. Einige Restaurants bieten Salatbuffets, wie wir sie von zu Hause kennen.

Nachspeisen

Palačinke – Pfannkuchen mit Marmelade, Schokolade, Walnüssen oder auch mit Eis und flambiert.

Štrukli – die gängigste Variante ist Apfel- oder Topfenstrudel. Es gibt die Strudelfüllung aber auch mit Mohn, Walnüssen, Heidelbeeren oder Pflaumen, vor allem im Landesinneren.

Sirovi štruklji – eine slowenische Spezialität, die aber auch in Kroatien beliebt ist. Ölteig wird mit Topfen gefüllt und in Salzwasser gekocht. Man kann die *štruklji* als Snack oder salzige Vorspeise essen oder süß – mit in Butter gerösteten Semmelbröseln und mit Zimt-Zucker bestreut.

Sadna kupa – Obstbecher in verschiedenen Variationen mit Sahne oder Eis.

Sladoled – Eiscreme.

Kremšnite – eine beliebte Nascherei: ein mit Creme oder Vanillepudding gefüllter Blätterteig, manchmal unter einem Schokoladenüberzug versteckt. Die kremšnite gibt es in Restaurants als Nachspeise oder in Eisdielen (slastičarnas).

Fritule und kruštule – diese Süßspeisen-Spezialitäten werden aus Hefeteig zubereitet, in Öl (wie Krapfen) ausgebacken und mit Puderzucker bestreut.

Rošata – eine Art Eierstich, besteht aus Eiern, Zucker und Milch und wird mit Sirup übergossen.

Baklava – Blätterteig mit Walnussfüllung, stark gezuckert oder in Honig getränkt, bekommt man nur in slastičarnas.

Getränke

▶ **Wein,** *vino:* Ist das kroatische Nationalgetränk. Wir empfehlen die offenen Weine der Region, in der man sich gerade aufhält. Angeboten werden Weißwein, *bijelo vino,* Rotwein, *crno vino,* und Roséwein, *hrvatica.*

Nord-Kroatien hat eine Reihe sehr guter Weine anzubieten: den roten *teran* und den weißen *malvazija* aus Istrien; die Insel Krk ist bekannt für den goldgelben *žlahtina,* von der Insel Pag kommt der ebenfalls goldgelbe *žutica.* Daneben werden die Weißweine *silvanec, pinot, traminec, chardonnay* und *šipon* oder an Rotweinen *refošk* und *merlot* angebaut. Gegen Durst hilft ganz gut der Gespritzte (halb Wein, halb Wasser), *bevanda* oder *gemišt* genannt.

Mini-Weinlexikon

Crveno vino	Rotwein	*Desertno vino*	Dessertwein
Bijelo vino	Weißwein	*suho*	trocken
Pjenusavo vino	Sekt	*polusuho*	halbtrocken
Stolno vino	Tafelwein	*slatko*	süß
Kvalitetno vino	Qualitätswein	*poluslatko*	halbsüß
Cuveno vino	Auslese		

▶ **Spirituosen:** Der Dessertwein *prošek* ist als „vinum sanctum" (heiliger Wein) seit römischer Zeit bekannt. Eine Spezialität aus Zadar ist der *maraskino,* ein klarer süßer Likör aus den Kernen der Weichselkirsche Maraska. *Istra-Bitter* nennt sich ein Aperitif, der ähnlich wie Campari schmeckt. An härteren Sachen findet man Spezialitäten wie den Kräuterschnaps, *travarica,* und überall gibt es natürlich *šljivovica,* den Slibowitz-Pflaumenschnaps. Fast jede Gostiona hat zudem ihren eigenen Hausschnaps, der dem Gast meist auch vor oder nach dem Essen angeboten wird.

▶ **Biere,** *pivo:* Es gibt einheimische Biere, z. B. aus Karlovac, aber auch gute slowenische, bayerische und eine bekannte Marke aus dem hohen deutschen Norden.

▶ **Kaffee:** Traditionell wird er als süßer türkischer *kava* serviert und in einem langstieligen Kupferkännchen zubereitet. Aber in den Cafés und Café-Bars gibt es inzwischen überall echten italienischen Espresso, Cappuccino und Latte Macchiato, daneben auch Kakao und Tee. Der Kaffee in den meisten Hotels schmeckt allerdings grässlich und bringt viele Gäste dazu, nur heißes Wasser zu bestellen, um damit ihren mitgebrachten Schnellkaffee aufzubrühen.

Parasailing – Blick auf die Bucht von Rijeka

Sport

- **Baden:** Die Küste und die Inseln bieten rundum gute Badebedingungen. Der größte Teil der Küste besteht aus Fels, es gibt jedoch auch einige Buchten mit Feinkies und Kies, manchmal sogar mit Sand. In der Nähe von Touristenorten hat man begonnen, mit Sand oder Beton künstliche Liegeflächen zu schaffen. Die für gute Wasserqualität stehende „blaue Flagge" weht auch an den Stränden der großen Touristenorte wie Crikvenica, Baška, Rab oder Nin, wo sich Zigtausende von Menschen im Meer tummeln. Das meist klare Meerwasser bietet in die Tiefe oft Sichtweiten von bis zu 15 m – Schnorchelausrüstung nicht vergessen! Die Wassertemperaturen liegen zwischen 20 und 23 °C. In der Nähe von Städten oder in Häfen sollte man das Bad im Meer freilich meiden.

  Kroatien ist neben Südfrankreich das Paradies der Nudisten. Es gibt zahlreiche Campinganlagen, die ausschließlich oder zumindest zum Teil FKK-Anhängern offen stehen. Als einer der Ersten ließ 1936 König Eduard VIII. von England auf der Insel Rab die Hüllen fallen. Heute gibt es in der Kvarner Bucht keine Insel, auf der man nicht nackt baden kann. Auffallend ist jedoch der aktuelle Trend, sich wieder einzuhüllen.

  Über die **Badewasserqualität** an der istrischen Küste informiert der ADAC vom 28. Mai bis 31. August unter ✆ 0180/5232221 oder www.adac.de.

- **Canyoning:** Wird vor allem im Učka-Gebirge angeboten – eine Kombination aus Klettern, Erkunden von Schluchten sowie Überspringen und Hinabrutschen von Wasserfällen.

- **Fahrradfahren:** Die Kvarner-Bucht und vor allem die Inseln und die Halbinsel Ravni kotari sind ideal zum Radeln und Mountainbiken – überall wurden ausgewiesene Fahrradwege angelegt. Fahrräder (meist Mountainbikes) kann man in allen größeren Orten über Touristinformationen, Hotels und Verleihgeschäfte mieten –

pro Tag ab ca. 12 €. Wer allerdings Wert auf sehr gute Qualität (Federung!) legt, nimmt seinen Drahtesel besser von zu Hause mit (mehr dazu siehe S. 30).

Information und Fahrradkarten In den Agenturen und bei den Touristbüros.

- **Free-Climbing und Klettern:** Ein tolles Klettergebiet ist die Paklenica-Schlucht im gleichnamigen Nationalpark bei Starigrad-Paklenica. In dieser imposanten Bergwelt des Velebit gibt es alle Schwierigkeitsgrade. In der 1. Maiwoche treffen sich hier die weltbesten Freeclimber zum *Big Wall Street Climbing.* Weitere Reviere sind das Učka-Gebirge und die Insel Pag.

Anspruchsvolle Klettergärten in der Paklenica-Schlucht

- **Fischfang:** Das im Norden bis auf 10–15 m Tiefe klare adriatische Meer lädt zum Fischen und Angeln ein – 365 verschiedene Fischarten soll es hier geben. Die *Fangmittel* sind gesetzlich festgelegt.

  Für das Meer gilt: Mit Ausnahme des Angelns vom Ufer aus braucht man eine Genehmigung der zuständigen Gemeinde. Am Ufer ist ein Fang von bis zu 5 kg täglich erlaubt. In Häfen und Naturschutzparks ist der Fischfang verboten – auch Muscheln und Krebse sind geschützt.

  Fischfanggebiete sind die Gewässer rund um die Küste und die Inseln. Gefangen werden von Nord nach Süd hauptsächlich Tintenfisch, Makrele, Goldbrasse, Brauner Serran, Thunfisch, Drachenkopf, Meeräsche, Aal, Zahnbrasse, Gelbstriemen, große Geisbrasse, schwarzer Schattenfisch, Muräne, Sackbrasse, Seebarbe und Rotbrasse.

  • *Informationen* Die Broschüre *Sportfischerei* liegt in den Fremdenverkehrsämtern kostenlos aus. Über Fischereizentren geben die örtlichen Touristinformationen Auskunft.

  • *Sportfischereiverband* Verband für Unterwasseraktivitäten und Sportfischerei am Meer von Kroatien, Ul. Grada Vukovara 78, ✆/📠 01/6106-208.

- **Kanu- und Kajakfahren:** Hierzu fährt man am besten selbst oder per Ausflugsfahrt zum Fluss Zrmanja bei Obrovac (siehe Zadar, Nin).

- **Paragliden:** Eine wunderschöne Art, das Land buchstäblich aus der Vogelperspektive kennen zu lernen. Agenturen bieten Paragliding im Učka-Gebirge an (Details in den Ortskapiteln zu Lovran und Opatija).

- **Reiten:** Pferdeliebhaber finden u. a. auf der Insel Cres und bei Zaton (Nin) Möglichkeiten zum Reiten.

- **Schnorcheln:** Die Felsküsten sind ein Paradies für Schnorchelfreunde, krebsartiges Getier und zahlreiche Fischarten tummeln sich in den klaren Tiefen. Schnorchelausrüstung am besten von zu Hause mitnehmen!

▸ **Sportschifffahrt:** Für Segelfreunde und Motorbootfahrer ist die Küste ein ideales Revier – die kroatische Küste misst insgesamt 6116 km und bietet mehrere hundert Häfen an der Küste und auf den Inseln sowie zahlreiche schöne Jachthäfen (Details siehe Marinas und Jachthäfen im Reiseteil). Und weil der Nautiksport boomt, werden Jahr für Jahr die Marinas ausgebaut – die Zahl der ganzjährig aufgenommenen Segelschiffe und Motorboote steigt ständig, und die schönsten und am besten ausgestatteten Marinas sind schnell ausgebucht.

Immer beliebter werden auch Boots- und Segeltörns in der Adria (dazu s. u. Bootscharter). Wer keinen Segel- oder Bootsführerschein besitzt, kann ihn an der Küste erwerben. Und wer sich keine Luxusjacht leisten kann, kann sich auf fast jeder Insel für 40–60 € pro Tag ein 4-PS-Motorboot mieten.

Hinab in die Unterwasserwelt

• *Infos zur Jacht- und Bootscharter* **Udruženje nautičkog turizma (Verband des nautischen Tourismus)**, Rooseveltov trg 2, 10000 Zagreb, p.p. 630, Tel. 01/4561-792, -570, www.hgk.hr.
ACI-Club, Maršala Tita 151, P.O.B. 109; 51410 Opatija, ✆ 051/271-288, 📠 051/271-824; www.aci-club.hr.

• *Bootscharter* Ist von vielen Marinas aus möglich (siehe dazu im Reiseteil). Zudem kann man fast alle in Kroatien ansässigen Vercharterer von Deutschland aus buchen, was das gleiche kostet. Von Vorteil ist dabei, dass die Buchung über eine deutsche Agentur läuft und bei Schadensfall somit auch nach deutschem Recht verfahren wird! Der größte Vercharterer ist u. a. Master Yachting in Würzburg, www.masteryachting.de. Gut ist auch Sun & Sail, www.sailfun.de; zudem Wimmer Yachting, Charterbasis Punat (Insel Krk).

▸ **Surfen:** Die Adriaküste bietet Anfängern wie Profis sehr gute Bedingungen zum Surfen und zum Kite-Surfen – sehr beliebt sind hier die Inseln Krk und Pag und auch der Strand Kraljičina bei Nin. Anfänger haben die Möglichkeit, sich in windgeschützten Buchten mit dem Brett vertraut zu machen. Surfbrettverleihe gibt es in den meisten Hotels und auf Campingplätzen, manchmal sind auch Surfschulen angegliedert. Ein 5-tägiger Kurs kostet ca. 200 €. Eine weitere Neuheit ist Wakeborden (s. u.).

▸ **Tauchen:** Die kroatische Adria ist ihrer extrem großen Sichtweite und des sauberen Wassers wegen ein Tauch-Paradies. Getaucht wird zu Wracks (z. B. alte Handels- und Passagierschiffe), zu Amphorenfeldern und an Steilwänden, in Grotten und Höhlen mit bizarrer Meeresflora und -fauna.

Das Tauchen mit Pressluftflaschen ist erlaubt, muss aber angemeldet werden. Tauchgenehmigungen gibt es bei der Polizei, beim Gemeindeamt, Hafenamt oder in den Touristinformationen (Jahresgebühr ca. 13 €). Die Ämter informieren auch über die Sperrgebiete. Für das Unterwasserfotografieren gelten dieselben Vorschriften. Unterwasserjagd mit der Harpune ist verboten.

Tauchschulen gibt es in fast jedem Touristenort an der Kvarner Küste und auf den Inseln. Nicht vergessen: Für die Lehrgänge braucht es ein Gesundheitszeugnis, das die Tauchtauglichkeit bescheinigt; am besten von zu Hause mitbringen; manchmal wird das Zeugnis auch von Tauchclubs ausgestellt (**Tauchernotruf:** ✆ 9155).

• *Zentrale Infostelle des Kroatischen Tauchclubs* **Pro Diving Croatia,** Dalmatinska 12, 10000 Zagreb, ✆ 00385/1/4848-765, ✆ 00385/1/4849-119; www.diving-hrs.hr.

▸ **Tennis:** Alle komfortablen Hotels sowie Sportcenter in manchen Touristenorten verfügen über eigene Tennisplätze. Auch einige große Campingplätze haben eigene Courts, die sich aber oft in schlechtem Zustand befinden. Tennisschläger kann man in den Hotels ausleihen, besser jedoch ist es, die eigene Ausrüstung mitzubringen. Tenniskurse werden ebenfalls in fast allen Touristenorten angeboten.

▸ **Wakeboarden:** Der neueste Kick und Fun! Per Wasserlift mit dem Board über *pipes* jumpen kann man in Punat, Insel Krk (siehe dort), hier werden auch internationale Meisterschaften ausgetragen.

▸ **Wandern:** Schöne Wanderungen sind im Učka-Gebirge (Naturpark), im Risnjak-Nationalpark, im Velebit-Gebirge (Naturpark und Nationalpark Nord-Velebit), im Paklenica-Nationalpark und an den Plitvicer Seen (Nationalpark) möglich. Überall auf den Inseln kann man auf Pfaden wandern. Markierte Wege sind selten und oftmals auch schlecht gekennzeichnet. Ein bisschen Orientierungssinn sollte man mitbringen – ansonsten vielleicht für längere Touren einen Kompass einstecken oder sich nach einem Bergführer erkundigen. Gutes Schuhwerk empfiehlt sich, für Bergtouren ist es unabdingbar.

Bergtouren und Berge mit herrlicher Aussicht:

Insel Lošinj	Zum Televrin und weiter im Osoršćica-Gebirgszug
Insel Krk	Um Baška
Insel Rab	Berg Kamenjak
Insel Pag	Sv. Vid
Insel Vir	Sv. Juraj
Insel Ist	Straža
Naturpark Učka	Vojak
Risnjak-Nationalpark	V. Risnjak, Snježnik
Velebit-Nationalpark	Vučjak, V. Kozjak, V. Zavižan

▸ **Wasserski:** In allen größeren Touristenorten an der Küste möglich. Wer kein eigenes Boot und Skier hat, kann sich das Equipment in Hotels oder über die Touristeninformationen mieten. Eigene Ausrüstung jedoch macht unabhängiger.
Bitte beachten: Erst ab einem Mindestabstand von 150 m zum Strand darf der Bootsmotor auf vollen Touren laufen, dann ist der Spaß für den Läufer gesichert. Es muss neben dem Fahrer ein Beifahrer anwesend sein, der den Wasserskiläufer beobachten kann, außerdem muss das Boot über einen Rückspiegel verfügen.

Zu allen hier erwähnten Sportarten finden Sie im Reiseteil unter den jeweiligen Orten detaillierte Angebote und Adressen.

Die Seele baumeln lassen ...

Wissenswertes von A bis Z

Ärztliche Versorgung

Nach dem Versicherungsabkommen mit Kroatien gilt der *Auslandskrankenschein* (HR/D 111). Gegen Vorlage des HR/D 111 erhalten Sie von der örtlichen Krankenversicherungsanstalt Kroatiens *(Hrvatski Zavod Za Zdravstveno Osiguranje – HZZO)* eine „Bescheinigung über die Inanspruchnahme von Sachleistungen", mit der Sie bei jeder medizinischen Einrichtung ärztliche und zahnärztliche Behandlung sowie Heilmittel in Anspruch nehmen können. In der Regel fallen Zuzahlungen zwischen 5 % und 25 % der Kosten an; Medikamente, die nicht auf der Positivliste stehen, müssen Sie unter Umständen komplett selbst bezahlen.

Die ärztliche Versorgung in Kroatien entspricht europäischen Standards. In jedem größeren Ort gibt es ein **Krankenhaus** *(Bolnica)*, **Krankenstationen** *(Dom zdravlja)* oder eine **Ambulanz** *(Ambulanta)*. Ärzte finden sich in nahezu jedem Ort, in Touristenorten gibt es auch Hotelärzte. Die Ärzte sprechen englisch, deutsch oder italienisch. Im Sommer werden in Touristenorten separate Ambulanzen für ausländische Besucher eingerichtet. **Apotheken** *(Ljekarna)* gibt es ebenfalls in jedem größeren Ort; sie sind meist von 8–19 Uhr, samstags bis 14 Uhr (teils auch sonntags) geöffnet. Zudem gibt es wie bei uns auch einen *Apotheken-Notdienst.*

Private Auslandsversicherung: Wer im Krankheitsfall kein Risiko eingehen will, sollte diese Versicherung abschließen, die auch die Kosten des Krankenrücktransports trägt.

In dringenden Fällen können Sie sich an den **ADAC-Telefondienst** (München ✆ 089/222222) wenden, der Adresse und Telefonnummer eines deutsch sprechenden Arztes vermittelt oder einen Krankentransport veranlasst.

Diplomatische Vertretungen

• *Botschaften der Republik Kroatien* **Deutschland,** Ahornstr. 4, 10787 Berlin, ✆ 030/21915-514, ✉ 030/23628-951.

Österreich, Haubergasse 10, 1170 Wien, ✆ 01/4802-083, 4864-285, ✉ 01/4802942.

Schweiz, Gurtenweg 39, P. O. Box 231 Muri/Bern, ✆ 031/9256-659, ✉ 031/9256-693.

• *Botschaften in Kroatien* **Deutsche Botschaft,** 10000 Zagreb, Ul. grada Vukovara 64, ✆ 01/6158-105, ✉ 01/6158-103.

Österreichische Botschaft, 10000 Zagreb, Jabukovac 39, ✆ 01/4881-050, 4881-052, ✉ 01/4834-461.

Schweizer Botschaft, 10000 Zagreb, Bogovićeva 3, ✆ 01/4878-800, ✉ 01/4810-890.

Feiertage

An diesen Tagen bleiben Geschäfte und Banken geschlossen:

1. Januar: Neujahrstag
6. Januar: Hl. Drei Könige
März/April: Ostersonntag/-montag
1. Mai: Tag der Arbeit
30. Mai: Fronleichnam
22. Juni: Tag des antifaschistischen Widerstands
25. Juni: Staatsfeiertag
5. August: Tag des Sieges und Dankfeiertag
15. August: Mariä Himmelfahrt
8. Oktober: Tag der Unabhängigkeit
1. November: Allerheiligen
25./26. Dezember: Weihnachten

Feste und Veranstaltungen

Im Juli und August bieten die größeren Städte und Touristenorte ein breit gefächertes Musik-, Theater- und Folkloreprogramm. Die Fremdenverkehrsämter geben jährlich einen Veranstaltungskalender mit genauen Spielzeiten heraus, der in den großen Touristinformationen erhältlich ist. Weitere Informationen im Internet unter *www.croatia.hr/events.*

Im Folgenden eine Auswahl der größeren jährlichen Kulturereignisse; detaillierte Infos sowie weitere Termine entnehmen Sie bitte den jeweiligen Ortsbeschreibungen unter der Rubrik „Veranstaltungen".

• *Crikvenica* **Sommerfasching** im Juli/Aug.

• *Insel Cres* In der Kathedrale von Osor finden im Sommer allwöchentlich **Abende mit klassischer Musik** statt.

• *Insel Krk* Das **Sommerfestival** mit Musik- und Theateraufführungen wird im Juli/Aug., v. a in der Stadt Krk und auf der Klosterinsel Košljun veranstaltet.

• *Insel Pag* **Pilgerfest** von der Stadt Pag nach Stari Grad am 15. August.

• *Insel Rab* U. a. Rab-Stadt; **Ritterspiele-Armbrustschützen,** am 9. Mai, 30. Mai, 27. Juli, 15. Aug. Riesiges Spektakel mit historischen Kostümen.

Raber Festtage, vom 25.–27. Juli werden die Stadtheiligen Sv. Jakov, Sv. Ana und Sv. Krištofor gefeiert.

Raber Sommer, im Juni, Juli und Aug. **Raber Musikabende,** 1x wöchentl., meist Do von Mitte Juni–Ende Sept. mit klass. Konzerten in der Kirche Sv. Križ.

• *Nin* Am 1. Montag im Mai **Sv. Marija-Prozession;** per Boot zur vorgelagerten Insel Zečevo (zudem am 5. Mai und 5. Aug.).

• *Opatija* **Festspiele** im Juli/Aug. mit Opern, Ballett und Konzerten.

Karneval, Mitte Jan.–Mitte Feb. mit traditionellen Masken aus Schaffell und Hammelhörnern.

Liburnia-Jazzfestival, 1. Juliwochenende.

Segelregatten, Anfang Juli und am 3. Wochenende im Nov.

In Lovran und Dobreć (bei Opatija) gibt es jedes Jahr Mitte–Ende Okt. das **Maronenfest** *(marunada).*

• *Rijeka* **Pilgerfest** zur Festung am 15. Aug. Beliebt ist auch der **Karneval.**

• *Starigrad Paklenica* 1. Maiwoche **Big Wall Street Climbing,** intern. Freeclimber-Wettbewerb.

• *Zadar* U.a. in der Kirche Sv. Donat gibt es **Musikveranstaltungen** von Anfang Juli–Mitte Aug. Es wird kroatische Musik (Orgel und andere Kircheninstrumente) aus dem 11.–16. Jh. gespielt. Theatersommer – Mitte Juli–Mitte Aug.

Geld

Währung: Kroatische Kuna (KN oder HRK), 1 Kuna = 100 Lipa. 1 KN = 0,13 €; 1 € = ca. 7,50 KN. Die Ein- und Ausfuhr

Die Sonnenuhr zählt die heiteren Stunden

ist bis 15.000 KN erlaubt. Fremdwährungen unterliegen keiner Beschränkung. Die meisten Preise sind in Euro angegeben.

Geldwechsel: In Banken, Wechselstuben und auf der Post, aber auch an den Rezeptionen von Hotels und Campingplätzen. Der Bargeldumtausch ist in Kroatien günstiger als z. B. in Deutschland.

Geldautomaten zum Abheben mit EC-Karte gibt es in jedem touristischen Ort. Höchstgrenze pro Tag sind 1000 €.

Reiseschecks sind das sicherste Zahlungsmittel für unterwegs und werden problemlos akzeptiert. Allerdings gibt es nicht in jedem kroatischen Ort eine Bank, in der man die Schecks einlösen kann.

Wer ein Postbank-Sparkonto besitzt, kann mit der **Sparcard** an Geldautomaten mit Visa-Symbol Geld abheben.

Zahlen kann man auch mit **Kreditkarten** (American Express, Diners, Eurocard, Visa); diese werden in der Regel aber nur von Hotels, Autovermietungen, Jachtcharters, exklusiven Restaurants und größeren Geschäften akzeptiert.

Achtung: Seit 2005 gibt es die (für Deutschland) kostenlose Karten-Notrufnummer **116116,** über die Kunden verlorene oder gestohlene Bankkarten sperren lassen können.

Informationen

Kostenloses Informationsmaterial und Auskünfte über Kroatien erhält man in Reisebüros oder bei den unten stehenden Fremdenverkehrsbüros. Es gibt Karten, Hotel- und Campingverzeichnisse, Informationen über Nautik etc. Auch das Angebot an Internet-Seiten über Kroatien ist sehr groß. Fast jede Stadt präsentiert sich informativ und mit nützlichen Adressen.

• *Fremdenverkehrsbüros in Kroatien* **Kroatische Zentrale für Tourismus,** 10000 Zagreb, Iblerov trg 10/IV; p.p 251, ✆ 00385/1/4699-333, 00385/1/4557-827; www.kroatien.hr, info@htz.hr.

Für Region Kvarner: Tourismusverband, 51410 Opatija, Nikole Tesle 2, ☎ 00385/51/272-988, ✆ 00385/51/272-909, www.kvarner.hr.

Für Region Zadar: Tourismusverband, 23000 Zadar, Sv. Leopolda Bogdana Mandica 1, ☎ 00385/23/315-107, ✆ 00385/23/315-316, www.zadar.hr.

• *In Deutschland* **Kroatische Zentrale für Tourismus,** Kaiserstr. 23, 60311 Frankfurt, ☎ 069/2385-350, ✆ 069/23853-520; www.kroatien.hr, kroatien-info@gmx.de. Rumfordstr. 7, 80469 München, ☎ 089/223-344, ✆ 089/223-377; kroatien-tourismus@t-online.de.

• *In Österreich* **Kroatische Zentrale für Tourismus,** Am Hof 13, 1010 Wien, ☎ 0043/1/5853-884, ✆ 0043/1/58538-420; office@kroatien.at.

Karten

Das in Kroatien erhältliche Kartenmaterial ist von sehr guter Qualität und aktuell. Karten gibt es in Touristbüros, Agenturen, Buchläden und an Tankstellen.

Autokarten

1 : 250.000, f&b, Kroatien Straßenkarte mit Kulturführer und Farbfotos.

1 : 300.000, RV, Euro-Regionalkarte, Slowenien und nördl. Kroatien.

1 : 500.000, K+F, Straßenkarte Kroatien/Slowenien.

1 : 100.000, f&b, Istrien.

Seekarten

Delius Klasing Sportbootkarten. *Satz 7: Adria 1 – Lignano bis Zadar;* Maßstab 1 : 80.000, Kartendatum: WGS 84; GPS kompatibel. Delius Klasing Verlag, Bielefeld, 2005.

Hrvatski Hidrografski Institut, *Male Karte 1 DIO, Jadransko More – Istocna Obala;* Maßstab 1 : 100.000. HHI, Split.

Bundesamt für Seeschifffahrt und Hydrographie (BSH), *Amtliche Seekarten 1071–1077;* Maßstab 1 : 100.000. Die Karten decken die gesamte Küste Kroatiens ab.

Literaturtipps

Beständig, Karl-Heinz, *Kroatien, Slowenien, Montenegro – 808 Häfen und Buchten;* Eigenverlag Beständig, Pressig, erscheint jährlich, Standardwerk für jeden Skipper!

Beständig, Karl-Heinz, 1000 GPS Wegepunkte. Istrien, Kvarner Bucht, Dalmatien, Montenegro. Eigenverlag Beständig, Pressig, Marienstraße 7, 96332 Pressig ☎ 09265/913240, ✆ 7250, karl-heinz.bestaendig@t-online.de.

Čujić, Boris, *Paklenica,* Verlag Karolina, 2000, ISBN 953-6571-04-8; ein guter Kletterführer über den Paklenica-Nationalpark.

Grandjot, Werner, *Reiseführer durch das Pflanzenreich der Mittelmeerländer,* Schroeder Verlag, Köln. Informative Einführung in die Pflanzenwelt; neben der Bestimmung viel Geschichtliches über die Pflanzen.

Hösch, Edgar, *Geschichte der Balkanländer,* C. H. Beck Verlag, 2002. Umfassendes Werk zum Verständnis der Entwicklung auf dem Balkan.

Müller, Bodo, *Kroatische Küste – Kvarner Bucht,* Edition Maritim, Hamburg 2006. Landgänge zu den besten Restaurants; Liegeplätze, Hafenbeschreibung und wunderbare Fotos zur Einstimmung.

Petzel, Michael, *Gesammelte Werke, Karl-May Filmbuch;* Karl-May-Verlag 1998; ein nettes Schmökerbuch über die Jadran-Filme, die in Plitvice, bei Rijeka und im Paklenica-Nationalpark gedreht wurden.

Steinbachs Naturführer, *Pflanzen des Mittelmeerraums,* Mosaik Verlag, München 1996. Bestimmungsbuch zur Mittelmeerflora; gute Fotos.

Nachrichten/Wetterprognosen

Das erste Programm des Kroatischen Rundfunks sendet auf der Frequenz 92,1 MHz Nachrichten in Englisch täglich um 8.03, 10.03, 14.03 und 20.03 Uhr (sonntags entfällt 8.03). In den Sommermonaten bringt Radio Rijeka Wetterprognosen, Verkehrsinformationen etc. auf FM 104,7, 95,1, 100,3 und 102,7 täglich um 10.15 und 12.13. Radio Rijeka sendet in englischer Sprache auch auf UKW-Kanal 24 um 5.35, 14,35 und 19.35 Uhr. Telefonische Wetterprognosen unter 060/520-520. Außerdem jede volle Stunde im zweiten Programm des kroatischen Rundfunks Nachrichten aus den Studios Bayern 3 und Ö 3.

Öffnungszeiten

Es gibt keine gesetzlich geregelten Öffnungszeiten. In der Saison sind Post, Bank, Touristinformationen und Geschäfte meist durchgehend von 7 bis 21 oder 22 Uhr geöffnet. In der Nebensaison reduzierte Öffnungszeiten. Auch an Sonntagen haben viele Geschäfte zumindest bis Mittag geöffnet. Nähere Infos dazu in den entsprechenden Rubriken in den Ortskapiteln.

Papiere

Für die Einreise nach Kroatien und einen Aufenthalt von bis zu drei Monaten benötigen Deutsche, Österreicher und Schweizer einen gültigen *Reisepass* oder einen *Personalausweis.* Für unter 16-Jährige braucht man einen Kinderausweis oder einen Eintrag im Pass der Eltern. Für einen Aufenthalt von mehr als drei Monaten ist ein *Visum* erforderlich.

Auto- bzw Motorradfahrer benötigen *Führerschein* und *Fahrzeugschein,* die *Grüne Versicherungskarte* ist nur noch für Schweizer verbindlich.

Für Haustiere ist seit 2004 der blaue *EU-Heimtierausweis* mit den vorgeschriebenen Impfungen obligatorisch. Neu dabei ist, dass die Tiere über eine lesbare Tätowierung oder einen implantierten Chip verfügen müssen. Die Impfung muss (wie bisher) mindestens 30 Tage alt, darf jedoch nicht älter als sechs Monate sein. Der Gesundheitsnachweis durch einen Tierarzt darf nicht älter als zehn Tage sein. Die bisher erforderliche Beglaubigung durch einen amtsärztlichen Tierarzt entfällt durch den neuen EU-Heimtierausweis.

Post

Die kroatischen Postämter *(pošta)* sind mit einem blau-gelben Schild und der Aufschrift „HPT" gekennzeichnet. Hier kann man auch telefonieren, telegrafieren, faxen, Geld wechseln und erhält Telefonkarten *(telefonska karta).*

Briefe und Postkarten benötigen ca. zwei bis drei Tage nach Deutschland. Briefmarken gibt es außer am Postschalter auch an jedem Kiosk. Einschreiben oder Päckchen werden am Schalter abgegeben. Pakete für den Auslandsverkehr sind bis 10 kg zugelassen – die internationale Paketkarte und Zollerklärung (dreifach) sind am Schalter erhältlich.

Achtung: Wer auf ein Päckchen aus Deutschland wartet, sollte sich danach auch am Zoll, *Carina* (meist im oder neben dem Postgebäude), erkundigen – hier werden die meisten ausländischen Pakete bis zur Abholung aufbewahrt.

Strom

Wechselstrom, 220 V, 50 Hz.

Telefon/Notrufe

Öffentliche Telefonzellen findet man in Kroatien überall, sie können aber nur mit *Telefonkarten* (telefonska karta) benutzt werden. Diese sind mit verschieden hohen Guthaben an Zeitungskiosken, in Postämtern und Hotels erhältlich. Internationale Gespräche vermitteln die Postämter oder (mit Aufschlag) alle größeren Hotels, Touristinformationen und Campingplätze. Das Telefonnetz ist gut ausgebaut. Gespräche nach Deutschland kosten pro Minute ca. 0,95 €, in die Schweiz ca. 1 €, nach Österreich und Italien ca. 0,50 €. Innerhalb Kroatiens kostet in der Zone I die Minute 0,19 KN; derselbe Preis gilt in Zone II für 0,36 Gesprächsminuten. Verbilligte Tarife gelten wochentags ab 21 Uhr sowie an Sonn- und Feiertagen.

Mobiltelefone: In Kroatien kann man mit D1- und D2-Mobilfunk problemlos telefonieren.

Vorwahlnummern von Kroatien nach

Deutschland	0049
Österreich	0043
Schweiz	0041

Ferngespräch nach Kroatien

Zunächst 00385, dann die Städtevorwahl ohne Null

Notrufe und andere wichtige Telefonnummern

Auslandsauskunft	902
Feuerwehr	93
Inlandsauskunft	988
Kroatische Engel (Info)	062/999 999
Pannenhilfe	987
Polizei	92
Rettung auf Meer	9155
Rettungsdienst	94
SOS	211 888
Tauchernotruf	9155
Verkehrsservice	060/520 520

Hinweis: Viele Telefonnummern in Kroatien ändern sich zur Zeit aufgrund von ISDN-Anschlüssen ständig – für die im Reiseteil angegebenen Nummern können wir deshalb nicht garantieren!

Trinkwasser

Das Trinkwasser ist im ganzen Land einwandfrei und trinkbar. Dennoch bevorzuge ich immer Wasser aus Flaschen.

Zoll

In Kroatien gelten die Zollbestimmungen der EU-Länder. Alle wertvollen Gegenstände, die den Rahmen eines normalen Reisegepäcks übersteigen, sollten an der Grenze mündlich deklariert werden. Betriebsgenehmigungen für Funksprechgeräte sind im Voraus beim kroatischen Konsulat oder bei der Botschaft zu beantragen. Über die Mitnahme von Waffen für Jäger und Sportschützen gibt das Fremdenverkehrsamt Auskunft. An den meisten Grenzübergängen Kroatiens sowie in grenznahen Jachthäfen gibt es *Duty-free-Shops*.

Bronzefiguren zieren Osor – hier der Flötist

Mehrwertsteuer-Rückerstattung mit PDV-Formular

Ausländer haben bei Kauf und Ausfuhr von Waren (mit Ausnahme von Treibstoff) ab einem Mindestbetrag von 500 Kuna (ca. 68 €) ein Recht auf Rückerstattung der Mehrwertsteuer. Voraussetzung für die Auszahlung nach dem System Europe Taxfree Shopping ist: Man muss beim Kauf das PDV-P-Formular verlangen, das vom Verkäufer ausgefüllt und quittiert werden muss. Nähere Informationen unter www.carina.hr (auf Englisch).

Blick auf Valun, die Insel Cres und die istrische Küste

Kvarner Bucht

Die Kvarner Bucht ist eine riesige Meereseinbuchtung mit einer Inselgruppe, die begrenzt wird durch die Halbinsel Istrien im Nordwesten, das Kroatische Küstenland im Osten und die bereits zu Dalmatien gehörende Halbinsel Ravni kotari im Süden.

Der Name „Kvarner" bezieht sich eigentlich nur auf das Meeresstück zwischen der istrischen Küste und den Inseln Cres und Lošinj. Zur Region Kvarner gehören jedoch auch der ganze Golf von Brestova bis kurz hinter Novi Vinodolski sowie die Inseln Cres, Lošinj, Krk und Rab. Die Herkunft des Namens „Kvarner" ist nicht ganz geklärt. Wahrscheinlich leitet sich „Quarner" vom lateinischen *mare quaternarium* („vierteiliges Meer") ab.

Ein Blick auf die Karte zeigt eine Inselgruppe, die sich in zwei Reihen gliedert: Parallel zur Küste ziehen sich die Inseln Krk, Rab und Pag hin und säumen den Vinodol- und Velebit-Kanal; die Inseln Cres und Lošinj, südwestlich davon, trennen den Kvarner vom Kvarnerić und begrenzen den Golf von Rijeka. Cres und Lošinj, die einst durch einen Kanal voneinander getrennt waren, bilden zusammen die *vierte* Hauptinsel.

Die Hauptinseln *Cres, Lošinj, Krk, Rab* und *Pag* sind mit Übernachtungsmöglichkeiten touristisch gut erschlossen – ein Paradies für Nudisten, denen immer mehr Strände, Campingplätze, ja sogar Hotels, offen stehen. Für Bootsbesitzer gibt es gut ausgebaute Marinas und viele kleine Inseln als Tourenziele. An der Küste laden Städte wie *Opatija, Rijeka, Senj, Nin* und *Zadar* zum Bummeln und Besichtigen ein, und das Hinterland lockt u. a. mit Ausflügen in den *Naturpark Učka,* zu den *Grotten von Postojna* (Slowenien), zum *Nationalpark Risnjak,* zum *National-*

park Plitvicer Seen, zum *Nationalpark Nord-Velebit* und seinen *Botanischen Garten,* zum *Bärenrefugium* bei Kuterevo (Naturpark Velebit) und zum *Nationalpark Paklenica.*

Kvarner Küste – Von Opatija nach Brestova

Die „Riviera von Opatija" – der 30 km lange Küstenabschnitt von Opatija bis Mošćenička Draga – war schon Ende des 19. Jh. ein wegen ihres milden Klimas ein europaweit bekanntes Winter- und Sommererholungsziel. Opatija, der Hauptort der Riviera, blickt heute auf über 150 Jahre Tourismusgeschichte zurück und ist zu Beginn des 21. Jh. immer noch einer der populärsten Urlaubsorte Europas.

Das Učka-Gebirge mit der höchsten Erhebung Istriens, dem 1401 m hohen Berg *Vojak,* schützt die Region vor Austrocknung und kalten Winden. Ein Hinweis auf das subtropische Klima, das Zypressen, Palmen und Agaven gedeihen lässt, ist der Ortsname *Lovran* – Lovran ist vom lateinischen Wort für Lorbeer abgeleitet. Das milde Klima der Region mit 13,3 °C mittlerer Jahrestemperatur begünstigt in der Tat das Wachstum der Lorbeerbäume, die hier bis zu 10 m hoch werden. Bei Opatija, dem früheren Winterkurort, der heute für seine Meerwassertherapie bekannt ist, beginnt die Riviera – sie ist durch die Meerengen *Srednja vrata* (Mittleres Tor) und *Vela vrata* (Großes Tor) mit dem offenen Meer verbunden.

Früher war es fast unmöglich, im Sommer in Opatija ein Hotelbett zu ergattern. Heute ist es etwas ruhiger und exklusiver geworden. Die alten Nobelherbergen wurden restauriert, vor Luxushotels und Villen stehen schicke Karossen, der Jachthafen ist voll mit eleganten Jachten. Opatija zählt heute zur selben Kategorie von Urlaubsorten wie Brighton, Nizza und San Remo, es finden sich aber auch für schmalere Geldbeutel Quartiere. Wer gut zu Fuß ist, kann von Opatija nach Volosko, auf der vor hundert Jahren erbauten Uferpromenade, dem *Lungo Mare,* etwa 12 km bis nach Lovran laufen oder joggen.

Bis *Mošćenička Draga* führt die Küstenstraße immer am Meer entlang mit Blick auf die Insel Cres. Hinter Mošćenička Draga wird es einsam, und die Küstenstraße verläuft oberhalb des Meeres. Es folgen die kleinen Orte *Brseč* und *Zagore,* danach kommt der Abzweig zum tief unten liegenden Fährort *Brestova* (Schiffsverbindung mit der Insel Cres).

Opatija

(Abbazia)

Kroatiens ältestes Seebad strotzt vor subtropischer Üppigkeit – herrschaftliche Prachtbauten versinken im Grün von Palmen und Akazien, im Blütenmeer der Kamelien und Magnolien. Optatijas extravagante Traditionsherbergen und Villen zeugen von einer Epoche, in der das Wort „Tourismus" noch ohne den Zusatz „Massen" auskam. Das Flair dieser Zeiten kann man bis heute genießen, allerdings nur in der Nebensaison.

Dass es sich hier besser leben lässt als in Rijeka, ist kein Geheimnis – Opatija mit seinen nun 15.000 Einwohnern ist schon seit 1889 Kurort. Die Učka-Bergkette schützt den Küstenabschnitt vor kalten Nordwinden, der Jugo sorgt für ein laues Lüftchen aus Afrika. Hier überwinterten, angezogen vom milden Klima, die Reichen und Schönen Europas, auf Opatijas rauschenden Silvesterbällen trafen sich die Wiener Hofkreise. Die Villen aus dieser Zeit prägen das Stadtbild bis heute, obwohl inzwischen rund 20 moderne Hotels entlang der Küste und in den Parks hinzugekommen sind. Nicht zu vergessen das *Casino Rosalia* mit Roulette- und Black-Jack-Tischen – gerade für Junge und Junggebliebene hat die Stadt wegen ihres großen Angebots an Cafés, Nachtclubs, Discos und anderweitiger Kurzweil magnetische Anziehungskraft.

Besonders groß ist der Trubel im Sommer, wenn das Städtchen vor Menschen fast überquillt – und vor Autobesitzern, die einen Parkplatz suchen. Dann füllen sich die Restaurant- und Caféterrassen an der Promenade, und Touristenbusse drängen sich zwischen den Blumenrabatten und Parkanlagen. Beschaulich wird es erst wieder am *Lungo Mare* (heute ganz schick *Franza Josefa I* genannt), der herrlichen, vor über 100 Jahren angelegten 12 km langen Uferpromenade zwischen Opatija-Volosko und Lovran.

Geschichte

1453 wird Opatija erstmals schriftlich erwähnt; ihren Namen erhielt die Stadt von der früheren Abtei Jacobus ad Palum (Abtei = *opatija*). Erst nach der französischen Besetzung 1813 begann die Besiedlung um die Abtei. Bis nach dem Ersten Weltkrieg gehörte Opatija zu Österreich, im Frieden von Rapallo fiel die Stadt 1921 an die Italiener, die sie *Abbazia* nannten.

Bekannt wurde das gerade mal 30 Häuser zählende Fischerdorf mit dem Bau der *Villa Angiolina,* die sich der reiche Kaufmann Iginio Scarpa aus Rijeka 1844 als Feriendomizil bauen ließ. Großzügig stellte er Kaiser Ferdinands Gemahlin das Anwesen zum ärztlich verordneten Kuraufenthalt zur Verfügung. Ein paar Jahre später kaufte die Eisenbahngesellschaft, die auch die Bahnlinie von Postojna–Pivka nach Rijeka baute, das Land um Scarpas Villa und errichtete darauf das Hotel Quarnero, das heutige Hotel Kvarner. Das wohltuende Meeresklima und die angenehme Atmosphäre der Stadt sprachen sich im kaiserlichen Wien schnell herum, Opatija boomte. Die Reichen und Schönen aus Wien, Graz und Budapest ließen sich prächtige Villen bauen – und ihrem heimatlichen Geschmack freien Lauf: Gutshöfe in alpenländischer Architektur, barocke Paläste, Residenzen im venezianisch-gotischen und im österreichischen Jugendstil entstanden.

Schillernde Persönlichkeiten, Reiche und Superreiche, Berühmtheiten – sie alle kamen in den Glanzzeiten Opatijas: Anton Tschechow fand sich hier ebenso ein wie James Joyce, der seinen Kaffee bevorzugt im Café Imperial einzunehmen pflegte,

Opatija-Volosko – malerisch schmiegen sich die Häuser um die Bucht

die Ballerina Isadora Duncan, der österreichische Kaiser Franz Joseph, der mit der Wiener Schauspielerin Katharina Schratt flirtete, der deutsche Kaiser Wilhelm II., der italienische König Umberto von Savoyen, die Komponisten Gustav Mahler, Giacomo Puccini, Franz Lehár ...

Information

- *Telefonvorwahl* 051
- *Postleitzahl* 51410 Opatija
- *Information* **Touristinformation (TIC),** Ulica Maršala Tita 101, ✆ 271-310, ℻ 712-290; www.opatija-tourism.hr, Infos zur gesamten Riviera: www.kvarner.hr. Geöffnet Mo–Sa 7–21 Uhr.

Touristinformation Volosko, I.M. Ronjgova b.b, ✆ 703-145.

Agentur DaRiva, Ulica Maršala Tita 170, ✆ 272-990, ℻ 272-482, www.da-riva.hr. Ausflüge, Fahrradvermietung.

Agentur Generalturist, Ulica Maršala Tita 109 (im Hotel Millennium), ✆ 271-446, www.generalturist.com; Autovermietung, Übernachten, Ausflüge.

Agentur GIT, Ulica Maršala Tita 65, ✆ 273-030; gi-trade@ri.htnet.hr; Privatzimmer.

Agentur Katarina Line, Ulica Maršala Tita 75/1, ✆ 272-110, ℻ 271-372, www.katarina-line.hr; Bootscharter, Kreuzfahrttickets etc.

Agentur Kompas, Ulica Maršala Tita 110/2, ✆ 271-912; www.kompas-travel.com. Ausflüge.

Agentur Autotrans, Trg. V. Gortana 4/1, ✆ 271-617, ℻ 271-553; opatija@autotrans.hr. Bustickets etc.

Verbindungen

- *Bus* **Lokaler Busbahnhof** im Zentrum, alle 20 Min. Richtung Lovran (Linie 32) und Rijeka; Auskunft über Autotrolej, Ul. M. Tita 200, ✆ 271-123. **Regionaler Busbahnhof** ca. 2 km nördlich von Opatija. Täglich Verbindungen nach Brestova und Pula, Ljubljana, Rijeka, Split und Zagreb. Alle Informationen bei Autotrans (s. o.).

• *Zug* Der **Bahnhof von Opatija** liegt ca. 4 km nördlich in Matulji an der Hauptlinie Ljubljana–Rijeka (Busverbindung alle 30. Min. von Opatija nach Matulji mit Linie 33); ✆ 274-102. Der **Bahnhof Rijeka** ist nur 15 km entfernt; ✆ 213-333.

• *Flug* Die nächsten Flughäfen sind bei Rijeka (Insel Krk), 44 km entfernt, und in Pula, 85 km entfernt. Croatian Airlines Rijeka, ✆ 330-207.

Panoramaflüge vom Flughafen Grobnik (20 km in Richtung Zagreb); geflogen wird mit Cessnas, ✆ 259-107, Mobil 481-695.

• *Taxi* Taxistand vor Agentur Kvarner, ✆ 711-618, und vor Hotel Palace, ✆ 711-366.

• *Boot* Vom kleinen Hafen unterhalb des Hotels Atlantik fahren Taxiboote nach Lovran und Volosko.

Adressen/Diverses

• *Ausflugsfahrten* Zahlreiche Angebote, z. B. Panoramic-by-boat, mit dem Tragflügelboot nach Venedig und zu den Inseln Krk und Rab, Fischpicknick, Bustour entlang der Opatija Riviera und nach Slowenien (Lipica und Höhlen von Postojna, siehe Kasten auf S. 67).

• *Autovermietung* Z. B. **Budget,** im Hotel Millennium, ✆ 711-978, www.budget.hr.

Generalturist, s. o. Informationen.

Bo Mo, im Hotel Palace, M. Tita 144, ✆ 273-020, www.renta.hr.

• *Fahrradvermietung* **Agentur Da Riva,** M. Tita 162, ✆ 272-482; verschiedenste Mountainbikes.

• *Wandertouren* Über **Agentur Olinfos** (siehe Lovran) auch von Opatija aus.

• *Geldwechsel* **Prevredna banka,** M. Tita 186 (8–20 Uhr), **Erste banka,** V. Spinčića 1 (geöffnet 8–20 Uhr), **Adria banka,** M. Tita 192 (8–19 Uhr); außerdem in der Post, in den Hotels sowie an zahlreichen Bankomaten.

• *Gesundheit* **Erste Hilfe,** Vladimira Nazora 2; ✆ 271-266 und ✆ 94. **Apotheke,** M. Tita 175; ✆ 271-856.

Thalassotherapie-Haus; die Meerwassertherapie ist heilsam bei Lungenschäden, Herz- und Gefäßkrankheiten, Erkrankungen des Bewegungsapparates; gegenüber Hotel Kristall, M. Tita 188; ✆ 271-322.

Schönheitspflege, Wellness, Antistress-Programm etc. im Hotel Belvedere, ✆ 271-315.

Karte S. 59

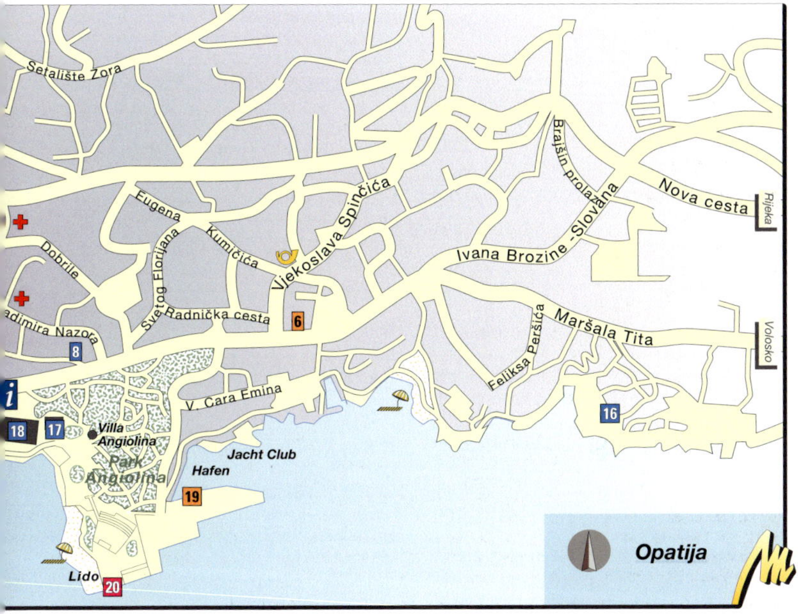

Weitere sehr gute **Wellnessangebote** in den Hotels Millennium, Admiral, Miramar und im Grand Hotel.

• <u>*Jachthafen*</u> **Marina Admiral** im gut geschützten Hafen, zum Hotel Admiral gehörend; 160 Liegeplätze zu Wasser, 40 an Land, alle mit Strom-, Wasseranschluss und mit allem Erforderlichen ausgestattet, guter Reparaturservice, 5-t-Kran. Alle Angebote des Hotels Admiral, wie Sauna, Pools, Restaurant etc., können mitbenutzt werden. Tankstelle im Stadthafen 0,5 Seemeilen entfernt. ✆ 271-882, ℻ 271-708; www.liburnia.hr/admiral.

• <u>*Nachtleben*</u> Die Riviera tanzt und vergnügt sich bis tief in die Nacht – ältere Herrschaften vergnügen sich meist auf den Tanzterrassen der noblen Hotels, die Jugend strömt in die Bars oder Discos.

Tanzterrassen: Z. B. Hotel Kvarner, Hotel Opatija, Hotel Palace und **Villa Madonna (9).** Geöffnet meist 20.30–24 Uhr.

Disco Colosseum, riesig und modernst ausgestattet (bei Villa Madonna um die Ecke); geöffnet 23–6 Uhr.

Casinos: Im Hotel Adriatic, tägl. 21–3 Uhr, ✆ 719-000. Zudem das altehrwürdige Casino Villa Rosalia, in dem eine fast 100-jährige Roulettemaschine immer noch ihren Dienst tut; geöffnet tägl. 12–4 Uhr, ✆ 272-011.

Nightlife-Café-Bars: Hemigway (19) am Hafen; hier tanzt man bis in die Morgenstunden zu Latino-Musik, Hip-Hop etc.

Als weiteres In-Lokal gilt die Cafébar **Monokini (6)** mit Galerie.

• <u>*Post*</u> Ulica V. Spinčića, mit Poste restante; geöffnet Mo–Sa 7.30–21 Uhr.

• <u>*Veranstaltungen*</u> **Stadtfest Sv. Jakov,** gefeiert wird am dem 25. Juli folgenden Wochenende mit Konzerten, Ausstellungen usw.

Opatija-Karneval: Bei den bunten Straßenumzügen im Feb. marschieren neben den großen Teilnehmern auf Stelzen auch die ganz Kleinen aus dem Kindergarten mit.

Die traditionellen Masken sind aus Schaffell und Hammelhörnern gefertigt, die Masken mit großen Glocken heißen Zvončari. Am letzten Tag des Karnevals wird die *Pust-Maske* (eine Puppe aus Stroh und Lumpen) verbrannt und damit alles Böse aus dem vergangenen Jahr. Eine Regatta mit geschmückten Segelbooten begleitet das Treiben zur See.

Promenadenkonzerte gibt es von Mai–Sept. auf der Terrasse des Hotels Imperial:

einheimische Blasorchester, Folkloreauftritte und kleine Nachtkonzerte im Park.

In den Sommermonaten breites **Veranstaltungsprogramm** wie das „Festival der Lieder", Misswahlen in der Kristallhalle (Festivalhalle) im Hotel Kvarner sowie Konzerte in der Villa Angiolina.

Liburnia-Jazzfestival am 1. Juliwochenende auf den Plätzen der Stadt sowie in der Villa Angiolina.

Internationaler Malwettbewerb Mandrač, am letzten Aug.-Wochenende am Hafen Manrač in Volosko.

Segelregatten Anfang Juli (Galijola) und am 3. Nov.-Wochenende (Cup Opatija); veranstaltet vom Jachtclub Opatija.

Nacht-Autoralley (Učka Night Trek), von Opatija ins Učka-Gebirge; Ende Okt.

Anglerwettkampf; die erfolgreichsten Petrijünger werden mit einem Preis belohnt; aktueller Termin bei der Touristinformation.

Übernachten/Camping (siehe Karten S. 62/63 und 65)

• *Übernachten* Vielfalt und Kapazität an Übernachtungsmöglichkeiten in Opatija sind groß, vom einfachen Pensionszimmer bis zur Luxuskategorie ist alles zu haben. Eine Auswahl:

Privatzimmer ab 25 €/Person; Appartements ab 35 €/Tag für 2 Pers. Luxuriös-herrschaftliche Übernachtungsquartiere gibt es in den Villen am Lungo Mare, Auskünfte erteilen die Agenturen.

Hotel Millennium (12) & Villen (14) (*****); das ehemalige Hotel Jadran wurde im Jahr 2000 innen komplett umgebaut und zu einer noblen Herberge hergerichtet; mit großer Arkadenterrasse direkt an der Uferpromenade bei den Meerwasserpools. Sehr gutes Restaurant. DZ/F 118–160 €. Ul. Maršala Tita 109; ✆ 202-000, 📠 202-020; www.ugohoteli.hr.

Adria-Relaxresort Miramar (16) (****), am östlichen Ortsende von Opatija am Lungo Mare; 2004 eröffnetes Hotel mit der aufwendig renovierten Villa Neptun sowie stilvollen, von einem Park umgebenen Nebengebäuden. Schöner, großzügig gestalteter Beauty- und Wellness-Bereich mit Innen- und Außenpool, komfortabelsten Zimmern, Suiten und Gourmetküche. Eigener Felsbadestrand. DZ/F 80–150 €. Ive Kaline 11, ✆ 280-000, 📠 280-028, www.hotel-miramar.

Villa Ariston (4) (****), nostalgischer Bau am Ortsbeginn von Opatija (noch vor der Marina Admiral) an der Uferpromenade. Sehr schön und ruhig, eingebettet in üppiges Grün. Zudem gutes Restaurant, auf dessen lauschiger Terrasse es sich angenehm speisen lässt. DZ/F ca. 100 €. M. Tita 179; ✆ 271-379, 📠 271-494; www.villa-ariston.com.

Hotel Kvarner (18) (***), ruhig, direkt an der Uferpromenade. Das Hotel aus dem Jahr 1884 wurde durch seinen „Kristallsaal" berühmt. Abends Tanzterrasse. DZ/F 76–140 €. Park 1. Maja 4. ✆ 271-233, 📠 271-202; www.liburnia.hr.

Hotel Amalia (17) (**), neben Hotel Kvarner, stilvoller Bau hinter üppig wuchernder Pflanzenwelt; an der Uferpromenade; DZ/F 66–100 €. ✆ 271-944, 📠 271-202; www.liburnia.hr.

Hotel Imperial (7) (***); der gelbe Prachtbau mitten im Zentrum an der Durchgangsstraße (nahe den Badestränden) schmückt sich mit einer langen Liste berühmter Gäste. Stilvolles Inventar und ein herrlicher „Goldener Saal", der häufig für Modeschauen und ähnliche Edelevents genutzt wird; schönes Café. DZ/F 66–100 €. M. Tita 124/3, ✆ 271-677, 📠 272-848; www.liburnia.hr.

Hotel Palace-Bellevue (3/5) (***), alter Prachtbau mit neuer Dependance nebenan, genau im Zentrum an der Durchgangsstraße; gegenüber die Meerwasserpools. Sehr geräumige Zimmer mit schönen Balkons. DZ/F 66–100 €. M. Tita 144-146, ✆ 271-811, 📠 271-964; www.liburnia.hr.

Hotel Opatija (1), wunderschöne Traditionsherberge in zentraler Lage, oberhalb des Busbahnhofs. Die Zimmer mit Balkon zum Meer sind herrlich. Hallenbad. Preiswerte DZ/F 66–98 €. Gortanov trg 2/1, ✆ 271-388, 📠 271-317, www.hotel-opatija.hr.

Hotel Istra (15) (***), am Ortsbeginn von Opatija, bei der Marina Admiral, direkt an der Uferpromenade gelegen. Eigener Strand (betonierte Liegeflächen) und kleines Meerwasserhallenbad, Fitnessstudio. All-incl. DZ 78–102 €/Person. M. Tita 145. ✆ 271-299, 📠 271-826; www.liburnia.hr.

Hotel Belvedere (***), am Ortsende von Opatija, kurz vor Volosko an der Uferpromenade. Schön und ruhig in einem Park gelegen. Meerwasserhallenbad, Sauna, Fitnesscenter, Tennisplätze. Schön sitzt man oberhalb des Meeres auf der Restaurantterrasse. Nebenan in der herrschaftlichen Villa

Rosalia das alte Casino. DZ/F 64–96 €. J. Kaline 7; ✆ 271-044, 📠 271-484; www.liburnia.hr.

Hotel Paris (8) (***), 2004 umgebaut, moderner weißer Bau mit großem Café, gegenüber vom Park. DZ/F ca. 60–85 €. Nazorova b.b, ✆ 271-911, 📠 711-823; www.liburnia.hr.

Villa Vranješ (2) (***), oberhalb von Opatija, mit Restaurant und schöner Terrasse mit Blick aufs Meer. DZ/F ca. 70 €. A. Mikića 9 (Abzweig an der Hauptstraße in Höhe Hotel Admiral), ✆ 711-540, 📠 272-130, villavranjes@inet.hr.

Pension Villa Kapetanović (21), stadtauswärts Richtung Matulji; komfortable Zimmer, kleine Wellnessoase, Terrasse mit schönem Blick und sehr gutem Restaurant. DZ/F ca. 70 €. Nova cesta 12a, ✆ 741-355, 📠 741-356, www.villa-kapetanovic.hr.

• *Camping* **Camping Opatija,** vor Opatija beim Ort Ičići (siehe dort).

Essen (siehe Karten S. 62/63 und 65)

Die Hotelrestaurants bieten eine große Auswahl an Fleisch-, Fisch- und Meeresfrüchtegerichten, z. B. Scampi, Miesmuscheln, Tintenfisch, Rotbrasse, Drachenkopf, Seebarbe, Seebarsch; dazu knackige, frische Salate und leckere Nachspeisen wie Tiramisu, Törtchen oder Eis.

Ruhige Terrassen am Meer und gute Küche haben z. B. die Hotels **Millennium (12), Miramar (16)** und **Kvarner (18)**. In der **Taverna (11)** (Hotel Admiral, ✆ 271-882) gibt es gute Steaks, außerdem selbst gebackenes Brot und leckere Pizza. Direkt am Meer auch das **Restaurant Terrasse (13),** lauschig und romantisch mit moderner Musik.

Restaurant Ariston (4), hier sitzt man sehr schön auf der lauschigen Terrasse oberhalb der Uferpromenade und des Meeres. Moderne mediterrane Küche. M. Tita 179; ✆ 271-379.

Restaurant Sv. Jakov (14), in der Villa Millennium; sehr gute kvarner Küche und Fischgerichte. M. Tita 105, ✆ 202-000.

Restaurant Bevanda-Lido (20), große überdachte Terrasse direkt am Meer mit Blick auf Rijeka. Schöne Lage und große, vielfältige Speisekarte. Zert 8, ✆ 701-412.

Restaurant Villa Vranješ (2), oberhalb von Opatija, mit schöner Terrasse und Blick aufs Meer. Grillspezialitäten, zudem Fischgerichte. A. Mikića 9 (Abzweig an der Hauptstraße in Höhe Hotel Admiral), ✆ 711-907.

Restaurant Villa Kapetanović (21), stadtauswärts Richtung Matulji, Terrasse mit schönem Blick, traditionelle gute Küche. Nova cesta 12a, ✆ 741-355, 📠 741-356, www.villa-kapetanovic.hr.

Buffet Vongola (10), direkt an den Meerwasserpools mit Sitzmöglichkeiten im Freien, dazu Discomusik. Es gibt Snacks, Fleisch- und Fischgerichte. Preiswert und für Kinder viel Platz zum Herumtollen.

• *In Opatija-Volosko* Empfehlenswert am Hafen sind die drei folgenden Fischrestaurants mit Terrassen:

Mandrač (24), Obala Frana Supila 10, ✆ 701-357; kurz danach **Plavi Podrum (23),** Obala Frana Supila 12, ✆ 701-223, sowie das noble Fischrestaurant **Amfora (22)** gegenüber am Hafenende mit großer baumumstandener Terrasse, Panoramafenstern, Pianomusik und gutem Service; Črnikovica 4, ✆ 701-222.

• *Restaurants in umliegenden Dörfern* Z. B. in Richtung Učka oder Mošćenice: Auch hier lässt sichs lecker speisen – und natürlich preiswerter als in Opatija.

Sehenswertes

Bei den ersten Feriengästen Opatijas gehörte es bald zur guten Sitte, dem Kaufmann Scarpa von Fernreisen Pflänzchen mitzubringen. Noch heute findet man im **Angiolina-Park,** dem heutigen *Botanischen Garten,* die Auswüchse dieser exotischen Geschenke: einen riesigen Mammutbaum, Zedern, Eukalyptusbäume, Bambussträucher, Zitronen, die großblütige Magnolie, Kokos- und Dattelpalmen, Mispelbäume, Akazien, Agaven und die japanische Kamelie, heute das Markenzeichen des Luftkurorts. Mitten im Park die hübsche *Villa Angiolina,* heute beliebter Veranstaltungsort für Ausstellungen und Konzerte. Ein zweiter Park, der **Margarita-Park,** liegt zwischen der Uferstraße und der neuen Umgehungsstraße beim Hotel Opatija. Ebenfalls schön, nur ein wenig kleiner.

Dem Chirurgen *Dr. Theodor Bilroth,* einem der Initiatoren des Kurtourismus in Opatija, ist die Tafel am Uferweg unterhalb der *St.-Jakob-Kirche* (Sveti Jakov) gewidmet. Die Kirche entstand 1937 durch Umbau eines älteren Vorgängerbaus aus dem Jahr 1793.

Etwas westlich davon steht der **Juraj Šporer-Kunstpavillon,** in dem heute eine Gemäldegalerie untergebracht ist. Der 1900 gebaute Pavillon, benannt nach dem Gründer der „Gesellschaft zum Ausbau Opatijas als Bade- und Kurort", war damals eine Zuckerbäckerei. Erst 2003 wurde das Bauwerk gründlich renoviert und den Künsten geöffnet.

Unweit des Pavillons auf einem Felsen am Meer hält ein Mädchen eine Taube in der Hand – die von *Zvonko Car* geschaffene Bronzeskulptur *Gruß an das Meer* (1956). An ihrer Stelle stand bis 1951 die *Madonnina,* eine trauernde goldene Madonna, 1891 geschaffen von dem Grazer Künstler Rathausky. Nach seiner Beinahe-Zerstörung wurde das Original restauriert und in Verwahrung genommen, eine Kopie steht heute vor der St.-Jakob-Kirche.

Baden: Opatija ist kein Seebad – Bademöglichkeiten gibt es nur an den angelegten Badeständen und in den Meerwasser-Swimmingpools. Wer trotzdem ins kühle Nass möchte: das „Strandbad" mit betonierter Liegefläche, Liegestuhl- und Sonnenschirmverleih ist eine Alternative. Am künstlich angelegten großen *Slatina-Strand* gibt's auch einen Surfbrettverleih. Zudem am *Lungo Mare* (Richtung Lovran) immer wieder hübsche kleine Badebuchten. Die Hotels in Meeresnähe haben eigene Badebuchten und meist auch Pools.

Wandern: Sehr erholsam und wunderschön romantisch ist ein Spaziergang entlang der Uferpromenade, dem nach Lovran führenden 12 km langen *Lungo Mare.* Der betonierte Fußweg schlängelt sich oberhalb des Meeres entlang der Prachtvillen mit ihren Parks; zum Ausruhen laden Bänkchen ein, Pinien- und Lorbeerbäume spenden mitunter Schatten. Seine Badesachen kann man durchaus einpacken, überall bieten sich Gelegenheiten für einen Sprung ins kühle Nass. Wer nicht mehr zurücklaufen möchte, nimmt den Bus oberhalb an der Hauptstraße (alle 20 Min.). Übrigens: Wer gerne joggt – der *Lungo Mare* ist eine herrliche Laufstrecke ...

Nach Veprinac: Schön ist auch die ca. anderthalbstündige Wanderung zum mittelalterlichen Örtchen Vebrinac (siehe dort) mit einigen sehenswerten Gebäuden. Hinter dem Hotel Palace biegen wir in den Veprinački put ein, der die stark befahrene Umgehungsstraße Nova cesta kreuzt und gegenüber weiter bergan führt. Bald erreichen wir die letzten Häuser, der Weg führt nun weiter durch Wald nach Veprinac (Wegmarkierung: X-Zeichen).

Die „Orgel" in den Grotten von Postojna

Ausflug nach Slowenien

Von Opatija ist es nur ein Katzensprung ins slowenische Postojna, wo den Besucher ein gigantisches Höhlensystem erwartet (mehr zum Nachbarland Kroatiens finden Sie in unserem Reisehandbuch „Slowenien" von Lore Marr-Bieger, 1. Auflage/2005). Die Grotten von Postojina (Adelsberger Grotten) schuf der Fluss Pivka, der neben dem Höhleneingang in der Unterwelt verschwindet. Seine Arbeit wurde durch Brüche im Kalkstein erleichtert, die entstanden, als die horizontal gelegenen Schichten vor mehreren Millionen Jahren durch die Urgewalten unter der Erdoberfläche gefaltet wurden. Das heute bekannte Höhlensystem umfasst zwischen dem Eingang bei Postojna und der Höhle von Planina auf zwei Ebenen mehr als 21 km unterirdischer Gänge. In einem Teil der oberen, trockenen Ebene finden Führungen für die staunenden Besucher statt (Teile davon absolviert man in rauschender Fahrt mit der Höhlenbahn), die untere Ebene mit der sprudelnden Pivka ist nur für Höhlenforscher zugänglich.

Die Höhlen sind etwa 1 km vom Zentrum Postojnas entfernt. Es gibt große Parkflächen, aber keine Busverbindung. Führungen (Dauer ca. 1 ½ Std.) in der Saison von Mai–Sept. 9–18 Uhr stündl.; April u. Okt. um 10, 12, 14 u. 16 Uhr; von Nov.–März Mo–Fr um 10, 12 u. 14 Uhr; Sa, So und Feiertage zusätzlich um 16 Uhr. Die Preise schwanken nach Saison, hier sind die Hochsaisonpreise für Einzelgäste angegeben. Gruppenpreise deutlich billiger. Eintrittpreis Erwachsene 15,60 €, Studenten 11,70 €, Kinder 6–12 Jahre 10,10 €.

Ičići und Ika

Unmittelbar auf Opatija folgen zwei winzige ehemalige Fischerdörfer mit kleinen Häfen. Ičići war einmal der Hafen der Einwohner von Veprinac oberhalb der Küste. Der Name des am Banina-Bach liegenden Ika stammt wahrscheinlich von der illyrischen Göttin Ika. Heute sind Ičići und Ika zusammengewachsen. An der Steilküste mit hauptsächlich Fels- und sonst Kiesstrand wird jeder freie Meter zum Baden genutzt. Der große Jachthafen prägt den Ort, im Hintergrund die Silhouette von Rijeka und das Risnjak-Gebirge.

• *Telefonvorwahl* 051

• *Postleitzahl* 51414 Ičići

• *Information* **Touristinformation (TIC),** Liburnijska cesta b.b, ✆/℡ 704-187, www.tourism-icici.hr.

Touristagentur Marea, Poljanska cesta 1, ✆ 704-125, ℡ 704-290; www.kroatien-online.com, marea@ri.t-com.hr. Gut organisiert.

Agentur Lovranske vile d.o.o., vermittelt luxuriöse Villen und Appartements an der Opatija Riviera und an den Abhängen des Učka-Gebirges. Poljanska 27, ✆ 704-276, ℡ 704-183, www.lovranske-vile.com.

• *Jachthafen* **ACI Marina Opatija-Ičići,** an der Hauptstraße nach Opatija, geschützt hinter einer vorgezogenen Mole, 300 Liegeplätze im Wasser, weitere 30 an Land, alle nautischen und technischen Dienstleistungen, Nautikgeschäft, 15-t-Kran, Helling, Tankstelle 2 Seemeilen entfernt im Stadthafen Opatija. Wäscherei, Sanitäranlagen, Supermarkt, Restaurant, Café; ganz in der Nähe feiner Kies- und Betonstrand. ✆ 704-004, ℡ 704-024; www.aci-club.hr.

• *Essen* **Restaurant Comodor,** in der Marina, gutes Fischrestaurant mit schöner Terrasse. ✆ 704-049.

Ein weiteres kleines **Fischlokal** liegt direkt westlich neben dem Strand.

Ebenso empfehlenswert **Restauran Galeb,** mit lauschiger Terrasse; Poljanska b.b (kurz nach Agentur Marea).

Bistro Maestral, oberhalb im Ort, ganz am Ende der Ul. 43. Istarske div. (Abzweig von der Liburnijska ul. gegenüber der Marina in die Ul. Antona Dminaka, dann 5. Straße links).

• *Übernachten* **Privatzimmer,** DZ ab 30 €, Appartements ab 35 €.

Hotel Ika (***), in Ika direkt am Meer. 44-Betten-Hotel mit eigenem Badestrand; ganzjährig geöffnet; gutes Restaurant. DZ/F ab 60 €. Primorska 16, ✆ 291-777, ℡ 292-044; www.hotel-ika.hr.

Hotel Ičići (**), am Ortsende von Ičići an der Straße mit ca. 155 Betten. Eigener Badestrand gegenüber auf der anderen Straßenseite. DZ/F ab knapp 60 €. Liburnijska b.b, ✆ 704-199, ℡ 704-021; www.liburnia.hr.

Villa Klara (***), etwas oberhalb der Hauptstraße, schöne Zimmer mit Balkon und Blick aufs Meer, Terrasse mit Garten und Restaurant. Put za Veprinac 2, ✆ 704-102, ℡ 704-142, www.hotel.hr/villa-klara.

• *Camping* **Autocamp Opatija** (*), 3-ha-Camp oberhalb der Hauptstraße von Ika nach Ičići, Hanglage mit Terrassen, Parklandschaft, Tennisplätze, Kinderspielplatz, gute Sanitäranlagen, Restaurant und kleiner Supermarkt; Kiesstrand und Bootsanlegestelle – dazu muss man allerdings die Küstenstraße überqueren. Geöffnet 1. April–30. Sept. 4,50 €/Person, Auto und Zelt 6,80 €. Liburnijska 46, ✆ 704-387, ℡ 704-046.

Lovran

(Lovrana)

Neben Opatija ist Lovran der bekannteste Fremdenverkehrsort an der Riviera Kroatiens. Lovrans alte herrschaftliche Villen verstecken sich hinter dem üppigen Grün mächtiger Bäume, im Hintergrund steigt das Učka-Gebirge an. Die Stadt verdankt ihren Namen den mächtigen Lorbeerbäumen, die entlang der schönen Uferpromenade Schatten spenden.

Mit seinen prächtigen Häusern und Villen zieht sich Lovran die Hauptstraße entlang und die Hänge hinauf – mittendrin ein kleiner mittelalterlicher Stadtkern. Die über 100 Jahre alte Uferpromenade, der *Lungo Mare,* verbindet die Stadt mit Opatija, der schattige Weg an den Fels- und Kiesbuchten entlang ist malerisch; zum

Ausruhen stehen Bänke bereit, von denen man einen herrlichen Blick auf die Riviera und die Kvarner-Bucht genießt. Der Ortsname Lovran geht auf das antike *Lauriana* zurück, abgeleitet vom lateinischen *Laurus* – Lorbeer. Und in der Tat wachsen hier neben Pinien, Kastanien und Eichen riesige Lorbeerbäume und -sträucher. Bekannt ist Lovran übrigens auch für seine Maronenbäume, die etwas oberhalb des Ortes gedeihen – Kenner behaupten, hier wüchsen die besten Maronen. Ein guter Grund, diesen Umstand jedes Jahr mit einem mehrtägigen Maronenfest zu feiern. Und weil auch die hiesigen Kirschen die besten der Region sein sollen, gibt es im Juni ein großes Kirschenfest.

Altstadtidyll in Lovran

Der Überlieferung nach soll ein römischer Patrizier, wahrscheinlich ein Schwiegersohn des *Kaisers Augustus,* zu Beginn der Zeitenwende einen Sommersitz in Lovran unterhalten haben. Verschiedentlich wird Lovran auch als Schiffs- und Handelszentrum erwähnt. Zur Zeit des Kroatischen Königreichs vom 9. bis ins 11. Jh. gehörte Lovran zum Verwaltungsgebiet Liburnische Küste, das sich bis zum Raša-Fluss erstreckte. Im 14. Jh. kam Lovran in den Besitz der Habsburger und blieb bis 1918 österreichisch – abgesehen von einer kurzen Unterbrechung von 1809 bis 1815, als *Napoleon* nach seinem Sieg über Österreich auch Lovran besetzt hielt.

Mitte des 19. Jh. erlebte Lovran durch den Aufstieg Opatijas zur Kurstadt eine neue Blüte – schon vor dem Ersten Weltkrieg wurden zehn Hotels, über 50 Pensionen und 80 Villen, eine moderne Infrastruktur, zwei Badeanstalten und ein Theater aus dem Boden gestampft. Der kleine mittelalterliche Stadtkern blieb trotz des Baubooms glücklicherweise erhalten.

Information/Diverses

- *Telefonvorwahl* 051
- *Postleitzahl* 51415 Lovran
- *Information* **Tourismusverband,** Šetalište Maršala Tita 63 (auf der Halbinsel beim Jachthafen) ✆ 291-740, 📠 294-387; www.tz-lovran.hr, tzo-lovran@ri.t-com.hr; geöffnet Mo–Sa 7.30–21 Uhr.

Lovranske Vile d.o.o., die Agentur ist spezialisiert auf die Vermittlung von luxuriösen Villen/Wohnungen am Meer und an den Abhängen des Učka-Gebirges. (www.lovranske-vile.com). Mehr dazu unter Ičići.

Agentur Olinfos, organisiert Wandertouren unterschiedlichster Länge und Schwierigkeitsgrade durch das Učka-Gebirge. Auch geführte Mountainbiketouren, Freeclimbing, Tauchen, Rafting, Paintball etc. Rezine 4, ✆ 292-481, Mobil 091/292-4810, www.olinfos.hr.

- *Verbindungen* **Bus** Linie 32 Rijeka–Opatija–Lovran im 15-Min.-Takt; Bushalt gegenüber dem Altstadteingang. Weitere Infos beim Tourismusverband.
- *Ausflugsfahrten* Zahlreiche Fahrten sind im Angebot – z. B. mit dem Tragflügelboot

nach Venedig oder zu den Inseln Krk und Rab, Fischpicknick, Bustour entlang der Opatija Riviera, nach Lipica oder zu den Höhlen von Postojna (beides in Slowenien).

• Gesundheit **Krankenhaus,** Šetalište Maršala Tita 1, ✆ 291-122. **Ambulanz,** Ulica 9. rujna 6, ✆ 291-042. **Apotheke,** Šetalište Maršala Tita 48, ✆ 291-051.

• Post Durchgangsstraße, Mo–Sa 7–21 Uhr.

• Taxi ✆ 291-007.

• Veranstaltungen **Kirschenfest** im Juni; **Fischerfeste** im Sommer am Hafen. **Marunada,** das Maronenfest, am 3. Okt.-Wochenende. **Klassikabende** im Sommer. Im Februar wird ausgiebigst der **Karneval** gefeiert.

Übernachten/Essen

Privatzimmer: Doppelzimmer ab 30 €, private Appartements für 2 Personen ab 40 €, 4 Pers. 60–80 €. Frühstück ab 4 €/Person. Zahlreiche schöne Pensionen finden sich auch oberhalb von Lovran, in Richtung Lovranska Draga.

Hotel Excelsior (***), großer, moderner, von einem Park umgebener Bau oberhalb der Uferpromenade. Schwimmbad, Sauna, Kegelbahn etc.; am Meer betonierte Bademolen. Das Hotel ist ganzjährig geöffnet. Zudem sehr gutes Restaurant und Café mit großer Kuchenauswahl. DZ/F 110–150 €, je nach Zimmerlage. Maršala Tita 15, ✆ 292-233, ℻ 291-989; www.liburnia.hr.

Hotel Lovran (***), besteht aus den herrschaftlichen Villen Beauregard und Blankenstein von 1880; 1909 wurden die Gebäude erweitert und später durch Rezeption und Bar miteinander verbunden; Architekt der Anlage war der Österreicher Carl Seidl. 2003 komplett renoviert und modernisiert. Ca. 30 Zimmer, 18 Appartements, gemütlich eingerichtet im 1950er-Jahre-Stil; die Einrichtungen vom Hotel Excelsior können mitgenutzt werden. Das Restaurant serviert sehr gutes À-la-carte-Essen. DZ/F 72–128 €. Maršala Tita 19/2; ✆ 291-222, ℻ 292-467; www.hotel-lovran.hr.

Hotel Bristol (***), stilvoller, von Park umgebener Bau an der Uferpromenade in Zentrumsnähe. Große geräumige Zimmer mit kleinen überdachten Balkonen; große Terrasse, am Meer betonierter Badestrand; hier residiert auch eine Tauchbasis. DZ/F 78–112 €, je nach Zimmerlage (Park- oder Meeresseite). Maršala Tita 27; ✆ 291-022, ℻ 292-049; www.liburnia.hr.

Villa Astra (*****), herrschaftliches Villen-Natursteinhaus von 1903 inmitten eines palmenbestandenen Parks; mit Terrasse und schönem beheiztem Meerwasserpool am *Lungo Mare*. Stilvolle Räumlichkeiten zum Entspannen, zudem Wellnessbereich. Tennisplatz und Privatstrand. Das Restaurant mit seinen drei Salons bietet vorzügliche Küche. Sechs unterschiedlich ausgestattete Räumlichkeiten von 237–284 €/DZ; Frühstück 14 €/Person. Ulica Viktora Cara Emina 11, ✆ 294-400, ℻ 294-600, www.lovranske-vile.com.

Landhaus Oraj (*****), wundervoll renoviertes, 200 m^2 großes Landhaus mit Blick aufs Meer oberhalb von Lovranska draga. Mit 4 Schlafzimmern, Wohnraum, Feuerplatz, Terrasse und schönem Garten. 402 €/Tag. Buchung unter ✆ 704-271, www.lovranske-vile.com.

Villa Adela (*****); die Villa in einem üppigen Park oberhalb des Lungo Mare wurde 1905 erbaut; ein Lovraner Kapitän taufte sie auf den Namen seiner Gattin, einer spanischen Sängerin. Luxuriöses 3-Zimmer-Appartement 232 €. Šetalište M. Tita 47, ✆ 704-276, www.lovranske-vile.com.

Villa Mona Lisa (***–****), am Hang oberhalb von Lovran mit Blick aufs Meer; komfortable Appartements verschiedener Größe und Ausstattung. Bistro. Rezine 17f, ✆ 293-393, ℻ 293-396; www.villamonalisa.com.

Hotel Primorka – Vila Mihaela (**), westlich stadtauswärts, oberhalb der Küstenstraße. Schönes Haus. DZ/F ca. 60 €. Šetalište M. Tita 89, ✆ 292-770, 291-811, ℻ 293-432.

Pension Stanger (**), ca. 2 km vor Lovran (in Richtung Mošćenička Draga); eigener kleiner Felsbadestrand. DZ/F ca. 55 €. ✆/℻ 291-154; www.kroatien-online.com.

• Essen **Restaurant Knez Grad,** beim Hauptplatz neben dem Kino. Sehr gute Fischgerichte und einheimische Küche wie Gulasch und Gnocchi. Auf der Terrasse sitzt sich's sehr gemütlich. Trg slobode 12, ✆ 291-838.

Fischrestaurant Najade mit schöner weinumrankter Terrasse; beim Ortsbeginn direkt am Meer. ✆ 291-866.

Restaurant Villa Astra, auch hier lässt es sich vorzüglich speisen – aber nur nach Voranmeldung. V.C. Emina 11, ✆ 294-400.

Außerhalb Die beiden folgenden Lokale mit guter istrischer Küche liegen ca. 10 km von Lovran entfernt an den Abhängen des Učka-Gebirges:

Restaurant Bojana, Liganj Nr. 79, ✆ 292-609.

Konoba Lovranska Draga, Cesta za Lovranska Dragu 19b, ✆ 292-720.

Marunada

Das Maronenfest *Marunada,* das früher nur in Dobreć gleich oberhalb von Lovran gefeiert wurde, hat sich mittlerweile zu einem regionalen Spektakel ausgeweitet. Liganj macht den Beginn am ersten Oktoberwochenende, danach folgt Dobreć und am dritten Wochenende in großem Stil Lovran. Dann werden überall in den Riviera-Hotels leckere Maronentörtchen und -kuchen sowie auf den Straßen geröstete Maronen angeboten. Dazu gibt es Theateraufführungen zum Thema Maronen mit maronengeschmückten Kindern, Musik und natürlich jeder Menge Wein. Übrigens ist das Sammeln von Maronen vor dem Fest verboten – die Bäume sind allesamt in Privatbesitz, und jeder möchte natürlich seine Früchte zum Fest verkaufen. Die Maronen werden vom Baum geschlagen und reifen dann in den Körben nach – so halten sie sich bis zu sechs Wochen frisch.
Worin unterscheiden sich eigentlich Maronen von Kastanien? Maronen sind frostempfindlich, in der Regel größer und vor allem essbar, da weicher und aromatischer als ihre harten Schwestern.

Sehenswertes

Lovrans mittelalterliches Zentrum betritt man durch das südliche Stadttor gegenüber dem Hafen. Zum großen Kirchplatz führen malerische Gässchen mit einfachen, aber sehr unterschiedlich gestalteten Häusern; einige haben Außentreppen, andere barocke Portale, Balkone, Gärten oder Erker. Viele sind mit Blumen geschmückt und beherbergen kleine Läden, Cafés oder Schmuckgeschäfte.

Am Kirchplatz fallen zwei Gebäude ins Auge: Gegenüber dem Gotteshaus das mit einem Holzrelief über dem Steinportal geschmückte **Rathaus** – Sankt Georg, fest auf seinem Pferd sitzend, durchbohrt mit fester Hand den teuflischen Drachen. Ein paar Meter daneben das **Mustaćon-Haus** (Mustaćon = Schnurrbart), das mit seinem dämonisch dreinblickenden schnurrbärtigen Gesicht über dem Portal die bösen Geister und Feinde abwehren soll.

Eine Steintafel an einer Gartenmauer gegenüber dem Kirchplatz erinnert daran, dass 1845 der sächsische König *Friedrich August II.* hier zu Gast war. Auf dem Platz erhebt sich die **Kirche des heiligen Georg.** Der romanische Campanile aus dem 12. Jh. steht unverändert da, doch die Kirche des Stadtpatrons wurde wegen wiederholter Zerstörungen immer wieder umgebaut. Ihr gotisches, mit alten Fresken bemaltes Gewölbe aus dem 15. Jh. zählt zu den besterhaltenen der Region; die Malereien illustrieren das Leben Christi und die Passionsgeschichte. Sehenswert am Hafen ist die romanische **Dreifaltigkeits-Kapelle** (Sv. Trojstva) mit spätgotischen Wandmalereien und einer Grabplatte mit glagolitischer Inschrift aus dem Jahr 1595.

Von seiner schönsten Seite erlebt Lovran, wer den **Lungo Mare,** die traditionsreiche, vor über 100 Jahren erbaute Uferpromenade, zu Fuß erkundet: Durch üppig bepflanzte Parkanlagen schlängelt sich der Weg vorbei an steilen Felsen Richtung Ika. Wer noch weiter will, kann auf der Promenade bis nach Opatija-Volosko laufen (von Lovran aus ca. 12 km). Oder man begibt sich oberhalb der Stadt auf Entdeckungstour, wo an den Abhängen riesige Maronenbäume wachsen.

Ausflug: Schön ist auch eine Fahrt oder Wanderung hinauf nach **Dobreć** oder weiter über **Liganj** nach **Lovranska Draga** (12 km). Von dort kann man in vier

Stunden durch schattige Wälder zum *Berg Vojak* (1401 m) aufsteigen und oben den fantastischen Ausblick über die Kvarner-Bucht und Istrien genießen (mehr dazu im Abschnitt Naturpark Učka-Gebirge).

Die Galerie Charles Billich

Kunstliebhaber sollten nicht versäumen, die Galerie von Charles Billich im *Fortezza-Haus* im Stadtturm zu besuchen. Der international renommierte Künstler lebt und arbeitet meist in Australien. 2004 war er an der künstlerischen Gestaltung der Olympiade in den USA maßgeblich beteiligt, inzwischen ist er mit den Vorbereitungen zur Olympiade 2008 in China beschäftigt. Derzeit sind seine 2004 bei einem Aufenthalt in Peking entstandenen eindrucksvollen Arbeiten ausgestellt.

Öffnungszeiten Aug.–Mitte Sept. 11–13 und 16–20 Uhr. Trg Slobode 1, ✆ 292-450, www.billich.info.

Naturpark Učka-Gebirge

Dem sanft von der Plomin-Bucht in Richtung Norden ansteigenden Bergzug ist es zu verdanken, dass an der Opatija Riviera auch im Winter milde Temperaturen herrschen, in denen die subtropische Pflanzenwelt üppig gedeihen kann. Seine höchste Erhebung, der Berg Vojak, misst 1401 m.

Das Učka-Gebirge, mit seinem 992 m hohen Poklon-Bergsattel auch *istrischer Olymp* genannt (Učka – lat. *mons maximus*), ist im Norden mit der *Ćićarija-Gebirgskette* verbunden; die Straße über den Poklon-Bergsattel verbindet seit alters her das istrische Hinterland mit der Kvarner-Bucht. Heute ist dieser Weg kürzer: Der Verkehr von der Nordwestküste Istriens nach Opatija und Rijeka fließt seit 1981 durch den 5 km langen Učka-Tunnel (Maut 3,50 €).

Von Lovran (0 m) bis auf den 1401 m hohen *Vojak*, den höchsten Berg im Učka-Gebirge, sind es gut sieben Stunden Aufstieg. Schöne Wanderwege (rote Markierungen) führen von Lovran, aber auch von Medveja, Mošćenička Draga und Opatija (vor dem Hotel Palace) hinauf. Die Pfade verlaufen durch eine unbesiedelte Gegend mit etlichen Höhlen und einer Vielzahl an geschützten endemischen Pflanzen und Tieren; Bären und Wölfe gibt es im Učka-Naturpark zwar keine mehr, aber in den heißen Monaten sollte man auf Schlangen achten. Mountainbikefans mit Kondition können das Učka-Gebirge auf einer 200 km langen Tour umrunden.

Eine Besonderheit des Naturparks ist das Naturdenkmal Vela Draga mit seinen meterhoch aufragenden Kalksteintürmen an der Nordostflanke des Gebirges; auf einem am Rand des Canyons entlangführenden Lehrpfad kann man den Vela Draga in ca. 45 Minuten umrunden (Startpunkt ist unterhalb der nördlichen Mautstelle; es gibt auch geführte mehrstündige Wanderungen durch den Canyon).

Der Poklon-Bergsattel ist auch mit dem Auto erreichbar (von Opatija/Ičići ca. 18 km). Die Straße ist in gutem Zustand, aber kurvenreich und teilweise sehr schmal. Am besten von Lovran aus bis Ičići fahren, vor dem Supermarkt links Rich-

Weiter Blick vom Berg Vojak (1401 m) über Istrien

tung Verprinac abbiegen, dann durch Verprinac fahren und weiter hinauf zum Poklon (die Route über Opatija–Matulji ist etwa 8 km länger). Auf dieser Strecke gibt es viele gute Restaurants mit schönen Terrassen und Blick über die Kvarner Bucht. Serviert werden selbst gekelterte Weine, und alles ist preisgünstiger als unten an der Riviera. Auf dem Bergsattel steht an der Straße die Restaurant-Pension Učka, wo man parken kann. Von hier ist in gut anderthalb Stunden Laufzeit der 1911 erbaute Aussichtsturm auf dem Vojak-Gipfel erreichtbar (auch per Auto erreichbar).

Ein Aufstieg zum Vojak ist lohnenswert. Bei klarer Sicht sind im Südosten alle vier großen Kvarner-Inseln und das Velebit-Gebirge zu sehen – im Norden reicht der Blick bis in die rund 120 km entfernten Julischen Alpen mit dem Triglav! In den Sommermonaten gibt es organisierte Bus- und Wanderausflüge von Lovran und Opatija aus bis zum Restaurant (Infos in den Reisebüros); zusätzlich pendelt an den Sonntagen im Juli und August ein Bus von Opatija nach Učka.

• *Information* **Naturpark Učka**; Verwaltung, 51415 Lovran, Liganj 42, ✆ 051/293-753, ✆/📠 293-751, www.pp-ucka.hr.

• *Anfahrt zum Vojak* Bevor die Straße wieder ins Landesinnere hinabführt, kurz nach dem Restaurant Dopo Lavoro, führt links eine Asphaltstraße 6 km bis zu einem Parkplatz direkt unterhalb des Aussichtsturms – von hier ist der Gipfel in ein paar Minuten erklommen.

• *Übernachten/Essen* **Restaurant-Pension Učka**, oberhalb der Straße am Poklon-Bergsattel; schöne Terrasse mit Blick über die Kvarner Bucht. 10 Zimmer werden vermietet; Fahrradvermietung und organisierte Wanderungen. Die Küche serviert gutes istrisches Essen. Vela Učka b.b, ✆ 603-340.

• *Restaurant* **Dopo Lavoro**, bekannte und gute Adresse in Vela Učka; leckere istrische Spezialitäten wie Aufschnitt, Gnocchi, Wild, Trüffelgerichte ... Sitzgelegenheiten auch vor dem Haus. Keine Zimmervermietung. Vela Učka 9, ✆ 299-641.

• *Wandertouren* **Agentur Olinfos** organisiert Wandertouren durch das Učka-Gebirge in unterschiedlichsten Längen und Schwierigkeitsgraden; auch geführte Mountainbiketouren, Freeclimbing usw. Lovran, Rezine 4, ✆ 292-481, Mobil 091/292-4810, www.olinfos.hr.

Veprinac steht an der Stelle einer einstigen Fluchtburg. Im 14. Jh. war der Ort in den Händen der Familie Duino, im 15. Jh. gehörte er den Walseern, dann den Habsburgern. Die alte Stadtmauer ist teilweise erhalten, ebenso das Stadttor mit Rathaus (Komuna). Das Kastell, die barocke Kapelle Hl. Anna und die Stadtloggia gegenüber sind sehenswert. Auf einem breiten Stufenweg erreicht man die St.-Markus-Pfarrkirche (Sveti Marko), ihr Inneres ziert ein schön geschnitztes Chorgestühl. Opatija ist von Veprinac aus zu Fuß in anderthalb Stunden erreichbar.

Medveja

Der kleine Fischerort liegt direkt an der im Sommer stark frequentierten Küstenstraße. Der schöne Kiesstrand und die kleinen Buchten in der Umgebung von Medveja sind meist von Nudisten besetzt.

Auf dem Kap Cesara erhebt sich die Villa Castello mit ihrem romanischen runden Turm, gegenüber auf dem Kap Medveja die Villa Susmel – dazwischen ein langer, sonnenverwöhnter Strand. Die Schattenseite der Strandidylle ist das Parkproblem, die Küstenstraße ist im Sommer meist zugeparkt.

Ob sich der Bär von Učka hier schon einmal blicken ließ, darf allerdings bezweifelt werden, obschon sich der Name Medveja wahrscheinlich von Medvjed (Bär) und nicht vom griechischen Medea ableitet, wie einige Historiker meinen.

- *Telefonvorwahl* 051
- *Postleitzahl* 51416 Medveja
- *Information* **Touristinformation,** Medveja 6a, ✆/℻ 291-296 oder **Agentur New Sound** ✆/℻ 292-111.
- *Verbindung* Der **Bus** von Opatija nach Mošćenička Draga verkehrt im 1- bis 1½-Std.-Takt und hält in Medveja.
- *Übernachten* **Privatzimmer** ab 20 €/Person; **Bungalows** gibt's auf dem Campingplatz.

Camping Medveja (***), schöner 9-ha-Platz auf bewaldeter Wiese, durch die Uferstraße von Meer und Strand getrennt (Fußgängerunterführung). Die Anlage zieht sich in der langen Talsenke weg vom Meer und von der Uferstraße. Mit Restaurants, Disco, Bar und Supermarkt. Tauchclub, kleiner Hafen, Windsurfen. Geöffnet Anfang April–Mitte Okt. 4 €/Person, Zelt 3 €, Auto 3 €. ✆ 291-191, ℻ 292-471, www.liburnia.hr.

- *Essen* **Restaurant Medvejica,** am Campingplatz. **Konoba Punta,** klein und gemütlich; Medveja 33.
- *Tauchen* Am Strand gibt es Sub-Service; Tauchgänge, Kurse, Füllung. ✆ 272-153.

Mošćenička Draga (Porto Moschienizze)

Der kleine Touristenort mit schönem Kiesstrand und Uferpromenade liegt an der kilometerlangen, viel besuchten Bucht von Draga, vor den grünen Abhängen des Učka-Gebirges.

Das einstige Fischerdorf, dessen Häuser sich um den Hafen gruppieren, ist wegen seiner guten Bade- und Übernachtungsmöglichkeiten beliebt und im Sommer oft überlaufen. Dicht an dicht lagern dann die Sonnenhungrigen am berühmten Kiesstrand der *Bucht von Draga,* auch Sv. Marina-Bucht genannt. Zum Bummeln lädt die baumbestandene Uferpromenade ein, die Richtung Süden zu einer weiteren Kiesbucht, der *Sv.-Ivan-Bucht* beim Hotel Rubin, führt. Hier tummeln sich die Taucher, die in der Nähe ihre Basis haben. In der Nebensaison ist der Ort eher beschaulich, und wer ein Boot hat, kann dann zu weiteren einsamen Buchten schippern.

Sehenswert in Mošćenička Draga ist unten am Meer die *Peterskapelle* mit glagolitischen Inschriften. Vom Hotel Rubin führt eine schweißtreibende Treppe mit über 700 Stufen hinauf zum mittelalterlichen Städtchen *Mošćenice.*

Mošćenice – das mittelalterliche Städtchen thront oberhalb der Küste

Information/Verbindungen/Veranstaltungen

- *Telefvonvorwahl* 051
- *Postleitzahl* 51417 Mošćenička Draga
- *Information* **Tourismusverband,** Stari Grad, ✆ 737-533, www.tz-moscenicka-draga.hr.

Touristagentur Annalinea, Stari Grad 1 (Ortsmitte); geöffnet Juni–Sept. Mo–Sa 8–22 Uhr, sonst nur bis 20 Uhr; ✆ 737-207, ℻ 737-400; www.annalinea.com.

An der Hauptstraße (Nr. 21) im Container eine Dependance der **Agentur Annalinea,** ✆ 737-506.

- *Verbindungen* **Bushalt** neben Annalinea; gute Verbindungen nach Opatija und Rijeka.
- *Post* Im Zentrum in Strandnähe; geöffnet Mo–Sa 8–21 Uhr.
- *Veranstaltungen* Mošćenička Draga ist bekannt für seinen **Karneval,** bei dem „pust", eine 25 m hohe bemalte Holzfigur, am Hafenplatz in Flammen aufgeht.

Segelregatta-Meisterschaften jährlich im Mai.

- *Gesundheit* **Apotheke** ✆ 737-645; **Ambulanz** ✆ 737-608.

Übernachten

Privatzimmer ab ca. 20 €/Person, Ferienwohnungen für 2–4 Pers. ab 45–70 €/Tag.

Sehr schön liegen die Appartements an der Uferpromenade: z. B. **Villa Kleiner** (***), mit Sauna, beheiztem Pool und Garten; schöne geräumige Appartements mit Terrasse und Blick aufs Meer. 65 € für 2 Pers. (1. Okt.–30. April 60 € inkl. Frühstück). Ganzjährig geöffnet. Šetalište 25. travnja 28; ✆ 737-544, ℻ 737-746.

Villa Istra (****), gleich nebenan, ebenfalls an der Uferpromenade. 2003 wurde die Villa komplett renoviert. Es gibt vier 60 m² große, schön eingerichtete Appartements, alle mit Meerblick. 110 € für ca. 3 Pers. Große Terrasse unter mächtigen Laubbäumen mit Blick aufs Meer. Pool, Fitness- und Saunabereich sollen 2006 in Betrieb sein. Šetalište 25. travnja 27; ✆ 737-347, 737-737; ℻ 737-721.

Hotel Mediteran (***), schön am Hafen und direkt am Strand gelegen; die unterschiedliche Ausstattung und Lage der Zimmer schlägt sich preislich nieder: DZ/F 70–85 €. Aleja Slatina 2; ✆ 737-622, ℻ 737-538; www.liburnia.hr.

Hotel Marina (***), neben Hotel Mediteran, etwas nach hinten versetzt. Modernes, niedrig gebautes Hotel mit Atrium, Sauna und Schwimmbad; auch Tauchcenter. DZ/F je nach Zimmerlage 75–120 €. ✆ 737-504, 📠 737-584; www.liburnia.hr.

Pension-Restaurant Villa Rubin (***), direkt am Strand Sv. Ivan, DZ/F ca. 50 €. Šetalište 25. travnja 37. ✆/📠 737-637.

Pension Dante siehe unter Essen.

• *Camping* **Autocamp I – Mošćenička Draga** (***); kleines schattiges 2,2-ha-Gelände im Ort; teils ebenes, teils terrassenförmiges Terrain. Supermarkt. Geöffnet 1. März–Ende Okt. 5 €/Person, Zelt 3,50 €, Auto 3,40 €, Parzelle 12 €; ✆ 737-523, 📠 737-339, www.croatica.net/autocamp-i.

Essen

Zahlreiche Cafés und Eisdielen reihen sich an der Uferpromenade entlang.

Benito serviert Fischgerichte und schmackhafte Kalamari auf der schönen Terrasse, gleich neben den dümpelnden Booten im Hafen, mit Blick über den Strand. ✆ 737-502.

Gute Fischgerichte gibt's auch im **Restaurant Johnson** (kurz nach dem Abzweig hoch nach Mošćenice, mit Terrasse) sowie im **Restaurant Sidro** an der Hauptstraße.

Restaurant-Pension Dante, mit schöner großer Terrasse oberhalb und östlich des Hafens. Gute Fischgerichte und Risottos. Auch Zimmervermietung (DZ/F 50 €). Die Tauchstation RKE unterhält hier ihre Basis. ✆ 737-752.

Einen wunderbaren Blick über die Kvarner-Bucht genießt man von der Terrasse der **Restaurant-Pension Perun** in Mošćenice. Die Küche serviert Fleisch- und Fischgerichte. ✆ 737-515.

Sport

• *Tauchen* **Divingcenter RKE,** Basis beim Restaurant Dante; Mobil Igor 098/900-6904; www.ilovedive.com.

Marine Sport Diving Center; Ausbildungen zum OWD, AOWD, Spezialkurse, Schnuppertauchen, Ausrüstung; Tag- und Nachttauchen an Wrack oder Steilwand. Tauchbasis Hotel Marina, Aleja Slatina 2, ✆/📠 737-837, Mobil 091/515-7212; www.marinesport.hr, info@marinesport.hr.

Mošćenička Draga/Umgebung

Mošćenice (Moschienizze): Das mittelalterliche Städtchen thront in etwa 2 km Entfernung oberhalb von Mošćenička Draga. Der anstrengende Aufstieg lohnt sich – von hier oben genießt man einen weiten Blick über die Kvarner-Bucht und die Inseln. Die wehrhafte Altstadt ist sehr klein – der Hauptplatz liegt außerhalb des Zentrums; die Außenmauern der dicht im Kreis zusammengedrängten Häuser boten in früheren Jahrhunderten Schutz vor den Truppen Venedigs, von hier oben kontrollierten die Piraten die Meerenge Vela vrata. Heute sind noch ein paar Hausmauern, der Turm und das Tor aus dem 17. Jh. erhalten. Im *Museum* gleich am Stadteingang ist u. a. eine alte Olivenpresse zu besichtigen, die bis in die 1970er Jahre in Betrieb war. Und schließlich geht's auf 700 steilen Stufen wieder abwärts nach Mošćenička Draga zum Hotel Rubin.

Essen/Übernachten Von der Terrasse der **Restaurant-Pension Perun** genießt man einen weiten Blick über die Kvarner Bucht. Es gibt Fisch- und Fleischgerichte. DZ/F ca. 60 €. ✆ 737-515, 📠 737-510.

Südlich von Mošćenička Draga windet sich die Straße die Steilküste durch unberührte Landschaft hoch, tief unten leuchtet das Meer, gegenüber sieht man die Insel Cres. Die macchiaüberwucherten Ausläufer des Učka-Gebirges fallen fast senkrecht ins Meer ab. Wer hier baden will, muss am Straßenrand parken und einen halsbrecherischen Abstieg wagen. Weiter geht es durch die beiden idyllischen Bergdörfer **Brseč** und **Zagore.**

Brseč (Bersez): Etwa 10 km südlich von Mošćenička Draga in Richtung Labin thront auf einem 157 m hohen Felsen, der schon in der Vorgeschichte besiedelt war, der mittelalterliche Ort. Die Breseč umgebende Wehrmauer mit einigen glagolitischen Inschriften ist noch gut erhalten; den Ort überragt der Glockenturm der *St. Georg-Kirche.* Etwas unterhalb auf einem Felsvorsprung direkt über dem Meer steht die *Kapelle Sv. Magdalene* – und noch weiter bergab geht's zu einer schönen Badebucht. Oben im Ort gibt es Supermarkt, Ambulanz, das Restaurant Šip und Übernachtungsmöglichkeiten in Appartements.

Ein *Wanderpfad* führt von Breseč zur südlichsten Spitze des Učka-Gebirges auf den 835 m hohen *Berg Sisol;* die Fernsicht von hier oben auf die gegenüberliegenden Kvarner-Inseln ist fantastisch.

Wenige Kilometer südlich von Zagore, einem winzigen Bergdorf, kommt der Abzweig zum Trajekthafen **Brestova,** das Sträßchen führt in steilen Serpentinen hinab. Vom Hafen ist man per Trajekt in ca. 30 Minuten auf der Insel Cres (Fährort Porozina).

Insel Cres
Karte S. 79

Insel Cres – Blick auf Predošćica und die Insel Plavnik

Insel Cres

Eine zerklüftete Hügelkette, kahl, karg, durch Steinmäuerchen unterteilt und kaum besiedelt – so erscheint die Insel von weitem. Für viele ist Cres häufig nur Transitstrecke zur Touristeninsel Lošinj. Mit 3300 Bewohnern und 407 km² Fläche ist sie nach Krk die zweitgrößte der kroatischen Inseln.

Das 66 km lange, bis zu 12 km breite Cres liegt im nordwestlichen Teil der Kvarner Bucht. Während die anderen Inseln des Kroatischen Küstenlands parallel zum Festland liegen und mit ihrer Bergseite die Bora abhalten, verläuft Cres in Nord-Süd-Richtung und lässt den Sturm ungehindert vom Küstengebirge hinuntertoben. Kaum ein Baum im Westteil der Insel überlebt diese Gewalten, und Macchia macht sich breit. Nur im Osten gedeihen Laubbaumgrüppchen neben mediterranem Gestrüpp – hier begünstigen der Schirokko, der regnerisch-warme Südwind, und der Maestral, der Gutwetterwind mit seinen leichten, kühlen Brisen, die Vegetation. Verwaltungsmäßig gehört das Gebiet südlich des Vraner Sees, also Ustrine, Osor und Punta Križa, zur Insel Lošinj.

Die Inselstraße führt von Nord nach Süd über eine Drehbrücke auf die Insel Lošinj. Cres und Lošinj waren früher durch einen 11 m breiten Kanal getrennt – ob von Illyrern oder Römern gebaut, ist ungeklärt. Auf halber Strecke Richtung Lošinj liegt nahe der Straße der 57 km^2 große *Vraner See,* der als Süßwasserspeicher dient. Die Ausflugsbüros preisen das Fischerdörfchen *Valun,* das durch die Fernsehserie „Der Sonne entgegen" bekannt wurde, sowie das geschichtsträchtige Musikstädtchen *Osor* und die Badebucht *Punta Križa;* manchmal auch die Städte *Cres* und *Martinšćica.* Eine Besonderheit auf der Insel sind die Gänsegeier, für deren Wohlergehen und Erforschung das Team des *Eco-Zentrums* in Beli sorgt. Giftschlangen sind auf der Insel Cres wie auch auf Lošinj ein Fremdwort: Einer Legende zufolge hat der Osorer Bischof, der hl. Gaudentius, die Inseln gesegnet und sie dadurch von Giftschlangen befreit.

Ansonsten bedecken Karstweiden rund die Hälfte der Inselfläche, Wald nimmt ein Drittel ein, und ein Zehntel wird landwirtschaftlich genutzt, vor allem für den Wein- und Olivenanbau. Ende des 19. Jh. begann die Zahl der Inselbewohner zu schrumpfen. Damals fraß die Reblaus den Wein, das Dampfschiff verdrängte die Segler, und die Handelsstraßen verliefen nicht mehr längs der adriatischen Ostküste: Der Überseehandel war in den Brennpunkt des Interesses gerückt.

Wichtiges auf einen Blick

Telefonvorwahl: 051

Fährverbindungen: *Trajekt Brestova–Porozina* (Cres): In der Hauptsaison stündlich fast rund um die Uhr, sonst von 6.30 bis 20.30 Uhr; Fahrzeit 30 Min., Pkw 12 €, 1,80 €/Person.

Trajekt Merag–Valbiska (Krk): Die Linie verkehrt in der Hauptsaison alle eineinviertel Stunden zwischen 6.30 und 22.30 Uhr. Fahrzeit 45 Min. Pkw 12 €, 1,80 €/Person.

Katamaran: *Rijeka–Mali Lošinj* (Rijeka–Cres–Martinšćica–Unije–Susak–Mali Lošinj): tägl. von Rijeka nach Cres um 17 Uhr (ab Mitte Sept. um 14.30 Uhr, So 15 Uhr); nach Martinšćica nur Sa, So u. Mo. ✆ 051/571-021.

Busverbindungen: Gute Verbindung zu allen Inselorten und zur Insel Lošinj. Mit der Fähre über Brestova nach Rijeka, Ljubljana, Triest und Zagreb.

Tankstellen: Nur im Hauptort Cres und in der ACI-Marina Cres.

Brückenverbindung zur Insel Lošinj: Um 9 und um 17 Uhr jeweils für eine halbe Stunde geschlossen.

Geschichte

Cres und Lošinj bildeten in der Antike eine einzige Insel, die so genannte *Apsirtides-Insel.* Schon in der Vorzeit war sie bewohnt, davon zeugen Überreste der Gradina-Kultur. Ab 1600 v. Chr. gehörte Cres dem illyrischen Stamm der Liburnen, die Krieger und Seefahrer waren. Die griechischen Händler siedelten damals überall an der adriatischen Küste und gaben der ersten bedeutenden Inselstadt den Namen – *Apsorus* (Osor). Als Apsorus durch einen 11 m breiten Kanal geteilt wurde, nannte man den größeren Inselteil nach der Stadt Crepsa, Cres, der kleinere Teil hieß lange Zeit Osor.

Am Anfang unserer Zeitrechnung wurde der Inselraum der *Osors,* wie damals die beiden Inseln hießen, von den Römern besetzt und besiedelt. Als im Laufe der Jahrhunderte die Herrschaft Roms verfiel und die Mongolen das Hinterland eroberten, sah man es gern, dass sich die Kroaten auf der kleineren Insel Osor ansiedelten, da sich auf Cres bereits mehrere Siedlungen und die befestigte Stadt Osor befanden, in der sich die römischen Einwohner in Sicherheit bringen konnten. Die Insel Osor hingegen war mittlerweile nur noch ein Weideplatz der reichen Bauern, von Wald und Gestrüpp bedeckt, weglos, die einstigen römischen Villen überwuchert und verwahrlost. Dieser Zustand brachte ihr den Namen Lošinj (loš = schlecht) ein. Bis ins 11. Jh. unterstanden Cres und Lošinj der Oberherrschaft von Byzanz und damit kirchlich dem Patriarchen von Konstantinopel. Verwaltungsmäßig wurden sie seit dem Jahr 1000 von Venedig kontrolliert. In dieser Zeit errichtete man zu Ehren des Hl. Nikolaus, des Schutzpatrons der Seefahrer, die Kapelle auf dem gleichnamigen Berg bei Veli Lošinj.

Mittlerweile wurden die ersten kroatischen Fürsten zu Königen gekrönt und erkämpften die Unabhängigkeit von Byzanz. Allerdings wuchs Venedigs Einfluss, und die Inseln wie auch das byzantinische Dalmatien gerieten unter die Hoheit der venezianischen Republik. Auf Osor war man in jener Zeit sehr geschickt und kaufte sich von Venedig 1018 mit Marderfellen frei (siehe dazu Osor/Geschichte). Unter dem ersten kroatisch-ungarischen König *Koloman* fielen Cres und Lošinj 1102 nochmals an Kroatien und erst 1409 endgültig an Venedig. Da Cres die Venedig nächstgelegene Insel war, stand sie von allen Adriainseln am längsten unter venezianischer Herrschaft. Die Amtssprache war Latein. Lediglich in der Schrift widersetzte man sich dem fremden Einfluss. Auf Cres und vielen anderen Inseln im Norden verfasste man Messbücher, Urkunden, Kirchenbücher, Bekanntmachungen und private Briefe in glagolitischer Schrift

(siehe Insel Krk/„Glagoliza"). Und in den Kirchen wurde altkirchenslawisch gesungen, eine Tradition, die sich auf manchen Inseln bis heute gehalten hat.

Erst zu Beginn des 20. Jh. erwachte das Nationalbewusstsein der kroatischen Bevölkerung wieder, die unter der langen Fremdherrschaft litt. Aber schon 1918 brachte ein italienisches Kriegsschiff neue Besatzer an Land, und alles, was die venezianische, französische und österreichische Fremdherrschaft überdauert hatte, wurde hinweggefegt: Die Franziskaner und die altkirchenslawisch predigenden Priester wurden des Landes verwiesen, die kroatischen Schulen geschlossen, die kroatische Sprache verboten. Der 2. Weltkrieg entfachte den Volksbefreiungskampf gegen die Besatzer neu. Dann kamen die Nazis und neue Gräueltaten. Die Denkmäler der kroatischen Widerstandskämpfer in Cres, Mali und Veli Lošinj und auf Ilovik erinnern an diese Zeit.

Von Porozina nach Beli

Porozina ist der Fährort von Cres mit Restaurant, Pension und einigen Ständen an der Anlegestelle. Man sitzt unter Markisen und kann die schaukelnden Boote im türkisblauen Wasser betrachten. Oberhalb der Anlegestelle die Ruinen des Franziskanerklosters St. Nikolaus und die Reste einer Kirche aus dem 15. Jh.

Die Inselstraße Richtung Cres verläuft durch Macchialand, von Felsbrocken übersät, von Steinmäuerchen durchzogen und würzig duftend. Bald tauchen einzelne knorrige, efeuumrankte Laubbäume auf, bald stehen sie in kleinen Wäldchen zusammen. Die Natursteinhäuser von **Dragozetići** ziehen vorüber. Die Abzweigung führt auf die Ostseite der Insel nach **Beli.** Hier, in der *Tramuntana,* erheben sich landeinwärts die höchsten Berge der Insel (Sis 639 m, Gorice 648 m). Und hier gibt es unzählige Dolinen, Grotten, Höhlen, Karsttäler und an die 40 Kapellen – angesichts der dünnen Besiedlung eine große Zahl. Die schmale Asphaltstraße schlängelt sich durch mit Schlingpflanzen bewachsene Eichenwälder hinab, Grillen zirpen, es duftet nach Salbei, Thymian und Immortelle. Eine alte Römerbrücke (rimski most) führt über eine Schlucht nach Beli, das auf einer Bergkuppe über dem Meer thront, mit weitem Blick nach Glavotok auf der Insel Krk.

Beli

130 m hoch über dem Meer türmt sich kegelförmig die Fluchtburgsiedlung aus antiker Zeit. Zwischen den Häusern ragt der Kirchturm empor, und in den Lüften kreisen die Gänsegeier, die von den Umweltaktivisten des Eco-centar betreut werden.

Caput insulae, wie man Beli in der Antike nannte, war als zentraler Ort der Insel durch seine strategisch günstige Lage an der Bernsteinstraße einst einer der bedeutendsten Orte von Cres, heute leben hier nur knapp 40 Menschen.

Über die gut erhaltene römische Brücke, die sich über einen 12 m breiten Taleinschnitt spannt, gelangt man in den Ort. Vor dem kleinen Friedhof am Ortseingang mit gotischer Kirche aus dem 15. Jh. stehen Granatapfelbäume. Sentimentale Musik dringt aus einer nahen Kneipe, vor der Männer sitzen und die Urlauber mustern. Ruhig wirkt der Ort: enge Gassen, Treppchen, Stufen, ein kleiner Platz, rot-schwarz gefleckt von den überreifen Beeren des großen Maulbeerbaums. An der höchsten Stelle die Pfarrkirche aus dem 18. Jh., erbaut auf den Fundamenten einer romanischen Kirche. In ihrem Inneren finden sich Fragmente einer Flechtwerkskulptur und glagolitische Inschriften.

Die Fluchtburgsiedlung Beli

Mühevoll werden die steinigen Gärtchen bearbeitet, die sich terrassenförmig den Hang hinabziehen – Gemüse, Wein, Feigen, Oliven- und Obstbäume gedeihen. Von der Ostseite des Ortes führt eine schmale Straße steil zum Hafenbecken und zum Strand hinab, gesäumt von Bootshütten aus Naturstein. Kunterbunte Sonnenschirme stecken im Kies, dazwischen toben Kinder.

Wer gerne wandert, unternimmt Touren zu den umliegenden Bergen oder entlang der Küste, und wer Glück hat, sieht die Gänsegeier am Himmel kreisen, die hier überall an den Felswänden nisten.

Eco-centar Caput Insulae: Das Umweltschutzzentrum *Eco-centar Caput Insulae* ist in der hübschen Villa am oberen Ortseingang, einer ehemaligen Schule, untergebracht. Das Team, ein nichtstaatlicher Verein, betreut und registriert die Gänsegeier oder Weißkopfgeier *(Gyps fulvus)* seit 1993. Im Rehabilitationsgehege werden verletzte Tiere, vor allem Jungtiere, die bei ihren ersten Flugversuchen ins Meer abstürzten, wieder aufgepäppelt. Im Gebäude ist ein kleines Museum eingerichtet, das über Cres und Lošinj sowie über die Geschichte Belis und der *Tramuntana* informiert und eine Einführung in die Pflanzen- und Tierwelt gibt.
Für Wanderer und Kunstbegeisterte gleichermaßen interessant: Vom Umweltzentrum führen wundervoll angelegte Wander-Lehrwege verschiedener Längen rund um Beli und hoch in die Berge; den Weg zieren moderne Skulpturen u. a. des renommierten Bildhauers *Ljubo de Karina,* die in Glagoliza eingravierten Verse schuf der in Beli geborene Literat *Andro Vid Mihičić.* Das Eco-Team wird von kroatischen und ausländischen Helfern unterstützt; das Büchlein „Tramuntana – Geschichte und Kunst in der Natur“ dokumentiert die Arbeit des Zentrums, informiert über Pflanzen und Geschichte der Region und gibt Hinweise zu den Skulpturen (mehr zum Thema Gänsegeier im Kapitel Fauna).

Eco-centar Caput Insulae, Beli 4, 51559 Beli, ✆ 840-525; www.caput-insulae.com. Wer mehr über Gänsegeier wissen möchte oder vielleicht auch aktiv oder finanziell helfen will, wende sich dorthin. Es werden auch Volontärprogramme angeboten. Geöffnet in der Saison von 9–20 Uhr, Eintritt 10 KN.

• *Übernachten* **Pension Tramontana mit Restaurant,** neben dem Eco-centar am oberen Ortseingang. Einfache, große Zimmer (bis zu 4 Betten) mit Etagenduschen. Hinter dem Haus überdachte Terrasse; nette Wirtsleute. Angeschlossen ist eine Tauchschule. DZ/F ca. 40 €. ✆/📠 840-519; pansion-tramontana@ri.t-com.hr.

• *Camping* **Autocamp Brajdi na Moru,** ca. 300 Plätze unter Laubbäumen in dem Taleinschnitt hinterm Strand. Viele Kroaten und Slowenen verbringen hier ihren Urlaub. Die Sanitäranlagen sind in der Hauptsaison nicht ausreichend. Die Zufahrt vom Ort herab ist sehr steil und schmal. In der Saison gibt es vor dem Camp einen kleinen Supermarkt, ansonsten muss nach Cres gefahren werden. Pro Person inkl. Auto/Zelt etc. 8 €. ✆ 840-532.

• *Essen* **Buffet Beli,** am Ortseingang mit überdachter Terrasse. Hier gibt's Getränke, hausgemachte Schnäpse und Grillgerichte.

Buffet Laterna, oberhalb des Hafenbeckens; große, teils überdachte Terrasse mit Holzbänken; herrlicher Blick auf Krk und Plavnik. Es gibt Fisch, z. B. frisch gefangene Scampi, und Fleischgerichte vom Grill.

• *Tauchen* *Tauchbasis Beli* mit PADI-Ausbildung, ✆/📠 840-519.

Baden: Am Hauptstrand mit feinem Kies. Die Bucht ist mit Agaven, Wolfsmilchgewächsen und Kräutern bewachsen. Ein Pfad führt zu den südlich gelegenen kleinen Kiesbuchten.

Von Beli nach Cres

Weiter geht es auf der Inselstraße durch kahle Landstriche. Auf beiden Seiten sieht man tief unten das Meer, weit in der Ferne im Westen Istrien und im Osten Krk. Umgeben von Weinbergen und Feldern, eingerahmt von Steinmäuerchen, erreichen wir **Predošćica** mit seiner weiß getünchten Kirche – im Hintergrund leuchten die Inseln im Meeresblau. Ein paar Kilometer vor Cres lehrt uns eine Tafel, dass wir uns in der Mitte der nördlichen Erdhalbkugel, am 45. Breitengrad befinden.

An der Straßenkreuzung oberhalb von Cres führt links die Abzweigung zu einem Landvorsprung und dem **Fährhafen Merag** (4 km von Cres entfernt) mit Café. Die Fährlinie verbindet die Insel Cres mit Krk (Valbiska). Die breite Asphaltstraße verläuft durch Kiefernwald, abgelöst von meterhoher Macchia. Der Blick wird frei auf die U-förmige Bucht von *Draga Krušćica* und das weiß gesäumte **Kap Tarej.** Vorgelagert sieht man die Insel *Plavnik* – baumlos, mit einer Kirche, einem Leuchtturm – dahinter die Insel Krk mit ihren weißen, kahlen Bergen, Krk-Stadt und Punat.

Cres

Der Hauptort der Insel (2300 Einwohner) liegt in einer Flaschenhalsbucht und wie alle wichtigen Orte der Kvarner Inselgruppe an der Westküste. Der autofreie Altstadtkern lädt zum Bummeln und Verweilen ein. Bootsbesitzer können in der großen und modernen Marina ankern. Per Mountainbike oder zu Fuß lassen sich die herrliche Landschaft oder schöne Strände erkunden.

Von der Werft abgesehen, wo auch mal ein größerer Pott im Hafenbecken ankert, wirkt das Städtchen eher ruhig und in sich gekehrt. Ohne Hektik kann man seinen Kaffee schlürfen und durch die marmorgepflasterten Gassen bummeln. Von der venezianischen Stadtbefestigung sind nur noch zwei Tore und ein Wehrturm erhalten. Bis auf einen kurzen Mauerabschnitt wurde im 19. Jh. alles eingerissen. Das eine reliefverzierte **Stadttor** steht an der schattigen Promenade vor dem Altstadtkern. Es empfiehlt sich, dort zu parken.

Am Hafenbecken selbst herrscht gemächliches Treiben: Ausflugsboote, Fischer und überall viele Einheimische, die auf den Bänkchen sitzen und palavern. Nur die protzige Terrasse des Stadthotels Cres, eines alten Palastes, und der Lärm der gelegentlich ein- oder abfahrenden Motorboote stören das Idyll. Ansonsten kann man versonnen unter Markisen sitzen und beobachten, wie die Kaimauern die Wellen brechen.

Franjo Petrić und sein Geburtshaus

Verwinkelte Gässchen gehen vom Hafenplatz aus, eines führt zur Pfarrkirche **Sv. Marija** aus dem 15. Jh. mit frei stehendem Turm, einem dreischiffigen Bau mit Mosaikfenstern in der Apsis und halbrund verlaufendem Chorgestühl im Innern; die Kunstwerke der Kirche wurden ins Pfarrhaus ausgelagert.
Unweit davon die älteste Kirche der Stadt, die romanisch-gotische **Isidor-Kirche** aus dem 14. Jh. Geht man weiter, erreicht man durch ein Tor den Hauptplatz von Cres mit Stadttor, Uhrturm, Rathaus, Loggia mit Souvenirständen und vielen bunten Booten im Hafenbecken.

Im Palais Arsan befindet sich das **Stadtmuseum.** Zu besichtigen sind archäologische, kulturhistorische und ethnografische Exponate, u. a. Amphoren aus dem 2. Jh. v. Chr., die beim Kap Pernat, in der Nähe von Valun, gefunden wurden, und Skulpturen mit Flechtwerkornamentik. Geöffnet 9–11 und 19–22 Uhr. Auf dem Platz vor dem Stadtmuseum prunkt die Statue von Franjo Petrić (siehe Kasten).

Nördlich des Städtchens ist das **Franziskanerkloster** mit der Kirche **Sv. Franjo** aus dem 14. Jh. sehenswert. Die Kirche ziert ein holzgeschnitztes Chorgestühl, im Kloster findet man u. a. eine Sammlung von gotischen Plastiken und ein Messbuch in glagolitischer Schrift.
In der Nähe steht ein **Benediktinerkloster,** in dem Ikonen aus dem 15. Jh. aufbewahrt werden.

Entlang der Uferpromenade in westlicher Richtung erreicht man das Hotel Kiemen und anschließend den auf der Landzunge liegenden Campingplatz Kovačine – wer ein Fahrrad besitzt, tut sich leichter, denn schnell läuft man viele Kilometer.

Geschichte

Die Geschichte des kroatischen Cres reicht bis ins frühe Mittelalter zurück. Davon zeugen am Berg über der Stadt die Ruinen einer frühchristlichen Kirche. Hier stand jedoch schon unter Liburnen, Griechen und Römern eine Siedlung namens *Crepsa,* die auf vorgeschichtlichen Fundamenten ruht. Stadtrecht erhielt Cres unter den römischen Kaisern Tiberius oder Augustus. Die lange Herrschaft Venedigs von 1000 bis 1797, die nur Mitte des 13. Jh. durch die kroatisch-ungarischen Könige kurz unterbrochen wurde, prägte die Stadt. Bedeutung gewann Cres aber erst, als es im 15. Jh. zum Zentrum von Osor aufstieg (siehe Insel-Geschichte). Die meisten historischen Gebäude stammen aus dieser Zeit. Seit 1845 beherbergt das Städtchen Touristen.

Franjo Petrić

Franjo Petrić, einer der bedeutendsten Philosophen seiner Zeit, wurde 1529 im Palais Arsan geboren. Das blaue bosnische Blut seiner Eltern nährte auch Franjos Abneigung gegen die Venezianer. Seine Sympathie für den Protestantismus erboste die Stadtoberen, die ihn der Stadt verwiesen. Franjo Petrić ging nach Wien, studierte von 1520–1575 in Ingolstadt bei Matthias Flavius Illyricus, einem Mitarbeiter Luthers, und beendete sein Studium in Padua. Er schrieb Bücher über Geschichte und Geometrie, übersetzte aus dem Griechischen ins Lateinische (Hermes Trismegist und die Prophezeiungen des Zarathustra) und besaß eine wertvolle Sammlung griechischer Texte (heute teils im Escorial in Madrid). Er starb 1597 in Rom.

Information/Verbindungen

• *Postleitzahl* 51557 Cres

• *Information* **Fremdenverkehrsamt** (Turistički zajednica grada), Cons 10 (hinter dem Hafenbecken), ✆/℻ 571-535; www.tzg-cres.hr.

Agentur Cres, am Hafenbecken; Zimmer-, Fahrradvermietung, geöffnet 7.30–12.30 und 15–21 Uhr, ✆ 571-133, ℻ 571-225.

Tourist Agency Crepsa: Gavza b. b. (beim Autocamp), ✆/℻ 571-225; tzg.crepsa@ri.tel.hr.

Autotrans, Fahrkarten, Scooter, ✆ 572-050, ℻ 573-183, www.autotrans.

• *Verbindungen* Busbahnhof vor dem Hafen, neben der Tankstelle; **Busse** über die Insel, nach Lošinj und über Brestova nach Rijeka (5–8x tägl.), Ljubljana (1x tägl.), Zagreb (3x tägl.) und Triest. Auskünfte über **Autotrans.**

Katamaran Rijeka–Cres–Martinšćica–Unije–Susak–Ilovik–Mali Lošinj (ganzjährig und täglich); nach Rijeka (Mo, Do, Sa 8.25 Uhr; Di 7.45 Uhr; Mi, Sa 8 Uhr; So 11.35 Uhr); Martinšćica (nur Mo, Do, Sa); Unije u. Susak (beide Inseln nicht Di, Do); Ilovik nur Do u. So.; nach Mali Lošinj tägl. 18.20, Di 18.30; ab Mitte Sept. 15.50, So 16.20. Weitere Infos siehe Einleitung.

Adressen/Diverses

• *Geldwechsel* **Erste banka,** Cons 8; mit Geldautomat; geöffnet Mo–Fr 7–21 Uhr, Sa 7–12 Uhr; außerdem in der Post, im Autocamp Kovačine und im Hotel Kimen.

• *Post* Am Hafen, Mo–Sa 7–21 Uhr.

• *Autovermietung* In der Marina.

• *Gesundheit* **Apotheke,** ✆ 571-243, **Ambulanz,** ✆ 571-116, 572-214.

• *Veranstaltungen* Das **Sommerfestival** von Cres findet Juli/Aug. statt; geboten werden Konzerte auf dem Stadtplatz; **Stadtfest Cres**, 5.–7. Aug. mit Konzerten.

• *Nachtleben* **Diskothek Štala** mit Cafébar und Terrasse, tägl. 22–4 Uhr.

• *Einkaufen* Supermarkt am Hafenbecken und mehrere kleine Läden in den Gassen. Supermarkt beim Hotel Kimen und Autocamp Kovačine. Obst- und Gemüsemarkt. Gasflaschenabfüllung und Einkauf nördlich der Stadtmauern; Gasflaschenabfüllung auch im Autocamp Kovačine.

Übernachten/Camping

• *Übernachten* **Privatzimmer** 19 €/Person.

Ferienwohnungen/Appartements ab 32 €/2 Personen, ab 49 €/4 Personen.

Hotel Kimen (**), Anlage im Pinienwald mit Restaurant, hinter der Uferpromenade, Sportanlagen. DZ/F 80 € (Hochsaison 84 €). Melin I/16; ✆ 571-161, ℻ 571-322; www. cresanka. hr.

Zimmer Kovačine, auf dem Gelände des Campingplatzes. Komfortable Zimmer, ausgestattet mit Klimaanlage, Minibar und Sat-TV. DZ/F 88 € (Hochsaison 104 €). Weiter Infos siehe Camping.

Pension Anić, im Zentrum, nahe Hafen, ruhig gelegen; mehrstöckiges Haus mit komfortablen Zimmern und SAT-TV. Es wird deutsch gesprochen. DZ/F ca. 40 €. Zazid 5, ☏/📠 571-113.

• *Camping* **Autocamp Kovačine** (*), ca. 1,4 km nordwestlich von Cres, rund um die Halbinsel, sehr gut ausgestatteter Platz der großen Entfernungen: 30.000 Stellplätze! In der Hauptsaison sind die Schattenplätze unter den größeren Olivenbäumen besetzt. Restaurant und Café an der Landspitze beim Leuchtturm, gebadet wird an der Uferpromenade mit Kiesbuchten, im FKK-Bereich, ebenfalls mit Kiesbuchten, oder an der Felsküste. Ordentliche Sanitäranlagen, Kühlboxen, Laden, Tennisplätze, Wassersportgeräteverleih, Tauchschule. 8,40 €/Person, Parzelle inkl. Auto, Zelt 7,20 €. Es werden auch hübsche Mobilhäuser (4–6 Personen) mit kleiner Terrasse für 89 € (Hochsaison 104 €) vermietet. Fährpreiserstattung hin u. zurück bei 14-täg. Aufenthalt, bei 7 Tagen nur einfach. Geöffnet von 15.3.–15.10., ☏ 571-423, 📠 571-086, www.camp-kovacine.com.

Essen

Rund um das Hafenbecken und an der Strandpromenade Richtung Hotel Kimen laden Gostionas und Cafébars zur Einkehr ein.

Restaurant Riva, an der Hafenpromenade neben dem ehemaligen Hotel Cres. Hier erhält man gute Fischgerichte. ☏ 521-107.

Grill Adria, neben der Pension Anić, mit kleinem Innenhof; gute Grillgerichte. ☏ 571-520.

Restaurant Amfora, am Stadtplatz, gute einheimische Küche. ☏ 571-288.

Restaurant Ulica, östlich des Zentrums. Gute Lammgerichte, aber auch Fischgerichte wie z. B. Fischragout mit Polenta. ☏ 571-425.

Konoba-Appartements Busola (***), gemütliches Restaurant, zudem werden Zimmer und Appartements vermietet. Creskih kopača 2, ☏ 571-676.

Restaurant Sv. Lucia, 2005 neu eröffnet an der westlichen Uferpromenade Richtung Hotel Kimen (letzte Häuser), mit Anleger für Boote; stilvoll und sehr guter Service; Fisch- und Fleischgerichte (auch nach Vorbestellung unter der Peka), Lammsuppe, Fuži und hauseigener Feigenschnaps. ☏ 573-222.

Restaurant Dalmacija, an der Strandpromenade stadtauswärts (nach Sv. Lucia), lauschige, eingewachsene Terrasse, Grillgerichte, freundlicher Service. ☏ 425-406.

Restaurant und Pizzeria im Autocamp Kovačine; Terrasse an der Uferpromenade. Die Camper waren vom Essen begeistert.

Sehr hübsch sitzt man auch im **Restaurant Marina** im Jachthafen; leckere Fischgerichte, gute Weinauswahl. ☏ 520-072.

Außerhalb 4 km südlich von Cres in **Loznati** liegt die gemütliche Landkneipe **Bukaleta** im bayerischen Stil, mit überdachter Terrasse. Das Restaurant hat sich auf Lammgerichte spezialisiert: Lamm am Rost, gebacken, gebraten oder paniert und als Vorspeise Lammsuppe. Es gibt aber auch leckeren Schafskäse, dalmatinischen Schinken und Fischgerichte. Die nette Wirtin spricht deutsch. Kein Ruhetag. ☏ 571-606.

Baden/Sport

• *Baden* Beim Campingplatz (teils FKK) oder beim Hotel Kimen. Gegenüber von Cres in der Kiesbucht **Dražica** mit Bootsanlegestelle.

Etwas weiter entfernt, z. B. per Boot oder auch mit dem Fahrrad zu erreichen, sind die folgenden schönen Badebuchten: FKK-Strand **Nedomišlje** (2,2 km in Richtung Valun), der Kiesstrand **Sv. Blaž,** 5 km nördlich oder die **Blaue Grotte** unterhalb von Lubenice, mit Kiesstrand.

• *Sport* Flutlichttennisplätze, Morgengymnastik, Volleyball, Minigolf beim Hotel Kimen. Surfbrett- und Bootsverleih am Campingplatz.

• *Tauchen* **Tauchschule Diving Cres,** auf dem Autocamp Kovačine (deutsche Leitung): Schule, Basis, Shop und Verleih, z. B. 5-Tages-Anfängerkurs inkl. Ausrüstung und Prüfungsgebühren etc. 299 €. Tieftauchen, Wracktauchen, Divemaster-Kurs 14 Tage 499 € und vieles mehr. ☏/📠 571-706.

• *Jachthafen* **ACI-Marina Cres,** schöne Marina in der Bucht von Cres gegenüber der Altstadt; eigene Zufahrt etwas südlich von Cres. Großzügige Anlage mit im klassizistischen Stil erbauten Hafengebäuden, schöne Cafés und Restaurant, Supermarkt, Duty-free-Shop, Nautic-Shop und Vermietung von Appartements. 455 Liegeplätze für Boote bis 25 m, 250 Stellplätze an Land, 10-t-

Kran, 30-t-Travellift, Slipanlage, Boot- und Motorenservice; Wasser und Strom an den Stegen; Sanitäranlagen; Tankstelle. Verleih von Fahrrädern, Scootern, Autos und Booten. Jadranska obala 22; ✆ 571-622, 📠 571-125; www.aci-club.hr. Für kleinere Boote Slipanlage im Zentrum oder beim Autocamp.

• *Bootsvermietung* Motorbootverleih im Hafen und am Jachthafen.

• *Wandern* Von Cres aus gibt es schöne Touren durch Olivenhaine und entlang der Küste z. B. in Richtung **Sv. Blaž.** Infos und Karten über die Touristinformation.

• *Radfahren* Cres bietet sich als Ausgangspunkt für Fahrradtouren in die Umgebung an. Auch hier hilft die Touristinformation mit nützlichen Infos und Kartenmaterial. Fahrradverleih Autocamp Kovačine und am Hafen. Verleih von Fahrrädern im Jachthafen.

Valun

Die Fernsehserie „Der Sonne entgegen" machte den idyllischen Fischerort mit seinen alten Gebäuden an der weiten, türkisfarbenen Bucht bekannt.

Trotz der vielen Ausflugsfahrten nach Valun scheint die Zeit in dem autofreien Fischerstädtchen stillzustehen, nur am Ortsrand vergrößert sich Valun zaghaft mit kleinen Neubauten. Im ockerfarbenen Kirchlein im Zentrum ist die *Tafel von Valun* sehenswert.

Um die Kirche herum ziehen sich winklige Gässchen und blumengeschmückte Gärten, eine Uferpromenade mit gemütlichen Tavernen mit Blick auf das Hafenbecken säumt die Bucht. Tobende Kinder und tuckernde Schiffe sind die einzigen Geräuschquellen in der Idylle, die kein Autolärm stört.

Die Konoba Toš Juna mit ihrem mächtigen, Schatten spendenden Baum lädt nicht nur zur Stärkung ein. Sehenswert ist das *Lapidarium* an der Terrassenwand mit guten Kopien der wichtigsten glagolitischen Denkmäler: neben der Tafel von Valun sind auch die von Baška und Senj zu sehen sowie die Inschriften von Plomin, Krk und Osor, das Sakramentshaus aus Vrh, das Relief des Hl. Martin aus Senj und etliche Fragmente.

Oberhalb Valuns, an der Abzweigung nach Lubenice, der Ortsfriedhof und die *Kirche St. Markus.* Hier stand einst der Ort Bućev, dessen Einwohner sich im heutigen Valun niederließen.

• *Postleitzahl* 51557 Valun

• *Information* **Touristinformation,** an der Zufahrtsstraße kurz vor dem Hafenbecken; geöffnet während der Saison tägl. 8–20.30 Uhr, ✆ 525-050, 📠 525-085; www.cresanka.hr.

• *Telefonieren/Geldwechsel* In der Touristinformation (s. o.).

• *Parken* **Autos** müssen oberhalb des Ortes auf dem groß angelegten, gebührenpflichtigen Parkplatz abgestellt werden. Zum Ein- und Ausladen kann man die Zufahrtsstraße bis zum Hafenbecken nehmen oder nördlich herum bis kurz vor das Restaurant Palac fahren, dort stehen Gepäckwagen zur Verfügung.

• *Einkaufen* Kleiner Obst- und Gemüsemarkt, Laden, Zeitungskiosk beim Parkplatz.

• *Übernachten* **Privatzimmer** ab ca. 30 €/DZ.

• *Camping* **Camp Zdovice** (*), nicht für Wohnmobile möglich, da das Auto oberhalb des Ortes geparkt werden muss (siehe Parken). Der 1-ha-Platz zieht sich, von Steinmäuerchen unterteilt, terrassenförmig vom Strand den Hang hinauf. Oliven- und Feigenbäume spenden Schatten. Saubere Toilettenhäuschen mit Waschbecken und Duschen sowie 2 Stehduschen im Freien. Im Hochsommer sehr voll. 11 €/Person. Geöffnet 1.5.–1.10. ✆ 525-050, 📠 525-085.

• *Essen* **Gostionica Palac** mit überdachter Terrasse direkt am Hafenbecken.

Konoba Toš Juna (Alte Mühle), in der Ortsmitte am Hafenbecken mit schattigem Baum und Lapidarium auf der Terrasse. Sehenswert sind auch die 200-jährigen Mahlsteine im Inneren der Konoba. Es gibt Käse, Schinken, alle Fischsorten, Krebse, Muscheln, Fleischgerichte und Wein von den umliegenden Weinbergen.

Gostionica „na moru", weiter Richtung Strand, mit Sitzgelegenheiten direkt am Meer; Fisch- und Grillgerichte. ✆ 525-056.

Die Tafel von Valun

Die kulturgeschichtlich bedeutsame Tafel enthält eine lateinische und glagolitische (altkirchenslawische) Inschrift aus dem 11.–12. Jh. Nur die erste Zeile ist in der Glagoliza geschrieben, der weitere Text ist in lateinischer Schrift. Die in die Sakristeiwand eingemauerte Tafel gilt als das älteste kroatische Sprachdenkmal.
Nicht geklärt ist, ob die Tafel von Valun eine Grabplatte oder eine Erinnerungstafel darstellt, in der die Namen der Kirchenspender verewigt wurden. Gefunden wurde sie Anfang des 20. Jh. in der Vorhalle der Kapelle St. Markus, der Pfarrkirche des heute verlassenen Ortes Bućev.

Baden: Am Kiesstrand mit Dusche. Ein Schleichweg führt die Bucht entlang zu weiteren Badeplätzen mit Fels und Kies für FKK-Freunde. Man kann sich auch mit Fischerbooten zu umliegenden Buchten bringen lassen, Preis und Abholung vorab aushandeln.

Wassersport: Paddel- und Tretbootverleih. Im Hafen zehn Anlegeplätze für Boote, Strom, Wasser und ein 2-t-Hebekran.

Lubenice

An der Westküste, etwa 6 km südlich von Valun, thront auf einem Felsplateau hoch über dem Meer das einstige Piratennest, eine 3500 Jahre alte Fluchtburgsiedlung.

Ein Asphaltsträßchen zwängt sich zwischen Steinmauern, durch meterhohe Macchia und Kiefernwald via Podul nach Lubenice.
Die Natursteinhäuser schmiegen sich aneinander, und aus den Ritzen des Kopfsteinpflasters sprießen Blumen. Beim Spaziergang durch den Ort gelangt man durch ein frei stehendes Tor zur Friedhofskapelle. Dahinter, in einer Senke, liegen

Hübsche Badebucht tief unterhalb des Felsplateaus von Lubenice

die Getreidefelder der wenigen noch gebliebenen Bewohner. Der Weg führt über Felsen ein Stückchen weiter nördlich, und es kann einem schwindlig werden, wenn man in die Tiefe blickt.

Vor dem alten Ortskern am Parkplatz steht die mit ihrer nüchternen Architektur so gar nicht ins Bild passende Kirche. Gegenüber am Platz der frei stehende Kirchturm, daneben eine Snackbar und Sitzbänke im Freien – hier finden die Musikveranstaltungen statt. Von hier bietet sich ein weiter Blick auf das Meer und die tief unten in Türkisfarben leuchtende Bucht. Auf Serpentinen geht es steil bergab zum kleinen Hafen.

- *Übernachten/Essen* Es gibt drei kleine Lokale mit Hausmannskost und Pensionen, z. B. **Lubenička Hibernicia** mit herrlichem Weitblick über das Meer, gutem Wein, Lamm, Oliven, Pršut und Käse.
- *Parken* Der Parkplatz ist gebührenpflichtig.
- *Baden* Tief unten am Feinkiesstrand; man läuft ca. 45. Min. hinunter (hoch wird es beschwerlich); leider schwemmt es mitunter Teer an. In der Nähe des Strandes die von vielen Ausflugsbooten angefahrene **„Blaue Grotte“:** Bei mittäglicher Sonne leuchtet sie durch das Meer in strahlendem Blau.

Vraner See

An der Inselstraße unterhalb des kleinen Ortes Vrana, inmitten von macchiaüberwucherten Hängen, erstreckt sich der Vransko jezero, ein tiefblauer Süßwassersee.

Das Hinabsteigen und auch das Angeln ist verboten, da der See der Wasserversorgung dient. Seit 1953 beziehen die Stadt Cres und die Städte der benachbarten Insel Lošinj ihr Trinkwasser aus dem Vraner See.

Früher vermutete man, dass der 5,5 km^2 große Süßwassersee unterirdisch vom Festland her gespeist wird. Inzwischen weiß man, dass er ein „Kryptodepressions“-See ist: Die Wasseroberfläche des Vransko jezero liegt ca. 13 m über dem Meeresspiegel, sein Grund hingegen 75 m tiefer – ein Tummelplatz für verschiedenste Fischarten.

Richtung Martinšćica

Wir verlassen die Inselstraße bei der Kapelle Sv. Petar und fahren rechts ab über eine macchiabedeckte Hochebene.

Im Bergdorf **Štivan** rührt sich wenig; die Gostiona ist geschlossen, aber es gibt in einem Privathaus eine Touristeninformation mit Zimmervermittlung: pro Person ab 15 €, z. B. Appartements Nino (***). Die Badebuchten unterhalb des Orts sind über Fußwege erreichbar.

Fahren wir weiter hinunter zum Meer, kommt die Neubausiedlung **Miholašćica** mit vielen Privatzimmern, einigen Restaurants, Supermarkt und Badebuchten aus Fels und Kies. Von hier aus sind die vorgelagerte Insel *Zeča* und Istrien zu sehen.

Vor Martinšćica zweigt ein Sträßchen rechts ab nach **Vidocići** – Bergdorf mit alten Häusern und alten Menschen. Hier kann man sich eine Flasche Selbstgekelterten kaufen und beim Genuss weit über das Meer bis zu den Inseln Lošinj und Unije blicken.

Martinšćica

Die guten Bademöglichkeiten rundum, der nah gelegene Campingplatz Slatina und der Jachthafen – Martinšćica lockt Scharen von Touristen an.

Ein paar Lokale gruppieren sich um den kleinen Dorfplatz und entlang der Uferpromenade. Es riecht nach Fisch, und der Blick schweift über die Bucht und die vielen kleinen Schiffe.

- *Postleitzahl* 51556 Martinšćica
- *Information* **Touristinformation,** ✆ 574-107.
- *Verbindungen* Mehrmals täglich **Busse** nach Cres und Mali Lošinj und per Fähre nach Rijeka.

Katamaran über Unije–Susak (Mo, Sa 19.05; ab Mitte Sept. 16.35 Uhr) – Ilovik (nur Do 19.05 bzw. 16.35 Uhr) nach Mali Lošinj. Nach Cres–Rijeka Do und Sa 7.40 Uhr. Information unter ✆ 571-021. Weitere Infos siehe Einleitung.

- *Geldwechsel/Telefonieren* Im Touristbüro oder am Campingplatz.
- *Einkaufen* Bäckerei, Laden, Zeitungskiosk und Obstmarkt am Parkplatz.
- *Übernachten* **Privatzimmer** je nach Kategorie ca. 15 €/Person.
- *Camping* **Autocamp Slatina** (***), 1 km von Martinšćica entfernt, einer der bestgelegenen Plätze; der sehr gepflegte 15-ha-Platz erstreckt sich über zwei Buchten mit Kiesstrand und kristallklarem Wasser; terrassenförmig, durch Sträßchen unterteilt, Parzellen unter kleinen Bäumen mit eigenem Stromanschluss am Hang. An der vorderen Bucht Wohnwagenvermietung, hübsch, mit Platz zum Nachbarn. Es gibt einige Cafébars, Pizzeria, Restaurants, Supermarkt; am Strand Verleih von Booten und Wassersportgeräten; Billardtische. Eigener kleiner FKK-Strandabschnitt. Ausreichend Waschhäuser mit Solarzellen (waren teilweise leider kaputt); Kühlboxen; Bootsanlegestellen, Tauchclub. Im Hochsommer sehr voll. 6,70 €/Person, Parzelle inkl. Zelt und Auto 3–6 €. Geöffnet 1.4.–31.10. ✆ 574-127, ℻ 574-167; www.ac-slatina.hr.
- *Essen* Einige Konobas u. eine Pizzeria am Hafenbecken sowie an der Uferpromenade.

Zum Beispiel die **Konoba Kastel,** ein 1600 Jahre alter Bau. Unter der Weinlaube auf der Terrasse kann man gut sitzen – die Weintrauben hängen dem Gast fast schon in den Mund. Es gibt Fischgerichte, z. B. Scampi, aber auch Gegrilltes.

An der Uferpromenade die **Gostionica Feral** unter schattigen Pinien und mit Blick aufs Meer.

Hotel-Restaurant Zlatni Lav (***), mit großer schöner Terrasse, kurz vor dem Autocamp. 25 komfortable Zimmer und 5 Familiensuiten; gutes Restaurant. ✆ 574-020, ℻ 574-034, www.hotel-zlatini-lav.com.

Daneben die **Diskothek.**

- *Tauchen* **Diving Center Triton,** am Autocamp Slatina, Mob. 091/5083-832, www.triton-diving.hr.

Tauchclub Lambert, am Hafen; ✆/℻ 574-274, Mob. 098/369-296; www.lamkra.cz.

Insel Cres
Karte S. 79

Inselstraße Richtung Osor

Ab dem Straßenort Belej gehört der Südzipfel von Cres verwaltungsmäßig zur Insel Lošinj. Der Ort **Belej** bietet ein Restaurant mit preiswertem, gutem Essen, und es werden private Appartements und Zimmer vermietet. Das Umland ist karg und mit kleinen Büschen übersät. Ein schmales Sträßlein führt von Belej zur Westküste mit der **Bucht Korovačna** und zwei großen Felshöhlen, Kiesstrand und Anlegeplätzen für Boote.

Kurz nach Belej zweigt die Straße westlich nach **Ustrine** ab.

Ustrine

Kleiner Ort oberhalb der gleichnamigen Bucht an der Westküste der Insel. Ein asphaltiertes, aber gesperrtes Sträßchen schlängelt sich steil hinab zum Meer mit vielen Badebuchten.

Die Bucht mit ihrem Naturhafen war früher ringsum besiedelt. Noch heute stößt man auf halb verfallene Häuser. Wie auch in anderen Inselorten wanderten viele der Einwohner nach Italien oder Amerika aus, und abgesehen von den Sommermonaten leben nur noch wenige alte Menschen in Ustrine.

Der Weitblick und das Farbenspektrum der Sonnenuntergänge von Ustrine sind faszinierend. Und apokalyptische Stimmung kommt auf, wenn sich dazu drohend die Bora ankündigt: schwarz-blaue Wolkenfronten, darunter grell hervorstechend das Gelbrot der Sonne. Der Küste vorgelagert die Insel Zeča, der Landzipfel von

Lošinj mit dem Berg Televrin und weiter meerauswärts die Insel Unije. Das Sträßchen zur Bucht ist sehr schmal und sehr steil und daher für den öffentlichen Verkehr gesperrt. Ein Rangieren auf halbem Wege wäre kaum möglich. Das Auto oben im Ort parken und hinablaufen.

• *Übernachten* Im Ort werden **Privatzimmer** und **Appartements** vermietet.

Z. B. **Pansion Sofija,** ca. 6 Zimmer und 2 Appartements; von der Terrasse toller Blick über die große Bucht. Die Hauswirtin kocht lecker, und wer möchte, bekommt HP, 28 €/Person. Ustrine 10, ✆/℻ 524-015.

• *Essen* **Bufet Panorama,** in diesem Gebäude war bis nach dem 2. Weltkrieg die Schule des Ortes untergebracht. Schöner Blick auf Ustrine und das Meer. Vom Grill gibt es Lammspieße und Fisch. Geöffnet nur während der Saison.

Baden: Rings um die Bucht Kies- und Felsbadebuchten, umgeben von üppiger Macchia, und etliche Bootsanlegeplätze. In der östlichen Buchthälfte tummeln sich die bunten Segel der Surfer vor der Bergkulisse. Von hier aus sieht man Osor mit der Kirche.

Punta Križa

Kurz vor Osor zweigt die Straße an die Ostküste nach Punta Križa ab – ein ruhiger Einkaufsort für den nahen Campingplatz. Ein Vergnügen ist die Fahrt nicht: Die kurvenreiche Strecke wird immer schmaler, Schlagloch folgt auf Schlagloch – rechts und links meterhohe Macchia.

• *Information* 51554 Punta Križa; **Touristinformation** am Campingplatz.

• *Übernachten* **Privatzimmer** (10–14 €/Person) und **Appartements** über die Touristinformation.

• *Camping* **FKK Autocamp Baldarin** (*), ca. 3 km von Punta Križa, auf einer Landzunge von zwei tiefen Buchten begrenzt, im Kiefernwald. Im Hochsommer verwandelt sich die Anlage in eine Stadt der Nudisten. Supermarkt, Restaurant, Sportanlagen, Kinderspielplatz, Paddelboote, Bootsvermietung und Anlegestelle. Wohnwagen- und Bungalowvermietung, Strom und Kühlschränke sind ebenso vorhanden wie idyllische Fels- und Kiesbuchten. Mit dem Boot kann man die vielen kleinen, bizarren Höhlen im Umkreis der Bucht entdecken. 4 €/ Person, Zelt 4 €, Auto 2,50 €. Geöffnet 1.5.–1.10. ✆ 235-679, ✆/℻ 235-646, www.jadranka.hr.

• *Essen* Im Ort in der gemütlichen Konoba unter schattigen Bäumen. Oder vom Campingplatz aus in ca. 300 m zum Weiler **Pogana** und der gleichnamigen **Konoba** direkt am Meer mit Bootsanleger. Es gibt Fisch und Fleisch und dazu leckeren Wein.

Baden: Ca. 15 Minuten Fußweg vom Ortskern bis zur Nordküste. Überall Bademöglichkeiten an der zerklüfteten Bucht. Pfade führen rundum.

Osor

In das uralte Städtchen, in dem heute nur noch knapp hundert Einwohner leben, führt eine kopfsteingepflasterte Gasse, gesäumt von blühenden Oleandersträuchern. Ein Auto hätte hier keinen Platz mehr. Ein Hauch von Kunst, Kultur und Geschichte sowie die nahen Campingplätze locken die Urlauber an.

Am kleinen *Hauptplatz,* vom Grün alter Bäume umgeben, sitzt man gemütlich vor dem einzigen Café des Ortes. Man blickt auf Fassade und Portal der 1497 erbauten prächtigen *Marienkathedrale,* die auch im Innern reich ausgestattet ist, und auf den mächtigen, frei stehenden Glockenturm. Dahinter die *Gaudentiuskirche* aus dem 15. Jh. mit Resten von Wandmalereien und einer gotischen Holzskulptur. Im ehemaligen *Rathaus* mit *Uhrturm* befindet sich heute ein *archäologisches Museum.* Es zeigt antike Kostbarkeiten aus der Stadt: Münzen, römisches Glas und Skulpturen, u. a. den Kopf des römischen Kaisers Augustus. Im *Bischofspalast,* der im 15. Jh. anstelle eines älteren Baus errichtet wurde, sind Messgewänder, eine Schatzkammer und im Hof eine Zisterne mit Flechtwerkornamenten zu bewundern (geöffnet Juli/August 9–12 und 19–21 Uhr). Die Überreste der altchristlichen Kathedrale und der Taufkapelle auf dem heutigen Friedhof stammen aus dem 6. Jh.

Bronzestatuen der Bildhauer Kršinić, Rosadrić und Ivan Meštrović sind überall im Ort zu entdecken: musizierende Frauen und Männer, die wohl an die Festspiele für klassische Musik erinnern sollen, welche hier in der Saison zweimal wöchentlich stattfinden. Läuft man den von Mauern gerahmten Kopfsteinweg nordwärts, vorbei an Hausfassaden mit alten Patrizierwappen und historischen Steinfragmenten, gelangt man durch das ehemalige *Stadttor* mit dem geflügelten Markuslöwen. Etwas weiter entfernt die Ruinen des *Benediktinerklosters* und der dreischiffigen Basilika des Hl. Peter aus dem 11. Jh. Im 15. Jh. wurde die Abtei aufgegeben. Weiter nordwärts wird der Blick frei auf eine Ebene, die Küste und Teile der bis zu 4000-jährigen Stadtmauer. An der kleinen Bucht Bijar stehen malerisch die Ruinen des glagolitischen *Franziskanerklosters* und seiner Kirche Hl. Maria der Engel aus dem 15. Jh. 1841 verließen die Mönche das Kloster, seitdem verfällt das Bauwerk.
Der Verkehr rollt über die Drehbrücke bei Osor auf die Nachbarinsel Lošinj. Das Meer dazwischen hat Flussbreite. Die Brücke wird um 9 und um 17 Uhr für eine halbe Stunde geöffnet, um kleinere Schiffe passieren zu lassen.

Geschichte

Osor, in altgriechischen Quellen *Apsorus* genannt, ist die älteste Siedlung und die erste bedeutende Stadt von Cres und Lošinj. Pate stand sie auch bei der Namensgebung für beide Inseln: *Apsoros* – die Inseln von Osor. Unter dem illyrischen Stamm der Liburnen galt Osor als wichtige Station an der *Bernsteinstraße* (siehe auch Geschichte der Kvarner Inseln). Die Liburner bauten die Kyklopenmauer, Fluchtburgen und Hügelgräber, und wahrscheinlich gruben sie (spätestens aber die Römer) auch den 11 m breiten Kanal zwischen Cres und Lošinj.

Der Ort am Fuß eines mächtigen Berges erlebte seine Blütezeit unter den Römern, als der Seeweg von Aquileia nach Salonae durch den Osorer Kanal führte.
Damals war Osor eine Großstadt mit dem Status eines Munizipiums und soll 20.000 Einwohner gezählt haben. Geschützt von starken Stadtmauern gab es mehrere Tempel, ein Forum, Theater, Paläste. Osor hatte einen wichtigen Hafen, war Sitz der Marine von Ravenna und wurde 530 Bistum. Im 8. Jh. war Osor zusammen mit Krk, Rab und den großen dalmatinischen Städten den kroatischen Fürsten tributpflichtig. Dann wurde es unter den Sarazenen verwüstet.

Osor – Geburtsstadt der Kuna

Die kroatische Währung Kuna fand hier im Jahr 1018 ihren Ursprung. Die Stadt, die verwaltungsmäßig nach einem Siegeszug des Dogen Pietro Orseolo II. Venedig unterstellt werden sollte, erhandelte sich durch ihre begehrten Marderfelle den Status einer freien Stadt: Laut Vertrag kostete Osor die Freiheit 40 Marderfelle (Marder = kroat. Kuna) pro Jahr. Im Ort steht eine Plastik mit dem niedlichen Tierchen, die an den Marder-Tribut erinnert.

1498 bekam Osor eine neue Kathedrale und den Bischofspalast. Im 15. und 16. Jh., nach schlimmen Pest- und Malaria-Epidemien und nachdem der Hafen für große Schiffe zu klein geworden war, übersiedelte die Inselverwaltung wie auch die bischöfliche Residenz nach Cres – Osor verlor allmählich seine frühere Bedeutung. 1822 wurde das Osorer Bistum aufgelöst und dem Bistum Krk unterstellt. Und im Zweiten Weltkrieg wurde die Kathedrale zerstört; sie ist heute wieder aufgebaut.

• *Postleitzahl* 51542 Osor

• *Information* **Touristagentur Jazon,** am Hauptplatz, geöffnet 8–12 und 18–20 Uhr, ✆ 237-350, 📠 237-115.

• *Post/Einkaufen* Am Hauptplatz.

• *Veranstaltungen* In der Kathedrale finden von Mitte Juli bis Mitte August 2x wöchentlich Musikabende mit klassischer Musik statt.

• *Übernachten* **Privatzimmer** kosten je nach Kategorie ab 12 €/Person. **Appartements** für 2 Personen ab 35 €, 4 Personen ab 55 €. Z. B. **Pension Osor** (***), Osor 28, Zimmer und Appartements, mit gleichnamigem Restaurant in Altstadtmitte. DZ 30 €, ✆ 237-221, 237-113, 📠 237-167.

Osor – Musikerin spielt vor der Kathedrale

• *Camping* **Autocamp Bijar** (**), an der Bucht Bijar im Kiefernwald, mit Nadelboden und felsigem Untergrund, der sich zur kleinen Kiesbucht in Furchen hinabschwingt. Bootsstege, Surfschule, Wasserski, Strom, Wohnwagenvermietung (4 Pers. 40 €), Laden. Über der Bucht der nachts beleuchtete Kirchturm von Osor. 7,20 €/Person, Parzelle 5,50 €, geöffnet 1.5.–1.10, ✆ 237-027, 📠 237-147, www.jazon.hr.

Autocamp Preko Mosta (*), an der Brücke von Osor, bereits auf Losinj gelegen. Kleine Badebuchten mit klarem Wasser, gut zum Angeln. Blick auf Osor und den Meeresarm. Wohnwagenvermietung (4 Pers. 30 €); insgesamt einfache Ausstattung und wenig Schatten. 6,20 €/Person, Parzelle 5,50 €. Geöffnet 1.5.–1.10., ✆ 237-350, 📠 237-007.

• *Essen* **Konoba Bonifačić,** oberhalb von Parkplatz und Anlegestelle. Sehr gut geführtes Lokal mit Terrasse. Die Fisch- und Lammgerichte sind empfehlenswert; zudem gute Vorspeisen und gute Weine. ✆ 237-413.

Konoba Livio, in einer Seitengasse der Hauptstraße. Kleines Lokal mit lauschiger überdachter Terrasse; es gibt Pizzen und Essen aus dem Holzofen. ✆ 237-221.

Buffet-Pension Osor, in der Hauptgasse nördlich der Kathedrale, mit schattiger, pflanzenumrankter Laube. Es gibt Lamm, Fisch, Risotto. ✆ 237-221.

Restaurant Adria, an der Brücke, Terrasse mit wildem Wein berankt – hübscher Platz zum Speisen. Neben wechselnder Tageskarte gibt es gute Fischspezialitäten, verschiedene Risottos und Grillgerichte. Freundlicher deutschsprechender Wirt. Mob.-Tel. 091/5954-374.

Berghütte Osoršćica, in ca. 3 Std. Fußmarsch zu erreichen. Die Berghütte ist vom 1.6.–1.10 täglich, danach nur an den Wochenenden geöffnet. Getränke, Schinken, Käse. Mob. 098/403-469.

Weiter Blick vom Televrin auf den Süden von Lošinj

Insel Lošinj

Auf Lošinj wehen die kalten Winde vom Festland nicht mehr so stark wie auf Cres – Lošinj ist milder, grüner und von ebenso grünen Inseln umgeben. Dank der Seefahrer, die exotische Setzlinge auf ihrer Heimatinsel anpflanzten, und des Tourismus, der bis ins 19. Jh. zurückreicht, entstanden Parks mit Palmen, Agaven, Oleander, Orangenhaine und viele Pinienwälder.

Das vielbuchtige Lošinj mit seinen rund 8000 Bewohnern auf nur 75 km^2 Fläche ist ein Touristenzentrum, das im Sommer überzuquellen droht. Und noch in der Nachsaison ist vor allem in Mali Lošinj und Veli Lošinj der Rummel groß. Wer dem ein wenig entgehen will, kann von Mali Lošinj auf die autofreien Inseln *Ilovik, Susak* und *Unije* übersetzen.

Verwaltungsmäßig gehört neben den umgebenden Inseln Ilovik, Susak, Unije, Male und Vele Sakrane noch das südliche Gebiet der Insel Cres bis zum Vraner See zur Insel Lošinj, für die Statistik nochmals 1000 Einwohner mehr.

Geschichte

Lošinj stand bis zum 14. Jh. unter der Herrschaft von Cres. Erst durch einen Vertrag mit Osor erhielten die Siedler auf Lošinj ihre Autonomie. Ansonsten ist die Geschichte Lošinjs mit der von Cres eng verknüpft. Mit dem Niedergang von Osor seit dem 16. Jh. (siehe Insel Cres) gewann Lošinj an Bedeutung. Die Bevölkerung, die vorher von Landwirtschaft und Viehzucht gelebt hatte, orientierte sich zum Meer hin: Fischfang, Seefahrt und Schiffsbau wurden neue Erwerbszweige, und die Blütezeit der Seefahrt in der zweiten Hälfte des 19. Jh. war auch für Lošinj eine gute Zeit; 1870 besaß die Insel 131 hochseetaugliche Segelschiffe und sechs Werften, nur in der nördlichen Adria machte ihr Triest den ersten Rang streitig. Bald aber konnte Lošinjs Seefahrertradition mit der modernen Dampfschifffahrt nicht mehr Schritt halten, und so setzte man seit Ende des 19. Jh. auf den Fremdenverkehr: 2580 Sonnenstunden im Jahresschnitt, mildes Klima und eine reizvolle Landschaft zogen eine wohlbetuchte Kundschaft an.

Wichtiges auf einen Blick

Telefonvorwahl: 051.

Fährverbindungen (alle bis auf Schiff Marina und Venezian Lines mit Jadrolinija):

Trajekt Mali Lošinj–Unije–Pula–Koper (C/F Marina), Mitte Juni–Anfang Sept. Mo–Mi, Sa, So 11.25 Uhr. Nach Unije nur Di u. Sa; nach Koper nur Mi. Bis Pula pro Person ca. 11 €, Auto ab 37 €.

Trajekt Mali Lošinj–Silba–Zadar (C/F Marina), Mitte Juni–Anfang Sept. Mo, Di, Fr–So. Preis wie nach Pula.

Trajekt Mali Lošinj–Pula, Juni und Sept. Mi 15.30 Uhr.

Trajekt Mali Lošinj–Silba–Olib–Zadar, Ende Juni–Anfang Okt. Do 15.30 Uhr.

Personenfähre Mali Lošinj–Susak, 1–2x tägl., teils schon um 5 Uhr; 3 €/Person.

Personenfähre Mali Lošinj–Unije, 1x tägl., teils schon um 5 Uhr; 3 €/Person.

Personenfähre Mali Lošinj–Ilovik, 1–2x tägl. außer Sa, teils schon um 5 Uhr; 3 €/Person.

Katamaran Mali Lošinj–Rijeka, ganzjährig täglich.

Katamaran Mali Lošinj–Pula–Venedig mit Venezian Lines, April–Okt. 1–7x wöchentlich.

Trajekt Mali Lošinj–Premuda–Silba–Olib–Zadar, Ende Juni–Ende Sept.; Abfahrt nur Do 15.30 Uhr.

Weitere Infos über Agencia Lošinjska Plovidba und Jadrolinija in Mali Lošinj (siehe Mali Lošinj).

Ausflugsboote nach Susak, Ilovik, Silba und Unije, tägl. ca. 8–9 Uhr.

Busverbindungen: Regelmäßige Verbindung nach Veli Lošinj, Nerezine, 5–8x tägl. zur Insel Cres und per Fähre nach Rijeka, Ljubljana und Zagreb.

Flugverbindungen: Der Flughafen Lošinj liegt auf der Halbinsel Kuril. Information und Kartenverkauf 1.5.–30.9. tägl. außer Mo 9–12 und 16–20 Uhr oder bei Kvarner Express und sonstigen Verkaufsstellen. Adresse: Aerodrom Lošinj, ✆/℻ 231-666. Regelmäßige Linie nach Zagreb, Split und Dubrovnik. Außerdem Berlin, Frankfurt, Split, Wien, Zürich (über Zagreb). Zudem Panoramaflüge, Avio-Taxi, Avio-Ausflüge.

Öffnungszeiten der beweglichen Brücken: Privlaka, 9 und 18 Uhr, zur Insel Cres 9 und 17 Uhr für jeweils eine halbe Stunde.

Tankstellen: Mali Lošinj, Nerezine.

Nerezine

Der Ort liegt der Ostküste zugewandt am Fuß des Bergzuges Osorščica mit dem Televrin. Rasante Bautätigkeit hat das Gesicht des 400-Einwohner-Dorfs, das sich entlang der zergliederten Küste mit drei Hafenbuchten zieht, stark verändert.

Von der Inselstraße aus sind nur ein paar alte Häuser zu sehen, die ein abgeschiedenes Idyll vermuten lassen. Doch der Ort ist lang und zieht sich vom Franziskanerkloster im Norden an der *Uvala Ufratar* entlang und über die *Uvala Rapoća* mit dem Campingplatz zum Zentrum von Nerezine, wo sich ein kleiner Jachthafen im Hafen *Luka Magazini* und der landeinwärts liegende alte Ort befinden. Südlich folgen die *Uvala Lučica,* die zur Marina ausgebaut wird, die *Bucht Artac* und eine weitere gut geschützte Hafenbucht, die umgeben ist von vielen Neubauten, die *Lučica Biskupija.* Die Gäste sind mit allem Wichtigen gut versorgt, es gibt ein Einkaufszentrum mit Supermarkt, Cafés rund um die nördliche Hafenpromenade,

Insel Lošinj
Karte S. 95

Pensionen aller Kategorien bieten jede Annehmlichkeit. Und auch die guten Wandermöglichkeiten zum Insel-Gipfel, dem 588 m hohen *Televrin,* schön gelegene Campingplätze und ein kleiner Jachthafen locken immer mehr Touristen an und wahrscheinlich noch mehr, wenn die neue größere Marina fertiggestellt ist. Trotz alldem kann man sich hier wohlfühlen, z. B. auf der italienisch anmutenden Piazza im Dorfkern mit ihren Cafés und den ausladenden Laubbäumen.

Nerezine wurde von kroatischen Siedlern im 14. Jh. gegründet. Das *Franziskanerkloster* mit Kirche und Kreuzgang aus dem 16. Jh. birgt Sehenswertes: z. B. das Altarbild aus dem *Cinquecento* mit dem hl. Franziskus im Gebet oder die Ikone „Muttergottes mit Kind", das Werk eines venezianischen Meisters aus dem späten 15. Jh. Und im *Nereziner Feld* steht ein gut erhaltener Wehrturm aus dem 16. Jh., in dessen Umgebung Sie Spuren von Villen aus der Römerzeit entdecken können.

Information/Diverses

- *Postleitzahl* 51554 Nerezine.
- *Information* **Touristagentur Marina** am Hafenbecken (Luka Magazini), geöffnet Juni–Aug. tägl. 8–21 Uhr, später 8–14 u. 16–20 Uhr, ✆ 237-038, 📠 604-353, www.marina-nerezine.hr.
- *Verbindungen* Busverbindung nach Mali Lošinj und zur Insel Cres.
- *Geldwechsel/Post* **Erste banka** neben Touristagentur, **Post** an der Inselstraße.
- *Gesundheit* **Apotheke,** Trg Studenac 3, ✆ 237-226.

• *Einkaufen* Einkaufszentrum am Hafen, Obst- und Gemüseladen, Zeitungskiosk. Morgens gibt es am Hafen fangfrische Fische direkt vom Kutter.

• *Veranstaltungen* **Musiktag** am 21. Juni, **Kirchenfest Sv. Marija Magdalena** am 22. Juli. Am 1. und 2. Aug. wird das **Nereziner Fest** gefeiert. Dann bekommt man auch die Spezialität des Ortes – „Škanjate" (süßer Kuchen). **Fischernacht** und Konzerte am 15. Sept.

• *Jachthafen* **Marina Nezerine,** 60 Liegeplätze mit Strom, Wasser, Slipanlage und Schiffswerft, Biskupija b.b, ✆/℻ 237-033. **Hafenkapitän,** ✆ 237-380 (Juli/Aug.).

• *Tauchen* **Tauchbasis Kreiner,** Dolac bb, ✆/℻ 237-362; www.kreiner-diver.cz. Das tschechisch-kroatische Team arbeitet nach SSI; ganzjährig geöffnet.

Übernachten/Camping/Essen

• *Übernachten* **Privatzimmer** 12–16 €/Person, Appartements z. B. für 2 Personen ab 37 €, 4 Personen ab 60 €.

Hotel Televrin (***), schon von Weitem fällt der Blick auf den überaus hübschen Prachtbau am Hafen, das einstige 100-jährige Rathaus, das liebevoll und originalgetreu restauriert und erweitert wurde. Im Innern erwarten den Gast 13 komfortabel ausgestattete Zimmer und zwei Suiten, meist mit Blick auf den Hafen. Auch das Restaurant (siehe Essen) ist vorzüglich. Ein Platz zum Wohlfühlen. DZ/F 94 € (Topsaison 110 €). ✆ 237-121, ℻ 867-415, www.televrin.com.

Hotel Manora (****), 2005 eröffnetes, in Kontrastfarben gestrichenes Hotel mit Restaurant, das moderne Küche bietet. Zudem Pool, Fitness mit Sauna und schöner Blick auf das Meer und den Hausberg Osoršića im Hintergrund. Das Hotel liegt landeinwärts an der Uferstraße. 22 komfortable Zimmer, DZ/F 116 € (Topsaison 136 €). Mandalenska b.b. ✆ 237-460, ℻ 237-470, www.manora-losinj.hr.

• *Camping* **Autocamp Rapoća** (**), 5-ha-Platz direkt beim Ort und am Meer gelegen, mit Laden. Kiefern spenden Schatten. inkl. 8 €/Person; Geöffnet 1.5.–30.9.; ✆ 237-145, ℻ 237-146; www.losinjplov.hr.

Autocamp Lopari (*), etwas außerhalb Richtung Osor gelegen, 15-ha-Platz im Föhrenhain, durch Steinmäuerchen unterteilt, Felsküste, betonierte Liegeflächen, kleine Kiesbucht. Neues Sanitärhäuschen, Warmdusche, Strom, Laden und Restaurant. 8 €/Person (inkl. Auto, Zelt); es werden auch Appartements für 2–6 Personen ab 37 € vermietet. Geöffnet 1.5.–30.9.; ✆/℻ 237-127; www.losinjplov.hr.

• *Essen* **Restaurant Televrin,** siehe auch Hotel. In der verglasten Loggia mit Blick zum Hafen oder auf der lauschigen Terrasse hinter dem Haus speist man frische Fische, Langusten oder leckere Fleischgerichte, dazu ausgewählte Weine; sehr guter Service. ✆ 273-121.

Gostiona Medusa, Sitzgelegenheiten vor dem Haus in der Gasse; außerdem im Garten hinter dem Haus (auf der der Inselstraße zugewandten Seite). Es gibt Fisch, Pizza, Gegrilltes.

Am großen Hauptplatz **Pizzeria** und etliche Cafébars; zudem **Gostiona Dolac,** nahe der Tauchbasis Kreiner.

Berghütte Osoršćica, in ca. 2 ½ Std. wird die Berghütte erreicht. Geöffnet vom 1.6.–1.10., danach nur an Wochenenden. Es gibt Getränke, Schinken und Käse und nach telefonischer Bestellung weitere Gerichte unter der Peka (siehe auch Wandern). Mob. 098/403-469.

Wandern: Zum *Televrin* (588 m) auf markiertem Fußweg (roter Kreis) von Nerezine aus. Der Weg wurde 1887 vom österreichischen Fremdenverkehrsklub für die bequeme Besteigung des Thronfolgers Erzherzog Rudolf angelegt. Bis zur Kapelle *Sv. Nikola* auf dem Gipfel Sv. Mikul, der 557 m hoch ist, braucht man rund zwei Stunden. Eine weitere gute halbe Stunde dauert der Aufstieg bis zum Gipfel Televrin. Vor allem vom Gipfel Sv. Mikul bietet sich ein herrlicher Blick auf Lošinj, die umliegenden Inseln, die schroff abfallende Felsküste im Westen und in östlicher Richtung auf das Festland mit dem Velebit-Massiv in der Ferne. Auf dem markierten Weg kann man südlich bis Čunski in Richtung Mali Lošinj und nördlich weiter nach Osor laufen. Geht man vom Gipfel aus nach Norden, stößt man, ehe man sich wieder talwärts wendet, auf die *Berghütte Osoršćica* (siehe Essen), meerwärts zweigt ein Weg hinab zur Höhle *des hl. Gaudentius* ab. Dem hl. Gaudentius, einem

Nerezine – Hafenidyll mit Bergkulisse Televrin

Insel Lošinj
Karte S. 95

Osorer Bischof, ist es angeblich zu verdanken, dass die Inselgruppe Cres-Lošinj frei von Giftschlangen ist, da er die Inseln segnete ...

Nach Mali Lošinj

Weiter geht es auf der Küstenstraße Richtung Süden. Die Insel wirkt wie eine sehr schmale, ins Meer hinausragende Landzunge.

Sveti Jakov: 2 km südlich von Nerezine liegt am Berg der alte Ort mit bunten, einfachen Häusern und Gärtchen davor. Palmen, Feigen- und Obstbäume gedeihen prächtig. Es gibt eine Touristagentur mit Zimmervermittlung und die Gostiona „4 Asa“ mit Holztischen und Bänken unter Feigenbäumen. Daneben die Kirche mit glagolitischen Inschriften aus dem Jahr 1624. Ein Fußweg führt hinunter zum geschützten Hafen, unweit davon wurden römische Sarkophage gefunden. Die nahe gelegenen, teilweise sandigen Buchten eignen sich gut für Kinder. Am 25. Juli findet das *Kirchenfest von Sv. Jakov* statt, das groß gefeiert wird.

Bucht Lučica hinter Sv. Jakov: einige Fischer- und Wochenendhäuser, in der Nähe die Bärengrotte mit prähistorischen Knochenfunden.

Čunski liegt weiter südlich an der Inselstraße. In der Umgebung finden sich Spuren der prähistorischen Gradina-Kultur und römische Überreste. Čunski wurde von einer kroatischen Bruderschaft im 16. Jh. gegründet. Die Ortschaft schmiegt sich pyramidenförmig an den Berg, oben thront der Turm der Pfarrkirche von 1784, dahinter ein paar Bergterrassen. Von dort aus weiter Blick auf die Küstenseite der Insel, auf Cres und bei klarem Wetter bis nach Rab und Pag. In der Saison kann man die alte *Olivenmühle* (Torać) besichtigen.

Halbinsel Kuril: Sie ist macchiabewachsen, mitunter findet man auch kleine Föhrenwäldchen. Abgesehen vom *Flughafen* im Norden und der Feriensiedlung *Artatore* an der gleichnamigen Bucht im Süden ist die zerklüftete Halbinsel unbebaut und bietet vielfältige Bademöglichkeiten an Felsplatten und kleinen Kiesbuchten– wer sucht, der findet! Wer Lust hat, die Halbinsel per Pferd zu erkunden, fragt an der **Bucht Liski** in dem kleinen Gestüt „Jahanje" (Abzweig kurz nach Verlassen der Hauptstraße bei Čunski) oder dem dortigen Restaurant. Auch mit dem Mountainbike ist die Halbinsel gut zu erkunden.

Eine Asphaltstraße führt von Čunski aus zum Flugplatz (siehe Insel Lošinj/Wichtiges auf einen Blick); danach beginnt Piste, und viele Pfade führen an die Küste, einer davon in südwestlicher Richtung zum Leuchtturm. Der Weg endet an einer großen Bucht mit weißen Felsplatten und Kieselsteinen; eine beliebte Anlegestelle für Motorboote. Südlich davon eine föhrenumstandene Bucht: Besonders sonntags herrscht hier reges Treiben, scharenweise kommen bepackte Familien den Waldweg entlang gefahren oder gleich direkt per Boot in die Bucht.

Zur Feriensiedlung **Artatore** an der gleichnamigen Bucht gelangt man von der Inselstraße aus: inmitten des Föhrenwalds Wochenend- und Ferienhäuser, die seichte Bucht ist gut für Kinder geeignet.

• *Information/Übernachten/Essen* **Informationsstand** am Ortseingang (✆/📠 2311-417) mit Zimmer- und Appartementvermietung.

Wer gute Küche liebt, sollte ins **Restaurant Artatore** mit Terrasse gehen – das Lokal zählt zu den besten Kroatiens. Die Chefin Janja Zabavnik steht selbst am Kochtopf; Spezialitäten sind Lamm aus der Peka, fangfrischer Fisch, Hummer auf Spaghetti und Jakobsmuscheln. ✆ 232-932.

Restaurant-Pension Liski, direkt an der nördlichen Liski-Bucht, mit Bootsanleger für Dingis (Anfahrt über Makadam, 5 Min. Fußweg). Auch hier isst man bestens Fisch oder schwarzes Tintenfischrisotto. Zimmervermietung. ✆ 237-374.

Nach Artatore ist Lošinj wieder zerklüftet, kleinere Eilande sind vorgelagert. Nur ein schmaler Streifen Land ragt noch aus dem Wasser. Hier liegt *Camping Poljana.* Danach geht es über die Brücke von Privlaka (geöffnet für Schiffe um 9 und um 18 Uhr) nach Mali Lošinj.

Mali Lošinj

Das alte Seefahrer- und Kurstädtchen liegt am Ende einer geschützten, 5 km langen fjordähnlichen Bucht mit Fährhafen. Hier ist zum ersten Mal subtropisches Klima zu spüren – Palmen allerorten. Herrschaftliche Villen mit bougainvilleaumrankten Fassaden erinnern an den Glanz alter Zeiten.

Das ehemalige „Klein-Lošinj" ist heute eine stattliche 6300-Einwohner-Stadt sowie Touristenzentrum und Gemeindesitz von Cres-Lošinj. Cafés und Restaurants locken, doch es gibt auch stille Winkel in den verwinkelten Altstadtgassen. Und zum Baden verführt – seit über 100 Jahren – die kieferbestandene Halbinsel Čikat.

Valle d'Augusto heißt die große, tiefe Bucht, die einst der Flotte von Kaiser *Augustus* Schutz bot, als er im Jahre 31 v. Chr. zur Seeschlacht bei Aktium segelte. Stattliche, bunt bemalte Häuser ziehen sich rund um das Hafenbecken. Die Braće Ivana i Stjepana Vidulića (Einbahnstraße!) bildet die Hauptachse des Ortes, hier reiht sich Stand an Stand mit Schmuck und Lederarbeiten, Spitzendeckchen und Holzschnitzereien. Bepackt quellen die Käufer aus dem Supermarkt und der *Markthalle* mit frischem Obst, Gemüse, Käse und Wurst. Die Hauptstraße führt weiter hinab zum Hafenplatz (Trg republike hrvatske). Wasser speiende Fische, Palmen, Blumeninseln und Cafés sorgen für nettes Ambiente – ein Standort mit wunderbarem Blick auf die Bucht mit den zahlreichen Schiffen.

Geschichte

Der Hafenplatz – abendlicher Treffpunkt und Spielplatz

Mali Lošinj wurde im 14. Jh. von Einwanderern als *Malo Selo,* kleine Ortschaft, gegründet. Die Siedlung befand sich östlich an einer Bucht, wo um 1450 die Kirche Sv. Martin und der Friedhof entstand. Malo Selo verlagerte sich südwestwärts und wuchs rasch um den Meerbusen herum, ein geräumiger, geschützter Hafenentwickelte sich. Später kam der Ort, inzwischen Mali Lošinj genannt, unter die Herrschaft der *Venezianer.* Sie bauten am Berg über der Bucht einen Beobachtungsturm und in der Nähe eine Marienkapelle, der Vorgängerbau der späteren Pfarrkirche.

Die Lošinjer, die zunächst von Viehzucht, Landwirtschaft (Weinbau, Olivenölgewinnung) und Fischfang lebten, setzten seit dem 17. Jh. verstärkt auf die Seefahrt; in der zweiten Hälfte des 17. Jh. gab es vier Küstenschiffe, Mitte des 18. Jh. besaß man das erste hochseetaugliche Segelschiff, Schiffsbau und Werft kamen dazu. 1794 wurde die erste Volksschule eröffnet, die Lehrsprache war – trotz der kroatischen Mehrheit – Italienisch. Anfang des 19. Jh. bekam Mali Lošinj eine Marineschule, in der bis heute unterrichtet wird; weitere Schiffswerften wurden errichtet, immer größere Schiffe liefen vom Stapel. Aus dieser Zeit stammen die prunkvollen Häuser der Seefahrer.

Doch die moderne Dampfschifffahrt drängte die Segler zurück; es war der Tourismus, der Mali Lošinj aus dieser Krise heraushelfen sollte und bis heute ein zentraler Erwerbszweig der Stadt geblieben ist. 1886 wurde der touristische Verein gegründet, der die Umgebung der Stadt bewaldete. 1892 wurde Mali Lošinj offiziell zum *Kurort* ernannt, in der Čikat-Bucht entstanden die ersten Hotels, in denen vor allem Gäste aus dem kaiserlichen Wien abstiegen. Um die Jahrhundertwende erwachte auch das kroatische Nationalbewusstsein. 1903 wurde die erste kroatischsprachige Volksschule eröffnet, die erste istrische Zeitschrift gegründet. Nach dem 1. Weltkrieg und faschistischer Okkupation erkämpfte sich Kroatien 1945 die nationale Unabhängigkeit.

Information/Verbindungen

- *Postleitzahl* 51550 Mali Lošinj
- *Information* **Touristinformation** (Turistička Zajednica Grada Malog Lošinja), Riva lošinjskih kapetana 29; ✆/📠 231-884, 231-547; www.tz-malilosinj.hr.

Jadranka d.d, für Hotelbuchungen und Auskünfte: Čikat 13, ✆ 231-954, 📠 231-904; www.jadranka.hr.

Lošinjska Plovidba, Riva lošinjskih kapetana 8, ✆/✆ 231-077, ✆ 231-611, Zimmervermittlung, Ausflüge, Schiffstickets für die C/F Marina.

Cappelli, Kadin b.b (vor der Stadt, Abfahrt Richtung Trajekthafen), ✆ 231-582, ✆ 231-562, www.cappelli-tourist.hr. Zimmervermittlung, Ausflüge, Autovermietung.

Autotrans, Riva lošinjskih kapetana, ✆ 231-110. Bustickets und Information.

Jadrolinija, Riva lošinjskih kapetana, ✆ 231-765. Fahrkartenverkauf.

Hafenamt, Lošinjskih brodograditelja 17, ✆ 231-438.

Marina, Privlaka b.b, ✆ 231-461.

• *Verbindungen* **Busse** nach Veli Lošinj, Nerezine, zur Insel Cres und per Fähre nach Rijeka 5–8x tägl.; 1–2x tägl. Ljubljana und Zagreb. Auskunft Autotrans.

Schiffsverbindungen (siehe Einleitung Lošinj) nach Rijeka, Cres, Ilovik, Susak, Unije, Silba, Molat, Ist, Premuda, Zadar, Pula und Venedig. Information bei Jadrolinija oder Agencia Lošinjska Plovidba.

Flüge (siehe Einleitung Lošinj): Panoramaflüge, regelmäßige Linie nach Zagreb, zudem Charterflüge. ✆/✆ 231-666.

Diverses/Veranstaltungen

• *Geldwechsel* **Erste banka,** Riva lošinjskih kapetana 4, mit Geldautomat; **Privredna banka,** Braće Ivana i Stjepana Vidulića 38, mit Geldautomat. Geöffnet 7.15–12.00 u. 14.30–21 Uhr, Sa 18–20.30 Uhr.

• *Post* Riva Lošinjskih kapetana und Braće Ivana i Stjepana Vidulića. Geöffnet 7–21 Uhr.

• *Auto* **Tankstelle** oberhalb des Ortes, an der Hauptstraße nach Veli Lošinj und kurz vor der Brücke gegenüber Autocamp Poljana. **Parken:** Am Trajekthafen (bei Cappelli abbiegen) großer gebührenpflichtiger Parkplatz. Ein weiterer großer gebührenpflichtiger Parkplatz bei der östlichen Abfahrt in das Zentrum.

• *Autovermietung* **Cappelli,** ✆ 231-582.

• *Taxi* Haltestelle z. B. Trg Republike Hrvatske, ✆ 231-102.

• *Einkaufen* Großer Supermarkt (auch sonntags geöffnet) und Markthalle in der Braće Ivana i Stjepana Vidulića.

Fischmarkt gegenüber dem Hafenplatz, täg. 6–12 Uhr.

• *Gesundheit* **Apotheke** (ljekarna), Riva lošinjskih kapetana, ✆ 231-661; **Hospital,** Ul. D. Kozulića (oberhalb und südlich der Hafenbucht), ✆ 231-824; **Tierambulanz,** ✆ 231-973.

• *Nachtleben* **Tanzmusik** auf Terrassen in den Hotels Aurora, Bellevue, Punta, Helios, Alhambra. **Diskothek Energy** an der Straße nach Čikat (nach Abzweig zu Hotel Alhambra und Bellevue).

• *Veranstaltungen* **Tennismeisterschaften** Juni, Juli und 3. Woche im September.

Segelregatta von Lošinj, 1. Wochenende im Aug.

Neujahrs-Cup der Unterwasserjagdwettbewerbe.

Aktuelle Termine weiterer Veranstaltungen in der Touristeninformation.

Übernachten/Camping/Essen

• *Übernachten* Zahlreiche Möglichkeiten im Zentrum von Mali Lošinj, schöner und ruhiger ist es an der Čikat- oder Sonnenbucht. In den Hotels in Mali Lošinj in den ersten 2–3 Augustwochen – den italienischen Ferien – nochmals erhöhte Topsaisonpreise!

Privatzimmer ab 15 €/Person. **Appartements** ab 35 €/2 Personen, Infos und Buchung bei den Agenturen.

• *Im Zentrum* **Hotel Apoksiomen** (****), 2005 eröffnet (früher Jadran-Hotel); mitten im Zentrum an der Uferpromenade steht der 100-jährige gelbe Prachtbau mit Restaurant und Terrasse, benannt nach dem Bronzefund des jungen Athleten (siehe Kasten). 25 stilvoll und komfortabel eingerichtete Zimmer, ausgestattet mit Gemälden namhafter kroatischer Künstler. Wunderschöner Blick über die Bucht. DZ/F 160 €. Riva lošinjskih kapetana 1, ✆ 520-820, ✆ 520-830, www.apoksiomen.com.

Hotel Villa Margarita (***), kleines Hotel nahe der Hafenbucht; Zimmer und Appartements mit Terrassen, gutes Restaurant. DZ/F 80–104 €. Bočac 64, ✆ 233-837 u. 233-838, ✆ 231-949; www.villa-margarita.hr.

Hotel Villa Ana (***), am Ende der langen Hafenbucht; Zimmer- und Appartements; mit Restaurant, Sauna; auf der Terrasse

Mali Lošinj – an der tiefen Hafenbucht Valle d'Augusto

Pool und schöner Blick auf die Stadt. DZ/F 100 €. Velopin 31, ☏ 233-223, 📠 233-224; www.vila-ana.hr.

• *In der Sonnenbucht (Sunčana uvala)* **Hotel Aurora** (***), ☏ 231-324, 📠 231-542 **Hotel Vespera** (***), Spielplatz, Tennisplätze und Tauchzentrum, Boot- und Surfbrettverleih; kleiner Sandstrand, ansonsten Kiesbuchten und Felsbadestrände; sehr ruhige Lage. Etwas östlich der Hotels gebührenpflichtiger FKK-Abschnitt am Felsstrand. DZ/F mit TV, Balkon und Meeresblick: im Hotel Aurora 80–90 € (Topsaison ab 100 €), im Hotel Vespera etwas preiswerter. ☏ 231-304, 📠 231-402; www.jadranka.hr.

Villa Favorita (****) u. Dep. **Villa Jelena** (**), denkmalgeschützte Villa im Kiefernwald, 20 m vom Meer entfernt; mit Restaurant und kleinem Pool. Komfortabel, DZ/F 154 € (Villa Favorita), einfachere DZ/F 78 € (Villa Jelena). ☏ 520-640 u. 520-641, 📠 232-853, www.villafavorita.hr.

• *An der Čikat-Bucht* **Hotel Alhambra** (**) und **Villa Augusta,** von Franz Joseph I. erbaut, zwischen Palmen, Agaven und Oleandern. Restaurant mit Terrasse zum Meer, Schiffsanlegestelle und Strandbad, Minigolf und Tennisplatz in der Nähe. Nur Mitte Juni–Mitte Sept. geöffnet. Einfache, aber große Zimmer, DZ/F 60–74 € (Topsaison ab 66 €). ☏ 232-022, 📠 232-042; www.jadranka.hr.

Hotel Bellevue (***), das größte Hotel, Treffpunkt der Unterwasserjäger. Hallenschwimmbad mit Meerwasser, Massage- und Bestrahlungsraum, Fitnessraum, vollautom. Kegelbahn, Wassersportausrüstung ... DZ/F inkl. Balkon, Meeresblick 80–103 € (Topsaison ab 90 €). ☏ 231-222, 📠 231-268; www.jadranka.hr.

Villa Hortensia (***), Anfang des 20. Jh. erbaut, zum Hotel Bellevue gehörig, 20 m vom Meer entfernt im Kiefernwald. Appartements für 2 Personen 63 € (Topsaison 81 €). ☏ 231-222, 📠 231-268; www.jadranka.hr.

Hotel Helios (*), etwas abseits gelegen, moderner Flachbau. Sehr einfache Zimmer, DZ/F 56–66 € (Topsaison). ☏ 232-124, 📠 232-104; www.jadranka.hr.

Villa Bianca (*), einf. DZ/F 38 €. ☏ 232-124.

• *Camping* **Autocamp Poljana** (***), ca. 3 km nördlich von Mali Lošinj Richtung Osor, nach der Brücke. 18-ha-Platz unter hohen Pinien, oberhalb der Inselstraße; Bootsanlegeplätze & Slipanlage an separatem Platz an der Inselstraße. Bungalow- und Wohnwagenverleih, Restaurant, Supermarkt; Surfbrettverleih. Schöne Badebucht im Osten mit FKK-Abschnitt. 6,80 €/Person, Parzelle inkl. 14,50 €; Bungalow mit 3 Betten 38 €. Geöffnet 1.4.–31.10.; ☏ 231-726, 📠 231-728, www.losinjplov.hr.

Camping Čikat (*), an der Čikat-Bucht, Terrassen mit Steinmäuerchen im Pinienwald bis hinab zur Silberbucht. Fels und betonierte Liegeflächen. Laden, Restaurant. – In der Hochsaison sind die Sanitärhäuschen überlastet. Stromanschluss, Wohnwagenvermietung möglich. 7,50 €/Person, Parzelle inkl. 7 €. Mobilheime für 5 (73 €) oder 6 Personen (95 €). Geöffnet 1.4.–15.10. ✆ 232-125, ✆ 231-708, www.camp-cikat.com.

• *Essen* **Restaurant Baracuda,** mit Blick auf den Jachthafen, Treffpunkt der Skipper. Im Schaukasten tummelt sich Meeresgetier; es gibt frische Fische wie Seehecht, Drachenkopf, Zahnbrasse, Hummer und Scampi. Gut geführt und immer gut besucht. Priko 31, ✆ 233-309.

Konoba Corrado, oben in der Altstadt nahe der Kirche, bietet traditionelle einheimische Gerichte. Der Besitzer Korado Morin und seine Frau Marica organisieren jährlich den Neujahrs-Cup im Unterwasser-Fischfang – er ist sozusagen Profi-Fischer, was sich in der Speisekarte niederschlägt: Auf den Tisch kommt, was gerade gefangen wurde, z. B. Tintenfische mit Steckrüben oder auch Hummer à la buzarra. Gegessen wird im lauschigen pflanzenumwucherten Vorgarten. Sv. Marije 1, geöffnet Juni–Ende Sept., ✆ 232-487.

Pizzeria Draga, wer gerne Pizzen isst, ist hier richtig. Ebenfalls oben in der Altstadt. Ivana i Stjepana Vidulića 77, ✆ 231-132.

Restaurant Plitvice, oberhalb und auf der Südseite vom Hafen, mit großer Terrasse, innen dekoriert mit Gemälden der netten Wirtin; Fisch- und Fleischgerichte. Ul. Jamina 12, ✆ 231-243.

Gostiona Za Kantuni, ein paar Meter hinter der Promenade, mit Terrasse; Grill- und Fischgerichten.

Gradski Kavana, oberhalb des Hafenplatzes, Trg Republike Hrvatske. Schattiges, lauschiges Café mit bequemen Korbstühlen, so richtig zum Ausruhen.

Konoba Lanterna, an der Bucht Sv. Martin, nahe dem Friedhof; man sitzt gemütlich an langen Bänken und Tischen; es gibt Fisch- und Fleischgerichte. ✆ 233-625.

Sport

• *Baden* In der Čikat- oder Sunčana-Bucht (hinter Hotel Aurora) mit Feinkies und Fels; entlang dem Fußweg Richtung Veli Lošinj Felsküste.

• *Wassersport* Sportfischerei, Segelschule, Tauchschule, Bootsverleih und Surfschule (✆ 231-222) auf der Halbinsel Čikat. Infos über die Hotels und Touristagenturen.

• *Tauchen* **DSC (Diver Sport Center) Mali Lošinj,** Auf der Halbinsel Čikat bei den Hotels. 1.4.–15.11. ✆/✆ 216-258, ✆ 219-111; www.diver.hr. **Tauchclub Sumartin,** Sv. Martin 41, ✆ 232-835. Geöffnet 1.4.–1.11.

Genehmigung für Tauchen mit Flaschen OSUP, Kidričeva 17.

Kompressorstation Arche de Noe, Runjica 9, ✆ 231-031.

• *Fischfang* Erlaubnis zum Angeln und für die Unterwasserjagd bei Lošinjska plovidba, ✆ 231-077.

• *Boote* **Bootsführerscheinkurse** während der Saison: Hafenamt Mali Lošinj, Riva lošinjskih kapetana, ✆ 231-438.

• *Jachthafen* **Marina Mali Lošinj,** vor der Stadt, bewacht, 200 Liege- und 150 Stellplätze. Wird hauptsächlich von Transitreisenden besucht; großes Ersatzteillager, guter Motorenservice. 12-t-Travellift, 4-t-Kran. Wasser- und Stromanschluss, Tankstelle (vor der Brücke), sanitäre Anlagen, Wäscherei, Restaurant, Einkaufsläden. Zur Saison oft hoffnungslos überfüllt. Geöffnet in der Saison 7–22 Uhr. Privlaka b.b, ✆ 231-626, ✆ 231-461.

Anlegestellen ebenfalls im Stadthafen.

• *Wandern/Mountainbike* Entlang der Küste auf pinienbestandenem, schattigem Uferweg nach Veli Lošinj – wer Glück hat, sieht im Meer die Delphine springen.

Schön ist auch die Wanderung (oder besser noch eine Mountainbiketour) über den Bergzug Kalvarija (201 m) weiter Richtung Pogled (242 m) oder hinab zu schönen Buchten (siehe Veli Lošinj). Insgesamt wurden 140 km Wanderwege angelegt, genug um sich auszutoben.

Sehenswertes

Eine Fußgängerzone führt den Kai entlang Richtung Trajekthafen und Parkplatz. Babylonisches Sprachgewirr schiebt sich an den Terrassen der Lokale vorbei. Palmen säumen die Promenade, am Kai liegen Ausflugsboote mit bunten Werbeschildern und Lampions, Segelschiffe und Fähren.

Ruhiger wird es in den Seitengassen; einige führen steil hinauf zur *Pfarrkirche* mit Spitzhaubenturm und zur *Bastei* – beide ragen wie der Dachlandschaft empor. Vom Kirchplatz aus bietet sich ein schöner Blick über die Stadt hinab zum Meer.

In der ehemaligen Volkshochschule (V. Gortana 35, ✆ 231-173) ist heute die städtische *Kunstsammlung* untergebracht mit der *Mihičić-Sammlung*, einer Ausstellung zeitgenössischer kroatischer Künstler, die benannt ist nach dem Stifter und Gründer Andro Vid Mihičić, sowie der *Piperata-Sammlung* mit 27 Werken italienischer Maler aus dem 17. und 18. Jh., die den Namen ihres Gründers Giuseppe Piperata trägt.

Im Osten, auf der anderen Inselseite, liegt kurz vor dem kleinen Hafen der *Friedhof* von Mali Lošinj. Hier ruhen in prunkvollen Gräbern die sterblichen Reste der Schiffskapitäne. Die Friedhofskirche *Sv. Martin* aus dem Jahr 1450 ist das älteste Bauwerk von Mali Lošinj. Von hier aus führt ein schöner Fußweg entlang der kieferngesäumten Küste nach Veli Lošinj.

An der Straßenkreuzung Veli Lošinj/Halbinsel Čikat wurde ein kleiner *Aromagarten* mit Heilpflanzen der Insel angelegt.

Die *Halbinsel Čikat* ist 1,5 km von Mali Lošinj entfernt. Hier haben sich im dichten Wald neue Hotels an Fels- und Kiesbuchten angesiedelt. Der Kiefernwald, der sich nördlich bis Veli Lošinj und südlich bis zur Vinikova-Bucht erstreckt, wurde Ende des 19. Jh. zusammen mit einer halben Million Kiefernbäumchen auf Initiative von *Ambroz Haračić,* Lošinjer Botaniker und Professor an der Seefahrtschule, angepflanzt. Als Dank erhielt er für sein Engagement in der Čikat-Bucht ein Denkmal.

An der Spitze der Halbinsel Čikat bzw. an der Hafeneinfahrt steht die *Votivkirche Mariä Verkündung* (Annunziata), 1534 erbaut und im Jahr 1858 erweitert. Entlang der Uferpromenade spazierten die Kapitänsfrauen, um hier nach ihren Männern Ausschau zu halten oder für sie zu beten.

Nach Veli Lošinj

Fährt man an Mali Lošinj vorbei, sieht man ziemlich am Ortsende, unten in einer Bucht an der Nordostküste, den einstigen Ortskern mit dem Friedhof (siehe Mali Lošinj), der wie eine Insel mitten im Neubaugebiet liegt. Unterhalb der Straße führt ein Fußweg nach Veli Lošinj und zu kleinen türkisblauen *Badebuchten* (Auto an der Straße parken), umgeben von Föhrenwald. Die vorgelagerten Inseln *Vele* und *Mali Orjule* sind unbewohnt. Vor Veli Lošinj erreichen wir die Hotelstadt *Punta*.

Der athletische Bronzemann

Ein kostbarer Schatz aus der Tiefe des Meeres wurde unweit von Veli Lošinj, zwischen den Inseln *Vele Orjule* und *Kozjak,* 1997 gehoben: die Bronzestatue eines antiken Athleten in Menschengröße, die man auf ein Alter von 2000 Jahren schätzt.

Bei herrlichem Wetter und flacher See sichtete der belgische Tourist René Wouters bei einem Tauchgang in 45 m Tiefe das jahrtausendealte Kunstwerk. Die Statue wurde geborgen und von einem 20-köpfigen internationalen Archäologenteam erforscht und restauriert. Seine vorerst letzte Ruhestätte hat der Bronzemann im Archäologischen Museum in Zadar gefunden. Originalgetreue Kopien des *Apoxyòmenos* sind im Kunsthistorischen Museum in Wien sowie in Veli Lošinj im Uskokenturm zu bewundern.

Veli Lošinj

Die älteste und ehemals größte Stadt der Insel Lošinj zieht sich, umgeben von üppigem Grün und durch einen Weinberg geteilt, an zwei Hafenbuchten entlang. Das Zentrum zum Schutz der Delphine ist hier aktiv.

Nur noch 900 Einwohner leben in dem Städtchen, in dem allergische und chronische Krankheiten behandelt werden. Seit 1885 ist Veli Lošinj (wie auch Mali Lošinj) aufgrund seines günstigen Klimas Luftkurort. Der renovierte Uskokenturm *Kula* beherbergt heute ein Museums- und Galeriezentrum, und es gibt ein *Delphin-Informationszentrum.*

Die alten Häuser Veli Lošinjs schmiegen sich in eine Senke, dazwischen Pinien, ein Kirchturm, Palmen und Zypressen, ein paar Agaven. Das Ortszentrum befindet sich an der *Riva-Bucht* in einem anheimelnden Kai-Geviert, an das sich Cafés und Gostionas mit bunten Terrassen reihen. Die Häuserzeilen erstrecken sich bis hinüber zur ruhigeren *Rovenska-Bucht.* Von hier aus führt ein Uferweg zu vielen Badeplätzen.

Delphin-Projekt – Adriatic Dolphin Project Blue World: Seit 1987 kümmert sich in Veli Lošinj ein zum Teil international besetztes Team zusammen mit dem Naturhistorischen Museum in Zagreb um die Erforschung und den Schutz der hier beheimateten Delphine. Im Gewässer rund um Cres und Lošinj leben rund 100–150 Große Tümmler *(Tursiops truncatus).* Die Mitarbeiter des Blue World Teams würden dieses Gewässer um Lošinj gerne schützen, d. h. fischfang- und bootfrei machen, was allerdings auf massiven Widerstand stößt.
Westlich vom Uskokenturm sind Sitz und Ausstellungsraum von Blue World; ein 20-minütiges Video (auch in deutscher Sprache) gewährt einen kleinen Einblick in die Delphinwelt. Eintritt 10 KN/1,30 €, Jugendliche 7 KN/0,90 €, bis 6 Jahre gratis. Geöffnet Juli/Aug. tägl. 9–13 u. 18–22 Uhr, ansonsten Mo–Fr 9–16 Uhr, Sa 9–14 Uhr; im Winter (Nov.–April) Mo–Fr 10–14 Uhr.
Wer das Projekt unterstützen möchte, kann gegen eine Gebühr von 20 oder 35 € *Pate* eines Delphins bzw. Mitglied werden. Sponsoren erhalten neben einer Urkunde ein T-Shirt sowie ein Foto „ihres" Delphins.
Information **Blue World,** Kaštel 24, 51551 Veli Lošinj, ✆ 604-666, 📠 604-668, www.blue-world.org.

Geschichte

Veli Lošinj entwickelte sich aus mehreren Siedlungen. Die erste, *Velo Selo,* entstand im 13. Jh. Die Überreste des von den Mongolen verwüsteten alten Dorfes befinden sich auf dem Berg Sv. Nikola inmitten von Weingärten. Die Ruinen des Pfarrhauses heißen heute noch *Hramina,* Tempel. Hier wohnte der Priester und erledigte die kirchlichen, später auch die notariellen Geschäfte. Wie Mali Lošinj wurde Velo Selo später umbenannt – der Name „Veli Lošinj" wird erstmals 1398 in einem Vertrag erwähnt.

1455 befestigten die Venezianer die Stadt gegen die Uskoken. Gegenüber an der Hafeneinfahrt und an den Fels baute man 1480 die Pfarrkirche *Sv. Antun,* die 1774 im Stil des Barock umgestaltet wurde und wertvolle Gemälde birgt. 1510 wurde im Podjavori-Gebiet, dem fruchtbarsten von Veli Lošinj, die *Kirche der Engelhaften Madonna* errichtet. Zu dieser Zeit entstand auch ein kleiner Hafen in der *Rovenska-Bucht.* Die Bewohner der Siedlung lebten vom Fischfang, Ende des 16. Jh.

Insel Lošinj
Karte S. 95

Veli Lošinj – die beschauliche Riva-Bucht

gab es die ersten Lošinjer Seefahrer, 1650 den ersten Hochseekapitän. 1799 lief das erste große Schiff auf den Kvarner Inseln, die damals zu Österreich gehörten, im Rovenska-Hafen vom Stapel. Im 19. Jh. wurde der Hafen ausgebaut und eine Werft gegründet. Doch schließlich musste sich Veli Lošinj seinem Konkurrenten Mali Lošinj geschlagen geben – die große Hafenbucht bot Mali Lošinj die besseren Expansionsmöglichkeiten. Nach dem Niedergang der Segelschifffahrt seit Mitte des 19. Jh. entwickelte sich Veli Lošinj, wie Mali Lošinj, zu einem Urlauberort. Aus dieser Zeit stammt der subtropische Park mit dem Palais des österreichischen *Erzherzogs Karl Stephan von Habsburg,* in dem heute eine Klinik für allergische Krankheiten residiert.

Information/Diverses

• *Postleitzahl* 51551 Veli Lošinj

• *Information* **Touristagentur Turist** am Hafenbecken; ✆ 236-256, www.island-losinj.com, geöffnet 9–12 und 17–21 Uhr.

Touristagentur Val, gegenüber am Hafenbecken, ✆/📠 236-352; www.losinj-val.com; April–Okt. 8–24 Uhr.

Informationsstand am Parkplatz, nur in der Hochsaison, geöffnet von 14–20 Uhr.

• *Verbindungen* Regelmäßige Busverbindung mit Mali Lošinj.

• *Geldwechsel* **Erste banka,** am Hafenbecken, 8–12 u. 18–20 Uhr.

• *Post* Am Hafenbecken, Juli/Aug. 10–12 u. 17.30–22 Uhr; später 10–12 u. 19–21 Uhr.

• *Parken* Zwei große Parkplätze, entweder beim Info-Stand oder weiter bis zum Ende der Hauptstraße.

• *Ausflüge* Zur Blumeninsel Ilovik, zur Liebesinsel Orjule.

Delphinbesichtigung mit Taxiboot (Fran oder Happyboat) in der Saison tägl. 11–17 Uhr, inkl. 3 Inseln, ca. 20 €. Abfahrt Riva-Bucht.

• *Gesundheit/Wellness* Im Kurhaus Behandlung von chronischen Entzündungen der Atmungsorgane, von allergischen Krankheiten, Schuppenflechte und Erschöpfungszuständen. ✆ 236-111, 📠 236-224.

Wellness- u. Beautyzentrum im Hotel Punta, ✆ 662-019.

• *Einkaufen* Supermarkt, Obst- und Gemüsemarkt.

• *Veranstaltungen* Am 27. Juli findet jedes Jahr das **Stadtfest** statt: Konzerte, Schwimmwettbewerbe, Wettbewerbe für die Kinder und gutes Essen sind geboten.

Delphin-Tag in Veli Lošinj am 1. Wochenende im August.

Übernachten/Essen

• *Übernachten* **Privatzimmer** ab 14 €/Person. **Appartements** für 2 Personen ab 40–45 €.

Pension Saturn, im Zentrum am Hafenbecken, mit Restaurant und Dachterrasse. DZ/F ca. 50 €. ✆ 236-102, ℻ 236-352.

Villa San, Pension mit netten Zimmern, DZ/F ca. 55 €, Garina b.b, ✆ /℻ 236-527.

Pension Pjacal, hinter dem Kastell; freundliche Zimmer, Minigalerie; frühstücken auf der herrlichen pflanzenumwucherten Terrasse. DZ/F 45 €. Kaštel 3, ✆/℻ 236-244.

Hotel Punta (***–****), Alleinlage an der Landzunge nördlich der Altstadt. Mit neueröffnetem Wellness- und Beautycenter, Trimm-Kabinett, ärztl. Betreuung; Sportangebote und Vermietung von Ausrüstung, gute Bademöglichkeiten. Zusätzliche Übernachtungsmöglichkeiten in den Dependancen direkt am Meer. DZ/F 80–94 €. Es werden auch schöne Studios und Appartements (bis zu 6 Personen) ab 90–100 € vermietet. ✆ 662-000, ℻ 236-301; www.jadranka.hr.

Pension-Restaurant Capri (***), oberhalb der Rovenska-Bucht mit herrlichem Meeresblick. 25 Zimmer, Pool und Tennisplatz. Gute neapolitanische Küche. DZ/F 68 €. Grbica bb, ✆/℻ 236-186.

Jugendherberge, hübsche alte Villa, umgeben von einem Palmenpark, oberhalb des Ortes zwischen den beiden Buchten, 60 Betten und kleines Restaurant. Geöffnet Mai–Sept. Kaciol 26, ✆ 236-312.

• *Essen* **Restaurant Marina,** die Einheimischen loben die Grill- und Fischgerichte.

In der Rovenska-Bucht sitzt man sehr schön bei Candlelight in den **Restaurants Mol** (✆ 236-008) und **Sirius** (✆ 236-399). Beide bieten schmackhafte Fisch- und Grillgerichte.

Etwas oberhalb der Rovenska-Bucht noch das **Restaurant Rovenska** mit schönem Blick und guter Küche, Rovenska 42, ✆ 236-220.

Kleiner Rundgang

Die Hauptstraße endet an einem schattigen Parkplatz. In der Nähe die Kirche der *Engelhaften Madonna* mit Zwiebelturm. Die verwinkelten Gassen mit dem in Jahrhunderten glatt polierten Kopfsteinpflaster führen zum Hafenbecken der Riva-Bucht. Überall stehen Palmen hinter efeuumrankten Steinmauern und verbergen die vornehmen Häuser der Lošinjer Seekapitäne. Der blühende Jasmin duftet betörend. Der *Uskokenturm,* Kula genannt, ist ein gutes Stück von der heutigen Hafenbucht entfernt, früher brach sich das Meer an seinen Grundfesten. Der Turm wurde renoviert und zeigt eine schöne historische Sammlung, u. a. eine Kopie des 1997 geborgenen griechischen Bronzemanns (siehe Kasten) und wechselnde Kunstausstellungen (geöffnet in der Saison 10–12 u. 18–22 Uhr, danach nur noch bis 21 Uhr, Eintritt 8 KN, Kinder 4 KN).

Weiter nördlich und etwas westlich vom Hafenbecken hat das *Delphin-Projekt Blue World* (siehe Kasten) seinen Sitz.

Gegenüber am Hafenbecken erhebt sich mächtig die *Basilika Sv. Antun,* 1480 erbaut und 1774 im Barock umgestaltet; ihr Turm versteckt sich abseits im Pinienwald. In der Basilika eine Skulpturen- und Gemäldesammlung, darunter das Bild *„Madonna und die Heiligen“* von Bartolomeo Vivarini (1455), ein großes Werk der venezianischen Schule. Östlich davon der Chorraum der alten Pfarrkirche. Oberhalb der Basilika, inmitten üppiger Vegetation und historischer Bauten, ein Park, der sich bei Mondlicht wie verzaubert präsentiert. Eine Promenade führt, vorbei an Weinbergen und Ruinen, hoch über dem Meer zur Rovenska-Bucht oder nördlich in Richtung Hotel Punta.

Baden: Im feinkiesigen *Strandbad,* südöstlich der Rovenska-Bucht, gedeihen Agaven an der Strandpromenade. Entlang der *Felsküste* kann man getrost die Hüllen fallen lassen, ins Wasser springen und schnorcheln. Üppiges Grün zwischen den Felsen und Föhrenhaine spenden Schatten. Bei klarem Wetter Sicht auf Rab, Pag und das Küstengebirge. Nach 30 Minuten Wegzeit erreicht man vom Strandbad aus die grobkiesige *Javorna*-Bucht mit Bootsanlegeplatz und Ruine. Das Wasser ist hier sauberer, und der Zugang zum Wasser ist leichter als vorne an der Felsküste. In weiteren 30 Minuten ist die *Jamna*-Bucht erreicht, nach nochmals 15 Minuten *Bočina.*

Gut 1 ½ Std. läuft man über den Berg – vorbei an der Kapelle Sv. Ivan und mit herrlichem Ausblick über Veli Lošinj – auf einem schmalen Pfad hinab zu den südlichen Buchten *Balvanida* und *Krivica. Krivica,* ein tiefer, türkis leuchtender Buchteinschnitt mit Anlegeplätzen, ist föhrenbestanden; die Krivica wird aufgrund der zahlreich ankernden Jachten auch „Millionenbucht" genannt. In 15 Minuten Fußweg erreicht man die *Balvanida*-Bucht mit einer Konoba. Hier kann man unter berankter Laube essen und trinken. Die Bucht selbst ist zum Baden nicht so schön, hat allerdings einen Anlegeplatz.
Gute Bademöglichkeiten bietet auch die Felsküste hinter dem Hotel Punta Richtung Mali Lošinj. Auf dem betonierten Fußweg entlang schattiger Pinien kann man schön spazieren und sich seinen Badefelsen suchen; teils Einstiegshilfen durch Leitern ins Meer.

Ausflugsinseln um Lošinj

Die Inseln Ilovik und Sv. Petar

Die beiden Inseln sind Lošinj vorgelagert. Touristisch erschlossen ist nur das blumenübersäte Ilovik. Trotz der täglich anlegenden Ausflugsboote kann man hier in üppiger Natur geruhsame Ferien verbringen. Bootsbesitzern bietet die Insel einen gut geschützten natürlichen Hafen.

Die beiden autofreien Inseln liegen wenige Seemeilen südlich der Insel Lošinj, von der sie das „Iloviker Tor" trennt. Die üppig bewachsene 5,8 km² große *Insel Ilovik* mit 170 Bewohnern bietet Unterkunft und viele Badebuchten an der zerklüfteten Küste – einige sogar mit Sandstrand. Die höchste Erhebung Iloviks ist der *Berg Dida* mit 92 m. Der 300 m breite Kanal, der die Insel von Sv. Petar trennt, gewährt – außer bei Südwind – den Jachten Schutz.
Fast unbewohnt ist die 1,5 km² große Klosterinsel *Sv. Petar,* die sich nördlich von Ilovik erstreckt. Hier ist auch der Friedhof von Ilovik.

Geschichte

Ilovik und Sv. Petar waren schon von den Römern bewohnt, die hier prachtvolle Villen errichteten – Mauerreste, Gräber, Münzen und ein Sarkophag zeugen von dieser Zeit. Spuren prähistorischer Bauten, die man auf Ilovik fand, deuten sogar auf eine noch frühere Besiedlung durch die Illyrer hin. Mauerreste der altchristlichen Andreaskirche aus dem 6. Jh. fand man in der Bucht Sićadrija.
Die Bauern aus Veli Lošinj bestellten auf Ilovik das in bischöflichem Besitz befindliche Land und gründeten Ende des 18. Jh. eine Siedlung. 1876 eröffnete man auf Ilovik die erste kroatische Schule des Lošinjer Inselraums. Die Inselbewohner sind auch heute noch Bauern und zudem erfahrene Fischer.

Auf Sv. Petar stand seit dem 11. Jh. ein Benediktinerkloster. Um 1600 bauten die Venezianer zur Verteidigung gegen die Uskoken eine Festung. Sie wurde 200 Jahre später von den Engländern bis auf Turm und Mauern zerstört, ebenso das Kloster, das man um 1900 ganz niederriss. Die Franziskaner errichteten weiter im Osten ein neues, kleineres Kloster.

Insel Ilovik

An einer Bucht liegt der gleichnamige Inselort mit seinen winkligen, blütenduftenden Gassen, der *Bastei* und den Hügeln im Hintergrund. Bunte alte Häuschen verstecken sich hinter Gärten; lieblich anmutend die Blumenpracht der Stockmalven, Mimosen und Hortensien, Oleander leuchtet in allen Farben, rosafarben der blühende Puderquastenstrauch. Auf dem fruchtbaren Boden gedeihen Orangen, Zitronen und Gemüse, über die Steinmäuerchen rankt Wein.

Eine kleine Gasse, parallel zum Hafenbecken verlaufend, ist die Hauptachse des Ortes, die sich vormittags mit den Touristen der Ausflugsboote füllt. Doch abends verbreitet sich am Hafen von Ilovik verträumte Beschaulichkeit. Jachten schaukeln im Wasser, und die wenigen Touristen, die geblieben sind, blicken auf die romantische Kulisse von Sv. Petar, die Reste der einstigen Festung und die Hügelkette von Lošinj.

Information/Diverses

• *Telefonvorwahl* 051

• *Postleitzahl* 51552 Ilovik

• *Information* **Touristagentur Lipa,** Hauptgasse, ✆/📠 235-925, www.ilovik.hr.

• *Verbindungen* **Katamaran Rijeka–Cres–Ilovik–Mali Lošinj,** Do und So (über Susak und Unije); Abfahrt Rijeka 17 Uhr (ab Mitte Sept. 14.30 Uhr, So 15 Uhr). **Katamaran Rijeka–Rab–Novalja–Ilovik–Susak–Mali Lošinj,** Abfahrt Rijeka 16 Uhr (So ab Anfang Sept. 17 Uhr; ab Mitte Sept. 14.30 Uhr und So 15 Uhr). Ankunft in Ilovik in der Saison: Mo 19.45 Uhr, Di 19.20 Uhr (über Susak), Do 20.05 Uhr u. So 20.15 Uhr. **Katamaran Ilovik–Novalja (Pag)–Rab–Rijeka,** Di 7.05 Uhr u. Mi 6.20 Uhr.

Kein Bootstransfer zwischen Ilovik und Sv. Petar.

• *Post* Beim Hafen, Geldwechsel möglich.

• *Einkaufen* Kleiner Supermarkt in der Hauptgasse, Kiosk, Bäckerei bei der östlichen Hafenbucht.

• *Veranstaltungen* **Ortsfest** am 29. Juni. Beginnt morgens mit einer Prozession und Musikkapelle, abends Tanz und gutes Essen.

• *Wassersport* Kein Bootsverleih. Der Hafen bietet guten Schutz, außer bei Südwind. Die Marina in Lošinj ist in der Saison oft überlastet, denn die Häfen der Inseln Silba, Olib und Unije sind nicht windsicher – der Hafen von Ilovik ist für Boote aus Richtung Zadar die einzige Zuflucht.

Übernachten/Essen

• *Übernachten* **Privatzimmer** ab 10 € und **Appartements** ab 15 €/Person, z. B. **Restaurant-Pension Dalmatinka,** ✆ 235-954. Der Inhaber der Bäckerei vermietet ebenfalls Zimmer und Appartements, ✆ 235-957.

• *Essen* **Eisdiele,** mit Tischen und Stühlchen in der schattigen Hauptgasse, von wo sich bei Disko-Musik das bunte Treiben beäugen lässt. Neben Eisspezialitäten auch frischer Kuchen.

Konoba Oliva, in der Hauptgasse, Sitzgelegenheiten vor dem Haus. In der ehemaligen Ölmühle ist heute ein Restaurant untergebracht. Mitten im Raum sieht man die Mahlsteine; die Wände sind mit historischen Werkzeugen dekoriert. Die Sisal-Lampenschirme dienten einst zum Auffangen der Olivenpaste. Spezialitäten sind z. B. Oliven mit inseleigenem Käse und selbst gebackenem Brot, dazu süffiger Hauswein;

als Hauptgericht natürlich frischer Fisch; Spezialität des Hauses ist Haifisch in Senfsoße; zum Abschluss des Festmahls noch ein Grappa mit Rauke (heilende Wirkung!).

Restaurant Amico, nahe der Anlegestelle; die Restaurantterrasse ist direkt am Meer. Es gibt leckere Fisch- und Fleischgerichte, kalte Platten mit dalmatinischem Schinken, Käse, Oliven und Peperoni. ✆ 235-912.

Restaurant Porto, am östlichen Hafenbecken mit großer Terrasse. Neben Rindfleischeintopf und „Sarma", den gefüllten Paprikaschoten, gibt es auch Fisch, Muscheln und Hummer. ✆ 235-929.

Restaurant-Pension Dalmatinka, gegenüber von Port, hier erhält man frisch gefangenen Fisch. ✆ 235-954.

Blütenidyll auf Ilovik

Baden/Wandern: Ein Fußweg führt von Ilovik zur *Bucht Nozdre* im Westen – Kies und Fels mit klarem Wasser. Ein Stück südlich (ca. 45 Min. Gehzeit) die *Bucht Vela Draga* mit Schatten spendenden Bäumen und weißem Sand im Meer. Weitere Kies- und Felsbadebuchten an der Westseite.

Bucht Pržine: Ein anfangs malvengesäumter Weg führt in ca. 30 Min. Gehzeit vom östlichen Hafenbecken zur Sandbucht an der Südküste. An der kleinen Kapelle muss man sich links halten. Steinmäuerchen unterteilen die Olivengärten, die kaum mehr bewirtschaftet werden. Zikadengeräusche, erschreckt von dannen züngelnde Salamander und überall Spinnennetze, deren Fäden gleich wieder gezogen werden, zerreißt man sie.

Pržine ist eine große, sehr flach ins Meer abfallende Sandbucht, in der oft Jachten ankern. Kein Schatten, Seegras und Kieselsteine dienen als Liegefläche, dazu schöner Blick auf die Inseln Premuda und Silba. Leider wird durch die Strömung oft Plastikmüll angeschwemmt.

Berg Dida, mit 92 m ist er die höchste Erhebung der Insel. Kleine Pfade führen vom Ort hinauf, an Steinmäuerchen entlang, hinter denen alte, verholzte Olivenbäume stehen. Von oben weiter Rundblick auf Ilovik mit dem Kanal und Sv. Petar, auf Lošinj mit den vorgelagerten Inseln Orjule und im Süden Premuda, Silba und Olib. Zum *Vela Straža* (91 m) führen ebenfalls Pfade, die sich schließlich an Steinmäuerchen und im Dickicht verlieren. Von hier oben überblickt man den Kanalverlauf mit Sv. Peter und sieht bis zu den Inseln Orjule und Lošinj.

Insel Sv. Petar

Die Klosterinsel liegt in Schwimmnähe von Ilovik und ist überwuchert mit Macchia und knorrigen Olivenbäumen, um die sich kaum jemand kümmert. In der Inselmitte der Turm und die Mauerruinen der ehemaligen venezianischen Festung aus dem frühen 17. Jh., üppig bewachsen mit Palmen, Oleander, Mispel- und Zitronenbäumen. Das angebaute Haus stammt aus der Habsburgerzeit. Heute ist das ganze

Sv. Petar – venezianische Ruinen in Grün verpackt

Areal in Privatbesitz, der Eigentümer hat all die Blütenpracht vor rund 25 Jahren angepflanzt.

Weiter westlich steht das Franziskanerkloster, das nur noch von einem Mönch bewirtschaftet wird. Ein zypressen- und rosmaringesäumter Weg führt zum Privathaus und weiter zur neuen Friedhofskapelle – hier endet für die Iloviker ihre letzte Reise. Dahinter Bootsanlege- und Badestelle mit einer lächelnden Sonnenuhr. An der Nordostseite der Insel weitere Felsbadeplätze und eine Grotte.

Keine Bootsverbindung zwischen Ilovik und Sv. Petar!

Mit dem Schiff nach Unije

Etwas Glück gehört schon dazu, an einem bestimmten Tag zu einer bestimmten Insel zu kommen – erst recht zu einer bestimmten Zeit, angesichts der vielen Routen- und häufigen Fahrplanänderungen. Da ist es am besten, auf dem Weg einfach zu genießen, was gerade kommt – z. B. sich frühmorgens wie auf einem Schaukelpferd zu fühlen, weil die Bora wieder mal bläst. Die Sonne geht auf, die Inseln ziehen vorbei. Eine ist mal eben so groß, dass noch ein Fleckchen Land um den Leuchtturm herum zu sehen ist: **Male Srakane.** 1,5 km lang ist sie, flach, mit Sandsteinsockel, schilfrohrbewachsenen Ufern und ein paar Häuschen obenauf. Schlauchförmig, fast zusammenhängend, folgt **Vele Srakane.** Die 4 km lange, knapp 1 km breite Insel zeigt sich auf der einen Hälfte schilfrohrbewachsen, in der Mitte ein paar Häuser, eine Kapelle, dann folgt karges, steiniges Weideland mit der höchsten Erhebung, dem *Vela Straža* mit 60 m. In den Senken wächst überall Schilfrohr, das sich enorm verbreitet – es sieht ganz danach aus, als ob Veli Srakane, ebenso wie die Nachbarinsel Susak, zu einem Schilfrohrhügel wird.

Insel Unije

Die mit kleinen Büschen bewachsene Insel ist autofrei, dafür gibt es einen Mini-Flugplatz mit Sandpiste. Auf einem flachen Ausläufer im Inselsüden ragt ein Leuchtturm in die Höhe, und das Dorf Unije schmiegt sich in eine Bucht, vor der ein winziges Eiland liegt.

Knapp 17 km^2 ist Unije klein, an der Westseite der gleichnamige Ort mit 90 Einwohnern, von dem sich eine Landzunge nach Süden erstreckt, am Kap der einer Moschee gleichende Leuchtturm. Südostwärts bildet die Küste Badebuchten, der Nordosten der Insel ist zerklüftet. Steppenähnlich und sandig wirkt das flache Land, ganz im Gegensatz zu den Macchiahügeln.

Außer dem Dorf Unije gibt es auf der Insel wenig. Kaum Häuser, nur Weinstöcke in geschützten Lagen und Pfade, die zu den Feinkiesstränden im Osten der Insel führen. Vom kleinen Flugplatz außerhalb des Ortes werden die Schulkinder täglich mit einer Cessna nach Mali Lošinj geflogen.

Unije ist eine Insel für Leute, die sich Zeit nehmen, sie zu entdecken, die Einsamkeit suchen und denen es genügt, wenn aus dem scheinbar eintönigen Grau Blumen zu leuchten beginnen – kleine Farbtupfer, die dem auffallen, der genau hinsieht. Aber auch Spuren aus frühgeschichtlicher und römischer Zeit wie illyrische Ringwälle und Villae rusticae sind bei Wanderungen über die Insel zu entdecken.

Die Kroaten, die die heutige Siedlung gründeten, lebten von Fischfang, Weinbau, Olivenöl und Gemüseanbau. Aus dem Jahr 1654 ist ein *Steintrog* mit glagolitischer Inschrift (siehe Insel Krk, Glagoliza) erhalten. Wer sich dafür interessiert, kann bei Familie Nikolić-Agatić nachfragen, die den Trog in ihrem Weinkeller aufbewahrt.

Die *Pfarrkirche* aus dem 15. Jh. ist umringt von einfachen Häusern, manche bunt wie die Holzklötze einer Spielzeugstadt, dazwischen lugen zwei gedrungene Palmen hervor. Fast vor jedem Haus ein Gärtchen mit Terrasse, an der Wein, Kürbisse und Blumen ranken. Am Kai ein paar Boote und Jachten.

Doch der Tourismus hat auch in Unije Einzug gehalten. Geschäftiges Treiben herrscht, wenn die Fähre anlegt. Hinweisschilder zeigen dem Fremden, wo er Post, Touristinformation, Flughafen, Zimmer findet. Gegen Abend füllt sich die kleine Hafenpromenade: Kinder, die durch die Gegend rennen, Alte, die auf den Holzbänken sitzen und sich die neuesten Neuigkeiten erzählen – es passiert jeden Tag genug, das es wert ist, ausgiebig besprochen zu werden.

- *Telefonvorwahl* 051
- *Postleitzahl* 51562 Unije
- *Information* **Touristinformation** im Ortskern, 8–12 und 19–21 Uhr. ✆/℡ 235-757; **Touristagentur NIA,** Unije 96, ✆/℡ 235-835.
- *Verbindungen* **Katamaran Rijeka–Cres–Martinšćica–Unije–Susak–Ilovik–Mali Lošinj;** Abfahrt Rijeka 17 Uhr (ab Mitte Sept. 14.30 Uhr, So 15 Uhr), Stopp Unije Mo u. Sa 19.45 Uhr (kein Stopp Ilovik), Mi u. Fr 19.20 Uhr (kein Stopp Martinšćica u. Ilovik), So 19.20 Uhr (kein Stopp Martinšćica). **Unije–Rijeka,** Abfahrt Mo, Mi, Fr, Sa um 7 Uhr, So um 10.35 (Mi, Fr u. So kein Stopp Martinšćica). Mit Schiff „Marina" (Ende Juni–Anfang Sept.) von **Unije–Mali Lošinj–Silba–Zadar** am Di u. Sa; von **Unije–Pula–Venedig** am Di u. Sa.

  Flughafen Unije: Panoramaflüge, Flüge nach Mali Lošinj (ca. 50 € für alle Personen), aber auch nach Pula oder Zagreb etc. ✆ 231-666.
- *Post* Mo–Fr 8–14 Uhr.
- *Einkaufen* Laden, Bäcker, Obststand (8–12 und 18–20 Uhr).
- *Veranstaltungen* **Kirchenfest Sv. Ana,** 26. Juli. **Sommer in Unije,** Juli/Aug. mit Konzerten u. a. in der Kirche.
- *Übernachten* Viele Einheimische vermieten **Privatzimmer.** Viele Zimmer haben keine eigene Dusche und WC. Ca. 10 €/Person ohne Frühstück.

Der Leuchtturm am Südkap von Unije

• *Essen* **Restaurant Unije,** am Kai, Terrasse im rustikalen Stil mit Holzbänken und Tischen. Blick auf Meer und Hafen (Sonnenuntergang!). Es gibt verschiedene Fisch- oder Fleischgerichte.

Konoba Kod Joze, an der östlichen Bucht, mit überdachter Terrasse, Fisch- und Fleischgerichte.

Restaurant-Pension Uniana, am Ortsrand im Westen. Familiär geführt, hübsche Terrasse, innen mit altem stilvollen Mobiliar. Eine Oase – und eine herrliche Ausnahme beim Essen – serviert werden makrobiotisches und vegetarisches Essen und Fisch, alles fein gewürzt mit biologischen Zutaten. Natürlich haben die Pensionsgäste des Hauses Vorrang; gern gesehen sind Menschen mit Sinn für das Spirituelle, für die u. a Yoga- und Tai-Chi-Kurse angeboten werden. Die schönen Wanderwege wurden von den Wirtsleuten angelegt.

Es gibt nur wenige Zimmer: mit Frühstück 17 € oder VP 35 €/Person. ✆/℻ 235-743, uniana@hotmail.com.

Baden/Wandern: Bademöglichkeit beim Ort am Hauptstrand mit Sand-Feinkies-Kies. Weiter südlich findet man Schatten unter selbst gebastelten Schilfrohrdächern mit Blick auf die Kulisse von Unije.
Westlich des Ortes führt ein Pfad zum FKK-Revier mit Fels- und Kiesbuchten.

Wanderwege wurden über die gesamte Insel angelegt. Eine Tafel vor der Pension-Restaurant Uniana gibt einen Überblick.

Fußmarsch nach Süden: Ein Weg führt südwärts aus dem Ort, vorbei an einem kleinen sumpfigen Teich mit Enten. Links und rechts die Gemüsegärten der Bewohner. Ein Magazin mit landwirtschaftlichen Maschinen und prallen Getreidesäcken, danach trockenes Weideland mit Stechgras und Disteln, Getreidefelder und die macchiaüberzogenen Hügel im Hintergrund. Ziegen meckern und warten auf Wasser. Tiefblau leuchtet das Meer. Der Weg führt zum Kap mit dem Leuchtturm, bei dem sich ein Gärtchen mit Unterstellplatz für Esel und Ziegen befindet. Die Küste läuft hier flach aus, ab und zu wächst Schilfgras. Läuft man den Strand südostwärts weiter, folgen Feinkiesbuchen.

Fußmarsch nach Nordosten: Ein Weg führt zur Kapelle oberhalb des Ortes. Von hier weiter Blick rundum und auf die Nordostseite der Insel mit vielen Meereseinbuchtungen. Kleine, aus Steinen aufgeschichtete Gemäuer mit Schießscharten zeigen auf Lošinj und die Bucht von Ustrine, deren Häuser im Dunst liegen. Die Luft ist würzig, die karge Hochebene duftet von Salbei, Zistrose und Thymian. Nach unten Blick auf eine Bucht, in der Jachten ankern.

Insel Susak

Die Insel wirkt wie ein großer, schilfrohrbewachsener Sandhaufen, dessen Sand jedoch nur selten die Steilhänge bis ans Meer hinabrutscht. Einen einzigen Sandstrand gibt es, und der lockt viele Besucher, meist Tagesausflügler, auf die autofreie Insel. Doch wer länger bleiben möchte, findet hier Ruhe und Stille.

Aus der Ferne vom Schiff betrachtet erscheint die 6,3 km^2 große Insel Susak wie ein Klotz, der allmählich aus dem Dunst auftaucht, während Unije und die Kulisse von Lošinj langsam darin versinken. Aus der Nähe sind über den Steilabhängen aus Sandstein weingrüne Hochflächen zu erkennen, auf denen verstreut ein paar Natursteinhäuser stehen.
Auch auf Susak gibt es Überreste römischer Villen. Seit der Völkerwanderung wurde die Insel von den Kroaten besiedelt. Die *Pfarrkirche* datiert aus dem 15. Jh. Das steinerne Kreuz aus dem 11. Jh. über dem Kirchentor stammt aus dem Benediktinerkloster, das einst an dieser Stelle stand. In der Kirche ein geschnitztes romanisches Kruzifix aus dem 13. Jh.
Vom Kirchturm überragt, zieht sich das Dorf vom Berg über den Hauptplatz zum Anlegeplatz hinab. Es ist unterteilt in Gornje Selo, das alte, obere Dorf, und in Donje Selo, das neue, untere Dorf – dazwischen ein steinstufiger Hohlweg, der beide Ortsteile verbindet. Ein Labyrinth aus verwinkelten Gassen mit uralten Häusern, abblätternden Fassaden und oft verschlossenen Fensterläden empfängt im alten Dorf den Besucher. Aber auch hier beginnt man zu sanieren. Der Kirchplatz mit weitem Blick über das Meer und auf Lošinj wurde erneuert und lädt zur Rast ein. Die Ruinen am Dorfrand sind vom Grün überwuchert, das sich von allen Seiten ins Dorf hineindrängt.

Auf der Inselhochebene eine Kapelle und ein Friedhof mit glänzend-weißen Grabsteinen, die fast alle denselben Familiennamen tragen. Pfade führen an Mauerresten vorbei durch Weinplantagen und enden oft im Schilf. Vor der großen Auswanderungswelle 1964 wurden hier zwei Millionen Weinstöcke bearbeitet, heute gibt es noch 60.000 alte Weinstöcke (Sujcan, Troišćina). 30.000 neue (Cabernet Sauvignon und Muscat) ließ ein italienischer Unternehmer anpflanzen.
Trotz der kurzen Entfernung zum Festland und zu den Nachbarinseln hatte Susak schon immer eine Außenseiterrolle, wie die Inseltracht und der mittelalterliche kroatische Dialekt belegt. Viele der früheren Bewohner sind nach Amerika ausgewandert, nur 150 sind geblieben. Die alten Männer sitzen in den Bars, die Jungen langweilen sich. Doch wenn im Hochsommer Jachten und Ausflugsboote die Urlauber an Land bringen, wird es lebendig. Dann tanzen die Dorfschönen in der Volkstracht, zeigen die stämmigen, rotbestrumpften Beine, als wollten sie daran erinnern, dass der Minirock keine Erfindung der 60er Jahre ist.

- *Telefonvorwahl* 051
- *Postleitzahl* 51561 Susak
- *Information* **Touristinformation** am Hauptplatz; geöffnet nur Juli/Aug. von 9–12 und

18–20 Uhr. Infos auch über Touristverein Mali Lošinj, ✆ 231-884, 231-547.

• *Verbindungen* Katamaran Rijeka–Susak–Mali Lošinj (siehe auch Unije, Ilovik) tägl. außer Di und Do.

Katamaran Rijeka–Rab–Novalja–Ilovik–Susak–Mali Lošinj nur Di.

Exkursionsfahrten auf die Insel Susak in der Hauptsaison tägl. von Mali Lošinj aus.

• *Post* Am Hauptplatz, 8–12 und 19–21 Uhr.

• *Einkaufen* Gut ausgestatteter **Supermarkt** am Anlegeplatz. Im alten Ortsteil gibt es die **Weinkellerei Kosulich,** Haus Nr. 660, geöffnet tägl. 10–22 Uhr. Hier wird der gute Inselwein in Flaschen abgefüllt, nummeriert und etikettiert. Es gibt ihn weiß, rot und als Rosé.

Die Bewohner verkaufen roten Inselwein, Weintrauben oder was sie gerade anbieten können. Am Hauptplatz gibt es Stände mit Obst, Gemüse und Fisch.

• *Übernachten* **Privatzimmer** und **Appartements,** direkt über die Vermieter.

• *Essen* Am kleinen Jachthafen und immer gut besucht die **Konoba No 13** mit überdachter Terrasse. Hier gibt es frische Fische, Meeresfrüchte, Scampi und die Hausspezialität Hummer mit Spaghetti. Der Salat und die Kräuter kommen aus dem eigenen Garten. ✆ 239-011.

Gostionica Susak, an der großen Bucht gelegen. Hier nehmen viele Tagesausflügler noch schnell eine Kleinigkeit zu sich, ehe es wieder heimwärts geht. Das strohgedeckte **Buffet Palma** ist kurz dahinter.

Am Hauptplatz eine **Eisdiele** mit gutem Kaffee und Gebäck. In einer Seitengasse dahinter die **Pizzeria Vera,** hier gibt es neben Pizza auch Gegrilltes und Salate.

Konoba Barbara, im alten Ortskern hinter dem Kirchplatz. Kleines Lokal mit Gemälden an den Wänden und Biertischgarnituren vor der Tür. Leise tönt Jazzmusik. Fisch- und Fleischgerichte.

Baden/Wandern: Der flache Strand beim Ort ist in der Saison oft mit Tagesausflügler überfüllt und teils auch verschmutzt. Im Grunde gibt es nur einen *Sandstrand* auf der Insel; er ist vom Hafen aus Richtung Osten am Meer entlang in ca. 25 Min. zu Fuß zu erreichen. Die Bucht ist ins Grüne eingebettet und von ein paar Ruinen umgeben. Gegenüber ist Unije, Male und Vele Srakane, Lošinj und – abends – das rot leuchtende Küstengebirge sehen. Wer auf der Insel länger verweilt, kann über Pfade zu den stilleren Felsbadebuchten an der Südwestküste wandern. Vorsicht: auf im Gras verborgene Schlangen achten. Es soll auch Skorpione geben!

In den Gassen von Susak

Kroatisches Küstenland – Von Rijeka nach Kraljevica

Das Kroatische Küstenland *(Hrvatsko primorje)* umfasst das Gebiet von Rijeka bis zur Mündung der Zrmanja am Eingang zur Halbinsel Ravni kotari mit der großen Hafenstadt Zadar.

Kurz vor Rijeka, bei Matulji, genießt man noch einen weiten, smogfreien Blick auf die Kvarner Bucht und die futuristisch anmutende Silhouette der großen Hafen- und Industriestadt **Rijeka.** Küsten- wie Umgehungsstraße verlaufen um die Buchtspitze und führen durch die unattraktivste Küstengegend ganz Kroatiens: die Industriebucht von **Bakar.** Diesen Weg muss man jedoch nehmen, will man entlang der Küste tiefer in den Süden gelangen (alternativ kann man die Autobahn A3 in Richtung Karlovac nehmen und dann durchs Landesinnere auf der A1 gen Süden fahren). Kurz nach **Kraljevica** erreicht man über die Brücke die **Insel Krk.**

Karte S. 116

Rijeka

Die Handelsgroßstadt mit rund 154.000 Einwohnern ist Kroatiens drittgrößte Stadt, bedeutendster Hafen, Verkehrsknotenpunkt und wichtigstes Transitzentrum für Touristen. Zudem ist Rijeka Kunst- und Kulturzentrum des Nordens. Das italienische „Novecento" prägt heute die Architektur von vielen Prachtbauten. Zahlreiche Museen lohnen eine Besichtigung, ebenso ein Spaziergang hinauf zum Stadtberg Trsat mit seiner Wallfahrtskirche und Festung – ein Weitblick über die Metropole der Kvarner Region und die Inseln ist garantiert.

Wegen der neuen, oberhalb Rijekas verlaufenden Umgehungsautobahn zwängt sich etwas weniger Verkehr durch die Stadt, die oft in einer Dunstglocke verschwindet. Die Altstadt birgt wunderschöne, aber zum Teil leider sehr marode Gebäude – alles Zeugen einer langen Geschichte, in deren Verlauf zahlreiche Nationalitäten mit ihrem unterschiedlichen Kunstverständnis das Stadtbild prägten. Die Altstadt wird nun langsam saniert und zahlreiche prachtvolle Fassaden präsentieren sich in neuem Anstrich, die Fußgängerzone lädt zum Flanieren ein, entlang der breiten Uferpromenade Riva gibt es einige nette Restaurants und Trend-Lokale. Das Altstadtzentrum ist klein und alles befindet sich in Laufweite. Kulturfreunde finden

Das Stadttor mit Uhrturm, 15. Jh.

eine Reihe interessanter Museen oder können das alte Theater besuchen. Berühmt ist Rijeka für seinen Karneval. Die Lage des Fährhafens mitten im Zentrum an der Uferpromenade Riva ist für Schiffsreisende günstig – so können auch sie der Stadt problemlos zumindest einen Kurzbesuch abstatten.

Geschichte

In der wechselvollen Geschichte Rijekas hinterließen bereits die Kelten und Römer ihre Spuren, vom 9. bis 12. Jh. gehörte die Ansiedlung zum kroatischen Königreich. Im 13. Jh. wurde das damalige *Trsat* vom kroatisch-dalmatinischen Adelsgeschlecht Frankopan beherrscht, das für den Ausbau der Siedlung sorgte.

Nachdem die Stadt mit kurzen Unterbrechungen seit dem 15. Jh. als „St. Veit am Flaum“ vom Hause Habsburg regiert worden war, erfuhr sie unter Karl VI. und Maria Theresia im 18. Jh. einen großen wirtschaftlichen Aufschwung. Unter der Herrschaft der Ungarn im 19. Jh. erlebte Rijeka seinen wirtschaftlichen Höhepunkt, der Hafen entwickelte sich zum achtgrößten Europas, die unterschiedlichsten Industriezweige entfalteten sich, und 1871 eröffneten die ersten Banken. Kapitalkräftige Kaufleute aus ganz Europa ließen sich nieder, investierten, und monumentale Bauten entstanden. Bedeutend für die Entwicklung der Stadt war die Gründung einer der ersten Ölraffinerien im Jahr 1882. Seinen wirtschaftlichen Niedergang erlitt Rijeka zwischen 1915 und 1918 mit der Seeblockade von Otranto.

Unmittelbar nach dem Krieg wurde Rijeka von italienischen Freischärlern unter der Führung des nationalistischen Schriftstellers *Gabriele d'Annunzio* besetzt, dann zwischenzeitlich zur Freistadt erklärt, um 1924 schließlich unter dem Namen *Fiume* doch dem italienischen Staat zugeschlagen zu werden. Die Wirtschaft stagnierte, und die Bevölkerung wurde zwangsweise „italienisiert“. 1947 schließlich ging Rijeka durch eine Volksabstimmung an das damalige Jugoslawien zurück, nachdem es 1945 von der deutschen Besatzung befreit worden war.

1991 erklärte Kroatien seine Unabhängigkeit von Jugoslawien, Rijeka blieb vom Unabhängigkeitskrieg verschont. Inzwischen blüht die Wirtschaft der Stadt langsam wieder auf, unterstützt durch die Gründung von Freihäfen für Österreich und Ungarn. Neben Geschäftsleuten finden sich aber auch mehr und mehr Touristen in der Stadt ein, nicht zuletzt, da sie Sprungbrett für den Süden ist.

Karolina Riječka – die Heldin Rijekas

Karolina ist der Name einer mutigen Stadtbewohnerin des 19. Jh. Ihre „Frau" stand die Kaufmannsgemahlin während der Napoleonischen Kriege, als die Engländer versuchten, den Franzosen Rijeka abspenstig zu machen. Tapfer trat die hübsche junge Frau dem englischen Oberbefehlshaber gegenüber und bat ihn, wahrscheinlich mit einem tiefen Augenaufschlag, Rijekas Einwohner vor einem Bombardement zu verschonen. Tatsächlich fiel nur ein Kanonenschuss, die Kugel steckt noch heute in der St.-Veit-Kathedrale: Die Heldin von Rijeka war geboren. Heute noch erinnert man sich dankbar an Karolina, nach der u. a. Straßen, Kuchen und Cafés benannt sind.

Information

- *Telefonvorwahl* 051
- *Postleitzahl* 51000 Rijeka
- *Information* **TIC** (Turistički Informativni Centar), Korzo 33, ✆ 335-882, ℻ 214-706; www.tz-rijeka.hr, www.kvarner.hr (gesamte Region), tic@ri.t-com.hr, Geöffnet Mitte Juni–Mitte Sept. Mo–Sa 8–20 Uhr, So 8–14 Uhr, sonst Mo–Fr 8–20 Uhr, Sa 8–12 Uhr, vermittelt auch Privatunterkünfte.

Generalturist, Trg Republike Hrvatske 8a, ✆ 212-900, 212-590, ℻ 331-496. Unterkünfte, Informationen, Exkursionen, Flüge.

Jadrolinija Hauptbüro, Riva 16; Zentrale: ✆ 666-111, 666-128; Info ✆ 060/321-321, ℻ 213-116; www.jadrolinija.hr. Geöffnet 7–18 Uhr, auch später (je nach Abfahrt der Schiffe), Sa 8–14.30, So 11.30–15 Uhr.

Croatia-Airlines, Jelačićev trg 5, ✆ 330-207, ℻ 335-931; www.croatiaairlines.com. Geöffnet Mo–Fr 8–16 Uhr, Sa 9–12 Uhr.

Air Adriatic, Riva 8, ✆ 325-425, ℻ 325-426, www.airadriatic.com. Geöffnet Mo–Fr 8–16 Uhr, Sa 9–12 Uhr.

Autotrans, Riva 22, ✆ 212-228, ℻ 337-209; www.autotrans.hr. Fahrkartenverkauf für Bus und Flug, Informationen, Privatunterkünfte.

Verbindungen/Adressen

- *Verbindungen* **Fähren:** Katamaran (Jadrolinija), Rijeka–Cres–Martinšćica–Unije–Susak–Ilovik-Mali Lošinj: Ganzjährig Abfahrt Rijeka 17 Uhr, ab Mitte Sept. 14.30 Uhr, So 15 Uhr, zurück von Lošinj 6 Uhr (So 9 Uhr), hält bis auf Cres nicht tägl. überall. Mali Lošinj ca. 3 ½–4 Std. Fahrtzeit.

Katamaran (Jadrolinija), tägl. Juni–Sept. von Rijeka–Rab–(Stadt-)Insel Pag (Novalja). Mo/Di auch Ilovik, Susak und Mali Lošinj. Abfahrt Rijeka um 16 Uhr (Mo/Di), 17 Uhr (Mi–Fr, So). Nach Rab 1 Std. 45 Min. Fahrtzeit. Vorher Infos einholen! Sehr kompliziert.

Katamaran (Jadrolinija), Rijeka–Silba–Premuda–Olib, Mitte Juli–Aug. nur Sa, Abfahrt 10.30 Uhr in Rijeka; Abfahrt Premuda um 12.15 Uhr.

Eilfähre Rijeka–Brbinj–Zadar–Split–Hvar–Korčula–Sobra–Dubrovnik-Bari: In der Hauptsaison 4x wöchentlich (Di, Fr, Sa, So), zudem 2x (Mo/Mi) nur bis Korčula. Fahrzeit bis Dubrovnik ca. 19 Std., wenn alle Häfen angelaufen werden. Preise: siehe Kapitel Unterwegs in Kroatien. Tickets für Autos und Kabinen rechtzeitig reservieren – in der Saison hat man keine Chance auf freie Plätze! Tickets über Jadrolinija, gegenüber dem Fährhafen (s. o.). Hier auch Erste banka mit Geldautomat u. Restraurants entlang der Riva.

Busse: Busbahnhof für **Überlandbusse,** Žabica 1, Info und Reservierung ✆ 060/302-10. Fahrkarten recht preiswert; Busse zu den Inseln Krk, Rab, Cres–Lošinj, Zadar; ebenfalls stündlich Busse nach Zagreb, Fahrtzeit 2 Std, ca. 15 €. In der Saison Reservierung erforderlich! Gepäckaufbewahrung 5.30–22.30 Uhr.

Busbahnhof für **Regionalbusse:** Östlich des Hafenbeckens beim Jelačićev trg, Verbindung z. B. mit Opatija (Nr. 32).

Transferbus zum Flughafen am Busbahnhof für Überlandbusse.

Bahnhof (Željeznički kolodvor): Krešimirova 1 (westlich vom Busbahnhof), ✆ 213-333, Information ✆ 060/333-444. Züge u. a. nach Ljubljana, Zagreb (3–4x tägl., ca. 10 €, 3 ½ Std.). Anfang Juni–Ende Sept. Sa Direktzug nach Hamburg über Salzburg, München, Nürnberg, Hannover. Gepäckaufbewahrung (9–20.45 Uhr, mit kurzen Pausen). Geldautomat, Shops und Café (5–1 Uhr), gegenüber dem Bahnhof Bistro Voyager (5.30–23 Uhr). Bushaltestelle vor dem Bahnhofsgebäude: ins Zentrum (2 Haltestellen) mit den Linien 1, 1a, 2, 6, 7a, 32.

Flüge: Der Flughafen von Rijeka liegt ca. 30 km südlich bei Omišalj auf der Insel Krk. In der Saison günstige Flüge nach Deutschland u. a. mit Hapag-Lloyd (u. a. Köln/Bonn, Hannover, Stuttgart). ✆ 842-040, 842-055, Flug-Info unter ✆ 842-132; www.rijeka-airport.hr. Bus Autorolej (Fahrplan beachten!) vom Jelačić trg für ca. 20 KN (ca. 3 €). Am Flughafen (geöffnet 8–18 Uhr) gibt es Cafébar, Infobüro, Duty-Free-Shop, Gepäckaufbewahrung.

Taxi: Terminals, Riva (nähe Busbahnhof) ✆ 335-138; Matije Gupca (Nähe Theater), ✆ 335-417; beim Bahnhof, ✆ 332-893; Fahrt zum Flughafen ca. 27 €. Zudem gibt es die billigeren Ri-Taxis (weiß!), ✆ 345-610; Fahrt zum Flughafen ca. 22 €.

• *Geldwechsel* Z. B. **Hypo-AlpeAdria,** Jadranski trg 3a; mit Geldautomat; Mo–Fr 8–20 Uhr, Sa 8–12 Uhr. **Privredna banka** d.d., Ante Starčevića 2, mit Geldautomat.

Privredna banka, mit Geldautomat am Bahnhof, Mo–Fr 8–19.30. **Erste banka,** Riva (beim Jadrolinija-Gebäude).

• *Post* Korzo 13 (Fußgängerzone); Mo–Fr 7–20 Uhr, Sa 7–14 Uhr.

• *Autovermietung* U. a. **Avis,** Riva 22, ✆ 337-917; www.avis.hr. **Hertz,** Riva 6, ✆ 311-098 oder 01/4846-777; www.hertz.hr. Geöffnet 8–12 u. 17–20 Uhr, Sa 8–13 Uhr, So auf Nachfrage. **Dollar&Thrifty,** Riva 22, ✆ 325-900, www.subrosa.hr. Geöffnet Mo–Fr 8–20 Uhr, Sa 8–13 Uhr, So 8–11 Uhr. **ITR,** Trg Žabica, ✆ 211-058. Geöffnet Mo–Fr 8–19 Uhr, Sa 9–13 Uhr.

• *Einkaufen* Hinter dem Theater großer Obst- und Gemüsemarkt; in der zweistöckigen Markthalle sämtliche Lebensmittel. In der Fußgängerzone das große Einkaufszentrum Robna Kuća; schräg gegenüber dem Café Slavica riesiger Süßwarenladen.

Spezialgeschäfte: Express usluge (Schuhreparatur), Janeza Trdine 19, ✆ 331-189. Foto Kurti (Fotogeschäft), Užarska 20, ✆ 333-013. Kolokvijum (Übersetzer), Matje Gupca 5, ✆ 338-056. Sprint (Fahrrad-Reparatur), Školjić 7a, ✆ 211-629. Öffnungszeiten Geschäfte 8–20 Uhr, Sa 8–13 Uhr.

• *Gesundheit* **Apotheken (Ljekarna):** Centar, Jadranski trg 1, ✆ 213-101. Korzo, Korzo 22, ✆ 211-479. Beide haben 24 Std.-Bereitschaft.

Notfallklinik (Hitna medicinska pomoć), Branka Blečića b.b (nördlich vom Bahnhof), ✆ 672-992, 24 Std.; **Krankenhaus (Klinički bolnički centar),** Istarska 43 (westlich der Altstadt in Richtung Opatija), ✆ 659-111. **Privatklinik Medico,** Meštrovićeva 2 (westlich d. Altstadt in Richtung Opatija), ✆ 263-109 u. 263-991. **Private Zahnklinik Dental,** Lošinjska 16 (ebenfalls stadtauswärts Richtung Opatija), ✆ 634-313.

Tierklinik, Marka Remsa 1 (westlich d. Zentrums), ✆ 345-033, geöffnet 7–21 Uhr. Mianovičeva 51 (Stadtteil Susak), ✆ 431-009 u. 421-592; geöffnet 10–12 u. 16–20 Uhr.

• *Nachtleben* Momentan „in" sind: **Opium Buddha Bar (11),** groß, mit langer Cocktail-Bar im dunklen, orange-roten Inneren, mit Videos und trendiger Musik; sehr „hip", Sitzgelegenheit ohne Buddha-Flair auch im Freien. Riva 14. Geöffnet 7–3 Uhr, Fr–So bis 5 Uhr.

Capitano Bar (12), gleich neben Opium Buddha Bar, ebenfalls mit Sitzgelegenheiten vor der Tür; beliebt bei den Einheimischen. Riva; geöffnet 7–4 Uhr.

Hemingway Bar (5), hübsches Inneres im Kolonialstil; Cocktails, Zigarren, Snacks und Latino-Musik. Korzo 28. Geöffnet 7–5 Uhr.

Dva Lava Bar (15), auf zwei Ebenen mit zwei Terrassen in modernem schwarzem Ambiente; Weine, Cocktails, Zigarren etc.; am Wochenende heizen DJs ein. Ante Starčevića 8; geöffnet 7–23 Uhr, Do–Sa bis 3 Uhr.

Café-Bar Karolina (16), gegenüber am Kai im Glaspalast, mit guter Musik und großer Terrasse mit Blick auf den Hafen und die Fähren; Weine, Cocktails. Gat Karoline Riječke; geöffnet 6–24 Uhr, Fr bis 2 Uhr, Sa bis 4 Uhr.

Phaners Pub (17), im exquisiten Schiffsstil, mit großer Bar ausgestattet, immer gut besucht; internationaler Musikmix; Drinks und Snacks. Ivana Zajca 9, geöffnet 7–1 Uhr, Fr/Sa bis 3 Uhr.

River Pub (1), Jazz, Rock und Karaoke in gemütlicher Atmosphäre. Frana supila 12; geöffnet 7–2 Uhr, Do–Sa 10–4 Uhr, So 18–2 Uhr.

Diskothek Fun Academy, in Preluk (Richtung Opatija) gegenüber dem Campingplatz; House, Techno und internat. Gast-DJs. Geöffnet Do–Sa 22–5 Uhr.

• *Veranstaltungen* Das große **Pilgerfest** zur Festung findet jährlich am 15. Aug. zu Mariä Himmelfahrt statt. Am 8. Sept. ist das kleinere Fest Mariä Geburt.

Sv. Vid-Fest, zu Ehren des Beschützers der Stadt, wird am 15. Juni gefeiert.

Feiertag der Muttergottes und Seefahrertag, 10. Mai.

Jährliches **Sommerfestival** mit Konzerten, Opern und Theateraufführungen von Ende Juni–Mitte Juli.

Karneval: Findet von Mitte Jan.–Faschingsdienstag statt. Höhepunkt ist der Faschingssonntag mit großem Umzug. Am Faschingssamstag ist großer Kinderfasching. Es gibt Umzüge, „maskierte" Autos und jede Menge Faschingsbälle. Manche behaupten, der Karneval von Rijeka könne sogar mit dem von Venedig konkurrieren. Infos: www.ri.karneval.com.hr.

Auto- und Moto-Racing in Grobnik, ständig große Events wie „Motoracing Alpe Adria Champ" oder „Oldtimer-Racing" oder „Racing Sidecar" (Weltmeisterschaft). Automotodrom Grobnik, Soboli 55, Čavle, ✆ 259-222, www.grobnik.com.hr.

Rijekas altes Volkstheater

Küstenland Rijeka – Kraljevica
Karte S. 116

Übernachten/Camping/Essen/Café (siehe Karte hinterer Umschlag)

• *Übernachten* **Privatzimmer** für kurze Zeit oder gar nur eine Nacht sind in Rijekas Altstadtzentrum rar. Besser man fährt an die Opatija-Riviera oder nach Crikvenica; Preis je nach Kategorie 15–30 €/Person, z. B. **Pension Pemjak,** Pionirska 64, ✆ 622-069. **Pension Katarina Beljan,** Braće Stipčića 27, ✆ 412-211. **Slada Lukičić,** Lubljanska cesta 28 (Preluk), ✆ 276-307. **Anđelko Sučić,** Jurja Dobrile 17 (ca. 2 km westlich der Altstadt), ✆ 624-161.

Hotel Bonavia (****) **(2),** komfortables und stilvoll modernisiertes 120-Betten-Haus im 125 Jahre alten Gebäude oberhalb der Fußgängerzone. DZ/F 160 €, Suiten ab 225 €. Dolac 4; ✆ 357-100, ℻ 3335-969; www.bonavia.hr.

Hotel Continental (**) **(7),** prachtvoller Altbau im Zentrum am Riječina-Fluss, mit Café Cont unter 100-jährigen Kastanien. Im Innern sehr einfache Ausstattung; DZ/F 70 €. Šetalište Andrije Kačića Miošića 1; ✆ 372-008, ℻ 372-009; www.jadran-hoteli.hr.

Hotel Neboder (*) (13), altes, nur zum Teil renoviertes Hotel im Hochhausstil weiter östlich des Toten Kanals. DZ/F 65 €. Strossmayerova 1, ✆ 373-551.

Hotel Jadran (****) (19), 2006 nach Komplettrenovierung wiedereröffnet; Prachtbau von 1914 mit ruhiger Lage direkt am Meer südöstlich der Stadt im Stadtteil Pećine (Richtung Zadar). 66 Zimmer und 3 Appartements, Restaurant, Bar, Café. DZ/F mit Meerblick ca. 105 €, Appartements 134 €. Šetalište 13 divizije 46; ✆ 216-600 u. 373-539, ℻ 436-203; www.jadran-hoteli.hr.

Arca Fiumana (10), 2006 eröffnet das Hotel direkt neben dem Fähranleger seine Pforten; es ist das erste schwimmende Hotel Kroatiens; es gibt 8 DZ und ein schönes Restaurant. Mob. 098/9979-900.

Jugendherberge (18), 2006 eröffnet im Stadtteil Pećine (in Richtung Zadar), in einer schönen Villa von 1898; 14 Zimmer (2–8

Betten), gut ausgestattet mit Küche und Restaurant. Mit Frühstück ca. 13 €/Person. Ganzjährig geöffnet. Šetalište 13 divizije 23, ✆ 406-429.

• *Camping* **Autocamp Preluk** (**), ca. 10 km in Richtung Opatija. 10 ha großes Gelände direkt am Meer, leider an verkehrsreicher Straße. Blick auf die Opatija-Riviera; Minimarkt und Snackbar, Kiesstrand, kleiner Bootshafen, Slipanlage; allerlei Wassersportaktivitäten; gegenüber für die Jugendlichen die Diskothek. Hunde erlaubt. 4,20 €/ Person, Auto 2,60 €, Zelt 3 €. Geöffnet 1.5.–30.9. Preluk 1, ✆ 621-913, ✆ 622-381, www.tranzitri.htnet.hr. Weiterer Platz in Richtung Crikvenica, in Kraljevica.

• *Essen* **Zlatna Školjka (3),** zentral bei der Fußgängerzone, mit modernem und antikem Mobiliar. Hier isst man bestens Fischspezialitäten. Geöffnet tägl. außer So 11–23 Uhr. Kružna ulica 12, ✆ 213-782.

Restaurant Municipium (4), im stilvollen Palast mit ebenso stilvollem Interieur; Rijekas feinste Adresse. Die Küche bietet beste traditionelle Küche, Fleisch und Fischgerichte, verfeinert angerichtet. Geöffnet tägl. außer So 10–23 Uhr. Trg Riječke rezolucije 5, ✆ 213-000.

Taverna Brun (21), leckere Fisch- und Grillgerichte. Der Inhaber wird sowohl für seine Koch- als auch seine Gesangskünste geschätzt. Geöffnet tägl. außer So 10–22 Uhr, Sa 10.30–15.30 Uhr. Ivana Zajca 2, ✆ 212-544.

Restaurant Feral (20), einfaches, aber sehr gutes Lokal, von den Einheimischen gerne zum Fischessen besucht. Geöffnet tägl. außer So 9–23 Uhr. Matije Gupca 5a, ✆ 212-274.

Brasserie-Pub As (9), rustikaler Speiseraum, vor dem Haus große Fläche zum Sitzen, mit Blick über den großen Platz und die Fußgängerzone. Kuchen, Eis, Pizza, Fleisch- und Fischgerichte. Trg Republike 2.

Restaurant Pod Voltum (8), preiswertes und gutes Lokal für Fisch- und Fleischgerichte. Andrije Medulića (westl. vom Trg Grivica).

Konoba Tarsa, kleines, gemütliches traditionelles Lokal in Trsat. Geöffnet tägl. 11–24 Uhr. Josipa Kulfaneka 10, ✆ 452-089.

Restaurant Trsatika, oben auf der Festung Trsat, mit Garten. Beliebte Ausflugsgaststätte. Es gibt einheimische und internationale Küche; Ulica J. Rakovca 33. ✆ 217-087.

• *Cafés* **Café-Bar Nostromo (14),** Szene-Café auch für abends und zum Draußensitzen, Užarska b.b.

Café-Bar Simona (6), neben Informationsbüro, auch für abends und zum Draußensitzen. Korzo 33.

Café Cont (7), leckere Kuchen, u. a. auch Karolina-Kuchen, schöner Platz zum Sitzen. Hotel Continental, Šetalište Andrije Kačića Miošića 1.

Café-Bar Trsat, in der Festung Trsat; wundervoller Blick, gemütliches, modernes Ambiente, leckere Kuchen und Eis. Konzerte und andere Veranstaltungen. Geöffnet 9–24 Uhr.

• *Internet-Club* **MMC Palach,** Kružna 6 oder **Internet Club Cont** (im Hotel Continental), Šet. Andrije Kačića Miošića 1.

Stadtbummel

Verlässt man die Uferstraße Riva mit ihren Prachtbauten und überquert die folgende Durchgangsstraße, gelangt man in die **Fußgängerzone,** den Korzo, mit vielen Geschäften und Kaufhäusern. Durch das **Stadttor** (Uhrturm aus dem 15. Jh.) über einen modernen Platz mit Brunnen und Café geht es hoch zur *Altstadt.* Bis 1780 war sie von Stadtmauern umgeben, die bis auf wenige Teilstücke abgerissen wurden, da sie der Erweiterung der Stadt im Weg waren.

Beim Trg Grivica steht das älteste Bauwerk, ein **römischer Triumphbogen,** angeblich aus dem 4. Jh. Unklar ist bis heute, ob es sich dabei um ein Stadttor handelt oder um das Tor des Prätoriums. Letzteres würde bedeuten, dass hier einst die Festung Tarsatica stand, von der aus der liburnische Limes verlief – eine römische Befestigungsanlage aus der Zeit vom 2. Jh. v. Chr. bis zum 4. Jh. n. Chr. Überreste sieht man bei den Treppen zum Hügel Buonarroti nördlich der Altstadt.

Nördlich des Platzes die Kirche **Sv. Vid,** ein Rundbau nach venezianischem Vorbild mit riesiger Kuppel, rund angeordneten Altären und in Rosa und Lila gehaltenen Farbtönen im Innern.

Wir überqueren weiter nördlich die Ul. Žrtava fašizma und gehen westwärts hoch zum *Park*, einer Oase der Ruhe. Im ehemaligen Gouverneurspalast und Sitz Gabriele d'Annunzios (siehe Geschichte) sind das **Marine-** und das **Historische Museum** untergebracht. In der Nähe befindet sich das **Stadtmuseum** und etwas östlich davon, über der Ul. Laginjina, das **Naturwissenschaftliche Museum** mit kleinem Aquarium und Zoo.

Gehen wir zurück zur Kirche Sv. Vid und halten uns südostwärts, stoßen wir auf den **Dom Sv. Marija** mit seinem von außen schlichten, abseits stehenden Turm am Ende einer Grünanlage. Er wurde im 12. Jh. erbaut und ist innen prächtig ausgestattet: reich verzierte Decken, viele Altäre, grüne und rosa Farbtöne und viel Gold.

Am **Toten Kanal** (Mrtivi kanal), einem früheren Flussarm der Riječina, hinter dem Dom entlang, schaukeln bunte Boote am Kai.

Prunkvolle Fassaden

Küstenland Rijeka – Kraljevica
Karte S. 116

Vom regionalen *Busbahnhof* aus bietet sich ein guter Blick zum 138 m steil aufragenden **Berg Trsat** mit der *Festung*, der *Wallfahrtskirche der Muttergottes* und dem *Franziskanerkloster*. Wer hinaufsteigen möchte: Nordöstlich der Stadt am Ufer der Riječina beginnt der Wallfahrtsweg mit seinen 559 Stufen (Trsat ist auch mit Auto und Bus zu erreichen), oben kann man einen Kaffee trinken und die Aussicht auf Rijeka und die Kvarner Bucht genießen.

Die **Festung Trsat** liegt strategisch günstig über dem Taleinschnitt der Rječina und kurz vor dem Meer – schon in illyrischer Zeit befand sich hier eine Fluchtburg. Die Römer bauten das Kastell *Tarsatica*, später wurde die Burg Sitz der Grafen Frankopan. Anfang des 16. Jh. wurde sie im Wechsel kurzzeitig Sitz der Venezianer und der Türken. Ende des 16. Jh. schließlich befestigte und modernisierte der Statthalter Gašpar Raab die Burg, nach der Zerstörung durch die Erdbeben von 1750 wurde sie allerdings verlassen. Ihr heutiges Aussehen mit Vormauern, Aussichtstürmen und Terrassen – eine Idylle aus altem Gestein und üppigen Pflanzen – schuf der letzte Burgbesitzer, der österreichische Feldmarschall *Graf Laval Nugent* von Westmeath (Irland), der sie im 19. Jh. erwarb und renovieren ließ. Zudem richtete er das erste Museum Kroatiens ein, das die verschiedensten Kunstwerke, Ausgrabungsgegenstände aus Süditalien und Skulpturen beherbergt. Leider wurden zahlreiche Exponate von seinen Erben verhökert, der kleine Rest wanderte ins Archäologische Museum in Zagreb. Gleich am Eingangstor prunkt ein venezianischer Löwe, der einst ein öffentliches Gebäude in Koper zierte. Von der unteren Terrasse aus gelangt man in ein Gewölbe, einst Gefängnis, heute kleine Galerie, von dem aus ein nicht zugänglicher Geheimgang bis zur Rječina hinabführt. Auf der oberen Terrasse befindet sich das im griechischen Tempelstil erbaute Mausoleum der Familie Nugent,

Papst Johannes Paul II.

das von einem steinernen Drachen bewacht wird. Im nordöstlichen Gebäudetrakt sind die Galerie Laval und ein Café mit Terrasse untergebracht – der für mich lauschigste Platz von Rijeka. Hier finden auch Konzerte und andere Veranstaltungen statt.

Die **Wallfahrtskirche der Muttergottes** mit Schatzkammer ist eine der bedeutendsten Pilgerstätten Kroatiens und soll zu einem pastoralen Zentrum erweitert werden. Im beschaulichen Kreuzgang des Franziskanerklosters erinnern Fotos an den Besuch von Papst Johannes Paul II., der Anfang Juni 2003 einige Tage hier verweilte. In Gedenken an ihn stellte man im Park vor der Kirche im Juni 2005 eine Papstbüste auf.

Der Wallfahrtsort Trsat

Die Entstehung des Wallfahrtsortes geht der Legende zufolge auf den Transport des angeblichen Wohnhauses (casa sancta) der Heiligen Familie von Nazareth mit Hilfe von Engeln nach Trsat am 10. Mai 1291 zurück. Am 10. Dezember 1294 sollen es dann die Engel weiter nach Loreto (bei Ancona/Italien) gebracht haben. Die Kirche wurde Ende des 13. Jh. von den Frankopanen errichtet, die heute noch erhaltenen ältesten Gebäudeteile datiert man auf die erste Hälfte des 15. Jh. Das heutige Aussehen der zweischiffigen Votivkirche ist geprägt durch ein Stilgemisch aus verschiedenen Epochen, die letzte bauliche Veränderung erfolgte im 19. Jh. Das Kircheninnere besticht durch wunderschöne barocke Altäre, das Franziskanerkloster mit seinem hübschen barocken Kreuzgang und dem zentralen Brunnen birgt zahlreiche Votivtafeln. In der kostbaren Schatzkammer (nicht öffentlich zugänglich) wird das als wundertätig bekannte gotische Triptychon der Heiligen Jungfrau von Trsat aufbewahrt, das einer Überlieferung nach den Kroaten im Jahr 1367 von Papst Urban V. gestiftet wurde – angeblich soll der Heilige Lukas die Ikone geschaffen haben. Viele gekrönte Häupter sowie bekannte Persönlichkeiten stifteten das kostbare Inventar der Kirche, so stammen u. a. die Leuchten von Kronprinz Leopold von Österreich, der vergoldete und mit Edelsteinen verzierte Doppeladler wurde von Karl V. gestiftet, das Messgewand von Maria Theresia und eine silberne Muttergottesfigur mit Kind aus der Hochrenaissance vom kroatischen Banus Tome Bakač Erdödy. Es gibt etliche Wallfahrten, die bedeutendste ist die zu Mariä Himmelfahrt am 15. August mit einer großen Prozession über den Wallfahrtsweg von der Altstadt aus.

Gehen wir weiter südwärts, über die Ul. Ivana Zajca, erreichen wir das im Stil der Renaissance und des Barock gehaltene **Volkstheater** der Wiener Architekten Helmer und Fellner. Das Theater trägt den Namen des kroatischen Komponisten *Ivan von Zajc* und erlebte 1885 seine erste Aufführung. Westlich des schön gestalteten

Festung Trsat – ein lauschiger Platz mit Weitblick

Theaterplatzes die **Markthalle** mit verschiedensten Lebensmittel-, Fisch- und Fleischständen, davor Obst- und Gemüsestände.

Gegenüber der Straße die prunkvolle Fassade des **Palais Modello** (ebenfalls von Helmer und Fellner) mit Stilelementen der Hochrenaissance und des späten Barock. Heute ist der Prachtbau Sitz der Stadtbücherei und des Kulturzentrums der italienischen Minderheit. Ein paar Meter weiter westlich sieht man die riesigen Kräne und Schiffe vom Hafen.

Beim Busbahnhof, gegenüber dem Trg Žabice, steht die **Kapuzinerkirche Gospe Lurdske** (1904–1929 erbaut) mit prächtiger, fast modern anmutender Fassade und weiß-braun-roten Mosaiken. Der untere Teil wurde vom Architekten Giovanni Maria Cureto kreiert und ist Maria der Seelentrösterin geweiht, den oberen, etwas späteren Bau schuf Cornelius Budinis zu Ehren der Madonna von Lourdes.

Weiter westlich in Richtung Bahnhof stehen die Backsteinbauten der einstigen Manufakturen. Östlich der Kapuzinerkirche steht der **Prachtbau Ploech**, der 1880 vom Architekten G. Zammattio geplant wurde. Ploech war maßgeblich an der Torpedo-Entwicklung beteiligt.

Museen

Schifffahrts- und Historisches Museum (im ehemaligen Gouverneurspalast): Das Museum dokumentiert die Geschichte der kroatischen Schifffahrt und zeigt Segelschiffsmodelle. Eine ausgestellte Schwimmweste der Karpathia erinnert an das Titanic-Schiffsunglück vom 14./15. April 1912. Die Karpathia, ein Schiff der Cunard Line, konnte als Erste zu Hilfe eilen. Weitere Exponate im prachtvollen Palast sind Bilder, Möbel und Waffen des 17. bis 19. Jh., eine Gedenksammlung des Geigenbauers Franje Kresnik (1869–1943) sowie Trachten aus der Umgebung. Im Außengelände stehen zwei Abschusskanonen für Torpedos, die Ivan Lupis 1878 erfand und hier testete.

Adresse/Öffnungszeiten Muzejski trg 1 (im Park), ✆ 213-578; Di–Fr 9–18 Uhr, Sa 9–13 Uhr, So/Mo geschl.

Kapuzinerkirche Gospe Lurdske

Stadtmuseum: Gezeigt werden Dokumente aus der Geschichte der Arbeiterbewegung, über den Volksbefreiungskampf und die Revolution sowie eine Sammlung zur älteren und neueren Geschichte Rijekas.

Adresse/Öffnungszeiten Muzejski trg 1/1, ✆ 336-771; Mo–Fr 10–13 u. 17–20 Uhr, Sa 10–13 Uhr, So geschl.

Naturwissenschaftliches Museum und botanischer Garten: Meeres- und Landesfauna sowie Heilpflanzen aus der Umgebung sind zentrale Themen des Museums. Dazu geologische Funde, eine Sammlung von Schnecken und Muscheln und im Aquarium Haie und Rochen. Um das Museum wurde ein kleiner botanischer Garten mit Gewächsen aus dem Adriaraum angelegt.

Adresse/Öffnungszeiten Lorenzov prolaz 1 (nordöstlich im Park), ✆ 334-988; Mo–Sa 9–19 Uhr, So 9–15 Uhr.

Moderne Galerie: Jährlich wechselnde Kunstausstellungen im 2. Stock des Gebäudes: in den Jahren mit geraden Jahreszahlen die Internationale Ausstellung von Originalgrafik, in den ungeraden die Biennale der Jugend.

Adresse/Öffnungszeiten Dolac 1/II, ✆ 334-280; tägl. 10–13 u. 17–20 Uhr.

Wissenschaftliche Bibliothek: Die Bibliothek präsentiert wichtige Dokumente der *glagolitischen Tradition*, darunter früheste glagolitische Inschriften, handgeschriebene Messbücher und die ersten Buchpublikationen aus der ersten glagolitischen Druckerei unter *Šimun Kožičić*.

Adresse/Öffnungszeiten Dolac 1, ✆ 336-129; Mo–Sa 8–20 Uhr.

Ausflug zum Risnjak-Nationalpark

Nordöstlich, etwa 15 km Luftlinie von Rijeka entfernt, beginnt der Nationalpark Risnjak, ein Bergmassiv im Gorski kotar, das zum dinarischen Gebirgssystem gehört. Der Nationalpark umfasst eine Fläche von 63,5 km^2 – seine höchste Erhebung ist mit 1528 m der Berg *Veliki Risnjak* mit seinen zahlreichen Felsspitzen, von dem aus sich ein unvergesslicher Weitblick bietet. Der *Snježnik* ist mit 1506 m die zweithöchste Erhebung und liegt etwas nordwestlich. Der vorwiegend von Buchen, Tannen, Kiefern und über 30 geschützten Pflanzenarten geprägte Nationalpark zählt zu den waldreichsten Kroatiens. Auch die Tierwelt ist außerordentlich vielfältig, viele Vogelarten leben hier ebenso wie Braunbären, Wölfe, mehrere Arten von Gämsen und Luchse, denen das Gebirge seinen Namen verdankt (ris = Luchs). Dazwischen verstreut kleine Dörfer mit holzschindelgedeckten Häusern und kristallklare Bäche. Man kann wunderbare Wanderungen unternehmen, auf die Gipfel steigen oder die türkis leuchtende, stark strömende Karstquelle der *Kupa* am westlichen Abhang des Risnjak besuchen. Noch ist die Landschaft fast unberührt und touristisch kaum erschlossen. Im Leskatal (Beginn westlich der Nationalparkverwaltung in Crni Lug) kann man auf über 4 km einen interessant gestalteten Lehrpfad begehen.

Zum Risnjak: Von Rijeka zuerst die vierspurige Umgehungs- und Schnellstraße Richtung Karlovac nehmen, dann weiter auf der E65 bis Gornje Jelenje (ca. 24 km von Rijeka entfernt), danach die kleine Straße weitere 7 km in Richtung Lazac fahren. Ein Wegweiser führt zum Parkplatz in Vilje. Ab hier in zwei Stunden Aufstieg auf markiertem Wanderweg zur Berghütte Risnjak (1448 m). Sie ist vom 1.5. bis 31.10. geöffnet und hat ca. 15 Betten.
Eine Aufstiegs-Variante bietet sich über Crni Lug, dann weiter bis zum Nationalparkshäuschen von Bela Vodica. Dort parken, in ca. drei Stunden erreicht man von hier aus den Gipfel; ab der Berghütte wird der Aufstieg steil und beschwerlich.

Zum Snježnik: Die Zufahrt von Rijeka aus ist westlich über Platak zu nehmen. Dort parken und den Bergsteig zu einem weiteren Parkplatz entlang der Rimska cesta nehmen; hier kann man zwischen zwei Wegen zum Gipfel wählen: über Kroz grlo bis zum Sattel Rimska vrata oder über den Grat. Wer möchte, kann weiter zum Veliki Risnjak. In Platak ist die gleichnamige Berghütte (Planina dom Palatak) und auf dem Gipfel Dom Snježnik.

Zur Karstquelle Kupa: Anfahrt wie oben bis Gornje Jelenje und dann weiter über Mrzla Vodice und Crni Lug nach Razologe, insgesamt von Rijeka aus 70 km. Von Razologe erreicht man nach einem ca. 45-minütigen Fußmarsch die Quelle.

• *Informationen* **Nacionali Park Risnjak,** Bijela Vodica 48, 51317 Crni Lug, ✆ 836-133, 📠 836-116, www.risnjak.hr oder auch für die Gesamtregion www.gorskikotar.com; *Bergwacht*: Mob. 091/5911-111.

• *Übernachten* Großes und gutes Angebot in der Umgebung: in den **Berghütten** Risnjak (✆ 836-133), Snježnik, Platak (s. o.) und in Pensionen in den umliegenden Orten; zudem **Hotel Risnjak** (***), Delnice, Lujzinska 36, ✆ 508-160, www.hotel-risnjak.hr.

• *Essen* Etliche gute Restaurants in allen Orten, Spezialitäten sind hier Gerichte vom Wild, Frösche, Forellen und Pilze, zudem Waldfrüchte (u. a. Himbeeren, Schwarzbeeren, Brombeeren), aus denen leckere Nachspeisen und Kuchen gefertigt werden.

• *Sport* Mountainbiken, Klettern, Angeln, Paragliden, Rafting und auch Wintersport, v. a. auch in der weiteren Umgebung des Nationalparks Risnjak im Gorski kotar. Für Touren stehen auch Bergführer zur Verfügung, ebenso für Höhlenbesichtigungen.

Bucht von Bakar

Die Bucht von Bakar mit den Ortschaften **Bakar, Bakarac** und **Kraljevica,** 20 km südlich von Rijeka gelegen, ist ein fjordähnlicher, tiefer Einschnitt – ein riesiger natürlicher Hafen. Schon von Weitem ist die Bucht durch qualmende Schlote und Rauchschwaden zu erkennen, die über dem Hinterland der Bucht hängen. Schiffswerften, Raffinerien und die Funktion als Nebenhafen von Rijeka haben die einst schöne Bucht, an der die Thunfischschwärme vorüberzogen, verändert. Nur wenige Touristen verirren sich noch hierher, um historische Sehenswürdigkeiten zu besichtigen.

Die großen Leitern, die in die Bucht von Bakar ragen, sind übrigens Beobachtungsposten für „Thunfischwächter“. Zwischen Oktober und März sitzen sie auf ihren schwindelerregenden, luftigen Posten. Sobald ein Schwarm gesichtet wird, ertönt eine Sirene, die Netze werden geschlossen, und das Abschlachten beginnt.

Bakar und Bakarac

Bakar ist ein malerischer kleiner Ort mit wenig Touristen, meist Bootsbesitzern. Außer Industrieanlagen und überdimensionierten Pipelines, die die Bucht zum Teil unter Wasser durchqueren, bietet der Ort zwei Kirchen und ein Kastell. Die im 16. Jh. von den Frankopanen am höchsten Punkt errichtete Burg wurde im 18. Jh. umgebaut. Am südlichen Buchtende die Ansiedlung Bakarac.

• *Übernachten* **Hotel Jadran** (**), am Hafen von Bakar, einfache Ausstattung. DZ/F 40 €. ✆ 051/761-366, ℻ 761-047.

Motel Bakarac (**), kleines Motel im gleichnamigen Ort, gegenüber von Bakar; DZ ca. 50 €, ✆ 051/285-107, ℻ 285-125.

• *Camping* **Autocamp Bakarac,** wie das gleichnamige Motel gegenüber dem Hafen; zum Baden gibt es weiter südlich sicherlich saubereres Wasser. 3 €/Person, Auto 2,20 €, Zelt 2,20 €. ✆ 051/285-125; geöffnet 1.5.–30.9.

• *Veranstaltung* „Mare croaticum", Begegnung Bildender Künstler Ende Juni.

Kraljevica

Ein verschlafener Ort mit zwei Hotels, Werftanlagen und einer Menge Öltanks. Lediglich die Schlösser, die nicht besichtigt werden können, erinnern an die Geschichte der Adelsgeschlechter *Frankopan* und *Zrinjski,* die hier im 17. Jh. eine Verschwörung gegen ihre österreichisch-ungarischen Lehnsherren ausheckten. Der Aufstand scheiterte an der rigorosen Gegenwehr Kaiser *Leopolds* von Österreich, der den Grafen *Zrinjski* 1664 ermorden ließ, die Tat aber als Jagdunfall tarnte. Den Bruder des Grafen, *Petar,* und seinen Schwager *Frankopan* lockte der Kaiser unter dem Vorwand, verhandeln zu wollen, nach Wien, wo beide 1671 wegen Hochverrats hingerichtet wurden.

Kraljevica war einstmals der erste Badeort an der kroatischen Küste; sein Hafen verlor jedoch mit dem Siegeszug von Eisenbahn und Dampfschifffahrt gegenüber dem Hafen von Rijeka an Bedeutung.

• *Telefonvorwahl* 051

• *Postleitzahl* 51262 Kraljevica

• *Information* **Touristeninformation**, am Hafen, ✆ 282-078; geöffnet 7–21 Uhr.

• *Geldwechsel* **Erste banka,** geöffnet Mo–Fr 8–19 Uhr, Sa 8–12 Uhr.

• *Post* Im kleinen Zentrum, Mo–Sa 7–21 Uhr.

• *Essen* **Konoba Bujan,** im Weiler Meja, nördlich von Kraljevica im Hinterland; seit 1932 wird dieses Lokal ausgezeichnet von der gleichnamigen Familie geführt; Spezialität sind hier die Gerichte aus der Peka (Lamm, Kalb, Spanferkel). Meja 16, ✆ 809-500. Geöffnet tägl. außer Mo 14–22 Uhr.

• *Übernachten* **Privatzimmer** (DZ) kosten 14 €.

Hotel Almis (*), kleiner Bau mit Restaurant am Hafen, neben der Bank; DZ ca. 35 €, ✆ 281-312, ℻ 281-226.

Hotel Uvala Scott (**), außerhalb Richtung Zadar; DZ/F 42 €, Appartements bis zu 4 Personen 63 €. ✆ 281-226, ℻ 281-366; www.jadran-hoteli.hr.

• *Camping* **Autocamp Oštro,** teils schattiges Gelände in Werftnähe; steiniger Strand. Geöffnet 1.5.–30.9.; 3,50 €/Person, Auto 3 €, Zelt 3 €. ✆/℻ 281-404; www.jadran-hoteli.hr.

Nach dem Ort **Kraljevica** endet die Bucht, und man gelangt auf die *Krčki most,* die *Krker-Brücke* (Gebühr ca. 2 €). Bis 1990 trug sie den Namen Titos, der 1925/26 als Werftarbeiter hier arbeitete. Die Brücke scheint Erde und Mond zu verbinden, so kahl und leer wirkt die Insel Krk – doch nur von weitem.

Die 1300 m lange Krički most ist Krks wichtigste Verbindung zum Festland

Insel Krk

Nähert man sich der Insel über das gewaltige Brückenbauwerk der Krički most, zeigt sich Krk von der karstigsten Seite. Doch die Insel hat viele Gesichter – von kahl und karg bis üppig und grün. Durch Brücke, Flugplatz und ein enges Straßennetz ist die Insula Aurea, die Goldene Insel, die verkehrstechnisch am besten erschlossene Insel Kroatiens.

Krk ist ein bisschen größer als Cres und mit 410 km^2 die größte der kroatischen Inseln; rund 16.500 Einwohner leben hier. Erreichen kann man sie nicht nur per Fähre, sondern auch über die *Krički most,* eine beeindruckende Brücke, die sich 60 m über dem Meer in zwei Bögen und einer Gesamtlänge von 1310 m über den Meeresarm spannt. Wegen der guten Verkehrsanbindungen verfügt ist die Insel in der Hauptsaison vor allem in den Touristenzentren *Njivice, Malinska, Krk, Punat* und *Baška* oft überfüllt – trotz zahlreicher Badestrände und großer Campingplätze. Trotz alledem sind die Einheimischen sehr freundlich und um einen guten Service bemüht.

Bleiche Steinwüsten und eine schwer zugängliche Küste findet man im Nordosten und Osten. Grün wird die Insel im Westen, und gegen Südwesten wächst Mittelmeerwald. Im bergigen Süden liegt die mit 569 m höchste Erhebung von Krk, der *Obzova.* Flach wird es im Norden. Dort liegt der *Omišalji-See,* ein sehr wichtiges Süßwasserreservoir der Insel, trotz seiner nur 0,25 km^2 Fläche. Auch Bäche gibt es auf Krk. Sie fließen im Mitteltal, das sich von der *Bucht von Omišalj* bis zur *Bucht von Baška* erstreckt, einer fruchtbaren Landschaft mit Wiesen, Weinbergen, Kornfeldern, Olivenhainen, Obst- und Gemüsegärten. Allerdings wird nur knapp ein Zehntel der Inselfläche landwirtschaftlich genutzt. Neben Viehzucht und Fischerei bilden die petrochemische Industrie im Nordwesten und vor allem der Tourismus wichtige Erwerbszweige.

In den Wäldern hat man Damwild und Wildschweine ausgesetzt, außerdem Fasane, die oft in Scharen auftreten. Im südlichen Inselgebirge horsten die riesigen Gänsegeier. Das Wappentier von Krk ist allerdings die Eule.

Wichtiges auf einen Blick

Telefonvorwahl: 051

Fährverbindungen: *Trajekt Baška–Lopar* (Rab), Ende Mai–Ende Sept. 2–5x tägl., ca. 4,20 €/Person, Auto ca. 24 €.

Trajekt Valbiska–Merag (Insel Cres), ganzjährig von 5.45 bis 22 Uhr (13x); in der Hauptsaison im Einviertelstunden-Takt, 1,80 €/Person, Auto ca. 12 €.

Zwischen Crikvenica und Šilo verkehren nur Taxiboote.

Brückenverbindung: Die Verbindung zum Festland über die Kročki most ist mautpflichtig und kostet ca. 2 €.

Busverbindungen: Regelmäßige Verbindung nach Rijeka (5 €), Zagreb (13 €), zum Hauptort Krk und nach Punat, Baška und Vrbnik.

Flugverbindungen: Flugplatz Rijeka gleich hinter der Brücke. Flughafen Rijeka/Krk: ✆ 051/842-132; Croatia-Airlines Rijeka: ✆ 051/330-207. Airportbus Rijeka. Aero-Taxi (siehe Omišalj).

Tankstellen: Omišalj, Malinska, Krk, Baška, Valbiska.

Autovermietung: Omišalj-Flughafen, Njivice, Malinska oder Rijeka.

Geschichte

Krk war schon in früher Vorzeit besiedelt – man findet Überreste aus der jüngeren Steinzeit sowie Wallburgen und Hügelgräber der Liburner. Bei den alten Griechen und Römern wird Krk als *Curicum* erwähnt – ein eigenständiges, städtisches Gemeinwesen, dessen Bewohner das Privileg des römischen Bürgerrechts besaßen. Viele Funde stammen aus dieser Zeit.

Im Verlauf der slawischen Völkerwanderung besiedelten die Kroaten die Insel vom Festland her, das byzantinische Dalmatien schrumpfte auf ein paar befestigte Städte wie Krk, Osor, Rab, Zadar, Trogir, Split, Dubrovnik und Kotor. Aus der Zeit des ersten kroatischen Staats, um 1100, stammt die *Tafel von Baška,* eine Schenkungsurkunde. In der Zeit, als Ungarn-Kroatien mit Venedig um Dalmatien stritt, erstarkten die Herren von Krk als lachende Dritte. Die *Frankopan*-Fürsten, wie sie sich später nannten, waren Beschützer der glagolitischen Volkstradition. 1288 wurde

Glagoliza – die glagolitische Schrift

Die Glagoliza ist eine altslawische Schrift mit eigenen, aus dem Griechischen, Orientalischen und Slawischen abgeleiteten Formgebungselementen. Wahrscheinlich wurde sie im 9. Jh. von dem „Slawenapostel" Kyrillos aus Saloniki im Zuge seiner Bibelübersetzung zum besseren Verständnis des Inhalts geschaffen. Auf Krk ist die „Glagoliza" heute noch in vielen Steininschriften, Handschriften und Drucken zu sehen.

Grundlage der glagolitischen Schrift sind die griechischen Kleinbuchstaben, die Lettern sind orientalischen Alphabeten entlehnt und wurden an die Lautbesonderheiten der slawischen Sprache angepasst und umgestaltet. Die Schrift fand Eingang in die slawische kirchliche Literatur und ist trotz des Widerstandes der lateinisch orientierten Papstkirche in ihrem westlichsten Verbreitungsgebiet (Istrien, nordadriatischer Raum mit Zentrum Insel Krk) bis in die Gegenwart erhalten geblieben.

das alte kroatische Gewohnheitsrecht in einem Gesetzbuch zusammengefasst, das auf Kroatisch und in der *Glagoliza* niedergeschrieben wurde. Bis 1480 konnten sich die Frankopanen-Fürsten gegen Venedig behaupten, dann gerieten sie untereinander in Streit, und diesmal durfte sich der venezianische Doge freuen. Krks wechselvolle Geschichte bis zum 1. Weltkrieg teilen auch die anderen Kvarner Inseln. 1918 vereinigten sich Dalmatien und Kroatien, und damit auch Krk, zum Königreich Jugoslawien. 1945, nach dem siegreichen Ende des Befreiungskampfes, den Tito mit seinen Partisanen gegen die italienischen und deutschen Besetzer führte, folgte der Zusammenschluss mit dem sozialistischen Jugoslawien. Seit 1992 gehört Krk zur Republik Kroatien.

Omišalj

In der Hauptsaison bevölkern Hotelgäste, Camper und Wochenendausflügler aus Rijeka die historische Stadt mit ihren 2000 Einwohnern – Omišalj ist neben Krk der älteste Ort der Insel. Unweit von Flughafen und Industrieanlagen thront er trutzig auf einem 82 m hohen Berg über dem Meer.

Weit schweift der Blick über die Bucht bis Opatija und die Insel Cres. Die Bucht ist heute von Industrieanlagen geprägt, dennoch lassen es sich viele nicht nehmen, hier ihren Badeurlaub zu verbringen. Vielleicht deswegen, weil Omišalj noch einer der wenigen ruhigen und gemütlichen Orte der Insel ist. Schmale Gassen führen an Natursteinmauern und Häusern mit gepflegten Gärten entlang – eine Oase der Ruhe.

Die schöne Aussicht, die früher im Wortsinn ungetrübt war, lockte schon vor Jahrhunderten Menschen nach Omišalj. Im Mittelalter gehörte Omišalj zu den vier frankopanischen Städten. 1420 sicherten die Inselfürsten die Stadt durch ein Kastell, das erst im 20. Jh. niedergerissen wurde.

- *Postleitzahl* 51513 Omišalj
- *Information* **Fremdenverkehrsamt** in der Altstadt, nur in der Saison Mo–Fr von 8–14 Uhr geöffnet, ✆ 841-042; ansonsten über Njivice; www.tz-njivice-omisalj.hr
- *Verbindungen* **Bus:** Regelmäßige Busverbindung mit Rijeka, Zagreb und über die Insel. **Flug:** Airport Rijeka/Krk: ✆ 051/842-132, Charterflüge; **Panoramaflüge und Aero Taxi** unter ✆ 841-774 oder www.albatros.hr. Cessna 184 für 3 Personen ca. 50 €/15 Min.
- *Geldwechsel* **Erste banka,** 8–14 Uhr (beim Parkplatz) mit Geldautomat.
- *Post* Im Zentrum, geöffnet 7–21 Uhr.
- *Auto* Parken vor der Stadt, Parkplätze links und rechts der Hauptstraße.
- *Autovermietung* **Mystik Tours,** Hamec 1 (Flughafen), ✆/℻ 841-300, Mob. 091/5934–359.
- *Einkaufen* Supermarkt, Obst- und Gemüsestände.
- *Gesundheit* **Ambulanz,** Prikešte 15, ✆ 842-086. **Apotheke,** Kovačnica 11, ✆ 842-127.
- *Veranstaltungen* Am 15. Aug. wird der Kirchenpatron Mariä Himmelfahrt gefeiert und heißt hier **„Stomorina",** das „Fest der ersten Früchte". Das Fest beginnt am 15. Aug. und endet am 16. Aug., Musikkapelle und Folkloreaufführung auf dem großen Kirchvorplatz.
- *Übernachten* **Privatunterkünfte** je nach Kategorie ab 20 € für das Doppelzimmer. **Appartements** für 2 Personen ab 30 €, für 4 Personen ab 50 €.

Hotel Adriatic (**), schöne Lage an der grünen Bucht, aber ohne Flair, große Reisegesellschaften machen hier Station. Nightclub, Sportzentrum (Tennis, Surfbrett- u. Paddelbootverleih, Minigolf), eigener Badestrand mit Fels- und Betonliegeflächen. Einfache Zimmer, DZ/F 70 €.

Dependancen Marina und Primorka (**), unweit vom Haupthaus, modernisiert, ruhig und preiswerter. DZ/F 60 €. ✆ 842-126, ℻ 842-226; www.hoteli-omisalj.hinet.hr.

Villa Eva, direkt am Meer, Zufahrt Richtung Hotels, angeschlossen **Konoba Pipo;** DZ/F mit Minibar, AC aber ohne Balkon 50 €. ✆/℻ 841-041; www.vila-eva.hr.

Pension-Restaurant Barbi Gerga, am Altstadtbeginn, Appartementvermietung, ganzjährig geöffnet. ✆ 842-255, 842-105.

• Camping **Camping Pušća** (*), der 8-ha-Platz ca. 4 km nördlich von Omišalj hat eine eigene Bucht. Wenig Bäume in der Steinwüste. Blick auf die Skyline Rijekas und die fast futuristische Anlage der Ölraffinerie gegenüber. Bescheidene WC-Anlage, Strandduschen, Kühltruhe bei der Rezeption, Getränkebar, Paddelbootverleih. Flach ins Wasser abfallender Kiesstrand. 3 €/Person, Auto 2 €, Zelt 3 €. ✆/℡ 841-440.

• Essen **Restaurant Barbi Gerga;** guter Service und gutes Essen in nettem Ambiente. Man speist im gemütlichen Innern, im Hinterhof unter ausladenden Feigenbäumen oder vor dem Haus. Es gibt Fisch-, Fleisch-, Nudel- und Reisgerichte. Ganzjährig geöffnet. ✆ 842-255.

Restaurant Kaštel, beim Parkplatz, mit Terrasse; Fleisch-, Fischgerichte und Pizza, guter Service.

Konoba-Pension Riva, direkt am Hafen bei der Pesja-Bucht. Fisch- und Fleischgerichte. Hier werden auch schöne Zimmer vermietet. ✆ 841-777.

• Baden/Wandern Fels-, Kies- und Sandbadebuchten. Uferweg zum alten Fischerhafen Uvala Pesja, in dem Jachten ankern. Von hier unten führt ein steiler Fußweg hoch zur Altstadt. Oder unten am Meer entlang weiter in Richtung Landzunge Tenka Punta.

• Wassersport Kleiner **Jachthafen** und Restaurant; **Hafenamt,** ✆ 842-053.

Sehenswertes

Eine Fußgängerzone führt in den alten Ortskern und zur *Marienpfarrkirche,* einer dreischiffigen romanischen Basilika aus dem Jahr 1213. Die große Fensterrosette von 1405 schuf Meister Sinoge. Der Glockenturm wie auch die an den Turm anschließende Loggia wurden im 16. Jh., die Kuppel im 17. Jh. erbaut. Das Eingangsportal der Kirche ziert ein Flechtwerkornament aus dem 9. Jh., im Innern sind glagolitische Inschriften und die Grabplatte des letzten Benediktinerabts aus dem Jahr 1471, ebenfalls mit glagolitischer Inschrift, zu sehen. Kleine verwinkelte Gassen führen durch den Ort, dessen Harmonie nur die gelben Straßenkugelleuchten stören. Am Ortsende, wo sich das romanische *Kirchlein Hl. Anton* mit offener, säulengetragener Vorhalle duckt und der einstige Wasserturm steht, kann man nach Rijeka hinübersehen, das nachts als Lichtermeer herüberstrahlt.

In der *Bucht von Sepno* prallen Gegenwart und Vergangenheit krass aufeinander. Einst stand hier das römische *Fulvinium,* in dem eine Pilgergemeinschaft lebte. Man sieht Ruinen der frühchristlichen *Basilika Mira* aus dem 5. Jh. und der mittelalterlichen Benediktinerabtei *Sv. Nikola* – und eben Raffinerie, Pipeline und Tankerhafen.

Nach Njivice

Auf der *Krčka Magistrale* weiter landeinwärts zeigt sich, dass die „Mondinsel" recht grüne Seiten hat: erst Buschwerk, dann Bäume und ein Süßwassersee (Abzweigungen nach *Njivice, Malinska* und *Porat*).

Njivice

Der am Hang liegende 1500-Einwohner-Ort und einstige Landbesitz der Frankopanen zieht sich mit vielen in Grün gehüllten Privat- und Ferienhäusern hinab zum Meer und ist fest in den Händen des Tourismus, vom einstigen Fischerdörfchen ist fast nichts geblieben. Leicht verliert man die Orientierung, nimmt man nicht den richtigen Abzweig zum kleinen Zentrum auf der Halbinsel am Meer. Nördlich des Zentrums liegen die Hotels, der Campingplatz und ein Sportzentrum. Gebadet wird rund um Njivice.

- *Postleitzahl* 51512 Njivice
- *Information* **Turistička Zajednica** (Fremdenverkehrsverband), Ribarska obala 10, ✆ 846-243, ✆ 847-662, www.tz-njivice-omisalj.hr.

Aleta-Tours, Primorska 10, an der Kreuzung zum Zentrum, ✆ 847-333, ✆ 846-108; www.ait.hr. ganzjährig geöffnet, Hochsaison tägl. 7–22 Uhr, sonst 9–15 u. 19–21 Uhr, Zimmervermittlung, Ausflüge. **Agentur Sti-L Tours,**

Insel Krk
Karte S. 130/131

Draga 31, ✆ 846-207, 📠 846-710, geöffnet 7–12 u. 17–21 Uhr.

• *Verbindungen* Regelmäßiger Busverkehr zu allen Inselorten.

• *Geldwechsel* **Erste banka,** geöffnet 8–12 und 19–21 Uhr; außerdem Post und Touristbüros.

• *Post* Geöffnet 7–12 u. 17–21 Uhr.

• *Gesundheit* **Ambulanz,** im Hotel Jadran, ✆ 846-846; **Apotheke,** Ribarska obala 10, ✆ 847-030.

• *Übernachten* **Privatunterkünfte** kosten je nach Kategorie 25–30 €/DZ.

Die Hotels reihen sich am Strand entlang.

Hotel Beli Kamik I und II (***), im Betonstil auf Bögen, am Meer. Tanzterrasse, Sportmöglichkeiten (Tennis, Minigolf, etc.). Fels- und Betonliegeflächen. DZ/F zwischen 61–73 € (Topsaison 74–88 €). ✆ 846-720, 📠 846-116; www.hoteli-njivice.hr.

Bungalows Flora (**), die Anlage liegt hübsch am Hang im üppigen Grün, die Ausstattung ist allerdings sehr einfach. DZ/F 45 € (Topsaison 51 €). ✆ 846-720, 📠 846-116; www.hoteli-njivice.hr.

Hotel Jadran (***), im Reihenhausstil gebaut, innen rosa und freundlich. Nachtklub, Tennisplätze. Fels- und Betonliegeplätze. DZ/F 82 € (Topsaison 98 €). ✆ 846-720, 📠 846-116, www.hoteli-njivice.hr.

Pension-Restaurant Miramare, liegt direkt an der Uferpromenade mit schönen Zimmern, ca. 50 €. Ribarska obala 4, ✆ 661-800 u. 846-221.

• *Camping* **Autocamp Njivice** (**); 10-ha-Platz, Supermarkt im Holzhaus, Stellflächen im Laubwald, Felsbucht mit betonierten Liegeflächen, abseits FKK. 4 €/Person, Auto 2,70 €, Zelt 3 €. Geöffnet 1.5.–30.9. ✆ 846-720; 📠 846-116, www.hoteli-njivice.hr.

• *Essen* **Restaurant Rivica,** traditionsreich und gut seit 1934. Hübsche Gartenterrasse unter schattigen Palmen und Kastanien, mit Blick auf den Hafen; innen sehr gediegen. Fisch- und Fleischgerichte, leckere Hausweine. Ribarska obala 15, ✆ 846-101.

Entlang der Hafenpromenade **Konoba Uijan** und **Restaurant Miramare.**

Café-Bar Sunset Beach, strohgedeckt, karibisch anmutend, nächtlicher Treff an der gleichnamigen Kiesbucht.

Sportmöglichkeiten: Die Hotels verleihen Surfbretter, Paddelboote, Wasserski, Fahrräder; außerdem Minigolf, Tischtennis und Surfschule im Hotel Beli Kamik und bei beiden Hotels Tennisplätze. An der Uferpromenade Wassersportzentrum mit Tauchclub. Fahrradverleih am Sunset-Beach und hinter Sunset-Beach Tauchclub Ronilački centar Nijivice, Mob. 091/2701-950.

Baden: Außerhalb des Ortes Fels- und Kiesbadebuchten; z. B. schöner Feinkiesstrand am Sunset-Beach im Süden. Nördlich des Campingplatzes gelangt man über einen Fußweg zu schönen FKK-Buchten, z. B. *Uvala Dražica* und *Uvala Dumboka.* Von den Buchten aus sieht man bei klarem Wetter auf Cres und das Festland. Nach *Malinska* folgt der *„Paradiesweg"* dem Küstenverlauf, das Landspitzchen Čuf abschneidend – immer wieder finden sich gute Bademöglichkeiten.

Malinska

Das 2000-Einwohner-Dorf an einer weiten, bewaldeten Bucht mit kleinem Hafen ist heute ein Seebad mit einigem Rummel im Sommer. An der mit Palmen und schattigen Bäumen bestandenen Strandpromenade reihen sich Lokale, Souvenirläden und viele Cafés. Im 19. Jh. war Malinska der Verschiffungshafen für das mit Flaumeichen bestandene Hinterland. Die verkehrsarme Umgebung lädt zu Erkundungen und zum Mountainbiken ein. Altertümer finden sich u. a. im Weiler Porat.

Information/Diverses

• *Postleitzahl* 51511 Malinska

• *Information* **Touristinfomation TIC,** Obala 46; ✆ 859-207, ✆/📠 858-254; www.tz.malinska.hr, geöffnet Juni–Mitte Sept. 8–20 Uhr, sonst Mo–Fr 9–13 u. 17–20 Uhr.

Agentur Apolinar, Dubašljanska 71, ✆ 869-011; www.apolinar.hr

Agentur El Pi Tours, am Ortseingang nach der Straßenkreuzung links, ✆ 859-770, 📠 859-558; www.elpi-tours.com. Geöffnet in der Saison 8–22 Uhr.

Malinskas schöne Hafenpromenade

- *Verbindungen* Regelmäßiger Busverkehr zu allen Inselorten.
- *Geldwechsel* **Privredna banka,** mit Geldautomat, Obala 41. **Erste banka,** mit Geldautomat, Lina Bolmarčića 33. Mo–Sa 9–14 Uhr.
- *Post* Obala 45, Mo–Sa 7–21 Uhr.
- *Einkaufen* Großes **Einkaufszentrum,** Obst- und Gemüsemarkt in der Ortsmitte oberhalb der Durchgangsstraße. **Supermarkt** hinter dem Hotel Triglav.
- *Gesundheit* **Apotheke,** Lina Bolmarčića 33, ✆ 859-387. **Ambulanz,** Lina Bolmarčića b.b, ✆ 859-194 und 859-917; **Zahnambulanz** ✆ 858-731. **Zahnarzt** Dr. Anton Žgombić, Kvarnerska 41, ✆ 859-148.
- *Auto* Großer **Parkplatz** beim Einkaufszentrum. **Tankstelle** an der Durchgangsstraße, kurz nach dem Einkaufszentrum. **Werkstatt,** Novo naselje 17, ✆ 859-491.
- *Veranstaltungen* Musik- und Folkloreveranstaltungen, Ausstellungen im Juli und Aug.
- *Nachtleben* **Discothek Crossroad,** neben Touristagentur El Pi am Ortseingang, nur Juni–Aug. Tanzterrasse beim Hotel Malin.
- *Sport* Paddelboot-, Wasserski-, Ruderbootverleih, Surfschule an der Uferpromenade. Nördlich, in Richtung Kap Čuf, Fels- und Kiesbadebuchten, auch in südlicher Richtung, jedoch überall sehr überlaufen. Fahrradverleih am großen Parkplatz beim Einkaufszentrum.
- *Tauchen* **Dive Point Malinska,** Basis beim Hotel Malin, Kralja Tomislava 23, ✆ 859-436, ✆/📠 859-435, Mob. 098/328-550 (Klaus Hofmann), www.divepoint-croatia.com; Tauchkurse nach SSI. Siehe auch Einleitungskapitel Sport/Tauchen.

Correct Diving, Brzac 33, ✆ 862-133 u. +49/221/4747-760, Mob. 091/7964-656; www.correct-diving.de.

Übernachten/Camping/Essen

- *Übernachten* **Privatzimmer,** je nach Nähe zum Meer 18–24 € fürs DZ; Appartements für 2 Personen ab 35 €, für 4 Personen ab 56 €.

Garni-Hotel Marina (**), am Strand. DZ mit Frühstück 50–60 €. ✆ 859-111, 📠 859-330.

Hotel Maestral (**), gleich daneben, DZ/F 52–60 €. ✆ 859-884, 📠 859-885; www.hotel-adria.net.

Hotel Malin (***), ganz im Süden, mit großer Tanzterrasse. Dazu passend das Strandbad, gesäumt von der Türenflucht der Umkleidekabinen. Tauchclub; betonierte Liegeflächen, etwas Kies, kleiner Hafen. Schöne

Haludovo

Die Luxus-Hotelstadt „Haludovo" wurde von 1971 bis 1972 als Ex-Jugoslawiens ehrgeizigstes Hotelprojekt vom Architekten Boris Magaš gebaut. Es sollte Playboy Hefner mit seinen Häschen und vor allem seine Dollars ins Land locken, doch das Geschäft lief nicht. Ersatzweise diente das Luxushotel einige Jahre als Urlaubsresidenz der gehobenen Mittelschicht – und setzte Staub an. Jetzt renoviert ein neuer Investor die veralteten Gebäude.

DZ/F 80–92 €. ✆ 850-234, ✆ 850-259; www.hotelmalin.com.

Villa Rova (***), Familienbetrieb in Alleinlage auf schönem Gelände nahe dem Meer, kurz vor Porat im Ortsteil Vantačiči. Komfortable DZ/F 94–102 €. ✆ 866-100, ✆ 866-202; www.vila-rova.hr.

• *Camping* Es gibt etliche kleine **Privatcamps** (*), der Rasen vor den Häusern dient als Stellfläche. Hier die größten:

Camp Draga, 3,20 €/Person, Zelt 3,50 €, Auto 1,40 €; geöffnet Mai–Sept.; Palih boraca 4; ✆/✆ 859-905.

Camp Bogović Ivan, Portić 4, 4,20 €/Person, Zelt 5,50 €, Auto 2 €; geöffnet April–Sept.; nahe dem Meer im Weiler Portić, ✆/✆ 859-306.

Camp Kranjec-Stašić Nevenka, 3,60 €/Person, Zelt 3 €, Auto 2 €; geöffnet April-Sept.; Mirka Radića 12, ✆ 858-173.

• *Essen* **Restaurant-Pizzeria Matteo,** Joakima Tončića 7 (nördlich des Hafenbeckens und der Promenade). Tipp von Einheimischen.

Für Fischgerichte geht man in die **Konoba Bracera,** Kvarnnerska 1, ✆ 858-700.

Gostionica Rupa, hinter der südlichen Hafenpromenade. Fisch- und Fleischgerichte, Hauswein; nur in der Saison geöffnet. **Restaurant Noštromo** kurz davor.

Ribarška Konoba, in Richtung Hotel Malin.

Lovačka Konoba-Pension, im Ortsteil Sv. Vid, oberhalb von Malinska.

Umgebung

Porat: Ruhiger kleiner Ort mit Fischerhafen südlich von Malinska. Im 19. Jh. war hier der Zollhafen für Holztransporte nach Venedig. Unweit des Dorfkerns steht ein *Franziskanerkloster* aus dem 15. Jh. mit einem Altarbild der Meister Girolamo und Francesco da Santacroce. Neben einer Olivenpresse von 1850 gibt es ein kleines Museum mit Bibliothek und einem Lapidarium, das Kopien von den ältesten glagolitischen Inschriften zeigt.

• *Post* Geöffnet 8–14 Uhr.

• *Einkaufen* Gemüseladen.

• *Übernachten* Unterkünfte in **Privatzimmern** ab 20 € fürs DZ.

Hotel Pinia (***), moderner Rundbau mit Glasfronten und Balkonen, einem Restaurant und großer Terrasse; das Familienhotel liegt im Weiler Porat direkt am Meer, mit eigener Badebucht und Liegeflächen. Von den oberen Stockwerken herrlicher Weitblick in Richtung Insel Cres. DZ/F 104–126 €. Porat b.b, ✆ 866-333, ✆ 866-133, www.hotel-pinia.hr.

• *Essen* Am Hafen **Konoba Porat,** serviert Fischgerichte, ✆ 867-046. Gegenüber **Konoba Sidro,** ✆ 867-060 und daneben **Piccola Venezia.**

• *Baden* Fußwege führen zu ruhigen **Badebuchten** mit Fels- und feinen Kiessstränden um die südliche Landzunge sowie in Richtung Malinska.

Über Glavotok nach Krk

Auf staubiger Landstraße geht's weiter nach *Glavotok.* Im Landesinneren sind die Dörfer steingrau und urwüchsig, das Buschwerk ist dicht. Es wachsen viele Flaumeichen, Steinmäuerchen durchziehen die Landschaft, ab und zu an der Straße ein Wasserloch und vereinzelt Weingärten.

Glavotok: Nur ein paar Häuschen, ein *Kiosk,* ein *Restaurant* (Fisch und Omeletts) mit *Pension* und der nahe *Campingplatz.* Unten am Meer ein kleines Hafenbecken voll bunter Boote und ein *Franziskanerkloster* mit Friedhof und Zypressen. 1468 schenkte der Inselfürst *Ivan Frankopan* das Grundstück den glagolitischen Mönchen, die darauf 1507 das Kloster und die Kirche Sv. Marija bauten. Die Klosterbibliothek birgt eine Sammlung von Büchern und Handschriften in glagolitischer Schrift.

• *Camping* **Autocamp Glavotok** (*), vor der Ortschaft rechts an einer kleinen Bucht, gegenüber die Berge von Cres; Gostiona mit Terrasse, Minimarkt, Obst- und Gemüsestand; Bootsanlegestelle und Liegeplätze, Slipanlage. Einfache Sanitärhäuschen. Der Platz liegt unter schattigen großen Föhren. Davor das Meer mit weißem Klippenstrand. Nördlich davon eine Kiesbucht mit Bootsanlegestelle. Sehr schön zum Baden. 4,80 €/Person, Zelt 3,50 €, Auto 3,40 €. Geöffnet 1.5.–30.9. ✆ 862-117, ✆/📠 862-119; www.kamp-glavotok.hr. Nach Glavotok kann man die Bucht entlang laufen.

• *Einkaufen* Im 3 km entfernten Milohnići gibt es einen kleinen **Supermarkt.**

• *Essen* **Konoba Tri Maruna,** im Weiler Poljica, 6 km östlich von Glavotok, kurz vor Nedadići. Hier gibt es leckere selbstgemachte Hausmannskost.

Von Glavotok schlängelt sich eine kleine Asphaltstraße Richtung Krk. Auf halbem Weg zum nächsten Ort, **Milohnići**, duckt sich das renovierte Kirchlein Sv. Krševan aus dem 9. Jh. Auf einer Anhöhe das alte Städtchen **Vrh**. Von hier aus schöner Blick hinunter nach Krk und Punat, die sich an der weiten Bucht gegenüberliegen, dahinter die Höhenzüge um den *Berg Obzova* mit weiß schimmernden, kahlen Kämmen.

Westlich von Milohnići kreuzen wir die breite Zubringerstraße, die zum südlich liegenden **Fährhafen Valbiska** führt. Dort gibt es eine Pizzeria, die durchgehend geöffnet hat, und eine Tankstelle; ansonsten herrscht, wenn nicht gerade eine Fähre kommt, absolute Ruhe auf dem von dichter Macchia umgebenen großen Parkplatz.

Vor Krk Weinstöcke, Äcker und Neubauten, dann die Kirchtürme unten am Meer, ein Kloster und wieder Neubauten. In einem weiten Bogen gelangt man hinunter zur Altstadt.

Krk

Die in der Antike strategisch bedeutsame Seestadt mit heute 3500 Einwohnern und einem Vielfachen an Besuchern im Sommer versteckt sich hinter wuchtigen Bastionen und Stadttürmen unten in der Bucht. Schon seit der Römerzeit ist Krk die Hauptstadt der Insel.

Von den Römern mit einem Wall umgeben, zierte die *splendidissima civitas Curictarum* bereits antike Landkarten. Hier fand ein halbes Jahrhundert v. Chr. die Seeschlacht zwischen Pompejus und Cäsar statt. Insel und Stadt nahmen am Handel der antiken Welt lebhaft teil. Eine Menge gesunkener Schiffe, voll mit Amphoren, liegt hier am Meeresboden. Gegen Ende des 6. Jh. unterstand der Bischof von Krk dem Patriarchen von Aquileia. Im Mittelalter hatten die Frankopan-Fürsten hier ihren Herrschaftssitz. Heute ist Krk politisches und administratives Zentrum der Insel.

Information/Adressen/Diverses

• *Postleitzahl* 51500 Krk

• *Information* **Fremdenverkehrsamt** (Turistička Zajednica grada), Trg Bana J. Jelačića 1, ✆ 222-415, 📠 221-126; www.tz-krk-hr, tzgrada-krka@ri.t-com.hr. Geöffnet 8–15 Uhr. Infos über die gesamte Insel Trg Sv. Kvirina 1, ✆ 221-359, 📠 222-336; www.krk.hr.

Touristeninformation TIC, Obala hrvatske Mornarice b.b (Uferpromenade Altstadt), ✆/📠 220-226. Hier erhält man die beste Auskunft in der Altstadt. Geöffnet Juli/Aug. tägl. 9–22 Uhr, danach 9–21 bzw. 20 Uhr.

Touristagentur Aurea, Ortszufahrt/Kreuzung links, Vršanska 26 L, ✆ 222-277, 📠 221-777;

www.aurea-krk.com. Zimmervermittlung, Ausflüge, kompetente Information, guter Service, Fahrradvermietung.

Touristagentur Gaber, links gegenüber Aurea, ✆ 221-570. Zimmervermittlung etc.

Autotrans, am Busbahnhof (Altstadteingang am Hafen), ✆ 222-661; ✆ 222-110, krk@autotrans.hr; geöffnet 8–21 Uhr. Infos, Reservierungen, Privatzimmer, Fahrradvermietung.

• *Verbindungen* Regelmäßig **Busse** nach Punat, Baška, Omišalj, Vrbnik, nach Rijeka und Zagreb. Zur Klosterinsel **Košljun** nur Taxiboot von Punat, ansonsten von Krk per Ausflug buchbar.

• *Geldwechsel* **Erste banka,** mit Geldautomat, Vela Placa; **Privredna banka** geöffnet 8.30–20.30 Uhr, auch Sa; außerdem in Hotels, Touristagenturen und in der Post.

• *Post* Hinter Trg Bana J. Jelačića; geöffnet Mo–Sa 7–21 Uhr, So 9–12 Uhr.

• *Autovermietung* **Auto Krk,** Zagrebačka b.b, ✆ 222-5565 u. 222-544, ab 45 € (Renault Twingo); weitere Agentur am Flughafen.

• *Tankstelle* Tankstelle stadtauswärts Richtung Punat, Juli/Aug. durchgehend, sonst 6–22 Uhr. Kleine Tankstelle vor der Altstadt.

• *Parken* Beim Busbahnhof und oberhalb der Altstadt.

• *Gesundheit* **Apotheke,** Vela Placa, geöffnet Mo–Fr 8–12 und 17–20 Uhr, Sa 7.30–13 Uhr. **Ambulanz,** südlich Vinogradska cesta, ✆ 222-029 u. 221-224.

• *Einkaufen* Großer Obst- und Gemüsemarkt, Brot, Käse und Wurst am großen Platz vor der Altstadt (Trg Bana J. Jelačića); internationaler Zeitungskiosk.

• *Veranstaltungen* **Fest von Krk** mit Konzerten, Tanz und Essen vom 8.–10. Aug.

Sv. Quirin-Fest (Schutzheilige), am Trg Kampin und in der Kathedrale.

Krker Sommerfestspiele im Juli/Aug., Konzerte, Ausstellungen und Folkloredarbietungen. Veranstaltungskalender in Touristinformation.

• *Nachtleben* **Disco Jungle** an der Stadtmauer. **Cocktailbar Volsonis** am Altstadtbeginn zur Vela Placa.

Übernachten/Camping/Essen

• *Übernachten* **Privatzimmer** kosten je nach Kategorie ab 25–30 € fürs DZ. **Appartements** für 2 Personen ab 35 €, für 4 Personen ab 65 €. Gegenüber der Altstadt nette Privatzimmer in Einfamilienhäusern mit Gärtchen.

Appartements Štetić (****), Neubau westlich des Zentrums, etwas oberhalb. Komfortable Zimmer mit TV, Föhn 40 € (ohne Frühstück), Frühstück oder HP möglich; es gibt auch Appartements. ✆/✆ 221-907, Slavka Nikolića br 3.

Hotel Marina (**), direkt im Zentrum, an der Promenade am Meer; schöne große Terrasse zum Frühstücken. DZ/F 72 €. Obala hrvatske mornarice, ✆ 221-128, ✆ 221-357; www.hotelikrk.com.

Hotel Dražica (***) mit **Dependancen,** an der gleichnamigen Bucht östlich des Zentrums (ca. 10 Min. Fußweg entlang der schönen Uferpromenade). Würfelblocks im Kiefernwald, Sportanlagen (Tennis, Volleyball etc.), großer Kinderspielplatz, Tanzbühne im Freien, Verleih von Motorbooten, Surfbrettern, Ruder- und Tretbooten; Kinderpool, großer Erwachsenenpool, Felsküste mit betonierten Liegeflächen und kleinen Kies-Sand-Buchten; das Hotel organisiert Ausflüge nach Plavnik. DZ/F 102 €; in der **Dependance Lovorka** (***) DZ/F 80 €. Ružmarinska 6. ✆ 655-755, ✆ 221-022; www.hotelikrk.com.

Hotel Tamaris (***), vor Hotel Dražica, direkt an Meer und Strandpromenade, Terrasse mit Meeresblick. DZ/F 102 €. Ružmarinska b.b. ✆ 221-022, ✆ 22-37; www.hotelikrk.com.

Hotel Koralj (***), eine Bucht weiter östlich vom Hotel Dražica (die Altstadt ist ebenfalls über die lauschige Uferpromenade zu erreichen), im Kiefernwald, mit Fitness- u. Beautybereich. Betonierte Liegeflächen und Kieselbuchten, mit seichten, für Kinder gut geeigneten Naturplanschbecken. DZ/F 108–122 €. Vlade Tomašića bb. ✆/✆ 221-044.

Jugendherberge Krk, 200 m oberhalb der Altstadt, im hübschen Gebäude von 1866, dem ersten Hotel von Krk. Mit Restaurant und lauschiger Terrasse; pro Person/FR 18 €, (HP 22 €, VP 27,50 €). Es gibt 2-, 3-, 4- und 6-Bettzimmer Dr. D. Vitezića 32, ✆/✆ 220-212; www.hostel-krk.hr.

• *Camping* **Autocamp Bor** (***), vor dem Kreisverkehr rechts nach oben. Liegt auf 1,3 ha oberhalb des Meeres, ein bisschen steinbruchartig, mit Blick aufs Neubaugebiet. 4 €/Person, Zelt 3 €, Auto 2,50 €. CCI-Rabatt. Geöffnet 1.4.–31.10. ✆ 221-581, ✆ 222-429.

Autocamp Ježevac (**), vom Kreisverkehr aus zu erreichen. Großer, terrassenförmi-

Seit über 800 Jahren schützen wuchtige Mauern die Inselhauptstadt

Insel Krk
Karte S. 130/131

ger, mit Steinmäuerchen unterteilter 11-ha-Platz am Hang zum Meer; Blick auf die ganze Bucht. Wiesen und Kiefernwald, Felsstrand. In der Saison hoffnungslos überfüllt. Neue Sanitäranlagen, Kühlboxen, Laden, Restaurant, Souvenirbuden, Obstverkäufer. Sportangebote: Tennisplatz, Minigolf, Surf- und Bootsverleih, Motor- und Ruderboote. 4,80 €/Person, Zelt 2,50 €, Auto 2,80 €. Geöffnet 1.5.–15.10.; ✆ 221-081, ℻ 221-362; www.zlatni-otok.hr.

FKK-Autocamp Politin (**), außerhalb, Richtung Punat. 5,6-ha-FKK-Platz am Meer mit Kiesstrand. Blick auf Plavnik und Cres. Nur teilweise schattig. Sehr gute Sanitärausstattung; Restaurant, Laden. 4,90 €/Person, Zelt 2,50 €, Auto 2,90 €. Geöffnet Mitte April–Sept.; ✆ 221-351, ℻ 221-246; www.zlatni-otok.hr.

• *Essen* Restaurants und Cafés entlang der Stadtmauer, z. B. **Café Kula,** am Stadtturm; daneben an der Uferpromenade das gute **Restaurant Galeb** (✆ 221-261) mit Terrasse und Blick zum Meer.

Neben dem Stadttor die immerzu gut besuchte **Konoba Šime** (✆ 220-042) mit gemütlichem Inneren und Terrasse an der Uferpromenade und **Hotel-Restaurant Marina** am Kaiende.

Restaurant Karaka, südwestlich der Altstadt beim Strand Plav (südl. Camp Ježevac) direkt am Meer; im schönen Wintergarten speist man bei jedem Wetter vorzüglich, Spezialitäten sind hier Fischgerichte. Senjska ul. 8, ✆ 845-480.

Empfohlen werden zudem die **Konoba Andreja** am Altstadtplatz Vela Placa und die **Konoba Galija** in der Frankopanska 38, ✆ 221-250.

Richtung Punat an der Straße **Restaurant Top,** ein Tipp von Einheimischen.

Sport

• *Baden* An der Promenade mit Fels- und Kiesbuchten – je weiter östlich, desto ruhiger!

• *Sportmöglichkeiten* Tennisplätze, Motorboot-, Tretboot-, Ruderboot-, Surfbrettverleih beim Hotel Dražica und am Campingplatz Ježevac.

• *Mountainbiken* Rund um Krk bieten sich wunderbare Wege für Fahrradtouren an; Verleih und Karte (auch TIC) Hotel Dražica,

TA Aurea, bei Autotrans am Busbahnhof, tägl. 8–21 Uhr; z. B. 1 Std. 20 KN, halber Tag 50 Kn, 1 Tag 90 KN.

• *Wassersport* Jachthafen **Marina Krk** gegenüber der Altstadt, 30 Liegeplätze, mit Slipanlage und Werft. Zudem Bootsvermietung. ✆ 221-316.

Hafenamt, hinter der Zugangsstraße zur Altstadt, ✆ 221-380.

• *Tauchen* **Diving Center,** Camping Ježevac; Tauchausflüge etc. mit dem Schiff MB Zlatopružica. ✆ 221-876 u. 226-848. Auskünfte auch über Touristagentur.

Stadtbummel

Eine Zürgelbaumallee und die Promenade führen zum autofreien Altstadtkern. Am budenbestandenen Hauptplatz gibt es alles, was glitzert, rotiert, sich anstecken und verschenken lässt, dazu ein großer Obst- und Gemüsemarkt. Jachten schaukeln in der Meeresbucht, Fischer flicken ungeachtet des Trubels ihre Netze. Die Hafenpromenade führt an Cafés und Restaurants vorbei und endet vor dem **Kastell,** das mächtig den Weg versperrt: ein vor 800 Jahren von den Krker Fürsten zum Schutz des Hafens erbautes Bollwerk, dessen dicke Mauern sich aus dem meerwasserumspülten Fels erheben. Der älteste, viereckige *Kastellturm* trägt eine Inschrift aus dem Jahr seines Baus, 1191. Daneben ein *Brunnen.* Am Hafen ragt mit sechszackigem Stern der *Sechseckturm* (1407) in die Höhe, in den ein römisches Grabrelief eingefügt ist. Die venezianischen Dogen steuerten den dicken runden Turm bei. Ganz in der Nähe, vom Hafen aus durch das kleine Hafentor erreichbar, erhebt sich auf den Überresten der alten *römischen Thermen* die **Marienkathedrale,** die als Basilika im 5./6. Jh. erbaut wurde. Im 12. und 13. Jh. wurde sie vergrößert, sodass sie sich nun an die nebenan stehende Basilika Sv. Kvirin lehnt und daher durch einen Mauerdurchbruch betreten werden muss. Im Innern der Kathedrale zwei romanische Säulenreihen, Lesepulte aus der Renaissance, eine holzgeschnitzte Kanzel aus dem 17. Jh., der Bischofsthron und viele Seitenkapellen und Altäre. Ein Altar ist mit einer vergoldeten Silberreliefarbeit aus dem Jahr 1477 geschmückt, ein Werk von P. Koler. Der *Bischofspalast* zeigt wertvolle Gemälde italienischer Meister aus dem 16. und 17. Jh. und u. a. das Polyptychon St. Lucia von Paolo Veneziano aus der ersten Hälfte des 14. Jh. In einem Seitentrakt der Kirche ist ein *Sakralmuseum* (tägl. 9–12 Uhr) untergebracht.
Neben dem Kathedraleneingang hat die *Galerie der Boote* mit Modellen von Skomeršić Željko ihre Pforten geöffnet.

Einen sehr ungewöhnlichen Kirchengrundriss und einen ebenso ungewöhnlichen Kirchenzugang besitzt die **Quirinuskirche** (Sv. Kvirin), die sich direkt an die Marienkathedrale anlehnt. Sie wurde im 10./11 Jh. im romanischen Stil zweistöckig erbaut, das dritte Seitenschiff ist heute der Straßendurchgang. Über den Glockenturm aus dem 16–18. Jh. kann die Kirche betreten werden.

Die Hauptgeschäftsstraße mit zahlreich abzweigenden Souvenirgässchen führt zum Platz *Vela Placa* mit Cafébars, Schmuck- und Gemäldeständen. Das Turmgebäude war einst *Haupttor* und Rathaus zugleich, seine große Uhr verkündet die Zeit auf einem 24-Stunden-Zifferblatt. Durch das Haupttor kommt man wieder zurück zur Zürgelbaumallee.

Östlich von Krk stößt eine Landzunge ins Meer, die eine tiefe Bucht abgrenzt. Der Landzunge gegenüber liegt Punat. In der Mitte der Bucht befindet sich die kleine **Klosterinsel Košljun,** fast am Ende, am Wegesrand, die geduckte, vorromanische Kirche **Sv. Dunat** aus dem 9. Jh.

Klosterinsel Košljun

Das mit Steineichen bewachsene, 6,5 ha große Stück Land war schon vor den Römern besiedelt. Im 13. Jh. gründeten die Benediktiner hier eine Abtei, die Franziskaner im 15. Jh. übernahmen. In der Marienkirche fällt das mehrteilige Hochaltar-Gemälde mit Madonna und Heiligen auf. „St. Quirin“, der Schutzpatron von Krk, hält die Stadt in Händen – es ist die älteste Ansicht des Inselhauptortes. Noch immer leben hier einige Mönche, einer von ihnen, Fra Ivo Peran, zählt zu Kroatiens bekanntesten Komponisten – er schrieb Messen, Oratorien und eine Oper. Das Klostermuseum zeigt neben archäologischen Fundstücken eine reichhaltige Volkskunstsammlung, in der Klosterbibliothek werden glagolitische Handschriften und frühe Drucke aufbewahrt. Die Klosterinsel Košljun ist nur von Punat aus per Taxiboot zu erreichen.

Punat

Der Mastenwald des großen Jachthafens und der Marina verstellt den Blick aus der Bucht auf die Klosterinsel Košljun. Punat ist ein Paradies für Segler und ein Touristenzentrum, das schon im Frühjahr seine Tore öffnet. Auch die Wakeboarder haben sich die ruhige Bucht als Standort ausgesucht, um hier ihre internationalen Wettkämpfe auszutragen.

Insel Krk
Karte S. 130/131

Der knapp 2000 Einwohner umfassende quirlige Ort liegt an einer großen geschützten Meeresbucht, die mit dem offenen Meer nur durch die schmale Meerenge Usta verbunden ist. Diesem großen Naturhafen verdankt Punat seine aus einer langen Tradition erwachsene Entwicklung zum Nautikzentrum. Der Name Punat leitet sich von dem italienischen Wort „ponte“ (= Brücke) her, der Ort selber wurde erstmals 1480 als *Villa di Ponte* erwähnt. Seine Bewohner lebten jahrhundertelang vom Verkauf von Wein, Oliven und Feigen. Am Hang stehen noch immer kleine Gehöfte mit steilen Steintreppchen und Weinreben über der Haustür. Ein Gässchengewirr, in das sich nicht viele Touristen wagen – es sei denn, sie sind auf dem Weg in die gute Fischtaverne. Das älteste Gebäude des Ortes ist die Ölmühle aus dem 18. Jh. Die *Dreifaltigkeitspfarrkiche* stammt aus dem Jahr 1773 und wurde 1934 umgebaut. Zum Meer hin reiht sich eine Fischerhauszeile aus der Zeit um 1900. Auf der Strandpromenade fährt eine Mini-Eisenbahn fährt mit lautem Gebimmel im Stundentakt bis zur Marina, vorbei an Eisdielen, Gostionas, Palmen und gelben Laternen, die dem Sonnenuntergang hübsche Farbtupfer beimischen.
Wanderer können all dem Rummel entgehen, z. B. den *Berg Obzova*, 568 m, erklimmen und von oben die herrliche Aussicht auf die Inselwelt genießen.

Information/Verbindungen/Geldwechsel

- *Postleitzahl* 51521 Punat
- *Information* **Touristeninformation,** Obala 72, an der Strandpromenade, ✆ 854-860, ✆/📠 854-970; www.punat.com; allgemeine Auskünfte.

Touristagentur Punat Tours, Obala 94, ✆ 854-104, 📠 854-101. www.etirs.iii.hr; Hotelauskünfte, geöffnet 9–22 Uhr.

Touristagentur Marina Tours, Obala 81, an der Strandpromenade nahe der Post, ✆ 854-375, 📠 854-340; www.marina-tours.hr. Marina Tours vermittelt Privatunterkünfte, Boots- und Jachtcharter, Fahrkarten für alle Transportmittel; Wechselstube. Geöffnet in der Saison tägl. 8–22 Uhr.

- *Verbindungen* Regelmäßig **Busse** nach Krk, Baška und Rijeka, 2x tägl. nach Zagreb.

Taxiboote (18 KN, ca. 2,40 €) zur Klosterinsel Košljun (mit Eintrittskarte ca. 4 €); das Schiff pendelt von 9–12 und 15–18 Uhr ständig. Stadteisenbahn (0,75 €) stündlich zwischen Promenade und Marina, außer am Mittag von ca. 13–16 Uhr.

• *Geldwechsel* **Erste banka** (Promenade), geöffnet Mo–Sa 8–12 und 18–20 Uhr. **Privredna banka** (ein Stück hinter der Promenade), geöffnet Mo–Sa 9–14 Uhr.

• *Post* Juli/Aug. Mo–Sa 7–21, sonst 8–17.30 Uhr.

Übernachten/Camping/Essen

• *Übernachten* **Privatzimmer** je nach Kategorie 24–28 €/Zimmer. **Appartements** für 2 Personen ab 40 €, für 4 Personen ab 60 €.

Hotel Park I und **Park II** (***), an der Uferpromenade, dahinter Kiefernwäldchen mit Tischen und Stühlen, abends auf der Terrasse Tanz. DZ/F 88–102 €, 120 € (Topsaison). Obala 102. ✆ 854-024; ✆ 854-101; www.hoteli-punat.hr.

Pension K'Ribaru (***), Pension mit sehr gutem Restaurant an der Umgehungsstraße in Richtung Stara Baška. Ganzjährig geöffnet, DZ/F 60 €. Starobašćanska 22, ✆ 854-554; www.kribaru.hr.

Hotel Kanajt (**), gegenüber Jachthafen, gute Küche, Tennisplätze, Segelschule; 13 komfortable Zimmer mit Internetanschluss; DZ/F 80–90 €, 130 € (Topsaison). Kanajt 5, ✆ 654-340, ✆ 654-341, www.kanjat.hr.

Jugendherberge, mit 90 Betten (3- bis 4-Bett-Zimmer) im Zentrum. Restaurant und Innenhof. Inkl. FR 17,50 €/Person. Geöffnet Mai–Sept. Novi Put 8, ✆ 854-037, www.hfhs.hr.

• *Camping* **Camping Maslinik** (**), oberhalb im Ort, Platz für 100 Personen, Wiesengelände. 4 €/Person, Zelt 4 €, Auto 3,40 €. Geöffnet Mai–Okt. Nicola Tesle 1, ✆/✆ 854-515.

Camping Pila (***), ca. 500 m südlich des Zentrums in einem Kiefernhain am Meer. 5 €/Person, Auto 2,70 €, Zelt 2,70 €. Geöffnet 15.4.–15.10. ✆ 854-024, 854-020 u. 854-122, ✆ 854-101; www.hoteli-punat.hr.

FKK-Camping Konobe (**), 3 km südlich von Punat, in einer majestätisch-kahlen Bucht gelegen. Ebenso kahl auch der Platz für Caravans, der von Buschwerk begrenzt wird. Darin Schattenplätzchen für die Zelte. Von Felsen durchzogene Kiesbucht. Zu wenig Sanitäranlagen. Geschäft und Restaurant. Bootsverbindung nach Punat. 5 €/Person, Auto 2,70 €, Zelt 2,70 €. CCI-Rabatt. Geöffnet 15.4.–15.10. ✆ 854-024, 854-036 u. 854-049, ✆ 854-101. www.hoteli-punat.com.

• *Essen* **Hotel-Restaurant Kanajt,** Restaurant, Pension, Jachtclub; gegenüber der Marina; auf der schattigen Terrasse treffen sich die Jachtler. Es gibt Fisch- wie Fleischgerichte. ✆ 654-342.

Restaurant Marina, im Jachtclub mit schönem Blick auf Boote und Bucht. Gute Fischgerichte, Meeresfrüchte, leckeres Gulasch, guter Service. ✆ 854-132.

Restaurant Lara, im Zentrum gegenüber dem Markt; preiswerte, gute Fisch- und Fleischgerichte. Ivana G. Kovačića 41, ✆ 855-396.

Konoba Ribice, oberhalb in der Altstadt. Man sitzt unter Feigenbäumen, umringt von Katzen: Es gibt nur Fisch, z. B. gebackene Sardinen oder Scampi, Salat und Brot, dazu offenen weißen Žlathina oder roten Pelješac. 17. Travnja 95.

Weitere gute Restaurants: **Vele Vode** oberhalb der Hafenpromenade, ✆ 854-109.

Oberhalb von Punat, an der Umgehungsstraße in Richtung Stara Baška, das sehr gute **Fischlokal K'Ribaru;** neben ausgezeichnet zubereitetem Fisch auch Fleisch. Frühzeitig kommen oder reservieren. Starobašćanska 22, ✆ 854-554.

Sport/Sonstiges

• *Sport* **Tennis Punat,** Tennisanlagen neben Restaurant Kanajt. **Minigolf** Richtung Autocamp Pila.

• *Tauchen* **Tauchertreff,** Touren mit Markus, Karina und Team; Tauchkurse und Ausbildung zum Tauchlehrer, Wracktauchen, Nachttauchen etc. Gefahren wird nach Mali Plavnik zur Selzine – eine Steilwand, übersät mit blauen Gorgonien – oder zum Indianerfels mit Steilwand und traumhaft bewachsenen Grotten. Pasjak 1, oberhalb der Marina, ✆/✆ 855-120; www.tauchertreff-punat.de.

• *Wakeboarden* Nahe der Kirche Sv. Dunat befindet sich das Wakeboard- und Waterskizentrum mit Café, Restaurant u.

Board-Shop; von der erhöht liegenden Terrasse hat man einen herrlichen Blick auf die Anlage mit ihren Jumpern. Man kann sich Boards, Skier etc. ausleihen, und es gibt kompetente Lehrer wie Varna Laco oder Patrick. Hier werden auch internationale Wettbewerbe abgehalten, 2002 war hier Austragungsort der Europaschaftsfinale. Info unter Mob. 091/2627-302, www.wakeboarder.hr., www.waterski-krk.com.

• *Jachthafen* **Marina Punat,** eine der ältesten Marinas, modern ausgebaut, 800 Liegeplätze im Meer, 300 Stellplätze an Land, 30-t-Kran. Reparaturservice, Motoren-Ersatzteillager. Gute Sanitäranlagen. Tennisanlage, Minigolf. Motor- und Segelbootverleih. Puntica 7. ✆ 654-111, 📠 654-110; www.marina-punat.com.

• *Wandern* Von Punat aus bieten sich herrliche Wandertouren an, z. B. zum Berg Veli vrh, einfache Wegstrecke 3 Std.; Obzova 3:10 Std., nach Stara Baška 5:15 Std. oder Baška 6 ½ Std.

• *Sonstiges* Fahrrad-, Scooter-, Vespa-, Motorboot-, Segelbootverleih; Auskunft bei Marina-Tours. Infos zum Jagdtourismus ebenfalls über Marina-Tours. Fahrräder können im Hotel Park gemietet werden.

Umgebung

Nach *Stara Baška:* Die Teerstraße führt in südlicher Richtung weiter durch hohe Berge. Karstig-kahl ist die Landschaft, übersät mit messerspitzen Steinen und stechendem Kraut. Hier hält die Insel, was sie anfangs verspricht. Unten leuchtet eine kleine türkisfarbene *Bucht,* darin ein Mini-Eiland mit Leuchtturm, dahinter Cres und Plavnik und weitere vorgelagerte Inseln.

Camping **Campingplatz Škrila** (*), großer Kiesstrand, fast kein Schatten, dafür herrliche Alleinlage; Warmwasserduschen, Restaurant. 3,60 €/Person, Zelt 2,50 €, Auto 2,50 €. Geöffnet 15.04–15.10. ✆ 844-678, 📠 844-725.

Stara Baška ist ein altes Fischer- und Schafhirtendörfchen. Das Gebirge im Rücken, drängen sich die Häuser an das schmale Sträßchen, das in einer Bucht endet. Ein paar Boote, ein paar Badende, *Fels- und Kiesstrand.* Oberhalb thronen klotzig ein paar Restaurants mit Pensionen. Ein Bergwanderweg führt hinüber ins Tal von Baška, Gehzeit 2 Stunden (siehe unter Baška: Wandern).

• *Information* 51521 Stara Baška, **Touristagentur Zala,** im Ortskern bei der Kirche, geöffnet 9–12 u. 18–20 Uhr. ✆ 844-755, ✆/📠 844-605.

• *Verbindungen* Keine Busse nach Punat.

• *Übernachten/Essen* Zahlreiche Appartements und Zimmer, auch mit HP oder VP. DZ ab 16 €, HP ca. 21 €/Person. Appartements ab 30 €/2 Personen, z. B. **Pension Stanka** (✆ 844-654) direkt an der Straße, oder **Pension Mariana** unten an der Bucht (✆/📠 844-661). **Pension-Restaurant Nadia,** ✆ 844-663.

• *Einkaufen* Im Ortskern ein Minimarkt.

• *Tauchen* **Tauchpension und -basis Mariana;** deutsch-kroatisches Team. Ausbildung von IRTDA, in diesem System bis zum Tauchlehrer. Darüber hinaus Ausbildung nach PADI, CMAS, DAN, Cedip, VEST und IDD bis zum Assistent Instructor. Sprachen: Deutsch, Englisch; Equipment vorhanden, auch Foto- und Video-Equipment. In der **Gostionica Mariana** stehen den Tauchern gemütliche Zimmer mit Frühstück für ca. 40 € zur Verfügung. ✆ 844-711 oder ✆/📠 844-661.

Vrbnik

Ein verwinkeltes, geschichtsreiches Städtchen auf einem Fels an der Ostküste, der hier steil ins Meer abfällt. Vrbnik ist die Heimat des gelben Žlahtina-Weines und lohnt wegen seiner Denkmäler und Kunstsammlungen einen Besuch.

Schon in vorgeschichtlicher und römischer Zeit war der Ort besiedelt. 1100 wurde Vrbnik erstmals erwähnt und erhielt 1388 ein in glagolitischer Schrift abgefasstes Statut. Danach war es ein Bollwerk der Fürsten von Krk und die Hochburg der

„Glagolismus"-Bewegung, die den slawischen Widerstand gegen die von Byzanz und Rom kontrollierte Geistlichkeit organisierte.

- *Postleitzahl* 51516 Vrbnik
- *Information* **Fremdenverkehrsamt,** Trg Sv. Ivana 2, ✆ 857-128, www.vrbnik.net. Information und Anmeldung für Stadtführungen.
- *Verbindungen* Leider schlecht. Sa/So keine Busverbindung, ansonsten 6.30 Uhr nach Punat und 12.15 Uhr nach Krk.
- *Geldwechsel* **Erste banka,** Mo–Fr 7.30–12 und 18–20.30 Uhr.
- *Post* Am Ortseingang, Mo–Sa 8–21 Uhr.

Gassenwinkel in Vrbnik

- *Einkaufen* Läden und Souvenirgeschäfte, am Parkplatz Minimarkt. Die Einheimischen verkaufen Žlathina-Wein, Feigen-, Trauben- und Kräuterschnäpse, zudem Vinothek Nadia.
- *Übernachten* **Hotel Argentum** (**), kleines Hotel südlich und oberhalb des Strandbades. Zimmer mit Balkon und Blick auf die Stadt, Küstengebirge und Bucht, DZ/F 66 €. Supec 68, ✆ 857-370, ℻ 857-352.

Restaurant/Pension Gospoja, nördlich des Strandbades, etwas oberhalb gelegen. Gut ausgestattete Zimmer mit Balkon; DZ ca. 40 €. ✆ 857-142, ℻ 857-463.

- *Essen* **Restaurant Nada** hinter dem Kirchplatz, mit großer Dachterrasse und gigantischem Weitblick aufs Festland. Die Speisekarte ist vielfältig und saisonbedingt, was frische Ware garantiert. Hausgemachten Käse und Schinken gibt es ganzjährig; Spezialität ist Fisch, z. B. Wolfsbarsch in Salzkruste, aber auch Lammfleisch; dazu gibt es den hauseigenen süffigen Žlahtina-Wein oder auch Schaumwein. Vinothek (s. u.). Glavača 22, ✆ 857-065. Geöffnet von Mitte März–Ende Okt. tägl. 12–15 u. 17–23 Uhr.

Am Hauptplatz zwei hübsche Lokale: **Konoba Placa** serviert unter blau-weißer Markise Käse, Schinken, Fisch- und Fleischgerichte, dazu kräftigen offenen Wein. Im **Buffet Primorec,** gleich daneben, gibt es nur Schinken, Käse und Wein.

Einen Besuch wert ist **Weinkeller und Restaurant Katunar,** Sv. Nedija bb, ✆ 857-393.

Vinothek Nada, hinter dem Restaurant im Felsenkeller, hier befindet sich das hauseigene Wein- und Grappasortiment, von der Decke hängt der luftgetrocknete Schinken; gegenüber auf der kleinen Terrasse hoch über dem Meer kann man die Leckereien verkosten.

Sehenswertes

Die Häuser stehen dicht gedrängt, ab und zu zwängt ein Weinbauer seinen Dreiradkarren durch die engen Gassen – das Auto muss man vor dem Ort parken.

Gegenüber vom Parkplatz duckt sich die Kapelle *Sv. Ivana* aus dem frühen 14. Jh. Stadteinwärts gelangt man zu einem kleinen Platz mit zwei Lokalen, die zu einer Rast zwischen der Besichtigung von Bibliothek und Kirche einladen. An der Ostseite des Platzes ist die rund 150 Bände zählende Bibliothek des Dinko Vitezić Vrbničanin untergebracht. Zu ihren Schätzen gehört neben glagolitischen Handschriften aus dem 14.–15. Jh. der „Atlas Scholasticus et Itinerarius" von G. D. Kochler, der 1748 in Nürnberg gedruckt wurde. Weiter nördlich die gotische *Kirche* aus

dem 15. Jh. Im Innenraum müssen sich die Augen erst an das Dunkel gewöhnen, und man erkennt allmählich eine Holzkassettendecke mit Deckenmalereien, in der Apsis ein reich verzierter Altar mit Holzschnitzereien und alten Gemälden.
Im abseits stehenden Kirchturm kann man eine *Ausstellung* zum Thema *„Wie sehen Künstler Vribnik"* (Muzej Ilkovnog, Identiteta Vrbnika) mit einfallsreichen Exponaten besuchen; geöffnet vom 15. Juli bis 15. September von 10 bis 19 Uhr.

Am Hang unterhalb der Kirche befindet sich eine Aussichtsplattform, von der aus Bucht, Ausläufer der Insel und das gegenüberliegende Festland schön zu überblicken sind. Am östlichen Ortsende die Kapelle *Sv. Marije* aus dem Jahr 1505. Ein Stückchen weiter schweift der Blick tief hinunter auf die einladende Kiesbucht, den Strand von Vrbnik.

Baden: Nordöstlich von Vrbnik liegt das Strandbad mit Kiosk in einer Kiesbucht; ein oberhalb verlaufender Fußweg führt weiter in südlicher Richtung zu einsameren Kies-Felsenbuchten.

Süffiger Žlahtina

Wer durch die Gassen Vrbniks flaniert, wird oft angesprochen, ob er den Selbstgekelterten probieren will. Wir wollen – und treten durch ein Tor in den Hof, wo steile Steintreppchen zur Haustür hinaufführen. Im Kellergewölbe liegen zwei, drei Fässer. Säuerlicher Geruch steigt auf, eine Funzel erhellt ein Bänkchen. Hier machen wir´s uns erst einmal bequem und bekommen ein erstes Gläschen Žlahtina eingeschenkt. Wir probieren zwei Sorten, erst den trockenen, leichteren, dann den schweren. Der tiefe Schluck von letzterem hat´s uns angetan, und wir laufen fortan beschwingt durchs Städtchen.

Insel Krk
Karte S. 130/131

Dobrinj

Auf einer 200 m aufragenden Anhöhe im Landesinnern, umgeben von einem fruchtbaren Tal, leben die 200 Einwohner von Dobrinj. Von den Fassaden der stattlichen Häuser bröckelt der Glanz der Vergangenheit.

Dobrinj war, neben Omišalj, Vrbnik und Starigrad (Alt-Baška), der vierte *Außenkastellort* der Frankopan-Fürsten auf Krk, die im nahen Soline ihre Salzgärten besaßen. Stadtmauern gab es in Dobrinj nie – die dicht aneinander gedrängten Häuser mussten für den Schutz sorgen.
An der Treppe zum Marktplatz ein verwitterter *steinerner Pferdekopf,* der die Zehntmaße zeigt, mit denen Naturalabgaben gemessen wurden. Hinter dem Platz die *Pfarrkirche,* die 1100 erstmals in einem glagolitischen Dokument erwähnt wird; bunte Bilder ziehen sich als Deckenleiste um den Chorraum. Daneben ein kleines Sakral- und Ethnographisches Museum (geöffnet 9–12 und 18–21 Uhr). Weiter oben am Marktplatz der *Glockenturm.* Von hier sieht man weit ins Land hinab, das terrassenartig zur Solinebucht abfällt.

- *Information* **Touristverein,** Marktplatz; ✆ 848-344 u. 848-244, 📠 848-141.
- *Post* Am Marktplatz, geöffnet Mo–Fr 7–12 und 18–21 Uhr, Sa 7–11 u. 18–21 Uhr.
- *Einkaufen* Supermarkt.
- *Übernachten* **Privatzimmer** ab 15 €/Pers.
- *Essen* In der bei Einheimischen beliebten **Konoba Zora** gibt es Šurlice, eine Art Pasta, mit Gulasch.

Dobrinj – Blick auf die Solinebucht und die Festlandküste

Umgebung

Durch üppig-grüne Weindörfer schlängelt sich die Straße nach *Šilo.*

Šilo: Viel los ist hier nicht – Touristagentur, Post, Bank, einige Lokale und Cafés an der Promenade am Hafenbecken und eine neuerbaute kleine Marina nur für kleine Motorjachten; etwas weiter, auf der anderen Seite der Landzunge, das *Autocamp Tiha* mit Fels- und Kiesküste – für Kinder ein guter Platz zum Planschen.

• *Information* 51515 Šilo, **Šilo-Turist,** Na Vodice 2, ✆/📠 860-171, Mob. 098/211-630; www.siloturist.hr.

• *Verbindungen* **Taxiboote** in 4 Min. 6x tägl. (7.15, 9.15, 11.15, 13.15, 16.15 u. 19.15 Uhr) nach Crikvenica.

• *Übernachten* **Privatzimmer** ab 10 €/Person werden über die Touristagentur vermietet.

Autocamp Tiha (*): 4-ha-Platz südlich des Ortes am Meer; mit Restaurant und kleinem Sportangebot, gute Sanitäranlagen. 4 €/Person, Zelt 2,70 €, Auto 2,20 €. Geöffnet 1.5.–30.9. ✆ 852-120 u. 850-234, 📠 850-259 u. 864-79; www.hotelmalin.com.

Soline und **Čižići** liegen gegenüber der großen, seichten und durch einen Landvorsprung gut geschützten Soline-Bucht, in der sich im Mittelalter die *Salzgärten* Dobrinjs befanden. Heute kann man den Heilschlamm für Privatkuren nutzen. Zwischen den beiden Dörfern erstreckt sich ein *Sandstrand,* vor der Bucht liegt eine kleine Insel. Hier gibt es Privatzimmer.

Klimno liegt etwas nördlich von Čižići an der Soline-Bucht und ist bekannt für sein traditionsreiches *Bootsbauerhandwerk* und seine wohlschmeckenden Austern. Am Hafenbecken mit Jachten die Marina Klimno (✆ 853-137 u. 853-149), die Restaurants Lanterna, Oleander und Žal, ein kleiner Campingplatz (✆ 853-224), ein Selbstbedienungsladen und viele Neubauten.

Interessant ist auch die mitten in der Macchia liegende *Biserujka-Höhle* bei **Rudine.** Mit Führung kann man die Stalagmiten und Stalaktiten der nur 12 m unter der Erde gelegenen und 110 m langen Höhle bewundern. Inschriften bezeugen eine erste Höhlenbegehung vor über 100 Jahren, und es soll hier sogar ein Schatz versteckt sein. Sicherlich aber haben die Piraten ihre Schätze, die Biser-Perlen, in der Umgebung vergraben. Zu entdecken gibt es auf jeden Fall den endemischen Krebs Alpioniscus christiani. Die Biserujka-Höhle ist Juli/Aug. 9–18 Uhr, Juni 9–17 Uhr, Sept. 10–17 Uhr und April, Mai und Okt. 10–15 Uhr geöffnet, der Eintritt beträgt ca. 2 €, Infos auch bei Šilo-Turist in Šilo.

Nach Baška

Auf der *Krčka Magistrale* geht es vorbei an Krk und Punat und Richtung **Baška** wieder hoch in die Berge – hier ein ganz ungewohntes Bild: Die felswüstigen Ausläufer des **Obzovas** bleiben rechter Hand liegen, die Straße schlängelt sich durch ausgedehnte Kiefernwäldchen hügelan. Abwärts dann schroffe Felsabstürze, Akazien, Steineichen, Feigen, efeuumrankte Baumgerippe, eine Brücke. Nun weitet sich das Bachtal. Hier liegt, inmitten von Wein- und Gemüsefeldern, **Draga Bašćanska,** ein einfacher Ort mit Grillrestaurant, Post und Touristbüro, das Privatzimmer vermittelt.

Von Draga Bašćanska zweigt die Straße ab zum alten Dorf **Batomalji.** Hier beginnt der Wanderweg zur *Wallfahrtskirche* „Zu unserer lieben Frau auf dem Berge" und eine zweistündige Bergwanderung hinüber nach *Stara Baška.*

In **Jurandvor** steht das frühromanische Kirchlein *Sv. Lucija.* Es wurde um 1100 auf den Überresten einer „villa rustica" und einer altchristlichen Kirche aus dem 6. Jh. erbaut. Im Boden entdeckte man eines der ältesten kroatischen Schriftdenkmäler, die aus dem frühen 12. Jh. stammende, 1851 entdeckte *Tafel von Baška* (siehe Einleitung „Insel Krk"). Die in glagolitischer Schrift verfasste Tafel ist eine Schenkungsurkunde des Königs Dmitar Zvonimir, der dem Abt Držiha Land schenkte, auf dem Abt Dobrovit mit seinen Klosterbrüdern die Kirche errichtete. Das Original der Tafel von Baška befindet sich in der Zagreber Akademie der Wissenschaften und Künste, in der Kirche ist eine Kopie zu sehen. Außerdem finden hier gelegentlich Konzerte statt, Festtag ist der 13. Dezember mit Messe. Geöffnet Juli und Aug. 9–21 Uhr, danach 9–14 und 17–20 Uhr.

Sonstiges **Touristagentur** vermittelt Zimmer und Appartements. Es gibt einen Laden und die **Restaurants Volta** und **Malin.**

Baška

Wie Würfel reihen sich die Häuser des 1500-Einwohner-Städtchens in weitem Bogen an den Kies- und Sandstrand, auf dem sich die Sonnenhungrigen scharen. Weiße Karstberge umrahmen das Stadtbild. Darüber, am Fuß der kahlen Bergkette, befinden sich die Reste von Alt- Baška. Attraktion des Ortes sind neben dem guten und vielfältigen Übernachtungsangebot und den schönen Bademöglichkeiten die zahlreichen Wander- und Mountainbikewege in malerischer Landschaft.

Wenn im Spätsommer der Touristenrummel abnimmt, macht sich Beschaulichkeit in Baška breit, und die kilometerlange Promenade mit Palmen, immergrünen Bäumen und Badestrand lockt zum gemütlichen Flanieren. Im Hochsommer fährt die Bimmelbahn die Strecke stündlich ab, dann stauen sich hier die Menschen vor Eisdielen, Restaurants, Snackbars, Souvenirbuden, Obst- und Gemüseständen, und Boote drängeln sich im Hafenbecken. Im Durchschnitt sind es 100.000 Gäste pro Jahr, die Baška besuchen.

Im Ortskern steht die *Pfarrkirche Sv. Trojice* (1773) mit gedrungenem Turm und vielen sehenswerten Gemälden, darunter Giacomo Palmes „Letztes Abendmahl" oder die „Jungfrau mit den Heiligen und Engeln" von Marko Marciala. Nebenan das *Heimatmuseum* (Juli/Aug. 17–22 Uhr).
Die Gassen werden schmaler, führen zwischen alten, grauen Häusern auf den Altstadtplatz mit Zypresse, Brunnen und weinumrankten Gebäuden, zwischen denen enge Treppchen hinab zum Kai führen.

Oberhalb von Baška stehen und liegen die Reste von Alt-Baška. Vom Ortseingang führt ein schmales Sträßchen in Serpentinen hinauf, das Auto sollte man besser unten stehen lassen. Ein herrlicher Panoramablick auf Baška, die Küste, die vorgelagerten Inseln und Rab belohnt den Aufstieg.
Alt-Baškas Geschichte reicht bis ins Altertum zurück; Anfang des 16. Jh. gaben die Bewohner den Ort auf und siedelten sich unten an der Küste an. Im einstigen Zentrum Alt-Baškas steht die frühromanische Kirche *Sv. Ivan*, deren gelber Glockenturm sich markant vom tiefblauen Himmel abhebt.

Ein Stückchen entfernt sieht man den Friedhof und die Ruinen der 1380 von den Venezianern niedergebrannten Burg Bosar, die die Einheimischen *Korint* nennen. Von hier kann man noch höher steigen und weit auf das Festland, Pag und die Inseln schauen.

• *Postleitzahl* 51523 Baška

• *Information* **TIC**, Kralja Zvonimira 114 (kurz vor Altstadt und Fußgängerzone); ✆ 856-817, 📠 856-544; www.tz-baska.hr. Nur Information. Geöffnet Juli/Aug. tägl. 7–21 Uhr, So 8–12 Uhr; Mitte Juni–Mitte Sept. Mo–Sa 7–20 Uhr; sonst Mo–Fr 8–15 Uhr.

Touristagentur Splendido, Kralja Zvonimira 148 (Zufahrtsstraße, beim Ortseingang), ✆ 856-116, ✆/📠 856-616, www.splendido.hr; geöffnet 8–22 Uhr. Zimmervermittlung, Fahrradverleih etc.

Touristagentur Primaturist, Kralja Zvonimira 98 (im Zentrum, am Beginn der Fußgängerzone), ✆ 856-132, ✆/📠 856-971; www.primaturist.hr; geöffnet 10–12 u. 18–23 Uhr.

Touristagentur Guliver, Kralja Zvonimira 98 (neben Primaturist); ✆/📠 856-004, www.pdm-guliver.hr. Zimmervermittlung, Fahrrad- und Scooterverleih.

Touristagentur Igen, Draga Bašćanska 1b, ✆/📠 844-095, www.igen.hr. Fahrradverleih.

• *Verbindungen* Regelmäßiger **Busverkehr** 5x tägl. über Punat, Krk, Malinska, Njivice, Omišalj, Kraljevica nach Rijeka; 2x tägl. nach Zagreb.

Fähren: Trajekt **Baška-Lopar** (Rab), von Ende Mai–Ende Sept. 2–5x tägl., ca. 4,20 €/Person, Auto ca. 25 €.

• *Geldwechsel* **Erste banka,** Kralja Zvonimira 114; mit Geldautomat; Juli/Aug. tägl. 8–21 Uhr, danach 8–15 u. 17–20 Uhr, außerhalb der Saison Mo–Fr 7–14 Uhr.

• *Gesundheit* **Apotheke,** Kralja Zvonimira (neben Erste bank), ✆ 856-900, geöffnet 7.30–20.30 Uhr. **Ambulanz,** weiter östlich entlang der Fußgängerzone, nach Primaturist; ✆ 856-825 oder ✆ 856-826.

• *Post* Hinter Hotel Corinthia, geöffnet Mo–Fr 7–21 Uhr, Sa 9–10 Uhr, So 9–12 Uhr.

• *Veranstaltungen* **Kirchenfest Sv. Ivan** am 24. Juni. **Fischertag** (Ribarska dan), 1. Wochenende im Aug. Im Sommer finden verschiedene Konzerte statt, Info über Agenturen.

• *Übernachten* **Privatzimmer** 21–24 €; Frühstück ab 4 €. **Appartements** für 2 Personen ab 38 €, für 4 Personen ab 48 €.

Hoteli Baška (***–****), größerer Komplex mit Hotels, Dependancen und Villen im Westen der Stadt, gegenüber dem Badestrand. Es gibt einen hübschen Wellnessbereich, einen großen Pool und Sportangebote wie Tennis, Minigolf, Tauchen. Infos: ✆ 656-111, 📠 856-584, www.hotelibaska.hr.
- **Hotel Corinthia I, II, III** (***), das Hauptgebäude mit Pool und Wellnessbereich. DZ/F 66–82 € (Topsaison 82–110 €).
- **Hotel Zvonimir** (****), das stilvollere Nebengebäude; DZ/F 110 € (Topsaison 132 €).
- **Villa Corinthia** (***), Nebengebäude mit hübschen Studios für max. 3 Pers.; 95 € (Topsaison 120 €).
- **Villa Adria** (****), bestausgestattete Appartements für 2–4 Personen ab 105–128 € (Topsaison 120–155 €).

Baškas weite Bucht – gesäumt von Karstgebirge

Hotel Tamaris (***), Familienhotel 2005 eröffnet, am westlichen Strandende nach Camping Zablaće; im mediterranen Stil mit gutem Restaurant, lauschiger Terrasse und Blick zum Meer. DZ/F 104 € (Topsaison 126 €), Appartements ab 79 € (Topsaison 92 €). Emilia Geistlicha b.b, ✆ 864-200, ℻ 864-222, www.baska-tamaris.com.

• *Camping* **Camping Zablaće** (**), beim Hotelkomplex am Meer, auf der Mündungswiese des Baches. Wegen des viel gepriesenen Strands überfüllt; in der Hochsaison auch sanitärmäßig überlastet und zum Teil sehr laut. Wenig Bäume, Kaltduschen, Restaurant, Kiosk, Minigolf u. Tennis. 5 €/Person, Zelt/Auto/Strom 12,60 €. Geöffnet 1.5.–30.9. ✆ 856-909, ℻ 856-604; www.hotelibaska.hr.

FKK Camping Bunculuka (***), mit eigener Bucht, Sand- u. Kiesstrand. Schönes riesiges Gelände unter Bäumen in einem Kessel, am Hang Büsche und Steinmäuerchen. Gute Sanitäranlagen; kleiner Supermarkt, Restaurant mit Terrasse, Bootsverleih. Preis: wie Zablaće. Geöffnet 1.5.–30.9. ✆ 856-806, ℻ 856-595; www.hotelibaska.hr.

• *Essen* Rund ums Hafenbecken entlang der Promenade Cafés und Restaurants mit durchschnittlicher Küche: **Restaurant Cicibela,** das beste Restaurant der Stadt, an der Strandpromenade mit großer Terrasse, ✆ 431-654. **Gostiona Bag,** in der Mitte der Strandpromenade, mit Terrasse, ✆ 856-695. **Fischrestaurant Papariba** oben in der Altstadt, mit kleinem Innenhof, preiswert und einfach. **Gostiona Mul,** am Fährhafen, nett und gemütlich. **Pizzeria Orka,** mit Tischen und Stühlen direkt am Kai, Nähe Fährhafen.

• *Nachtleben* **Diskothek Cali,** 9 km entfernt in Draga Baška, im blauen Haus, in der Saison von 21–3 Uhr geöffnet.

• *Sonstiges* **Fahrrad- und Scooter-Verleih,** siehe Agenturen. **Autovermietung** über Primaturist.

• *Tauchen* **Delphin Diving,** Basis beim Hotel Corinthia; deutsche Leitung. Draga Baščanska 38, ✆ 880-233, ℻ 880-234; www.tauchbasisdelphin.com.

Squatina Diving, Tauchkurse, Spezialkurse, Nachttauchen, Wracktauchen etc. Geöffnet März–Okt., Zarok 88a, am westlichen Strandende; ✆ 856-034, ℻ 864-077; www.squatinadiving.com.

• *Windsurfing-Center* Am Strand, Auskunft gibt Hr. Marinko Hrabrić, Mob. 098/369–350.

Baden: Rund um die Bucht ein kilometerlanger Sand-Kies-Strand, der seicht ins Meer abfällt und für Kinder gut geeignet ist. Beim Autocamp Zablaće lockt *Aqua-*

Gun, eine riesige Wasserrutsche. Nach dem Campingplatz Bunculuka kleinere Kiesbuchten. Dahinter die zwei größeren Strandbuchten *Vela* und *Mala Luka* – zu Fuß allerdings ca. 3 Std. entfernt. Besser, man mietet sich ein Boot – in der Hochsaison fahren morgens mehrmals ab der Mole (beim Restaurant Ribar) Taxiboote. Auch die schönen Buchten *Bracol, Trstenova, Njivica* auf der gegenüberliegenden Insel *Prvić* sind mit dem Boot gut erreichbar. Auf Prvić nisten – passend zur kahlen, gespenstischen Mondlandschaft der Inselberge – riesige Gänsegeier, Schafe weiden und es wächst viel Salbei (Taxiboot 100 KN).

Wandern

Baška ist idealer Ausgangspunkt für herrliche Wanderungen jeder Länge und mit eindrucksvollen Rundumblicken. Der Tourismusverband hat etliche Wege markiert und eine Broschüre dazu herausgegeben (kostenlos in Touristagenturen).

Baška–Stara Baška (grüner Pfeil): Eindrucksvolle Strecke über das kahle Gestein des Bergrückens. Kondition ist nötig, leider in einem Tag hin und zurück nur auf gleichem Weg möglich. Gehzeit einfache Strecke ca. 3 ½ Std. Gutes Schuhwerk erforderlich, Proviant nicht vergessen!
Der markierte Weg beginnt hinter dem Sportzentrum des *Autocamps Zablaće* und führt nordwärts Richtung *Batomalj*. Dann müssen wir uns südwestlich halten. Der Weg wird steiler und erklimmt 360 m. Von oben herrlicher Blick auf die Inseln Rab und Cres. Danach Trittsicherheit erfordernder Abstieg nach Stara Baška.

Baška–Šetnica (lila Pfeil): Diese Strecke zeigt uns das südöstliche Panorama. Leichte Route, leider hin und zurück auf gleichem Weg; Gehzeit einfache Strecke ca. 2 Std.
Auf schmalem Asphaltsträßchen zur *Kapelle Sv. Ivan* laufen, dort herrlicher Blick auf Baška. Weiter durch ein Föhrenwäldchen bis auf die kahle Hochebene. Der Aufstieg bis auf 380 m wird auch „Weg zum Mond" genannt. Von oben herrlicher Blick auf das Küstengebirge, Senj, die vorgelagerten Inseln Prvić, Grgur und Rab.

Baška–Kap Skuljica, Bracol-Bucht–Batomalj, Batomalj–Baška (roter, gelber und grüner Pfeil): Ein herrlicher Rundweg, der Kondition und gutes Schuhwerk erfordert; Gehzeit ca. 7 ½ Std.; Führer empfehlenswert. Wir starten mit roter Markierung beim *Autocamp Zablaće.* Ein Küstenweg führt oberhalb des Meeres nach Süden über den 185 m hohen *Bag* weiter zum *Kap Škuljica.* Weiter Blick auf die Inseln Privić, Grgur, Rab und in der Ferne Cres. Bis dahin benötigen wir ca. 2 Std. Wir gehen zurück bis zum Berg Bag und zweigen nach Südwesten auf den Weg mit gelber Markierung ab, ca. 1 ½ Std. später sehen wir unten die *Bracol-Bucht* liegen. Nun wendet sich der Weg landeinwärts in nördlicher Richtung über die kahlen Berge; nach rund 2 Std. Laufzeit stoßen wir auf die grüne Markierung und folgen ihr 1 Std. lang westwärts über Batomalj wieder nach Baška hinab.

Von Krk nach Rab per Schiff

Setzt man von Baška nach Lopar über, fährt das Schiff an Prvić und Sv. Grgur vorbei. Beide Inseln erscheinen von weitem kahl, haben aber im Landesinneren Schafweideland. Sv. Grgur ist Rab vorgelagert. Auf der Seite nach Rab hin zeigt sich Sv. Grgur busch- und waldreich, es gibt hier auch Damwild. Südöstlich hinter Sv. Grgur versteckt sich Goli, die „nackte" Insel: ihren weißen Kalkstein bauten die Strafgefangenen des früher hier angesiedelten Lagers ab. Die Fabriken, in denen Möbel, Maschinenteile und Keramikfliesen hergestellt wurden, sind zu besichtigen – besonders einladend ist die Insel ansonsten nicht.
Nach Sv. Grgur nähert sich das Schiff der Bucht von Lopar. Diese ist rechts, an der Westseite, üppig bewachsen, links, Richtung Norden, erheben sich karstige Felsen, im Hintergrund ein Bergrücken. Die Fährschiffe werden übrigens oft von Delphinen begleitet.

An der Uferpromenade von Rab

Insel Rab

Rab ist die grünste und am dichtesten besiedelte Insel der Kvarner Inselgruppe. Mildes Klima, üppige Pflanzenwelt, kilometerlange Badestrände und der schöne mittelalterliche Stadtkern des Kurorts Rab ziehen seit 1889 die Urlauber an.

Die Inselfläche von Rab beträgt nur 94 km^2, auf denen aber 8500 Menschen leben. So ist die Insel um den gleichnamigen Hauptort ziemlich zersiedelt – Rab ist die touristenreichste der Kvarner Inseln. Und während sich ihre Bewohner früher von Ackerbau, Weinbau, Viehzucht, Fischfang und Handel ernährten, leben sie heute fast allesamt vom Fremdenverkehr. Im Sommer beherbergt die Insel Zehntausende Gäste, und vor allem in Lopar und um Rab ist der Rummel groß. Dafür bekommt man hier schon um Ostern Zimmer, viele Restaurants sind schon geöffnet, und man steht nicht, wie auf den meisten anderen Inseln, vor verschlossenen Türen. Für Mountainbikefreunde wurden 180 km Fahrradwege angelegt, auf denen die zahlreichen stillen Buchten erkundet werden können, besonders schön ist u. a. die waldreiche und autofreie Halbinsel Kalifront.

Rab ist nach Anzahl der Sonnenstunden einer der sonnigsten Orte Europas. Die Bergkette des *Kamenjak*, die im Nordosten bis auf 408 m ansteigt, schützt die Insel vor der Bora, dem trocken-kalten Wind, der im Frühjahr und im Winter vom Küstengebirge fällt. Im Herbst weht der feuchtwarme Südwind Jugo, dem schwere Wolken und Regen folgen. Im Sommer mildert von Westen der kühle Maestral die Hitze, und die Segler freuen sich.

Die Pflanzenwelt der Insel ist dementsprechend: spärlich im Nordosten, die Berge macchiabewachsen, kleinere Wäldchen in der Inselmitte. Es wachsen Tannen und

Eichen, Oliven, Weinreben, Mandeln, Feigen und viel Obst und Gemüse in den fruchtbaren Tälern. Im Westen, auf der Halbinsel *Kalifront,* liegt das größte Waldgebiet Rabs mit Steineichen, Erdbeerbäumen und Tamarisken. Insgesamt sind 40 Prozent der Insel bewaldet – mehr Wälder hat nur noch die süddalmatinische Insel Mljet.

Ziegen und Schafe sind die Raber Haustiere, Esel sieht man hier immer weniger. Auch mitteleuropäische Wildtiere gibt es und Wildziegen, manchmal entdeckt man Adler und Königsgeier vom Küstengebirge, hier und da die Smaragdeidechse – doch die Schildkröten haben die Insel längst als ausgestopftes Souvenir verlassen. Noch findet man Seeigel, Seesterne, Seeschwämme und manchmal rote Korallen. Im tieferen Wasser leben Hummer und Scampi, Tintenfische, Delfine und Kraken und kleinere Haie.

Wichtiges auf einen Blick

Telefonvorwahl: 051

Fährverbindungen: *Trajekt Mišnjak,* die wichtigste Verbindung mit dem Festland im Südosten mit der Fährgesellschaft Rapska plovidba (✆ 051/724-122; www.rapska-plovidba.hr); im Sommer fast ununterbrochen von 5.30–23 Uhr; Fahrtzeit 15 Min., 1,50 €/Person, Auto 12 €.

Trajekt Lopar–Baška (Krk), Ende Mai–Ende Sept. 2–5x tägl., ca. 4,20 €/Person, Auto ca. 24 €.

Katamaran, 1x tägl. Juni–Sept. von Rab (Stadt) nach Rijeka, nach Mali Lošinj (über Novalja und Ilovik) nur Mo und Di (zusätzl. Stopp in Susak).

Taxiboote (nur im Sommer) verkehren zwischen Rab–Liebesinsel–FKK-Strand Suha Punta, Rab–Banjol–Barbat, Rab–Lun-Jakišnica (auf Pag).

Busverbindungen: (In der Saison) 4x tägl. nach Rijeka (9,50 €), 1x tägl. nach Zagreb (15,50 €). Inselbusse befahren drei Hauptstrecken: Rab–Supetarska Draga, Lopar–Rab–Banjol–Barbat, Rab–Suha Punta–Kampor.

Tankstelle: In Rab und Banjol.

Flughäfen: Nächstliegende sind Krk und Zadar.

Geschichte

Rab wird erstmals im 4. Jh. v. Chr. von dem griechischen Geografen *Mertorides* erwähnt. Später hieß Rab *Arbe.* In dieser Zeit kam es zu heftigen Kämpfen zwischen den ansässigen Liburnern und den vordringenden Griechen, die siegreich waren und z. B. in der Bucht Kampor und in Lopar Kolonien errichteten. Im 3. Jh. v. Chr. gründeten die Liburner einen neuen Staat. Die Griechen, die sich auf Sizilien verausgabt hatten, verließen die Insel, vergruben vorher ihre Schätze und hofften wiederzukommen. Aber es kamen die Römer, und Rab wurde eine römische Stadt, ein *Munizipium.* Zur Zeit der Völkerwanderung überrannten die von den Hunnen aufgescheuchten Goten das bereits labile weströmische Reich und auch die Stadt Rab, die das gleiche Schicksal ein weiteres Mal unter den Slawen erlitt. 750 wurde die Stadt unter der Herrschaft des byzantinischen Dalmatiens wieder aufgebaut.

Dann wollte *Karl der Große* Dalmatien erobern, bekam aber die Inseln nicht. Durch den Aachener Frieden von 812 fiel Rab wie andere Städte zurück an Byzanz. Erst später erstarkten die fränkischen Vasallen im kroatischen Landesinnern. *Tomislav* ernannte sich 925 zum König Kroatiens, und Byzanz schenkte ihm die römischen Städte Krk und Rab, um ihn gnädig zu stimmen. Der Kirchenwind wehte jetzt nicht mehr aus Byzanz, sondern aus dem Vatikan – eine neue Kraft, die ihre Stärke letztlich Karl dem Großen zu verdanken hatte. Rab aber blieb Byzanz treu und erhielt als Geschenk für seine Botmäßigkeit die Gebeine des Hl. Christophorus.

Später rief man wegen Thronfolgekämpfen Venedig zu Hilfe. Venedig zögerte erst, schließlich besetzte es Osor, Zadar, Rab und andere Städte. So zu neuer Einigkeit gezwungen, gelangte Rab im 11. Jh. nach blutigen Kriegen wieder unter kroatische Herrschaft.

1107 stellte der ungarische König *Koloman* alle dalmatinischen Städte unter seinen Schutz. Dies missfiel Rab, es ließ sich lieber wieder von Venedig beschützen, lief 1403 zu Neapel über, wurde von Neapel wieder an Venedig verkauft – und blieb letztlich bis 1797 unter venezianischer Herrschaft.

1805 wurde Dalmatien und somit auch Rab in Napoleons Königreich Italien einverleibt. 1815 befürwortete der Wiener Kongress die Besetzung der Insel Rab und ganz Dalmatiens durch Österreich-Ungarn. Das bis dahin eigenständige Raber Bistum wurde mit dem von Krk zusammengelegt, Rab wurde bedeutungslos. Die Amtssprache war Italienisch, aber die Oberschicht widersetzte sich bis 1897 den Volksparteien, die die kroatische Sprache als Amtssprache wieder einführen wollten. Im 1. Weltkrieg wurde Rab von Italien besetzt, gehörte danach zum Königreich Jugoslawien. Im 2. Weltkrieg schließlich folgten italienische und deutsche Besetzung und Partisanenkämpfe, 1945 wurde Rab unabhängig.

Nachdem sich zwischen den Weltkriegen der Tourismus gut entwickelt hatte, wurden 1956 erstmals wieder die Gästezahlen der Vorkriegszeit erreicht. Heute verzeichnet Rab über eine Million Übernachtungen jährlich.

Lopar

Zahlreiche große und kleine Badebuchten und der inzwischen weitbekannte „Paradiesstrand" machen den Fährort im Nordwesten der Insel für viele Urlauber attraktiv. Mit 1100 Einwohnern ist Lopar die zweitgrößte Siedlung auf der quellreichen, grünen Halbinsel.

Lopars Häuser liegen auf kleinen Hügeln, in Gruppen zusammenstehend, und tragen die Namen der dort wohnenden Familien. Der Ort ist umgeben von zwei großen Buchten: der *Bucht von Lopar* mit Fährhafen, Restaurants und Pensionen

sowie der *Badebucht Crnika* im Südosten, mit der Hotelsiedlung San Marino, zahlreichen Restaurants, Pensionen, Campingplatz und großem Sportcenter. An die Bucht Crnika schließt die kleinere *Badebucht Livačina* mit Jachthafen und *Paradiesstrand* (Rajska plaža) an – hier weht auch die „Blaue Fahne". Alles in allem ist Lopar inzwischen ziemlich zersiedelt, und ein Paradies dürfte der Strand im Hochsommer eher für Leute sein, die Trubel und Menschenmassen suchen. Die Autos parken kreuz und quer, bei Platzmangel wird auch vor Privatgärten nicht Halt gemacht, und man braucht Nerven, um das Gewühl und die Rücksichtslosigkeit der Touristen auszuhalten. Hat man jedoch ein Boot oder zieht man auf Schusters Rappen los, locken weiter entfernt ruhigere, kleine Buchten.
Auf dem *Kap Zidine* antike Ruinen, wahrscheinlich aus griechischer Zeit. Beim Anlegeplatz befindet sich eine Kirche aus dem 14. Jh., neben der der Einsiedler *Dominik* lebte. Ein anderer prominenter Eremit, der Steinmetz *Marinus,* wurde nach der Legende hier geboren; er gründete die Republik San Marino in Italien.

Marinus, der Eremit

Marinus ging im 3. Jh. nach Rimini (Italien), um bei der Erneuerung der Festung mitzuarbeiten. Während der Christenverfolgung unter Diokletian versteckte er sich in einer Höhle auf dem Berg Monte Titano. Ihm folgten Gleichgesinnte, die eine Kirche bauten und ein Kloster gründeten. Damit legten sie den Grundstein für ein neues Städtchen: den Stadtstaat San Marino.

• *Postleitzahl* 51281 Lopar

• *Information* **Touristeninformation,** am Ortsbeginn an der Straßengabelung, ✆ 775-508, ✆ 775-487. www.lopar.com.

Agentur Dedan, im selben Gebäude wie Fremdenverkehrsverein, geöffnet 8–22 Uhr, ✆/✆ 775-105.

Agentur Sahara, ✆ 775-633. **Agentur Uno,** ✆ 724-688; hier auch Fahrradvermietung.

• *Verbindungen* **Fährverbindungen** (siehe Einleitung Rab). **Busse** verkehren regelmäßig; außerdem via Fähre nach Rijeka und Zagreb.

• *Geldwechsel* Geldautomat bei Touristeninfo (Straßengabelung).

• *Post* Neben Touristeninfo; geöffnet Mo–Sa 7–21 Uhr.

• *Ambulanz* Tägl. neben Autocamp. ✆ 775-165.

• *Einkaufen* Supermarkt, Obst, Gemüse, Einkaufsläden im Zabavni-Center.

• *Veranstaltungen* Am 8. Sept. findet das **„Mala Gospa"-Fest** statt: großer Markt in Richtung Fährhafen, Musik etc.

• *Ausflüge* Das Hotel und Touristagenturen organisieren eine Inselrundfahrt und Ausflüge zu den Kornaten und nach Krk. Taxiboote ab dem Jachthafen nach Goli und Sv. Grgur.

• *Übernachten* **Privatzimmer** in den vielen Pensionen, je nach Kategorie 20–30 € im DZ, Frühstück 3,50 €/Person. **Appartements** ab 33 € für 2 Personen.

Hotelkomplex San Marino (**–***), hinter der großen Crnika Bucht, nahe dem Paradiesstrand. Langgestreckte Terrassen, gewelltes Dach, fehlt nur noch ein Surfer obendrauf. Zwischen Hotel und Autocamp Sport- und Freizeitzentrum **Zabavni-Centar,** Disko-Club, Souvenirläden, Restaurants mit abendlichem Tanz. DZ/F in den Dependancen: **Plaža** (***) 94 €, **Sahara** und **Rab** (***) 82 €; **Veli mel** und **Lopar** (**) 78 €. Vom Hotel aus Taxiboote zu Buchten auf der Halbinsel. ✆ 775-149, ✆ 775-128; www.imperial.hr.

Pension-Restaurant Bellevue (***), Neubau oberhalb des Zentrums, 18 gut ausgestattete Zimmer/Appart. mit Balkon, Kinderspielplatz, gutes Restaurant mit überdachten Plätzen. DZ/F ca. 50 €; Lopar 574, ✆/✆ 775-613, www.bellevuc.hr.

Pension-Restaurant Dragica (***), familiäre Atmosphäre, Garten, Restaurant mit schöner Terrasse, Kinderspielplatz, Internetcafé, gut ausgestattete Zimmer/Appartements, DZ/F ca. 35 €. Lopar 562, ✆ 775-420, 775-428.

Rajška plaža – optimal für Familien mit kleinen Kindern

• *Camping* **Autocamp San Marino** (***), am seichten Sandstrand Veli mel in der Crnika-Bucht, großer Platz unter Pappeln, aber meist überfüllt; Warmwasser ist oft knapp, neue Sanitäranlagen. 5 €/Person, Zelt 3,50 €, Auto 2,50 €. 15.4.–15.10.; ✆ 775-133, 📠 775-290; www.imperial.hr.

• *Essen* Zu empfehlen: **Gostiona Feral** unter einer Weinlaube und die **Konoba Ankora** mit Grillgerichten, zudem **Restaurant Piano.** Für Pasta-Liebhaber das **Nudelhaus Creshendo** mit urigen Tischen und Bänken.

Zwei sehr gute Restaurants sind **Restaurant Lorenzo,** eine Oase der Ruhe mit Korbstühlen im lauschigen Hinterhof unter weinberankter Terrasse; schmackhafte Reis- und Nudelgerichte, saftige Spieße und Fischgerichte. Etwas weiter oberhalb **Restaurant Fortuna** mit gleichem Standard.

Weitere Esstipps siehe Übernachten.

• *Nachtleben* Im Zabavni-Center Tanzterrasse, Nightclub und Disko, Spielautomaten.

Baden: An der *Bucht Crnika* der Strand *Veli mel,* ein kilometerlanger Sandstrand, der so langsam ins Meer kriecht, dass man nach 100 m immer noch keine nassen Hosen bekommt – also bestens geeignet für kleine Kinder, jedoch in der Saison überlaufen.

Dahinter, nach dem Jachthafen Lučica, die *Bucht Livačina* mit dem so genannten Paradiesstrand *Rajška plaža,* eingerahmt von Felsen und dem Inselchen *Lukovac* in Sichtweite. Ein kleiner Föhrenwald bietet Schatten, wenn man es in der Gluthitze der fast windstillen Bucht nicht mehr aushält. Das Wasser ist hier ebenfalls ganz seicht und für Kinder optimal. Es gibt im Wäldchen ein Restaurant und auf dem Wasser ein Getränkeboot. Hinter der Landzunge *Puntica* schöne Felsbadestrände, etwas nördlich ist FKK möglich.

Wer dem Rummel entfliehen möchte, kann zu Fuß entlang der Küste in Richtung Norden seinen eigenen Strand suchen und überall kleine Badebuchten finden. Entlang der Bucht und zu den vorgelagerten Inseln fahren Taxiboote.

Oben auf dem Bergrücken herrliche Aussicht auf Sv. Grgur, Goli und das Küstengebirge. Kap für Kap fingert sich die Insel hier ins Meer.

• *Wassersport/Sport* **Zabavni-Center,** vor dem Autocamp am Veli mel; Tennisplätze, Minigolf, Fußballplatz, Restaurant, Eisdiele, Café, Disko. Beim Autocamp Wassersportverleih und Tauchclub. **Fahrradverleih** bei Agentur Uno.

An der Mole beim Jachthafen das **Lučica Wasserski-Zentrum** mit Wasserskischule, Flaschenfüllung, Parasailing, Banane, Jetski, Motor- und Tretbootverleih, Kanus und Kajaks.

• *Tauchen* **Diving Center Moby Dick,** nach CMAS, M**, Tauchkurse, Tauchgänge, Verleihausrüstungen, Flaschenfüllen, Schnupperkurse, auch Unterkunft. Inhaber Mladen Skapul, Lopar 493, ✆/℻ 775-577, Mob. 91/5201-643; www.moby-dick1.com.

• *Jachthafen* **Marina Lučica,** 150 Liegeplätze, Kran und Slipanlage, Information im Hotel San Marino.

Supetarska Draga

Der Ort zieht sich mit vielen Neubauten und einer Marina an der tiefen, gleichnamigen Bucht entlang und über den Hügel bis zur anderen Meerseite. Hier auf der *Halbinsel Gonar* liegen auch die Siedlungen *Dumići, Donja Draga* und *Gonar* mit Badeplätzen und in die Bucht gestreuten Inselchen.

Einst hatte Supetarska Draga ein Kloster, das 1059 gegründet und im 16. Jh. wieder aufgegeben wurde. Der Ortsname leitet sich vom Kloster Sanctus Petrus in valle ab. Heute ist nur noch die romanische Kirche zu sehen – sie ist die älteste Kirche der Insel. Am Meer befinden sich die Überreste der letzten erhaltenen Wassermühle, die einst die Insel mit dem wertvollen Nass versorgten.

• *Postleitzahl* 51280 Supetarska Draga

• *Information* **Touristagentur Arbia,** ✆ 777-128.

• *Einkaufen* Supermarkt in der Marina und kleinere Läden Richtung Donja Draga.

• *Übernachten* Viele Privatzimmer werden angeboten – am Hang die **Pension Pivac.** Ebenso in Gonar und Dumiči. DZ 21–25 €.

• *Essen* **Restaurant Galeb** (Grillgerichte und Schalentiere) und **Restaurant Maestral,** beide gegenüber der Marina; daneben **Restaurant Jadran** und **Restaurant Phoenix.** Im Jachthafen das **Restaurant Marina.**

Gegenüber, auf der südlichen Buchtseite des Jachthafens, **Restaurant Belveder** (auch Stiegenwirt genannt) mit erhöht liegender schöner Terrasse; Spezialität ist neben Fischgerichten der Grillteller. ✆ 776-162.

Außerhalb von Supetarska Draga in Richtung Lopar: **Restaurant-Pension Bili As,** mit Sitzgelegenheiten direkt am Meer, Hummeraquarium, Bootsanleger am Restaurant; Appartement und Zimmervermietung. Supetarska Draga 217, ✆/℻ 776-226.

Noch weiter bergan, mit Blick auf Bucht und vorgelagerte Inseln: **Restaurant-Pension Zlatni Zalaz** (benannt nach den Sonnenuntergängen), schöne Terrasse, Bootsanlegestelle, ✆ 775-150, ℻ 775-465.

Konoba Sv. Petar, in Richtung Rab beim Kloster Sv. Petar, frische Erzeugnisse aus Eigenanbau, natürlich auch frische Fische; ✆ 776-296.

Oben, im Ortsteil Gonar, die gute **Konoba Gonar** mit Spezialitäten vom Kamin. Supetarska Draga 328, ✆ 776-638.

Unten, direkt am Meer mit schöner Terrasse, **Restaurant-Pension More,** frischer Hummer aus dem Becken und fangfrischer Fisch. Übernachtung 20 €/Person. Supetarska Draga 321; ✆ 776-457, ✆/℻ 776-202.

Badeplätze gibt es rund um die Halbinsel. Viele kleine Sand- und Kiesbuchten mit Blick auf die vorgelagerten Inseln *Maman, Srednjak, Sailovac.* Man muss aber etwas laufen, um sein Lieblingsplätzchen zu finden, mit eigenem Boot ist es einfacher.

• *Wassersport* Tauchschule und Wassersport-Center bei der ACI-Marina in Supetarska Draga, ✆/℻ 776-145. Motorboot- und Surfbrettverleih.

In Gonar Bootsvermietung, Tauchclub, Wasserski und Jetski.

• *Jachthafen* **ACI-Marina Supetarska Draga,** ganzjährig geöffnet. 285 Liegeplätze, 150 Bootsplätze an Land, Werkstatt, 10-t-Kran, Slip; Sanitäranlagen, Supermarkt, Restaurant. ✆ 776-268, ℻ 776-222; www.aci-club.hr.

• *Tauchen* **Tauchclub Aqua,** in Gonar; Supetarska Draga 331, ✆ 776-145.

Unverkennbar – die vier Kirchtürme von Rab

Insel Rab
Karte S. 151

Rab

Auf einer kielförmigen Landspitze gelegen, überstand die stark befestigte Stadt die Jahrhunderte relativ unbeschadet. Heute drängen sich die Touristen mit Kameras bewaffnet durch die Gassen zwischen Kirchen und Patrizierhäusern, um die Schönheiten des Altertums einzufangen. Seit 1889 ist Rab ein europaweit bekannter Kurort, 1936 wurde der erste FKK-Strand Kroatiens hier eröffnet. Die Stadt tut viel, um ihr gutes Image zu pflegen.

Wechselnde Machtverhältnisse im Mittelalter brachten es mit sich, dass sich viele Fürsten um Rab stritten, und weil die Stadt ihr Fähnlein meist in den richtigen Wind hängte, gelangte sie zu Reichtum.

Im 2. Jh. v. Chr. war Rab eine römische Befestigung, später eine römische Stadt mit Foren, Badehäusern, Aquädukten, einem Theater und Tempeln. Von 530 bis 1828 war sie Bischofssitz und wichtiger Flottenstützpunkt im Levantehandel. Wahrscheinlich siedelten sich die Slawen in der unsicheren Zeit der Völkerwanderung auch auf der Insel an und verwüsteten bei dieser Gelegenheit die Stadt. Ein zweites Mal wurde Rab im 15. Jh. zerstört – von ihren eigenen Bewohnern. Als die Pest umging, mauerte man die Häuser der Pestkranken zu und verbrannte sie mitsamt den Angehörigen. In den letzten 110 Jahren, seitdem Rab Kurort ist, hat man aber vieles getan, um das Städtchen, in dem heute 800 Menschen leben, wieder herauszuputzen. Unzählige schöne Cafés und Restaurants laden zum Verweilen ein, für die Nacht gibt es nette Cocktailbars. In dem charmanten mittelalterlichen Kleinod werden zahlreiche Veranstaltungen geboten, und an altem Kulturgut gibt es reichlich zu besichtigen. Die nahen Strände und Freizeitmöglichkeiten machen einen längeren Aufenthalt in der Stadt sehr reizvoll.

Information/Adressen/Diverses

• *Postleitzahl* 51280 Rab

• *Information* **TIC,** Trg Municipium Arba 8, ✆ 771-111, 📠 771-110; www.tzg-rab.hr. Geöffnet Juni–Sept. tägl. 8–22 Uhr, danach Mo–Sa 8–15 Uhr. Informationen, Kartenmaterial.

TIC Palit, vor der Altstadt im Einkaufszentrum Maili Palit.

Agentur Katurbo, im Einkaufszentrum Mali Palit vor der Altstadt, ✆ 724-495.

Agentur Kristofor in Mali Palit, ✆ 725-543, 📠 724-811, www.kristofor.hr. Zimmer, Ausflüge.

Agentur Numero uno, Obala M. Dominisa 5. Am Beginn der Uferpromenade, ✆/📠 724-688, www.dmmedia.com; in der Saison von 8–1 Uhr geöffnet. Zimmer, Fahrräder.

Atlas, Biškupa Draga, ✆ 724-585, 📠 725-028. Zimmer, Ausflüge.

• *Verbindungen* **Busse:** Siehe Insel Rab/Einleitung. Busbahnhof (✆ 724-189) vor der Altstadt in Mali Palit (Einkaufszentrum). Achtung: Es gibt keine Busse zum Fährort Mišnjak, nur tägl. Expressbusse Rab–Rijeka oder Rab–Zagreb.

Taxiboote: Ab dem Altstadt-Leuchtturm (5 KN) zwischen Rab–Liebesinsel–FKK-Strand Suha Punta, Rab–Banjol–Barbat und Dolin. Schnellboote (8 Min).

Schiffsverbindung: Von Rab nach Lun-Jakišna (auf Pag) um 9 u. 17 Uhr; 45 Min.; Katamaran Rab-Rijeka, 1x tägl.; nach Mali Lošinj, Ilovik, Insel Pag (Novalja) nur Mo und Di (auch Susak). Auskunft Jadrolinija.

Taxi in Mali Palit; geöffnet 7–24 Uhr.

• *Geldwechsel* **Erste banka** mit Geldautomat, Trg Municipium Arba, Mo–Fr 8–11 u. 17–20 Uhr, Sa 8–12 Uhr. **Privredna banka** mit Geldautomat, Markantuna Dominisa 1, Mo–Fr 8–19.30 Uhr, Sa 8–12 Uhr. **Erste banka,** Mali Palit (im Einkaufszentrum), mit Geldautomat, Mo–Sa 8–20 Uhr. Außerdem in Post, Hotels und Touristagenturen.

• *Post* Am Trg Municipium Arba; geöffnet Mo–Sa 7–21 Uhr; weitere Filiale im Einkaufszentrum Palit.

• *Autos* Gebührenpflichtige Parkplätze am Hafenbecken (6 KN/Std.); großer **Parkplatz** nach dem Busbahnhof. **Tankstelle** am Kai (nach dem Jachthafen).

• *Gesundheit* **Ambulanz** in Banjol, ✆ 724-094. **Ärztehaus Mali Palit: internistische Ambulanz,** ✆ 724-342; **Tierarzt,** ✆ 724-153. **Apotheke Načeta,** Srednja ulica und in Mali Palit.

• *Einkaufen* **Einkaufszentrum Mali Palit** (vor der Altstadt), mit Sportgeschäften, Boutiquen, Flaniermeile, Restaurants, Cafés; **Einkaufscenter Petra,** stadtauswärts Richtung Banjol. **Supermarkt** am Hafenbecken. In der **Hauptgeschäftsstraße** Srednja ulica viele Souvenirgeschäfte. Die Geschäfte sind im Hochsommer durchgehend Mo–Sa 6–22, So 12–17 Uhr geöffnet. Tägl. **Obst- und Gemüsemarkt** am Marktplatz.

• *Veranstaltungen* **Ostern,** 7 Tage Sonderprogramm mit klassischen Konzerten und Sport.

Kajak-Regatta um die Altstadt am letzten Sonntag im Mai.

Ritterspiele-Armbrustschützen, am 9.5., 25.6., 27.7., 15.8. Riesiges Spektakel mit historischen Kostümen, historischem Essen; Umzüge mit Fahnen durch die Altstadt und große Veranstaltung mit Armbrustschießen auf dem Trg. Sv. Kristofora.

Raber Festtage (Rapska Fjera), am 25./26./27. Juli werden die Stadtheiligen Sv. Jakov, Sv. Ana und Sv. Krištofor gefeiert. Ebenfalls

ein historisches Fest mit historischen Kostümen, mittelalterlichem Essen, Buden und Demonstration alter Handwerkerkünste. Die Plätze sind mit Fackeln ausgeleuchtet, es gibt mittelalterliche Musik und Tanz.

Raber Sommer, im Juni, Juli und Aug. finden wöchentl. Folkloreaufführungen, Musikabende und Konzerte statt; darunter 10 Konzerte mit Blechmusik.

Raber Musikabende, 1x wöchentl., meist Do Mitte Juni–Ende Sept. mit klassischen Konzerten nationaler und internationaler Musiker in der Kirche Sv. Križ.

• *Ausflugsfahrten* Inselrundfahrt mit dem Boot, z. B. nach Lun auf der Insel Pag, mit dem Tragflügelboot und weiter mit dem Bus zu den Plitvicer Seen oder mit dem Tragflügelboot in die Bucht Telašćica. Glasbootexkursionen tagsüber und abends.

• *Nachtleben* **Café-Cocktailbars** (s. a. Café) und **Pubs** in der Altstadt dicht beieinander, geöffnet bis 3 Uhr.

Tanzterrasse mit Live-Bands im Freien beim Restaurant Grand. **Diskothek Santos** in Pudarica (2 km östl. Von Barbat).

Übernachten/Essen

• *Übernachten* In der Hauptsaison ist es oft schwierig, ein Zimmer zu bekommen; Ausweichmöglichkeiten in den Bade- und Hotelbuchten *Suha Punta* (5 km von Rab) oder *Banjol* (siehe Suha Punta, Banjol).

Privatzimmer ab 14 €/Person ohne Frühstück; Frühstück 4–6 €. In der Altstadt gibt es preisgünstige, aber einfache Privatquartiere, in der Regel Kat. **, also ohne eigenes Bad. Dafür wohnt man mittendrin und kann das Auto stehen lassen.

Hotel Istra (***) **(3),** stilvolles Gebäude mit 190 Betten, beim Hafenbecken am Park, DZ/F 86 €. Durch den Park ist man in wenigen Minuten am Strand. M. Dominisa bb. ✆ 724-134, 724-050, www.hotel-istra.hr.

Hotel Ros Maris (***) **(4),** das Ex-International wurde 2005 komplett renoviert. Schöne Lage am Hafenbecken, in der Altstadt. Restaurant, Pool und Indoor-Schwimmbad, Spa-Bereich. Komfortable Suiten und Zimmer. DZ/F 138 € (Topsaison 210 €). Obala

Insel Rab Karte S. 151

Krešimira 4, ✆ 778-899, 📠 724-206; www.rosmaris.com.

Hotel Imperial (***) **(1),** im Ortsteil Palit, 266 Betten, sehr ruhig auf einer Anhöhe in einem Park gelegen, Tennisplätze und -schule; ca. 10 Min. bis zur Altstadt. DZ/F 80 €. Appartements ab 77 €. ✆ 724-522, 📠 724-126; www.imperial.hr.

• *Essen* Überall in der Altstadt gibt es gute Restaurants und Konobas. Auswahl:

Restaurant Grand (2), in den Ruinen des Nimira-Schlosses. Hier kann man in gediegener Atmosphäre Fisch- und Grillgerichte speisen. Nach vorne hin große Terrasse mit Tanzveranstaltungen. Donja ulica.

Restaurant-Café Grand Paradiso (12), die Gebäude der Stadtloge und des Cernota-Palasts wurden zu einem großen, stilvollen Lokal vereint, das vielen hundert Gästen Platz bietet; zudem Vinothek und Café in der Stadtloge, Ausstellungen, ab und zu finden Konzerte statt. Man speist zwischen alten Säulen unter Palmen im grünen Innenhof auf erhöhter, luftiger Terrasse. Essensmäßig bleibt kein Wunsch offen, es gibt sogar Pizza. S. Radića 2, ✆ 771-109, 777-157.

Restaurant Riva (11), gemütlicher Innenhof, von Wein überrankt. Sitzgelegenheiten auch an der Hafenpromenade; einfache einheimische Küche mit Fisch und Gegrilltem. ✆ 724-029.

Restaurant Santa Maria (16), stilvolles Fischlokal am östlichen Ende der Hauptgasse. Man sitzt wie in einer Schiffskajüte, in den Bullaugen hängen Bilder von Segelschiffen und Holzschiffsmodelle. Verschiedenartige, lecker zubereitete Fischsorten und Gemüse, große Weinkarte. Ul. Dinka Dokule, ✆ 725-695.

Gostiona Labirint (13), überdachter, aber luftiger und mehrstöckiger Innenhof. Man speist vorzüglich Fischspezialitäten und Meeresfrüchte. Srednja ulica 9, ✆ 771-145.

Konoba Rab (15), uriges Lokal mit Holzgebälk, Galerie und Kamin, in dem die Peka schmort. Es gibt Fisch, Fleisch (Spez. Rabska grota – Fleisch, gefüllt mit Käse und Schinken, mit Gemüsesauce) verschiedene Peka-Gerichte (Lamm, Huhn, Kalbshaxe) nach Vorbestellung. Kneza Branimira 3, ✆ 725-666.

Kod Kineza (14), kleines Lokal mit offenem Kamin. Vorspeisen wie Oliven, Käse und Schinken sowie Beefsteak, dazu Wein und Schnaps. Svetog Marina.

Konoba Sanpijer (6), typische Konoba, es gibt nur Wein, Oliven, Käse und kleine gesalzene Fische (Sardellen), zum draußen Sitzen 2 rustikale Bänke. Östlich an der Hafenpromenade.

Restaurant Palma (5), hinter Hotel Imperial mit großer Terrasse. Hier speisen die Einheimischen gern, es gibt Reis-, Nudel-, Fisch- und Fleischgerichte.

Schöne **Cafés,** auch für die Abende (bis 3 Uhr geöffnet), sind auf dem großen Platz Trg Municipium Arba, mit Blick aufs Meer, eingerahmt von stattlichen Palmen. **San Antonio-Club (10)** ist *der* Treffpunkt am Abend, innen barmäßig eingerichtet; man spielt die neuesten Charts. Daneben die Cafébars **Rab (8)** und **Revelin (7).**

Internetcafé (9), Srednja Ulica, gegenüber Kneza Domagoia.

Stadtbummel

Das Auto lässt man am *Parkplatz* vor der Stadt oder am Hafenbecken. Hier ankern oftmals prächtige Windjammer. Vorbei an bunten Souvenirständen erreicht man den großen Platz *Trg Municipium Arba* mit einladenden Cafés, eingerahmt von stattlichen Palmen und dem **Fürstenpalast** (jetzt Galerie) mit romanischen, gotischen und Renaissancefenstern sowie kunstvollen Reliefs zwischen den Steinquadern. Löwenköpfe mit weit aufgerissenem, halboffenem und geschlossenem Rachen stützten einst den Kundgebungsbalkon. Im Atrium werden Ausgrabungsfunde gezeigt.

Man spaziert am Kai entlang, vorbei am einstigen Hotel Riva, das majestätisch im Klosterpark liegt hinauf zum Altstadtkern Kaldanac. Oberhalb des Parks, das **Kloster Sv. Antun-Opat,** das eine vor den Türken geflohene Fürstin Ende des 15. Jh. in ein Frauenkloster umwandelte.

Nur wenige Meter westlich, die **Domkirche Sv. Marija,** 1177 aus weißen und rosaroten Steinquadern errichtet und vom Papst persönlich geweiht. Die Säulen der dreischiffigen Basilika stammen aus antiken Bauten. Über dem Altar ein Balda-

Auf dem Trg Municipium Arba gibt es einige lauschige Cafés

chin, rechts und links davon geschnitztes, schwarzes Chorgestühl. Ein Stück weiter steht an der Gasse der riesige romanische **Glockenturm** (geöffnet 10–13 und 19.30–22 Uhr). Die Zahl der Fensterbögen steigt mit der Zahl der Stockwerke. Das letzte – vierte – Stockwerk hat eine Balustrade, obenauf eine achtseitige Pyramide aus dem 15. Jh. Ein Kreuz mit fünf Äpfeln steht auf ihrer Spitze, im obersten Apfel werden Heiligenreliquien verwahrt.

Weiter westlich lehnt an der steil zum Meer abfallenden Felswand das **Kloster** und die **Kirche Sv. Andrije** aus dem 11. Jh. Heute leben hier noch sechs Schwestern des Benediktinerordens. Am Seitenaltar der Klosterkirche sind das Polyptychon von *Vivarini* (1485) und ein großes Gemälde mit den Kreuzwegstationen kollagenhaft vereint.

Dann stoßen wir auf den *Trg slobode,* an dem der alte Stadtteil Kaldanac endet. Der neuere Stadtteil ist im Festungsstil gebaut, die Straße längs der Mauer wurde während der venezianischen Besatzung im 15. Jh. errichtet. Neben dem Trg slobode die **Kirche Sv. Justina** mit einem Altargemälde aus der Tizianschule und einem Steinzwiebelturm. Die Kirche dient heute als Museum für sakrale Kunst.

In der Gasse Gornja ulica weiter westlich befindet sich das Kirchlein **Sv. Križ,** in dem wöchentlich klassische Konzerte stattfinden. Der Legende zufolge hat Jesus am Kreuz des Altarbildes die Einwohner der Stadt beweint: Sie blieben hochmütig, und so kam die Pest über sie.

Nur wenige Meter westlich von Sv. Križ, auf erhöhtem Gelände, der Kirchturm der einstigen **Basilika Sv. Ivan Evandelista** aus dem 7. Jh. Die Basilika war einst ein Schmuckstück mit fünf Altären, Kapitellen aus verschiedensten Epochen, schön ist immer noch das Fußbodenmosaik mit Flechtwerkornamentik. Neben der Basilika die Ruinen des Klosters. Vom 11. Jh. bis Ende des 13. Jh. war hier ein Benediktinerinnenkloster, danach wurde es bis 1783 von den Franziskanern übernommen, anschließend war es Residenz der Bischöfe – nicht zuletzt wegen seiner Baufälligkeit wurde es 1833 aufgegeben. Heute ragen neben dem noch gut erhaltenen Kirchturm Säulenreste, und Steinfragmente laden zum Ausruhen neben duftenden Wachholderbäumen ein.

Am Ende der Gornja ulica steht die Kirche **Sv. Krištofor** (geöffnet tägl. außer So von 9–12 Uhr) mit kleinem Lapidarium. Dann die Ruinen der **Burg Sv. Krištofor** aus dem 15. Jh. Wenn oberhalb der Steintreppen das Tor nicht verschlossen ist, kann man das bekannte Postkartenmotiv knipsen: „Rab mit vier Türmen, wie ein Dächerschiff ins Meeresblau gekielt." Wenn man das Gässchen und die Stufen wieder hinab Richtung Hafenbecken läuft, stößt man auf den großen, schön gestalteten *Trg Svetog Kristofora.* Dieser Platz, der heute für Veranstaltungen genutzt wird, war früher der einzige Zugang zur Altstadt.

Durch ein Tor betritt man den *Stadtpark Komrčar* – ein großer Park mit mächtigen Bäumen, die die Hektik der Stadt vergessen lassen. Hier befindet sich auch die Festung **Galjarda** aus dem 15. Jh. Davor zwei Brunnen und Steinbänke. Über eine Treppe gelangt man zurück zum *Marktplatz* mit Obst- und Gemüseständen.

Die Ruinen des Klosters Sv. Ivan Evandelista

Überquert man die Hauptgasse *Srednja ulica,* sieht man zu Beginn der Donja ulica das hübsche *Portal Nimira.* Vom einstigen Palast aus dem 15. Jh. steht außer dem Portal und den Grundmauern nichts mehr; der Innenhof wird heute vom Restaurant Grand genutzt.

Läuft man die Hauptgeschäftsgasse *Srednja ulica* östlich, kommt man an einem Renaissance-Palast vorbei, an dessen Fassade noch Teile des Doppelkopfs des römischen Gottes Janus zu erkennen sind. Etwas weiter eine Palast-Ruine, dann die Reste der **Stadtloggia** mit Café und Vinothek, nebenan die städtische Turmuhr.

Geht man an der Stadtloge rechts hoch, vorbei am prächtigen Portal und den Überresten des **Cernota-Palastes** (innen Restaurant), steht man oben wieder am Platz Trg slobode. Von dort gelangt man hinunter zur agavengesäumten *Seepromenade:* Hier brechen sich türkisfarben die Wellen an den Felsen und formen sie meisterlich wie ein Bildhauer. Läuft man hier unten entlang, erreicht man das *Seebad Jadran* und in einer knappen Stunde das **Franziskaner-**

kloster Sv. Eufemija (geöffnet 10–12 und 16–18 Uhr).

Rab ist nicht nur für seine Baudenkmäler, sondern auch für seine **Künstler** und **Galerien** bekannt: z. B. *Gašpar Bolković Pik,* der 1929 in Rab geboren wurde und heute bei Ravensburg am Bodensee lebt. Der zeitkritische Künstler arbeitet in Aquarell und Tempera. Im Erdgeschoss des Fürstenpalastes die *Galerie Knežev dvor* (tägl. 8–12 und 18–21 Uhr); in der Musikschule die *Galerie Banova villa* (durchgehend geöffnet). Regelmäßige Kunstausstellungen gibt es zudem in der *Kirche Sv. Nikola.*

Abendstimmung in Rab

Baden in und um Rab

Bademöglichkeiten an der Uferpromenade beim *Komrčar-Park* und im *Strandbad Škver.*

Zur „Liebesinsel" *Frkanj* fährt vom Strandbad ein Taxiboot. Ein betonierter schmaler Fußweg führt rund um die Halbinsel durch üppige Pflanzenwelt. Es gibt Kies-, Sand- und Felsbuchten mit Blick auf die Bergkulisse und die Insel Dolin; z. B. die *Bucht Eufemija* im Norden oder südlich davon den FKK-Badestrand *Kandarola* mit kleinem Restaurant. An dem 1,5 km langen Strand wird Eintritt verlangt; und dieser Strand hat seine eigene Geschichte ...

> In der so genannten **Englischen Bucht** wurde der erste FKK-Strand Kroatiens eröffnet. Hier ließ der britische König Eduard VIII. im Jahr 1936 als einer der ersten Sonnenfreunde seine Hüllen fallen.

Weitere Strandbuchten (auch FKK möglich) bei *Suha Punta.* Die Strände haben keine Autozufahrt, Camping ist nicht erlaubt. Außerdem viele kleine Buchten auf der Halbinsel *Kalifront,* im Vorort *Banjol* und auf der Insel *Dolin.* Sehr gut erreichbar für alle, die mit eigenem Boot unterwegs sind.

- *Sport* Sportmöglichkeiten wie Tennis, Minigolf etc. beim Hotel Imperial. Fahrrad- und Scooterverleih bei Numero Uno.
- *Wassersport* Wasserskischule und Surfbrettverleih in Suha Punta; im Autocamp außerdem Verleih von Kajaks, Paddel- und Tretbooten. Motorbootverleih und Jachten in der Marina von Supetarska Draga, außerdem im Hafen Rab (Rapska plovidba) und bei Pende Vladimir in Banjol 258.
- *Tauchen* **Diving Center Mirko,** Barbat (siehe dort), und **Tauchzentrum Aqua** in Supetarska Draga (siehe dort). Tauchflaschenfüllstation in Rab, Club-Amfora, Ulica Biškupa Draga (Park Dorka).

• *Sportschifffahrt* **ACI-Marina Rab,** gegenüber der Altstadt, verfügt über 150 Liegeplätze. Reparaturservice, Ersatzteillager, Gas- und Benzintankstelle, Supermarkt, geöffnet Mitte März–Okt.; Sanitäranlagen mit Duschen, Restaurant. ✆ 724-023, 📠 724-229; www.aci-club.hr.

Hafenamt, an der Hafenpromenade, ✆ 724-103.

Ausflüge um Rab

Wandern: Zum *Kamenjak* mit dem Berg *Straža* (408 m), dem höchsten Gipfel der Insel, gelangt man von Rab aus auf einem Fußpfad in 4 Stunden. Von hier aus weite Sicht über die Insel und in die Kvarner Bucht.

Wer nicht so hoch hinaus will, geht in entgegengesetzter Richtung zur *Sv. Ilij Kapelle* auf dem 90 m hohen *Vrsi* und kann auf Rab hinunterschauen.
Zwischen den beiden Bergen verstreut liegt die Siedlung *Mundanije;* viel Ackerbau, kein Fleckchen bleibt ungenutzt.

Franziskanerkloster Sveta Eufemija: Am Ende der Bucht Eufemija. Zu erreichen auf der Straße Richtung Kampor oder in knapp einstündigem Fußmarsch entlang der Seepromenade (siehe Kampor).

Dundowald: Südlich des Ortes Kampor, auf der Kalifronthalbinsel. Dundowald ist ein kleines Waldgebiet mit mächtigen Kiefern, Pinien, Zypressen und Korkeichen mit oft üppigem Untergestrüpp, das zu den schönsten des Mittelmeerraumes zählt. Zu Fuß (ca. 2 Std.) oder noch besser per Mountainbike entlang der Bucht Eufemija zu erreichen.

Kampor

Mit Gehöften, Neubauten und ein paar alten Gebäuden erstreckt sich das Dorf zwischen der Kampor-Bucht und dem Strand Mel im Nordwesten und der Eufemija-Bucht mit dem Franziskanerkloster im Südosten.

Das heutige Zentrum von Kampor liegt an der gleichnamigen Bucht. Anziehungspunkt ist der breite Sandstrand Mel, der ganz flach ins Meer abfällt. Ideal für Kleinkinder und zum Sandburgenbauen, die besonders gut haltbar durch das Sand-/Tongemisch sind. In der Nähe finden sich die ältesten Spuren der Siedlung: Auf dem *Kap Kaštelina,* an der Bucht Miral im Norden, ragen die Ruinen einer griechischen Akropolis gen Himmel. Den Süden schließt die bewaldete Halbinsel Kalifront ab, zu der man herrliche Mountainbiketouren unternehmen kann.

• *Information* **Agentur Rab-Eko** im neuen Einkaufszentrum, ✆ 776-272, ✆/📠 776-671, www.rab-eko.hr. **Agentur Matovica,** ✆/📠 604-199, 776-380, www.matovica.

• *Übernachten* Die Agenturen vermitteln **Privatzimmer** ab 10 €/Person, Appartements ab 30 €/2 Personen.

• *Essen* **Restaurant Skipper,** meist gut besucht, ✆ 776-432; gut speist man auch im **Restaurant Eufemija** (✆ 724-334) und in der **Pizzeria Viktoria** an der Bucht. Ein Café und ein großer Supermarkt am Kai, dort auch Obst- und Gemüsestand.

• *Baden* Am Strand Mel, allerdings schattenlos (Sonnenschirm!). Zufahrt per Auto möglich, Cafébar am Strand.

• *Tauchen* **Kron Diving Center** (deutsche Leitung), Kampor 413 a, ✆ 776-620, 📠 776-630; www.kron-diving.com. Ganzjährig geöffnet.

Tauchschule Rab-Eko, Kampor 378, ✆ 776-671, 📠 776-272; www.rab-eko.hr; geöffnet Mitte März–Mitte Nov.

Im Tal von Kampor finden sich noch die Überreste des *Konzentrationslagers* der italienischen Faschisten, in dem einige tausend Menschen ihr Leben ließen. Im Januar 1943 wurde eine Befreiungsfront im Lager gegründet, die politische und kulturelle Arbeit leistete. Als die Kapitulation Italiens bekannt wurde, entwaffnete man 2200 Soldaten und verhaftete den Kommandanten. Auf dem freien Feld, wo man die vielen Toten begrub, steht heute ein Grabmal. Im Innern befinden sich ein Obelisk und ein Wandmosaik, das an die Opfer des Zweiten Weltkriegs und den antifaschistischen Widerstand erinnert.

Franziskanerkloster Sveta Eufemija

Das Kloster auf einer Anhöhe am Ende der gleichnamigen Bucht ist benannt nach der kleinen Kirche *Sv. Eufemija* aus dem 13. Jh. Die Klosterbrüder bauten hier zwei Jahrhunderte später eine weitere Kirche, *St. Bernadin.* Über dem Hauptaltar ein Polyptychon der Brüder *Vivarini* aus dem Jahr 1485, in der Seitenkapelle links eine Ikone der Jungfrau Maria. Im kleinen Innenhof ein Brunnen und der Sarkophag der Fürstin *Mande Budrišić,* die in Rab das Frauenkloster gründete. Im Kloster befindet sich heute ein sakrales und volkskundliches Museum, dazu eine Bibliothek mit Inkunabeln aus dem 15. Jh.

Öffnungszeiten Museum: tägl. 10–12 und 16–18 Uhr, ✆ 724-951. Zu erreichen auf der Straße Richtung Kampor oder in knapp einstündigem Fußmarsch entlang der Seepromenade.

Bruder Ambroz Testen

Einer der letzten Mönche des Klosters, der Künstler und Autodidakt Frater Ambroz Testen (1897–1984), war ein großer Maler, der seine Bilder – expressionistische Gemälde mit religiöser Thematik – anfangs meist verschenkte. Die schönen Reproduktionen seiner Werke auf Kunstpostkarten kann man käuflich erwerben.

Suha Punta

Südwestlich von Rab liegen im nadeligen Mittelmeerwald nahe dem Meer eine moderne Touristensiedlung mit Hotels, Bungalows und Pavillons und die Badebuchten Suha Punta, Veli žal, Pod vrtal und Matovica. Von hier aus kann man herrliche Fahrradtouren auf ausgeschilderten Wegen über die Halbinsel Kalifront zu vielen Buchten unternehmen.

- *Information* In den Hotels.
- *Übernachten/Essen* Privatzimmer/Appartements z. B. an der Bucht Gožinka. U. a. bei **Villa Sonja,** geräumige, voll ausgestattete Appartements, ruhige Lage, für 3 Pers. 70 €. Kampor 98, ✆/📠 725-426.

Restaurant-Pension Gožinka, riesige schattige Terrasse mit Blick auf die gleichnamige Bucht, mit Mole. Spezialitäten sind der geräucherte und luftgetrocknete Schinken und frische Fischgerichte. Im Nebenhaus DZ für 36 €.

Hotelsiedlung Suha Punta, (www.imperial.hr): **Eva** (**–***), mit Restaurant, Tennisplatz und Sportzentrum, Bootsplätze oberhalb der Bucht Matovica im Kiefernwald. DZ/F 76 €, Bungalows (***) 64 €, ✆ 724-233, 📠 668-200. **Carolina** (***), auf der Landzunge direkt am Meer, mit Schwimmbad, alle Zimmer mit Balkon/Meeresblick, DZ/F 110 €. ✆ 724-133, 📠 724-133.

- *Sportmöglichkeiten* Tennisplätze, Minigolf, Wasserskischule. Surfbrett- und Wasserskiverleih, kleiner Bootshafen.

Baden: Schmale Pfade und Fußwege führen rund um Suha Punta zu schönen Buchten – auch mit FKK-Möglichkeiten. Nach Osten geht es zur bewaldeten Landzunge *Punta Gavranić* und zur Badebucht *Kandarola.* In Richtung Westen folgen die Buchten *Gožinka* (mit Felsbadestränden) und *Čifnata,* die so genannte Paradiesbucht mit dunklem Sand.

Banjol

Banjol zieht sich südöstlich der Stadt Rab an den Abhängen des Berges Kamenjak mit Ferienhäusern und mit Sand- und Kiesstränden an drei Buchten entlang. Eine ganze Reihe von Pensionen, der einzige Campingplatz auf diesem Teil der Insel und die Nähe zur Stadt Rab locken viele Touristen an.

• *Postleitzahl* 51280 Banjol

• *Information* **Touristinformation** beim Campingplatz, ✆ 724-032. **Agentur DER,** ✆ 721-500, ℻ 721-321; www.der.hr.

Agentur Eho, ✆ 725-950, ✆/℻ 724-032.

• *Übernachten* Die Agenturen vermitteln **Privatzimmer** ab 10 €/Person. **Appartements** ab 35 €.

Hotel Padova (***–****), gegenüber der Altstadt von Rab an der Meereseinbuchtung. Offene und geschlossene Schwimmbäder, Nachtclub, Spa-Bereich. Abends kann man von der Hotelterrasse oder den mit bequemen Korbstühlen bestückten Balkonen das viertürmige Rab bei Sonnenuntergang bewundern. Ca. 10 Min. in die Altstadt. DZ/F 100 €; geräumige Appartements für 120 €. ✆ 724-444, 724-544, ℻ 724-418; www.imperial.hr.

Pension-Restaurant Pio, Familienbetrieb gegenüber der Altstadt; gutes Restaurant mit Terrasse; DZ/F 35 €. Banjol 37, ✆ 725-640, 725-641, ✆/℻ 725-842.

Auf der Landzunge gegenüber dem Campingplatz **Villa Petrac** mit schönen Zimmern und gutem Restaurant.

• *Camping* **Autocamp „Padova III"** (**), am Meer unter Kiefern und Laubbäumen. Fels-, Sand- und Kiesstrand; Restaurant, Supermarkt, Minigolf, Kegelbahn, Tennisplatz, Surfbrett- und Paddelbootverleih; Kühlschränke; Sanitäranlagen nicht so toll. Bis 23 Uhr Autoeinlass. An der Strandpromenade läuft man in 25 Min. zur Altstadt. 5 €/Person, Zelt 3,50 €, Auto 2,50 €, Parzelle 3,20 €. Geöffnet 1.4.–15.10. ✆ 724-355, ℻ 724-539, www.imerial.hr.

• *Essen* Zahlreiche Restaurants, Konobas und Pizzerias – die Entscheidung fällt schwer. Kleine Auswahl:

Pension-Restaurant Padova II, beim Campingplatz; sehr gute Küche. Es werden auch Zimmer vermietet.

Gostionica Mila, kurz nach Einfahrt zum Autocamp, oberhalb der Straße; überdachte Terrasse, lecker zubereitete Fische, Fischrisottos und Fleischgerichte.

Nahe dem Meer, östlich vom Autocamp etliche Restaurants wie **Delfin, Perla, Captains Pizza Grill.**

Cafébar Batana, östlich des Hotels Padova an der Strandpromenade. Bei leckeren Cocktails und Snacks kann man hier abends die letzten Sonnenstrahlen genießen.

Barbat

Das Dorf unterhalb des Berges Kamenjak ist mit Banjol zusammengewachsen und bietet Sonnenhungrigen einen Kiesstrand, viele kleine Molen und etwas mehr Ruhe als Banjol: Die Ferienhäuser, umrahmt von Gärten, liegen näher am Meer, ab und zu sieht man eine vereinzelte Fischerhütte. Gegenüber erstreckt sich die vorgelagerte Insel Dolin.

Am Strand die kleine Kirche *Sv. Stjepan;* hier stand im 14. Jh. ein Kloster, von dem aber nichts mehr geblieben ist. Neben der Kirche liegt ein Sarkophag aus dem 6. Jh.

• *Postleitzahl* 51280 Barbat

• *Information* **Agentur Rab Turist,** Barbat 683, ✆/℻ 721-227. **Agentur Eho,** ✆/℻ 721-009,

• *Übernachten* **Privatzimmer** in Einfamilienhäusern ab 10 €/Person, z. B. an der Uferstraße mit Blick aufs Meer und auf die Insel Dolin.

• *Essen* Pizzeria-Buffet San Giorgo mit Terrasse.

Bekannt die **Hummerstation Kordic,** mit großem Garten und Palmen am Meer; riesiges Aquarium mit verschiedensten Speisefischen. ✆ 721-012.

Restaurant Aco, Fischrestaurant mit Blick von großer, baumumstandener Terrasse aufs Meer. Hier gibt´s ebenfalls frischen Hummer aus dem Bassin. ✆ 721-527.

Sonnenuntergang in Rab

Eine letzte Empfehlung: **Restaurant Leut.** ✆ 721-074.

• *Einkaufen* **Eko Centar Natura Rab,** u. a. Olivenöle, Honig, Grappa. ✆ 721-927.

• *Tauchen* **Diving Center Mirko,** Barbat 710, ✆/℡ 721-154; ganzjährig geöffnet; www.mirkodivingcenter.com.

Wandern

Spaziergang zur Ruine Sv. Damijan: Auf der Anhöhe des Berges Kamenjak nördlich von Barbat stehen die Ruinen des Kirchleins *Sv. Damijan* und einer griechischen Militärkolonie aus dem 4. Jh. v. Chr.

Kurz nach der Tankstelle zweigt eine Straße nördlich ab, dann den kleinen Steinplattenfußweg nehmen. Das mit Zypressen bestandene, von Steinmauern umgebene Ruinenfeld sieht man schon von unten. Steil steigt der schmale Pfad an. Westlich ein kahler, kegelförmiger Berg, von Mäuerchen unterteilt. Unten liegt Rab, der Blick reicht bis Kampor und zur Halbinsel Kalifront. Hohe Steinmauern grenzen das Gelände ein. Innen ein Gewirr von Ruinen, überwuchert von Zypressen, Wacholder, Salbei und Disteln – Ton in Ton die Farben der Steine und Pflanzen. Mittendrin das Halbrund der Kirchenkuppel mit einer kleinen Heiligenfigur auf einem Steinsims. Von hier überblickt man Dolin und das karge Ostende der Insel.

Die Ruinen von Sv. Damijan

Der Sage nach sollen im 4. Jh. v. Chr. die Griechen hier eine Militärkolonie unterhalten haben. Der Volksmund erzählt noch heute, dass bei einer Schlacht um die Festung Blut und Wein bis ins Meer geflossen seien. Eine andere Legende berichtet, es handle sich um die Überreste der antiken Stadt Ptolemeus Colentum. Am Fuß des Berges, bei der Siedlung Perčinići (zwischen Banjol und Barbat), sind bei Ebbe Mauern im Meer zu erkennen, die zu einer antiken Stadt gehörten. Man nimmt an, dass der ganze Festungskomplex als Zufluchtsort vor den Hunnen diente.

Nach Mišnjak

Hinter Barbat wird das Land immer karger. Der Kanal zwischen Rab und *Dolin* hat hier nur noch Flussbreite. Bei **Pudarica,** unten am Meer, ein Bootsanlegeplatz mit Kran, Cafébar und Diskothek Santos und viele *Sandbuchten* mit FKK. Auch für Kinder gut geeignet, weil es seicht ins Wasser hineingeht. Allerdings befahren zahlreiche Motorboote und Surfer den Kanal. Zur Fähre hin wird die Landschaft immer kahler; büschelweise verleihen ihr vereinzelte Gewächse gelbe, grüne oder rötlichgraue Farbtupfer. So nimmt man von Rab einen ähnlichen Eindruck mit wie von Krk, nur ist die Insel hier nicht so bizarr, sondern weicher geformt.

Blick von der Burg Nehaj auf Senj und auf die Riviera Crikvenica

Kroatisches Küstenland – Von Kraljevica nach Senj

Hinter Kraljevica führt die Küstenstraße am *Vinodolski kanal* entlang. Gegenüber, zum Greifen nah, die Insel Krk – kahl und grau im tiefblauen Meer. Die Straße führt zu den Touristenzentren **Crikvenica** und **Novi Vinodolski,** im Hintergrund das schützende Vinodol-Gebirge. Nach den beiden Orten fahren wir durch gebirgige, menschenleere Landschaft und umfahren den **Fjord Žrnovnica.** Eine halbe Autostunde später erreichen wir das geschichtsreiche Städtchen **Senj.** Auf diesem landschaftlich reizvollen Küstenabschnitt bis zur Halbinsel Ravni kotari ist für Autofahrer äußerste Konzentration angesagt – kurvenreiche Straße, Steigungen und in der Hauptsaison voll mit bepackten Autos. Wenn es dann noch regnet und sich die Straße mit einer Schmierschicht überzieht (siehe „Unterwegs in Kroatien"), dazu noch kräftig die Bora bläst, wird es anstrengend. Wer möchte, kann inzwischen zur Anfahrt oder Rückreise die im Hinterland neugebaute, schnurgerade verlaufende Autobahn nehmen und dann zur Küste stoßen.

Riviera von Crikvenica und das Vinodol

Dieser Küstenstreifen – von der Insel Krk nur durch den schmalen Vinodolski-Kanal getrennt – zählt zu den ältesten für den Fremdenverkehr erschlossenen Gebieten an der Kvarner Bucht. Das Meer ist hier ruhig und glatt wie ein großer See, Krk bietet Schutz vor heftigen Winden, und das milde, im Sommer niederschlagsarme mediterrane Klima sorgt für üppige Vegetation. *Vinodol,* das Hinterland der Riviera, ein bis zu 3 km breites und 25 km langes Tal, reicht von der Bucht von Bakar bis Novi Vinodolski und ist vom Meer durch einen 2 km breiten, bis zu 300 m hohen Bergrücken getrennt. Das Vinodol verlor seine landwirtschaftliche Bedeutung mit dem Ausbau der Fremdenverkehrszentren an der Küste. In der Antike war das fruchtbare Tal mit seiner günstigen Lage als Weinanbaugebiet bekannt. Seit dem 2. Weltkrieg sind die Weinfelder jedoch verwaist.

Crikvenica

Crikvenica, an der Mündung der Dubračina gelegen, ist der touristische Mittelpunkt der „Riviera". Wie auch Opatija hat es eine lange Tradition als Kurort, die bis ins Jahr 1888 zurückreicht. Prachtvolle Villen, eine schattige breite Uferpromenade und ein langer Strand prägen das Stadtbild.

Hauptanziehungspunkt von Crikvenica (7000 E) ist der zwei Kilometer lange Sand-Kies-Strand, an dem die „Blaue Flagge" weht, der seicht ins Meer abfällt und für Kinder optimal zum Planschen ist. Die lange, gepflegte Uferpromenade mit stattlichen Palästen und Villen, Schatten spendenden Palmen, Pinien und Blumenrabatten lädt zum Bummeln ein oder um sich in einem der schönen Cafés und Restaurants nieder zu lassen – sie ist die Meile Crikvenicas. Am Abend locken Cocktailbars, Tanzterrassen und Discoclubs mit Unterhaltungsprogramm. Für die Bootsbesitzer wurde 1995 eine neue, rege genutzte Marina gebaut. Eine besondere Attraktion der Stadt ist das *Aquarium* (Vinodolska ul. 8; Juli/Aug. von 9–23 Uhr, Juni/Sept. bis 21, dann bis 18 Uhr; Eintritt 2,50 €, Kinder 4–10 Jahre 1,60 €), das auf 200 m^2 und in 24 Becken einheimische und Korallenriff-Fische zeigt.
Fast nahtlos ist Crikvenica mit den nördlich liegenden Ortschaften *Kačjak* und *Dramalj* und im Süden mit *Selce* zusammengewachsen, die ebenfalls Übernachtungsmöglichkeiten bieten. Den Küstenstreifen erreicht man über eine kleine Straße, die parallel zur Magistrale verläuft.
Zum Wandern und Mountainbiken lockt im Hintergrund der Vinodol.

Geschichte

Die Erweiterung des Hafens und der Bau der Eisenbahnlinie 1873, die Einrichtung einer regelmäßigen Dampfschifflinie nach Rijeka 1874, der Bau des ersten öffentlichen Strandbades 1888 und des ersten großen Hotels 1895 (das noch heute bestehende *Hotel Therapia*), dazu das anerkannt gute Klima und die gesundheitsfördernde Wirkung des Meerwassers: All dies lockte immer mehr Gäste vor allem aus dem nahen Österreich an. Der Bau weiterer Hotels – des *Crikvenica, Bellevue* und *Miramare* – Anfang des 20. Jh. zeugen von einem wachsenden Besucherstrom und verdrängten die Landwirtschaft als wichtigste Erwerbsquelle mehr und mehr.

Lange führte Crikvenika ein beschauliches Dasein als wenig bedeutender Hafen für die Siedlungen auf den Höhen des Hinterlands. Die Römer hatten im Flussdelta die Militärsiedlung *Ad Turres* (Bei den Türmen) errichtet. Ende des 14. Jh. wurde ein Kirchlein an der Flussmündung der Dubračina erbaut, nach dem Crikvenika benannt ist (Kirche = crkva, im Dialekt „crikva"). Die Frankopanen ließen an die Kirche ein Kloster anbauen, das mit einem Rundturm befestigt war (daher der Name Kaštel), und schenkten es 1412 dem Mönchsorden der Pauliner. Viele Jahre war das Kloster eine Kultur- und Bildungsstätte, der bekannte Maler *Julio Klović* erhielt hier seine erste Ausbildung. 1786 wurde das Kloster aufgelöst, diente als militärische Heilanstalt, danach, unter der Verwaltung von *Vladimir Nazor*, einem kroati-

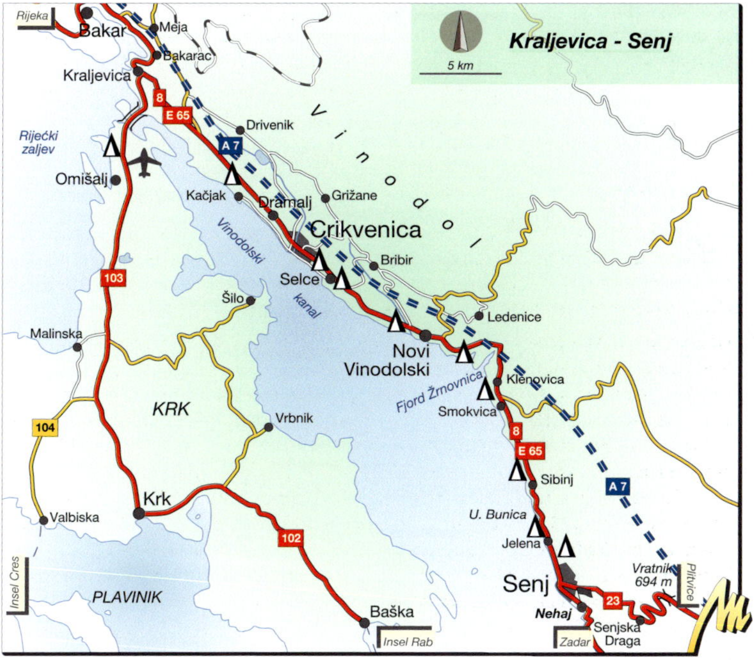

schen Dichter und Kämpfer, als Kinderheim. Auch dieses historische Bauwerk wurde schön restauriert und ist heute ein Hotel.

Crikvenica mit den zugehörigen Orten Dramalj, Jadranovo und Selce ist mit 25.000 Übernachtungsmöglichkeiten ganz auf den Tourismus eingestellt, selbst der große Parkplatz am Hafen reicht nicht mehr. Dem Verkehrsgedränge und der Parkplatzsuche kann man mit dem Touristenzug entgehen, der einen problemlos bis Kačjak im Norden und Selce im Süden chauffiert. Obwohl die Stadt als Kurort ganzjährig Gäste hat, sind, wie die Einheimischen sagen, der Mai und der September die schönsten Monate im Jahr.

Information/Gesundheit/Diverses

- *Telefonvorwahl* 051
- *Postleitzahl* 51260 Crikvenica
- *Information* **Fremdenverkehrsamt,** Trg Stjepana Radića 1 (Hafen), ✆ 241-051, ✆/℻ 241-867; www.tzg-crikvenice.com; gute Informationen. Juli/Aug. tägl. 8–22 Uhr, später Mo–Sa 8–20 Uhr, Winter Mo–Sa 8–15 Uhr.

Crikvenica Tourist, im selben Gebäude wie Fremdenverkehrsamt, ✆ 241-249, ℻ 241-516, www.crikvenica-tourist.net. Info, Zimmer, Fahrräder.

Jadran-Marketing, für Hotelbuchungen: ✆ 241-188, ℻ 241-975, 241-632; www.jadran-crikvenica.hr.

Adria Tours, Braće Dr. Sobol 16, ✆ 785-305, ℻ 785-085, www.tibor-tours.hr. Gute Auswahl an Privatunterkünften.

Klek-Tours, Braće Brozičević 2, ✆ 241-444, www.klek-tours.com.

Ulli-Tours, I Kostrencica 2, ✆ 784-130, www.ullitours.com. Guter Service bei der Zimmersuche.

- *Verbindungen* **Busstation** zentral in der Ortsmitte. Verbindungen zu allen umliegenden Orten sowie zu den größeren Städten an der Küste und im Inland. **Schnellboot** (Mob. 098/369-846) nach Šilo/Insel Krk (Juli/Aug. 7, 9, 11, 13, 16 u. 19 Uhr; später nur 7.30, 9, 11 u. 16 Uhr), ca. 2,80 €; **Taxiboote** mehrmals nach Vribnik/Insel Krk und Novi Vinodolski. **Touristenzug:** Im Juli/Aug. 8–24 Uhr von Crikvenica nach Norden entlang der Strandpromenade über Dramalj nach Kačjak und südlich bis nach Selce; Fahrpreis 15 KN (2 €).

• *Geldwechsel* **Erste banka,** mit Geldautomat, Zentrum, Mo bis Fr 8–20 Uhr.

• *Post* Rechts vom Hotel International, 7–22 Uhr, So 9–12 Uhr.

• *Autoverleih* Z. B. Europcar, über Crikvenica Tourist.

• *Tankstellen* An der Umgehungsstraße nach Split (durchgehend geöffnet); außerdem von 7–20 Uhr an der Anlegestelle am Hafen.

• *Ausflüge* Nach Postojna (Slowenien), Plitvicer Seen, Inseln Krk und Rab.

• *Gesundheit* Im **Kurhaus Thelassotherapia** Meerwassertherapie für die Heilung von Atemorgane und Rheumatismus. Auskünfte ✆ 241-433, 785-018. Therme Selce mit Spa-Bereich, ✆ 764-076.

• *Jachthafen* Information und Reservierung von Liegeplätzen im Hotel International von 7–21 Uhr (✆ 241-867, 241-051). Anlegeplätze in Crni Mol, Stadthafen und Lučica. **Hafenamt,** Trg S. Radića 1, ✆ 242-321. **Bootscharter,** z. B. Nauarchus Charter, Tončićeva 10, ✆ 784-084, www.nauarchus.hr.

• *Tauchen* **Tauchzentrum Dive City,** nach Hotel Therapia, B. Buchoffer 18, ✆/℻ 784-174, www.divecity.net. SSI, CMAS, NAUI, ganzjährig geöffnet.

• *Veranstaltungen* **Stadttag,** 14. Aug. (gefeiert wird 1 Woche lang, ab ca. 8. Aug.), mit Feuerwerk, Schwimmmarathon (von Šilo nach Crikvenica), Musik und Segelregatta. **Fischerfest,** letzte Woche im Aug.

• *Nachtleben* An der nördlichen Strandpromenade beim Jachthafen Crni Mol die **Cocktailbar Galija,** nebenan **Cafébar Sax** und **Pub,** alle mit offenen Terrassen; zudem die **Fun Bar** am Sandstrand.

• *Baden/Sport* Am 2 km langen, mit der „Blauen Fahne" ausgezeichneten Sand-/Kiesstrand. Liegeflächen im Sand, im Wasser auch Kies und Steine. Alle Wassersportmöglichkeiten werden angeboten, u. a. bei Kirica nahe der Crni Molo (Parasailing, Wasserski, Banana), zudem strandmittig Beachvolleyball (auch Turniere), Kinderanimation u. a. mit Malwerkstatt. Klettern, Freeclimbing, Paragliden u. Reiten im Hinterland in den Gemeinden von Vinodol möglich. Info in Agenturen.

Übernachten/Camping/Essen

• *Übernachten* In Crikvenica und Dramalj ausreichend **Privatzimmer,** das DZ ab 20–30 €, **Appartements** ab 35 €/2 Personen. Hotelinformationen oder Buchung auch unter www.jadran-crikvenica.hr.

Palace Hotel Therapia (****), erstes und ältestes Hotel am Ort (seit 1895), mit prachtvoller klassizistischer Fassade und Swimmingpool, umgeben vom üppigen Grün des Parks. Es wird 2006 völlig neu renoviert seine Pforten öffnen. B. Buchoffer 12; ✆ 785-063, ℻ 785-072.

Hotel International (**), gleich beim Hafen, Zimmer renoviert, trotzdem sehr klein und einfach, DZ/F zwischen 67 und 75 €. ✆ 241-324, ℻ 241-612.

Hotel Esplanade (***), schnuckeliger Bau mit schöner Fassade am Ortsrand, vom Meer durch die Uferpromenade getrennt. DZ/F, teils mit Balkon zum Meer, 85–91 €. Strosmajerovo šetaliste 52, ✆ 785-006, ℻ 785-090.

Hotel Villa Ružica (***), stilvolle Villa (24 Zimmer, 12 Appartements) mit Dependance Villa Coltelli, eingehüllt von mächtigen Laubbäumen, oberhalb des Hotels Esplanade und des Strands. DZ/F ca. 100 €. Bana Jelačića 1, ✆ 241-959, ℻ 784-378, www.vila-ruzica.hr.

Hotel Kaštel (**), schön restauriertes ehemaliges Paulinerkloster direkt am Meer. Übernachten mit Stil! DZ/F 70–80 €, ✆ 241-044, ℻ 241-681.

Hotel Omorika (***) mit Dependancen, am Hang inmitten von Grün oberhalb des Meeres an der Uferpromenade kurz vor Dramalj gelegen. Tennis, Disco, Wassersportgeräteverleih. DZ/F mit Balkon 85–95 €, in den einfachen Pavillons 46 €. M. Muzevica b.b, ✆ 785-023, ℻ 785-015.

Pension-Restaurant Tamaris, am nördlichen Strandende beim Jachthafen Crni Mol; einfache Zimmer, gute Lage, nettes Restaurant mit lauschiger Terrasse und Blick aufs Meer. Gajevo šet. 6, ✆ 785-449, 275-831.

Hotel (**) **und Pavillons** (*) **Ad Turres,** am nördlichen Ortsbeginn oberhalb am Berg

Die Meile Crikvenicas, die mit Blumenrabatten verzierte Uferpromenade

mit Pool. Einfache DZ/F mit Balkon 54 €, in den Pavillons 46 €. Tomislavova 111, ✆ 785-003, 📠 785-069, www.jadran-crikvenica.hr.

Außerhalb In **Kačjak,** 5 km nördlich, steht auf einer kleinen Halbinsel eine touristische Siedlung aus **Pavillons** und **Bungalows** (*); DZ/F 50 €. ✆ 786-444, 📠 786-262.

In **Dramalj,** 4 km nördlich, bietet der **Hotel- und Pavillonkomplex Riviera** (**) Unterkunft und Sportmöglichkeiten. DZ/F 65 €; ✆ 786-544, 📠 786-408, www.rivieradramalj.hr.

Hotel Vali (****), 2005 neu eröffnet an der Uferpromenade, modern und komfortabel, mit kleinem Strandabschnitt, Wellnessbereich und gutem Restaurant. DZ/F mit Balkon und Meeresblick 140 €. Gajevo šet. 35, ✆ 788-110, www.hotelvali.hr.

• *Camping* **Camping Kačjak** (*), kleiner Platz, für Zeltbesitzer geeignet. Geöffnet 15.5.–15.9.; 3,50 €/Person, Zelt 2,50 €, Auto 2,30 €. ✆ 786-250, 📠 786-262.

• *Essen* **Restaurant Moslavina,** stilvolles Fischlokal mit überdachter Terrasse rund ums Haus; oberhalb des Jachthafens Crni Mol und der Uferstraße. Frische Fische, Brodettos, Buzara, Risottos, Salate, große Weinkarte. Braće Dr. Sobol 13, ✆ 783-456.

Restaurant-Pension Burin, gutes Fischlokal schräg gegenüber von Moslavina, mit kleiner Terrasse, guter Service; Übernachtung. Ul. Dr. Ivanna Kostrenčica, ✆ 785-209.

Restaurant Mendula, noch weiter nördlich des Jachthafens Crni Mol an der Uferpromenade; hier speist man gut Fisch- und Fleischgerichte. Gajevo šet 23.

Restaurant Amor, im Zentrum; hier speist man gut Fisch- und Fleischgerichte und Pizzen. Frankopanska 35.

Café Kavana, am Beginn der Strandpromenade, gegenüber Stadthafen mit großer Terrasse; hier gibt es leckeren Kuchen, Eis, Kaffee etc.

Selce

Der kleine Ort liegt drei Kilometer südlich von Crikvenica und ist von dort auf einem Uferweg erreichbar. Sehenswert die kleine Pfarrkirche *St. Katharina* von 1498. Die günstige Lage an einer Bucht förderte zunächst Selces Entwicklung als Hafenort für das im Hinterland gelegene Bribir. Im 18. Jh. galt der Ort als wichtigster Hafen des Vinodol. Auch in Selce blüht der Fremdenverkehr seit dem Ende des 19. Jh., wenngleich es in zeitgenössischen Prospekten lediglich als „schöner Ausflugsort in der Nähe von Crkvenica" bezeichnet wird. 1894 eröffnet man die erste Badeanstalt und baute 1911 das „Rokan" (heute Hotel Slaven) – Selces erstes Hotel.

• *Telefonvorwahl* 051

• *Postleitzahl* 51266 Selce

• *Information* **Touristinformation** (Turistička Zajednica), ✆/📠 765-165. **Turistik Agentur-Selce,** M. jelicica 14, ✆/📠 764-094. **Sunrise,** ✆/📠 764-151.

• *Essen* Vor dem Hotel Varaždin sind etliche Restaurants und Pizzerias, für abends Cafébars.

• *Übernachten* **Privatzimmer** 20–28 € für das DZ und **Appartements** ab 43 €/2 Personen vermitteln die Touristagenturen. Hotelinformationen und Buchung auch unter www.jadran-crikvenica.hr.

Hotel Selce (***), an der Uferpromenade mit kleinem Bootshafen und Terrasse; DZ/F 68–75 €, ✆ 765-465, www.hotel-selce.com.

Hotel Esperanto (***), stilvoller Bau im kaiserlichen Gelb; DZ/F 85–90 €. Emila Antića 24, ✆ 764-666, www.hotel-esperanto.com.

Hotel Marina (****), hübsche moderne Villa mit großer Restaurantterrasse, Wellnessbereich etc.; komfortable DZ/F ab 120 €, Emila Antića 78. ✆ 768-140, www.hotel-marina.net.

Hotel Varaždin (***), am Meer gelegen, mit zwei großen Pools, neuem Shopping-Center, Restaurants etc. DZ/F 65–70 €. Mihovila Jeličića 14, ✆ 764-111, 📠 764-091.

Hotel Slaven (*), das frühere Hotel Rokan wurde mehrmals umgebaut; einfache Ausstattung, etliche Sportmöglichkeiten. DZ/F 65 €. ✆ 765-451, 📠 765-457.

• *Camping* **Camping Selce** (**), 8-ha-Platz, eingebunden in einen Bungalowkomplex; schöner Strand, wenig Schatten; mit Tauchclub. Geöffnet 1.4.–31.10.; 5 €/Person, Zelt/Auto 5–8 €. ✆ 764-401, 📠 764-066.

Camping Uvala Slana (**), kleinerer Platz, geöffnet 1.5.–15.9.; Preise niedriger als Camp Selce. ✆ 764-624, 📠 764-042.

Umgebung

Mittelpunkt der Gemeinden im Hinterland des Vinodol waren die auf strategisch günstigen Höhen gelegenen Wallburgen und Kastelle. Von hier hatte man die Möglichkeit, mit den umliegenden Burgen oder dem Hafen zu kommunizieren. Zu diesen Orten, die alle nur ein paar Kilometer von der Küste entfernt sind, zählen vor allem *Drivenik, Grižane* und *Bribir*. Sportbegeisterten bietet das schöne hügelige Hinterland etliche Möglichkeiten: u. a. Mountainbiken auf ausgewiesenen Fahrradwegen, Paragliden, Freeclimbing oder Reiten (Informationen bieten die Touristagenturen).

Grižane, unterhalb der Ruinen der Burg Badanj gelegen, gilt als Geburtsort von *Julius Clovius* (Juraj Julije Klović), einem der bekanntesten mittelalterlichen Miniaturmaler Europas. Anderen Quellen zufolge soll der Künstler im nahen Drivenik geboren sein, was dazu führte, dass beide Orte zur 400-Jahr-Gedenkfeier seines Todes Statuen in Auftrag gaben.

Juraj Julije Klović

Er wurde 1498 in Grižane geboren, starb 1578 in Rom und zählt zu den berühmtesten europäischen Miniaturmalern. Sein Handwerk erlernte er im Paulinerkloster in Crikvenica, doch es zog ihn nach Italien, wohin er 1516 übersiedelte. Dort verbrachte er fast sein gesamtes Leben; Bekanntheit und Ansehen erlangte er als Lehrer des großen Malers El Greco. Klovićs Gemälde hängen in namhaften Museen und Galerien von London, Paris, New York und im Vatikan.

Bribir war neben Ledenice das Kirchen- und Verwaltungszentrum des Vinodol und wurde vom Fürsten *Bernardin Frankopan* entsprechend befestigt, nicht zuletzt, um Zuflucht vor den Türken zu bieten. Heute ist nur mehr ein Turm des alten Kastells erhalten, denn die Gemeinde ließ nach dem Ende der verhassten Feudalherrschaft 1848 Kastell und Befestigungen Zug um Zug abreißen. Sehenswert ist in der Barockkirche *St. Peter und Paul* das Gemälde „Fußwaschung“ von *Jakopo Palma d. J.* Oberhalb von Bribir, im Wald, bietet die *Konoba Vagabund* und auch die *Jagdhütte Vepar* gutes Essen.

Novi Vinodolski

Novi (3500 E), wie der Ort üblicherweise genannt wird, hat an touristischer Bedeutung gegenüber Crikvenica verloren und doch eine ganz eigene Ausstrahlung. Die Altstadt liegt auf einem Hügel um die Reste der alten Frankopan-Burg, die sich früher schützend über dem Eingang des Vinodol-Tals erhob. Ein angenehmer Ort, um sich in einem der Cafés rund um den alten Dorfplatz vom Strandrummel zu erholen oder um einzukaufen. Die neue Stadt breitet sich an der Meeresbucht Lišanj aus, wo sich auch die Hotels befinden.

Das 1225 von den Frankopanen erbaute Kastell war 1288 der Geburtsort des *Vinodoler Gesetzbuches,* das zu den bedeutendsten kroatischen Rechtsurkunden zählt und in altkroatischer glagolitischer Schrift verfasst ist. Grund für das Rechtswerk war die Unterwerfung der bis dahin freien Gemeinden unter die Feudalherrschaft der Frankopanen (Tribalj, Drivenik, Grižane, Bribir, Novi Vinodolski und die Weiler Belgrad und Kotor gehörten ebenso dazu wie Grobnik, Trsat, Hreljin, Bakar und Ledenice).

Das Kastell, 1750 durch ein Erdbeben beschädigt, wurde im 19. Jh. teils abgerissen, teils umgebaut. Heute beherbergt es das *Regionalmuseum* (täglich 8–14 Uhr) mit einer Sammlung alter Volkstrachten und Volksbibliothek. Den alten Wehrturm hat eine Boutique besetzt. Die *Pfarrkirche* mit spätgotischem Altarraum wurde 1520 erbaut und im 18. Jh. im Stil des Barock verändert.

Information/Verbindungen/Diverses

- *Telefonvorwahl* 051
- *Postleitzahl* 51250 Novi Vinodolski
- *Information* **Touristinformation** (Turistička Zajednica), Tomislavova 6, ✆/℻ 244-306; www.multilink.hr/novi-vinodolski

Adria Tourist, an der Straße nach Senj (vor dem Hotel Lišanj); geöffnet 7–22 Uhr; ✆/℻ 244-307.

- *Verbindungen* **Busbahnhof** vor der Tankstelle, 100 m vom Touristbüro; stündlich nach Crikvenica.
- *Geldwechsel* **Erste banka** mit Geldautomat.
- *Post* Oberhalb der Tankstelle, Frankopanski trg 5; 7–21 Uhr.
- *Jachthafen* Nur teilweise geschützter Bootshafen mit Slipanlage und Kran; Tankstelle am Kai. **Hafenamt,** ✆ 244-345.

Übernachten/Essen/Trinken

- *Übernachten* **Privatunterkünfte,** gibt es ab 20–27 € für das DZ, **Appartements** für 2 Personen ab 38 €.

Hotel Lišanj (**), um die Jahrhundertwende erbaut und durch einen Neubau erweitert, eigener Strand mit Wasserrutsche. Den Gästen steht ein Kombi-Bus zur Verfügung; Tennisplätze, Minigolf, Tischtennis und internationales Showprogramm. DZ/F mit Balkon 72–90 €. In der Dependance 64–74 €. ✆ 244-022, 244-002, ℻ 244-329; www.hotelinovi.hr.

Hotel Ruža (**), kleines familiäres Hotel hübsch gestaltet, mit Restaurant und 20 m entferntem eigenem Strand. DZ und Appartementvermietung; DZ/F 85 €. Kralja Tomislava 28; ✆ 791-324, ℻ 791-326; recepcija-hotel.ruza@ri.t-com.hr.

Feriensiedlung Zagori (**) am nördlichen Ortsrand am Meer; mit **Hotel, Apparte-**

Novi Vinodolski vor dem Vinodol-Küstengebirge

ments und allem Schnickschnack – Restaurant, Läden, Sauna, Massage, beheiztes Hallenbad und Swimmingpool, Tischtennis, Boccia, Tauchen, Diskothek, Tanzterrasse. Hotel: DZ/F mit Balkon oder Terrasse meerseitig 64–76 €. Appartements für 2, 4 und 6 Personen mit Terrasse, Küche etc. zwischen 66–78 €, ✆ 244-122, ✆ 244-622; www.hoteli-novi.hr.

Feriensiedlung Povile (*), 2 km südlich von Novi; einfache Bungalows an einem Kiesstrand; 48 €/2 Personen, ✆ 793-135, www.hoteli-novi.hr.

• *Camping* **Camping Zagori** (*), kurz vor Novi Vinodolski, zur Feriensiedlung gehörig; terrassenförmig angelegter Platz unter vielen Bäumen; mäßige Sanitäranlagen, dafür Markt, Restaurant, Tennisplätze. Alle Einrichtungen des Hotels können mitbenutzt werden. Ins Wasser geht es nur über Treppen, wenig Liegefläche. Geöffnet 1.5.–30.9. 3,50 €/Person, Auto 2,70 €, Zelt 2,70 €. ✆ 244-644, ✆ 244-622.

Camp Punta Povile (*), 2 km südlich von Novi, zur Feriensiedlung Povile gehörig; kleiner Platz direkt am Wasser, z. T. unter Bäumen, aber Straßenlärm; kleine Snack-Bar. Geöffnet 1.5.–30.9.; 3 €/Person, Zelt 2,50 €, Auto 2,50 €; ✆ 793-083, ✆ 244-540.

Camping Brajda, gleich hinter Camp Punta; ähnliche Verhältnisse.

• *Essen* Am besten in der Altstadt, z. B. **Konoba Lucija,** rustikaler Innenraum und schattige, lauschige Terrasse unter Bäumen. Traditionelle, aber verfeinerte Küche für Genießer – eins der besten Restaurants weit und breit: Vorspeisen wie Scampi-Risotto mit Fenchelsamen oder schwarze Gnocchi mit Scampi und Rohschinken oder Hammeltopf und feinster Palatschinken mit Feigenmarmelade und Salbeihonig. Vinodolska 6, ✆ 245-755.

Pizzeria Frankopan, für alle, die nicht ohne Pizzen auskommen – am Dorfplatz unter riesigem Kastanienbaum.

Sport

• *Baden* An betonierten Liegeflächen beim Hafen, zu denen man allerdings hinabklettern muss. Weitere Möglichkeiten rund um den Ort an der Felsküste mit betonierten Molen.

Zudem **Bootsvermietung** und **Tennisplätze.**

• *Tauchen* **Diving Centar Explorator,** Plaža Lišanj, Šet. Kneza Domagoja b.b, ✆ 244-431, ✆ 244-431; www.tauchen-explorator-hr.de; DA, SSI, CMAS; geöffnet Mitte April–Mitte Okt.

Umgebung

Ein Ausflug ins Vinodol-Hinterland führt uns nach *Ledenice* (8 km). Die Ortschaft samt Kastell war 200 Jahre lang Teil der „Schutzmauer des Christentums" *(Antemurale Christianitatis)* – ein wichtiges Bollwerk gegen die Türken. Reste der Befestigungen sind noch zu sehen, und überraschenderweise finden sich auf dem Friedhof steinerne Zeugen der mittelalterlichen *Bogomil*-Sekte – bogomilische Grabsteine, die sonst im Vinodol nicht vorkommen.

Von Novi Vinodolski nach Senj

Die Adria-Magistrale führt jetzt durch hügeliges, wesentlich kargeres Land. Rechts der Straße fällt die Küste steil ab, ungehindert schweift der Blick über das schroffe Gebirge von Krk. Die dürftige, karstige, für deutsche Augen ungewohnte Landschaft verschwindet oft im Dunst der sengenden Mittagshitze. Ab und zu bieten sich Gelegenheiten zum Baden, doch ein Platz zum Parken fehlt meist. Übernachtungsmöglichkeiten in den Orten **Klenovica** (9 km südlich von Novi), **Sibini** (ca. 7 km vor Senj) oder in **Bunica** (5 km vor Senj). Die Campingplätze an dieser Strecke sind meist sehr klein.

• *Übernachten* **Hotel Lostura** (**), im alten Kern von Klenovica, 7 km von Crikvenica. Direkt am Meer, mit Restaurant; verwinkelter, architektonisch gelungener Bau mit schönen Terrassen und eigenem Strand; DZ/F 48 €; ✆ 796-252.

• *Camping* **Camping Klenovica** (*), nahezu schattenloser Platz am Meer. Ein aufgeschütteter Damm führt zu einer vorgelagerten winzigen Badeinsel; Surfmöglichkeit. Geöffnet 1.5.–30.9.; 3,50 €/Person, Auto 3 €, Zelt 3 €. ✆ 796-251, ℻ 796-252.

Autocamp Kozica (*), kurz vor Sibinj auf einer Landzunge, mittelgroßer Platz mit kleinen Bäumen mitten in der Prärie; geöffnet 1.5.–30.9.; Preise ähnlich wie Klenovica. ✆ 291-893.

In Sibinj ein **Camp** direkt an der Straße mit guten Bademöglichkeiten an zwei Kiesbuchten; auch in der Hochsaison nicht überfüllt.

Autocamp Bunica V und **Bunica I,** 5 km vor Senj und kurz hintereinander; die Betreiber sind Brüder. Die erste, steile Abfahrt verpasst man leicht (nicht schlimm, gleich dahinter ist ja der andere Bruder); das Gelände am besten zu Fuß erkunden, da die Straße vor der Schranke am Platzeingang endet; 10 € für 2 Personen, Zelt, Auto.

Zum Essen geht man 200 m weiter über die Straße ins **Restaurant Bunica.**

Senj

Das uralte Seefahrer- und Handelsstädtchen birgt eine fast 2500-jährige Geschichte. Mittelalterliches Gassengewirr, prächtige Baudenkmäler und das Wahrzeichen der Stadt, die trutzige Festung Nehaj mit weitem Blick über die vorgelagerten Inseln, lohnen mehr als einen kurzen Abstecher.

Senj ist eine der ältesten Städte Kroatiens, seine Ursprünge reichen bis zu den Kelten zurück. Und Senj ist die Stadt der Bora – wenn sie bläst, fliegt alles durch die Luft, was nicht festgezurrt ist, selbst Auto können den Bodenkontakt verlieren. Dennoch braucht man sich nicht sorgen – die wuchtigen Mauern der als Fünfeck angelegten Altstadt bieten genug Schutz. Rund 5500 Einwohner leben heute in dem historischen Städtchen, das sich im Spätherbst hinter frisch gehackten, nach Harz duftenden Holzhaufen verschanzt, um dem herben Winter zu trotzen.

Die Stadt liegt zwischen kahlem Fels an einer Hafenbucht, an der sich die Jadranska-Magistrale vorbeizwängt und die Straße zum nur 698 m hohen Vratnik-Pass ins Binnenland und zu den *Plitvicer Seen* (Plitvička jezera) hochschlängelt. Die

Karte S. 169

kalten Kontinentalwinde können hier ungehindert über die niedrigen Gebirgspässe auf Senj herabfegen. Doch die gute Lage am Meer und die kürzeste Verbindung zum Vinodol-Hinterland begründeten die besondere Bedeutung der Stadt.

Geschichte

Senj wurde 432 v. Chr. von den Kelten gegründet. Im 2. Jh. *Senia* genannt, diente sie den Römern als wichtiger Umschlagplatz und strategisches Tor zum Hinterland. Im 7. Jh. wurde Senj von Awaren und Slawen völlig zerstört. Die günstige Lage der Stadt sorgte jedoch für einen schnellen Wiederaufbau.
Die Kroaten übernahmen im 9. Jh. die Herrschaft über Senj und gründeten im 12. Jh. ein Bistum. Danach fiel die Macht an die Herren von Krk, die Frankopanen, die der Stadt besondere Rechte verliehen. Dies leitete die Blütezeit von Senj ein. Die Stadt profitierte vom Fernhandel, ihre Bürger lebten im Wohlstand, der kulturelle und politische Austausch mit fremdländischen Kaufleuten entwickelte sich. Die Türken rückten zwar immer näher an Senj heran, doch die Frankopanen trugen Familienzwiste aus, statt sich um Senj zu kümmern. Im 15. Jh. entriss der ungarische König *Matthias Corvinus* den Frankopanen die Herrschaft über Senj und machte sie zu einer Königsstadt. Dann kamen die Habsburger und ein slawisches Bauernvolk – die Uskoken. Ende des 17. Jh. wurden die Türken zurückgedrängt, das Hinterland wurde befreit. Man begann mit dem Bau der *Josephinenstraße* (nach *Kaiser Joseph II.* benannt), die hier in Senj am *Großen Tor* endete. Die Stadt, ohnehin ein kulturelles Zentrum Kroatiens, setzte ihren Aufschwung zu Land und zu Wasser fort.

Die Uskoken

Die Uskoken, die „Flüchtlinge", sind ein serbisches und kroatisches Bauernvolk, das aus den türkisch besetzten Gebieten vertrieben wurde und sich in Senj ansiedelte. Es baute eine starke Flotte mit wendigen Booten und nahm den Widerstand gegen die Türken auf. Die Großmacht Venedig aber suchte ein friedliches Zusammenleben, denn sie versprach sich mehr vom Warenhandel und schloss 1540 mit dem Halbmond Frieden. Die Uskoken, inzwischen gefürchtete Seeräuber und Piraten, fühlten sich verraten, kämpften allein gegen die Türken weiter und störten durch Plünderungen und Überfälle den venezianischen Handel. Nach und nach provozierten diese Aktionen einen Krieg zwischen Venedig und Österreich, der durch den Pariser Frieden 1617 beendet wurde. In dem Vertrag verpflichtete sich Österreich, die Uskoken wieder ins Binnenland zu verbannen.

• *Telefonvorwahl* 053

• *Postleitzahl* 51270 Senj

• *Information* **Fremdenverkehrsverein** (Turistička Zajednica), am Ortsbeginn beim Abzweig nach Plitvice, geöffnet 8–13 u. 17–20 Uhr. ✆ 881-068, 📠 881-219; www.tz-senj.hr.

Nationalparkverwaltung Velebit, an der Hauptstr., ✆ 884-551; geöffnet 7–15 Uhr. Kartenmaterial, Auskunft.

Agentur Mokotours, beim Ortsbeginn am Hafen, geöffnet Juni–Okt. 7–23 Uhr; Kralja Zvonimira bb, ✆/📠 883-069, 883-209; www.moko-tours.hr.

Agentur Senia am Hafen, 8–12 u. 17–21 Uhr, ✆ 882-114, www.seniatours.com.

Agentur Turist im Zentrum, ✆ 881-400.

• *Verbindungen* **Busse** fahren vom Busbahnhof am Hafen nach Rijeka, Zadar. Zu den Plitvicer Seen nur mit Taxi oder Ausflug.

• *Post* An der Hauptstraße, 7–21 Uhr.

• *Geldwechsel* **Privredna banka,** an der Hauptstraße; Mo–Fr 7–21 Uhr. **Erste banka,**

Senj – Altstadt mit Uskokenfestung Nehaj

mit Geldautomat, 8–11 und 17–20 Uhr, Ive Vlatkovića 2.

• *Ausflüge* Zu den Plitvicer Seen (wird auch von Touristagenturen angeboten) mit dem eigenen Fahrzeug oder in das Velebit-Gebirge mit dem Botanischen Garten (siehe unter Sv. Juraj).

• *Einkaufen* Supermarkt, Obst- und Gemüsemarkt.

• *Übernachten* **Privatzimmer** ca. 9–10 €/ Pers. **Appartements** für 2 Personen 25–30 €.

Stadthotel Nehaj (**), direkt an der Durchgangsstraße. DZ/F 50 €. ✆ 881-285, 881-114, ✆ 882-636, 882-448.

Hotel Art (**), am Stadtausgang am Meer; wenig „Art", eher praktisch-einfach; DZ/F 45 €, ✆ 884-377, ✆ 884-376.

Pension Hazienda, in Alleinlage 10 km südlich von Senj in Sv. Juraj, mit Restaurant, Tennisplatz, Markt; dazugehörig der Campingplatz Rača. Komfortable Zimmer mit Frühstück 45 €, Bungalows, z. B. für 4 Personen 60 €. ✆ 883-069, ✆/✆ 883-209.

• *Camping* **Autocamp Škver II** (*), direkt in Senj am Meer, leider fehlt etwas Schatten, Ankerplatz, neue Sanitäreinrichtung. 3,80 €/Person, Zelt 2,50 €, Auto 2,50 €; ✆ 885-250.

Weitere kleine Campingplätze finden sich rund um Senj:

Autocamp Bunica V (✆ 616-718) und **Bunica I** (✆ 616-716) gehören zwei Brüdern und liegen 5 km nördlich von Senj; 3,40 €/Person, Zelt 2,70 €, Auto 2 €.

Autocamp Ujča (✆ 882-193) 3 km südlich und **Autocamp Rača Euro** (**) (✆ 883-209) 10 km südlich in Sv. Juraj. 3,30 €/Person, Zelt 2,80 €, Auto 2 €.

• *Essen* Auf dem Platz gegenüber vom Kai das **Eiscafé Nehaj** – Laubbäume und alte Häuser ringsum. Die Gostionas sucht man sich am besten in den kleinen Gässchen, die vom Platz ins Städtchen abzweigen: **Konoba Lapidarij,** im lauschigen Innenhof des Museums, auch im Kellergewölbe Sitzplätze. **Konoba Lavlji Dvor,** im Löwenhof aus dem 16. Jh., überdachter Innenhof und kleine Terrasse vor der Tür. P. Preradovića 2, ✆ 881-738. Spezialitäten vom Holzofen bietet **Restaurant Košare,** Obala K. Zvonimira, ✆ 881-114. Am Ortsende, ebenfalls Hauptstraße Obala K. Zvonimira, das **Restaurant Krešimir,** mit großer erhöht liegender Terrasse; Spezialitäten sind Fischgerichte. ✆ 885-247.

Empfehlenswert auch **Restaurant Leut** (P. Preradovića 6, ✆ 881-972) und die **Konoba-Pizzeria Primorska** (S. St. Kranjčevića).

• *Nachtleben* Bar Mališa und Diskothek Magnus.

• *Veranstaltungen* Die Uskokenspiele finden nicht mehr statt, dafür gibt es jetzt Anfang–Mitte Aug. den **Sommerkarneval**. Das **Smotra-Klapa-Fest** findet im Juli statt.

• *Baden* Südlich vom Leuchtturm kleine Kiesstrände oder beim Strandbad.

Sehenswertes

Ohne ihre massiven **Mauern** und **Bollwerke** hätte sich Senj der ständigen Angriffe wohl kaum erwehren können. Die Stadt war bereits unter den Römern befestigt, die wenigen Türme und Mauern, die heute noch beeindrucken, stammen aus dem 13. bis 15. Jh. Einst umgaben Senj 13 Türme, verbunden durch Mauern, die zugleich als Rundgang dienten – über 1 km maß das städtische Befestigungssystem. Am besten erhalten blieb der so genannte *Leo-Turm* im Nordosten der Stadt, den Papst *Leo X.* Anfang des 15. Jh. errichten ließ. Weiter östlich der *Lipica-Turm,* ein Rundturm, der durch das Erdbeben 1913 Schäden erlitt; ein Stück weiter der *Salpan-Turm.* Im Süden, dem Meer zugewandt, steht der *Šabac-Turm,* der 1955 restauriert wurde, und östlich gegenüber der *Nasa-Turm.*

Der größte Platz Senjs ist der barocke, brunnen- und blumengeschmückte *Cilnica-Platz* mit dem Stadttor (Großes Tor) am einstigen Ende der Josephinenstraße. Daneben das *Frankopan-Kastell* aus dem Jahr 1340. Hier ragt auch der Turm der 1943 zerbombten Franziskanerkirche empor, auf deren Grabplatten die Namen einer Frankopan-Fürstin und tapferer Uskoken verewigt sind (heute im Stadtmuseum zu sehen). Unweit davon steht das älteste Kulturdenkmal der Stadt, der **Mariendom** aus dem 11. Jh., ein dreischiffiges, romanisches Bauwerk, das im 18. und 20. Jh. restauriert wurde. Zu den Kunstschätzen der Kirche zählen das Wandgrab des Senjer Bischofs *Ivan Cardinalibus* sowie das Wappen der Familie *Petrović* von 1491 – eines der ältesten kroatischen Staatswappen. Der Dom gilt als Geburtsort der glagolitischen Schrift, die von hier in andere slawische Länder verbreitet wurde. Bereits 1248 erkämpfte sich der damalige Bischof vom Papst die Erlaubnis, in dieser Schrift zu schreiben. *Method,* dem Bruder *Kyrills,* wurde zu Ehren seines 1100. Todestages vor der Kirche ein Denkmal gesetzt.

Westlich vom Domplatz befindet sich das **Stadtmuseum** (Juli/Aug. tägl. 10–21 Uhr, Juni/Sept. 10–18 Uhr, sonst 7–15 und 18–20 Uhr) im noch gotisch beeinflussten Renaissancepalais *Vukasović* aus dem 15. Jh. Es zeigt eine archäologische und ethnographische Sammlung sowie die Entwicklung der Glagoliza und ihrer Buchdruckkunst. Südlich vom Domplatz das neu auch gestaltete Sakralmuseum (tägl. 9–12 und 18–20 Uhr).

Im Stadtteil Gorica im Osten der Stadt ist eine *Druckerei* aus der frühen Neuzeit sehenswert, deren glagolitische Inschrift über der Eingangstür auf das Jahr 1477 hinweist. Hier wurden einige der ersten kroatischen Bücher und glagolitische Messbücher gedruckt. Erlernt haben die Senjer Domherren die Buchdruckerkunst in Venedig bei Meister *Andreo Torresani* (1451–1529), der als Erster Werke von Plato und Aristoteles druckte.

Im Süden der Stadt, oberhalb des Meers, ein kleiner Park, in dem Senjer Dichter, wie *Silvije Strahimir Kranjčević* (1865–1931), mit ihren in Stein gemeißelten Versen die Stadt verewigt haben.

Auf einem Hügel oberhalb der Stadt ragt düster und trutzig das Wahrzeichen Senjs, die Uskokenfestung **Nehaj** (Nehaj = „Fürchte nichts"). Sie wurde 1558 unter General *Ivan Lenković* errichtet und zeigt heute auf drei Stockwerken glagolitische Inschriften und historische Dokumente. Ein Spaziergang auf das mit Ecktürmchen geschmückte Bollwerk lohnt sich: Der Blick reicht weit über die Stadt und die vorgelagerten Inseln.

Öffnungszeiten Burg Nehaj Tägl. 10–18 Uhr, im Hochsommer bis 21 Uhr; es gibt auch ein Restaurant, das im Hochsommer bis 24 Uhr geöffnet hat.

Verse an die Stadt von Senj

Wie Stahl – Dein Charakter, Du edler Drache / Muss man schwarze Scharen jagen / Du standhafter Löwe auf der Wache / Beharren wirst Du, Hüne der Kroaten / Mit klarer Stirn, kühn und verwegen / Von Widerstandskämpfern erweckt zum Leben. / Durch Jahrhunderte, alte und neue / Der Freiheit galt stets Dein Schwur der Treue!

Silvije Strahimir Kranjčević

Ausflug zu den Plitvicer Seen

Die Plitvicer Seen im gleichnamigen Nationalpark sind ein Erlebnis! Die Karstgebieten eigenen Prozesse lassen immer neue Kaskaden, Wasserfälle und Staubarrieren entstehen – immer neue Formen bildet die Naturgewalt des Wassers. Die Seen und der Nationalpark sind seit 1949 geschützt und stehen heute auf der UNESCO-Liste des Weltnaturerbes der Menschheit.

Das Gebiet der Plitvicer Seen hat eine Fläche von 29.482 ha, zwei Drittel davon sind Wald und nur 2 % sind für die Gäste zugänglich. Funde bezeugen eine Besiedlung bereits in vorchristlicher Zeit, die Gegend blieb aber ohne größere wirtschaftliche Bedeutung. 1896 baute die „Gesellschaft zur Gestaltung und Verschönerung der Plitvicer Seen" das erste Hotel.

Nur einer strengen Reglementierung ist es zu verdanken, dass trotz Touristenlawinen (770.000 Gäste im Jahr 2005) die Unberührtheit der Landschaft erhalten blieb. Das war nicht immer so. Mitte der 70er Jahre war das ökologische Gleichgewicht ernsthaft bedroht. Daraufhin verbannte man die schweren Busse und Pkws, die die empfindlichen Kalkbarrieren erschütterten, aus dem Park, legte außerhalb riesige Parkplätze an und sorgte dafür, dass sich der Besucherstrom nur auf den eigens angelegten Pfaden und Stegen bewegte. Leichte Panoramabusse bringen heute die Touristen zu weiter entfernten Punkten, und ein Elektroboot befährt den Kozjak-See.

Hauptsehenswürdigkeit des nur 100 km von der Küste entfernten Parks sind die sechzehn Seen, deren Wasser sich über Stufen und Barrieren in großen Wasserfällen und Kaskaden von einem See in den nächsten ergießt, um schließlich nach 8 km und einem letzten Wasserfall in den Fluss Korana abzufließen. Umgeben von dicht bewaldeten, bis auf 1200 m ansteigenden Berghöhen, zeigt sich das absolut klare Wasser meist in leuchtendem Türkis; auf dem Grund sind versteinerte Bäume und Pflanzen deutlich zu erkennen. In den urwaldartigen Wäldern leben Rehe, Bären, Wildschweine, Wildkatzen und Wölfe. Die Luft ist erfüllt vom Duft der üppigen Vegetation, die sich hier ungestört nach ihren Regeln entfalten kann und für eine Vielzahl von farbenprächtigen Schmetterlingen einen idealen Lebensraum abgibt.

Das einzigartige Naturschauspiel entsteht durch ein typisches Karstphänomen, das hier, unbeeinflusst vom Menschen, noch immer so ablaufen kann wie vor Tausenden von Jahren. Das ist auch der Grund für das wissenschaftliche Interesse an den Plitvicer Seen, denn bis heute ist das exakte Zusammenwirken der komplexen Prozesse

Karte S. 169

Über Kaskaden und Fälle bahnt sich das Wasser immer wieder neue Wege

nicht restlos aufgeklärt. Das in der Luft vorhandene Kohlendioxid wird in einem chemischen Prozess im Wasser zu Kalk umgebaut. Pflanzen und Kleinstlebewesen beschleunigen den Vorgang. Es bilden sich Kalkablagerungen, die zusammen mit Pflanzen und Moosen immer höhere Barrieren bilden, das so genannte Travertin. Jährlich wachsen die als natürliche Staustufen wirkenden Hindernisse um ein bis drei Zentimeter, der Wasserspiegel in den Seen steigt, und das Wasser muss sich seinen Weg über Kaskaden und Wasserfälle bahnen – die Durchströmungsstellen verändern sich dabei ständig. Das heutige Barrierensystem ist vor rund 4000 Jahren entstanden und damit geologisch sehr jung. Das hat vermutlich klimatische Gründe, denn in der Eiszeit stagnierte dieser für Karstgebiete typische Prozess. Heute zeigt die Natur mit immer neuen Grotten, Barrieren, Wasserfällen und Seen ihre gewaltige Gestaltungs- und Veränderungskraft.

Besuch im Park

Der Nationalpark ist über zwei Eingänge zugänglich, jeweils einer befindet sich an den Oberen und an den Unteren Seen. Der auf der Eintrittskarte abgedruckte Plan zeigt unterschiedlich lange, mit Farbsymbolen und Buchstaben gekennzeichnete Wanderrouten. Die Eintrittskarte berechtigt auch zur Fahrt mit dem Elektroboot über den großen See.

Es werden Halbtagestouren angeboten, man sollte sich jedoch wenigstens einen ganzen Tag Zeit für den Besuch nehmen. Die Badesachen muss man leider zuhause lassen, das Baden ist inzwischen strengstens untersagt.

Ausgangspunkt Eingang 1: Von hier bietet sich ein grandioser Blick auf den größten Wasserfall. Auf einem schmalen, über Holzstege und -treppchen abwärts in eine Schlucht führenden Weg nähert man sich den Wasserfällen, die sich durch ihr Rauschen schon von fern bemerkbar machen. Der Vorteil der Route von den Unteren zu den Oberen Seen ist, dass man den größten Wasserfall (Plitvicer-Fall) sonnenbeschienen erlebt und nach dem Fußmarsch die Bootsfahrt vor sich hat. Unterhalb vom Eingang 1 ist auch die *Höhle Šupljara (Großes Loch).* Flussaufwärts an der Korana ist noch die *Golubnjača-Grotte.*

Beim Wandern auf angenehmen Holzwegen erlebt man Natur pur: glasklare Wasserbecken, in denen Fische regungslos stehen, üppig wuchernde Vegetation in und außerhalb des Wassers, unzählige Wasserfälle und Kaskaden in jeder erdenklichen Größe. Wer sich nicht zurückhält, hat, ehe er sich´s versieht, einen ganzen Film verknipst, und stellt zu Hause fest, dass er „nur" Wasserfälle abgelichtet hat.

Am großen *See Kozjak* liegt – ideal für eine Pause – ein großer Picknickplatz mit Selbstbedienungsrestaurant und vielen Buden, deren Tresen sich unter den angebotenen Leckereien biegen. Von hier startet das Elektroboot, das lautlos über den glatten, großen See gleitet. In der Nähe des *Eingangs 2* kann man ebenfalls rasten und picknicken.

Ein Erlebnis ist auch eine Bootstour (Ruderbootverleih) durch den Reichtum der unberührten Natur. Da liegen Kröten und Frösche faul auf Seerosenblättern, Fischschwärme durchpflügen plötzlich das ruhige Wasser, und in der klaren Tiefe erspäht man Wasserschlangen und bizzarste Formen versteinerter Bäume und Pflanzen.

Ein 5 km langer Wanderweg flussaufwärts an der Korana Richtung Campingplatz wurde vom Eingang 1 aus angelegt; es geht vorbei an der *Golubnjača-Grotte* und dem alten Dorf Korana.

Ausgangspunkt Eingang 2: Vom *Eingang 2* aus gelangt man auf schönen Fußwegen, ebenfalls über Holzstege und -brücken, zur Oberen Seenplatte und weiter zum *Prošcasko-See.* Hier ist es fast noch idyllischer und etwas ruhiger.
Die Panoramabusse, so genannt wegen ihrer großen Fensterfronten, bringen den Besucher von Eingang 1 über Eingang 2 bis zum *Prošcasko-See.* Doch die Fortbewegung per Pedes ist unbedingt vorzuziehen. Abends kann man sich dann vom Panoramabus bequem zu seinem Ausgangspunkt zurückbringen lassen.

Nationalpark/Information

- *Telefonvorwahl* 053
- *Postleitzahl* 53231 Plitvička jezera
- *Nationalpark Plitvice* **Nationalparkverwaltung,** ✆ 751-015, 751-014; 📠 751-013; www.np-plitvicka-jezera.hr. Geöffnet 8–16 Uhr.

Öffnungszeiten: *Eingang 1* ist ganzjährig geöffnet; Juli/Aug. 8–20 Uhr, Juni/Sept. 8–19 Uhr; später bis 17/18 Uhr. *Eingang 2* ist nur von Ostern bis Okt. geöffnet.

Eintritt: Jan.–April und Nov.–Dez. Erwachsene 7 €, Kinder unter 7 Jahre frei, Kinder

Küstenland Kraljevica - Senj
Karte S. 169

7–18 Jahre 3,50 €; Mai, Juni, Sept., Okt. Erwachsene 11 €, Kinder 7–18 Jahre 6 €; Juli/Aug. Erwachsene 13 €, Kinder 7–18 Jahre 7,50 €. Eine kompetente Führung gibt es für 60 €/3 Std.; jede weitere Stunde 20 €.

Die Karte ist einen Tag gültig, wird aber kostenfrei so lange verlängert, wie man mit Hotel- oder Campingplatz-Stempel die Übernachtung nachweist. Der Eintrittspreis umfasst Parkgebühr, Bus- und Bootsfahrten.

Verbindungen: Auf dem Kozjak-See verkehrt das Elektroboot. Die Panoramabusse verbinden die beiden Eingänge und auch die beiden Seen. Boot und Busse fahren von 8 Uhr bis Sonnenuntergang mindestens jede halbe Stunde, bei Bedarf häufiger.

Ruderboote: Anlegestelle am Kozjak-See.

Mountainbike: Es gibt einen Verleih bei Punkt 4 (11 €/Tag), nur von Juni–Mitte Sept. Innerhalb des Seengebietes ist allerdings Fahrradverbot. Gefahren werden kann oben entlang den Straßen und weiter Richtung Campingplatz. Im Ort Rakovica (Richtung Karlovac) sind im Touristbüro (✆ 047/784-450) Informationen und Karten erhältlich.

• *Information* Touristeninformation und Wechselstube an den Eingängen 1 und 2; jeweils geöffnet von 7 Uhr bis Sonnenuntergang. Alle Plitvicer Seen-Infos sowie Hotelbuchung z. Zt. über ✆ 751-015, 📠 751-013.

• *Anfahrt* Mit dem Flugzeug über die Flughäfen von Zadar und Zagreb und von dort mit öffentlichen Bussen; mit dem Pkw von der Küste kommend am besten von Senj, Karlobag oder Zadar; aus dem Landesinneren am besten über Karlovac.

Tanken: Nächste Tankstelle ist ca. 10 km nördlich in Grubovac (Richtung Karlovac) oder ca. 18 km südlich bei Korenica (Richtung Zadar).

Übernachten/Essen (siehe Karte S. 181)

• *Übernachten* **Privatzimmer** sucht man selbst, z. B. im 2 km südlich entfernt liegenden Ort Mukinje, hier gibt es viele hübsche ruhige Pensionen (***); zudem auch in Richtung Karlovac.

Im Nationalpark bei Eingang 2 liegen alle Hotels, idyllisch und ruhig inmitten von üppigem Mischwald oberhalb der Seen.

Die Hotels können direkt oder über die Zentrale des Nationalparks gebucht werden (s. o.).

Hotel Jezero (***) **(2)**, oberhalb vom Kozjak-See; bestausgestattetes, 1999 komplett modernisiertes 229-Zimmer-Hotel mit zusätzlich 14 Suiten, zudem 5 behindertengerechte Zimmer; Restaurants und Bar. Das Jezero bietet zudem Kinderspielzimmer, Whirlpool, Sauna, Beauty-Center, Sport- und Tennisplatz. Komfortable Zimmer mit TV, Minibar, AC; gutes Frühstücksbuffet. DZ/F je nach Lage 116–140 €. ✆ 751-500, 751-500.

Hotel Plitivice (**–***) **(3)**, 51-Zimmer-Hotel mit Restaurant, 1997 renoviert. Drei Kategorien werden geboten. DZ/F je nach Lage/Ausstattung 84–100 €. ✆ 751-200, 751-100.

Hotel Bellevue (**) **(4)**, das preisgünstigste Hotel, 70 einfach ausgestattete Zimmer. DZ/F 72 €. ✆ 751-700, 751-800.

Motel Grabovac (***), ebenfalls preisgünstige Übernachtungsmöglichkeit, mit Restaurant; ca. 12 km vom Nationalpark, in Richtung Zagreb (nach dem Campingplatz). DZ/F 68 €. ✆ 751-999, 📠 751-892.

• *Camping* **Autocamp Korana** (***), schöner, schattiger 35-ha-Platz abseits der Straße Richtung Karlovac–Zagreb, ca. 10 km vom Eingang des Nationalparks. Im nahen Korona-Fluss kann gebadet werden; 50 km Wanderwege sind von hier aus ausgeschildert. Moderne Sanitäranlagen; schönes, gutes Restaurant, Café, gut sortierter Supermarkt. Geplant sind Tennisanlagen und weitere Sportmöglichkeiten. Geöffnet Mai–Sept. 9 €/Person, Auto 2 €, Zelt 3 €. Auch einfache Holzhütten (ohne Bad/WC) werden vermietet; 34 €/2 Personen, mit Frühstück 42 €; ✆ 751-888, 📠 751-882 oder über die Nummer des Nationalparks. Wanderweg Richtung Seen oder per Bus morgens um 9 Uhr, Rückfahrt um 17 Uhr.

• *Essen* Wer an den Seen unterwegs ist, verpflegt sich am besten über das dortige, gute Angebot. Am Eingang 1 Kiosk mit leckeren Strudeln; gegenüber am Parkplatz das gute **Restaurant Lička kuća (1),** mit offenem Kamin, das traditionelle Lika-Küche bietet, u. a. leckere frische Käsesorten aus dem Velebit, zudem Grillspezialitäten, Gerichte aus der Peka und frische Forellen. ✆ 751-382.

Restaurant Degenija, vom Eingang 1 ca. 8 km in Richtung Karlovac, mit kleiner überdachter Terrasse.

Ansonsten gibt es bei Eingang 2 das **Restaurant Poljana** und 15 km weiter in Richtung Split **Restaurant** Borje.

Imposanter Blick auf den „Großen Wasserfall“

Kroatisches Küstenland – Von Senj nach Prizna

Der rund 50 km lange Abschnitt der Küstenstraße über **Jablanac** (Fährhafen für **Insel Rab**) und weiter, am Velebit entlang, nach **Prizna** (Fährhafen für **Insel Pag**) verläuft zum überwiegenden Teil nicht direkt am Meer. Vereinzelt winden sich abenteuerliche Straßen mit enormen Gefällestrecken von der Magistrale zu kleinen Orten hinunter, ohne Straßenbegrenzungen und weitgehend ohne Ausweichmöglichkeiten – Orte, die man besser mit dem Schiff anfährt.

Naturpark Velebit

Das größte Gebirge Kroatiens und zugleich das längste des Dinar-Massivs reckt sich mit seinem höchsten Gipfel, dem *Vaganski* vrh, bis zu 1757 m in den Himmel. Weithin, bis zu den Inseln, ist das mächtige *Velebit-Massiv* sichtbar, das sich in der Abendsonne rosarot verfärbt. Im Herbst und Winter braust die gefürchtete Bora mit ihren Sturmböen vom Velebit herab und fegt weg, was nicht niet- und nagelfest ist. So verwundert es nicht, dass der Gebirgszug in der Literatur verewigt wurde und Forschungszwecken diente. Jedem sein Heiligtum: Was den Griechen der Olymp und den Slowenen der Triglav, ist den Kroaten der Velebit ...

Mehr als 2000 km² Fläche ist der Naturpark Velebit groß und damit das größte unter Naturschutz stehende Gebiet Kroatiens. Der Naturpark umfasst die Nationalparks *Nord-Velebit* und *Paklenica* sowie die Totalreservate *Hajdučki* und *Rožanski kukovi*. Der Gebirgszug erstreckt sich über eine Länge von 145 km vom *Berg Vratnik* (Primorje-Gebiet), östlich von Senj, bis zum bereits zu Dalmatien gehörenden Karstfluss Zrmanja im Südosten und ist reich an Flora und Fauna. Trotz des südlichen Breitengrads liegt die Durchschnittstemperatur in den Bergen die Hälfte des Jahres nur knapp über dem Gefrierpunkt (mit großen Tag- und Nachtschwankungen). Schnee gibt es zwar bis Mai, doch für Wintersport ist der Velebit nicht geeignet.

Gerne besucht werden der *Botanische Garten Velebit* mit dem *Berg Zavižan*, nördlich davon der *Berg Vučjak*, weiter südlich *Rožanski kukovi*, oberhalb von Karlobag der Pass *Oštarijska vrata* und der *Nationalpark Paklenica*. Etwas außerhalb, am nordwestlichen Randgebiet, kann man das *Bärenrefugium* bei Kuterevo besuchen.

Information **Naturpark Velebit,** ✆ 053/560-450, 560-150; www.velebit.hr. **Nationalpark Nord-Velebit,** ✆ 053/884-551, 851-113; www.np-sjeverni-velebit.hr. **Nationalpark Paklenica,** ✆ 023/369-202, 369-155; www.paklenica.hr.

Sv. Juraj

In den ersten Buchten nach Senj lässt es sich noch gut baden, für eine Kaffee-oder Essenspause sei aber der Abstecher nach *Sv. Juraj*, ca. 9 km südlich von Senj, empfohlen. Der gemütliche Ort, an dem die Magistrale knapp vorbeiführt, zieht sich entlang dem Meer. Rund um den Hafen gibt es mehrere Restaurants und Cafés. Zum Sonnen schwimmt man am besten zu einem kleinen Inselchen hinüber. Am Orts-

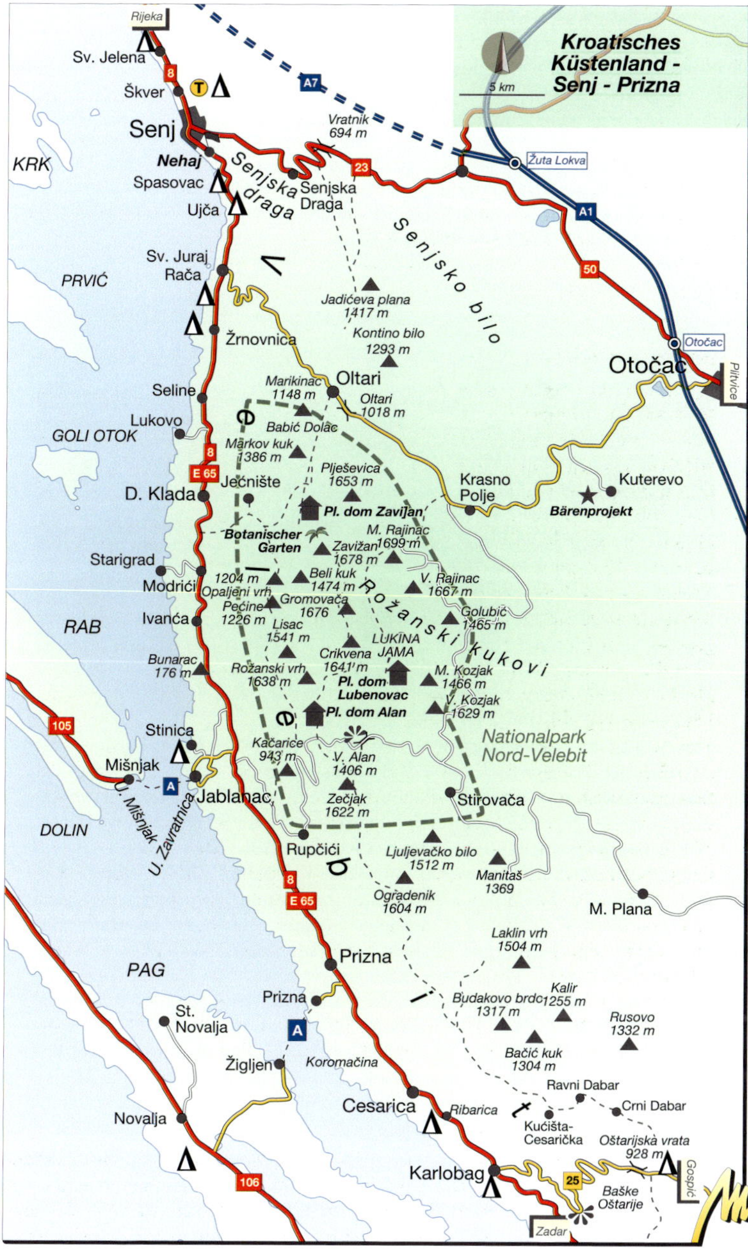
Kroatisches Küstenland - Senj - Prizna
5 km
Rijeka
Sv. Jelena
Škver
Senj
KRK
Nehaj
Spasovac
Ujča
Senjska draga
Senjska Draga
Vratnik 694 m
Žuta Lokva
Senjsko bilo
Sv. Juraj
Rača
PRVIĆ
Jadićeva plana 1417 m
Kontino bilo 1293 m
Žrnovnica
Otočac
Plitvice
Seline
Marikinac 1148 m
Oltari
Oltari 1018 m
Lukovo
GOLI OTOK
Babić Dolac
Markov kuk 1386 m
Plješevica 1653 m
Ječnište
D. Klada
Krasno Polje
Kuterevo
Bärenprojekt
Pl. dom Zavijan
Botanischer Garten
M. Rajinac 1699 m
Zavižan 1678 m
Starigrad
Modrići
1204 m
Beli kuk 1474 m
V. Rajinac 1667 m
Opaljeni vrh
Pećine 1226 m
Gromovača 1676
Rožanski kukovi
Golubić 1465 m
RAB
Ivanća
Lisac 1541 m
LUKINA JAMA
Bunarac 176 m
Crikvena 1641 m
Rožanski vrh 1638 m
Pl. dom Lubenovac
M. Kozjak 1466 m
V. Kozjak 1629 m
Pl. dom Alan
Velebit
105
Stinica
Mišnjak
Kačarice 943 m
V. Alan 1406 m
Nationalpark Nord-Velebit
U. Mišnjak
U. Zavratnica
Jablanac
Zečjak 1622 m
Stirovača
DOLIN
Rupčići
Ljuljevačko bilo 1512 m
Manitaš 1369
Ogradenik 1604 m
M. Plana
E 65
Prizna
Laklin vrh 1504 m
PAG
Kalir 1255 m
Budakovo brdo 1317 m
St. Novalja
Rusovo 1332 m
Bačić kuk 1304 m
Žigljen
Koromačina
Ravni Dabar
Cesarica
Ribarica
Crni Dabar
Kućišta-Cesarička
Novalja
Oštarijska vrata 928 m
Karlobag
Gospić
106
Baške Oštarije
Zadar

ausgang zweigt die landschaftlich sehr schöne Straße über Oltari in den *Nationalpark Nordvelebit* mit *Botanischem Garten* ab (12 km). Noch etwas weiter auf der Gebirgsstraße von Oltari in Richtung Otočac liegt beim Örtchen *Kuterevo* das Bärenrefugium, das ebenfalls einen Ausflug lohnt.

• *Information* Touristagentur, ✆ 053/883-209.

• *Übernachten* In Privatunterkünften.

• *Camping* **Rača Euro Camp** (**), 1 km außerhalb, am Meer; ca. 200 Plätze, teils Laubbäume, Konoba, Tennisplatz, Tauchschule. 3,50 €/Person, Auto 2 €, Zelt 1–2 €, geöffnet 1.5.–30.9.; ✆ 053/883-209; **Autocamp Žrnovnica**, kleiner Platz an der gleichnamigen Bucht. Es gibt Süßwasserquellen. Preis: etwas niedriger als Rača Euro Camp. ✆ 053/883-010.

Nationalpark Nord-Velebit und Botanischer Garten Velebit (Velebitski botanički vrt)

Der Botanische Garten liegt im Nationalpark Nord-Velebit, an der Nordseite des *Zavižan* (1677 m) auf 1433 bis1500 m Höhe. Er wurde 1967 angelegt und umfasst rund 50 ha, zusammen mit dem angrenzenden Reservat Zavižan-Balinovac 118 ha. Zahlreiche Pflanzen wurden als Anschauungsmaterial hier angesiedelt: Neben bekannten wie Alpenrose, Enzian und Edelweiß finden sich 600 alteingesessene, „autochthone" Arten, zudem weitere 300, die aus anderen Teilen des Velebit zusammengetragen wurden, sowie viele endemische, d. h. nur hier vorkommende Pflanzen. (Jede der Pflanzen trägt ein Namensschildchen.) Der Botanische Garten umfasst Wälder (u. a. Wachholder, Bergkiefern, Rotbuchen, Fichten), Wiesen, Steinflächen und eine Quelle. Vom Informationshäuschen führt ein 600 m langer Naturlehrpfad rund um eine Doline und talabwärts.

Um den Artenreichtum des Velebit besonders verdient machte sich der ungarische Botaniker *Arpad Degen* (1866–1934); 2200 Pflanzen sammelte er, bestimmte und verzeichnete sie und veröffentlichte seine Forschungsergebnisse in den 30er Jahren.

Vom Botanischen Garten aus kann man auch die umliegenden Gipfel des Nationalparks erkunden – die Aussicht aufs Meer und das Umland ist phantastisch. Erst 1999 wurde dieser Teil des Naturparks Velebit, der Nord-Velebit, zum Nationalpark erklärt.

1 km nördlich, am Fuß des *Bergs Vučjak* (1645 m), steht die bewirtschaftete Berghütte Zavižan (1594 m) mit meteorologischer Station. Wer gut zu Fuß ist, kann auch den *Premužić-Pfad* (Touristenpfad) gehen; der Weg führt vom Botanischen Garten durch die *Rossijeva koliba* (bizarre Felslandschaft) über den *Berg Veliki Alan* nach Oštarije. Für die Gesamtstrecke muss man rund 18 Stunden rechnen (komplette Wanderausrüstung erforderlich).

Nördlich des Botanischen Gartens liegt das 80 ha große *Reservat Visibaba* (Schneeglöckchen), Standort der kroatischen Sibirea, anschließend das Waldreservat Borov vrh mit autochthonen Schwarzföhrenbeständen. Südlich des Bergs Zavižan die unter besonderem Schutz stehenden *Rožanski kukovi* (1220 ha) mit speziellen geomorphologischen Phänomenen, daneben noch *Hajdučki kukovi* mit der erst 1993 entdeckten *Lukina jama* – mit 1392 m die tiefste Grotte Kroatiens und die achttiefste weltweit. Wegen des schlüpfrigen Terrains und verdeckter Grotten die Reservate besser nicht ohne Führer begehen. Die südöstliche Parkgrenze bildet das große, einmalige *Waldreservat Štirovača*.

• *Anfahrt* Von Sv. Juraj auf der Straße hoch in Richtung Krasno Polje. In Oltari die Abzweigung Richtung Zavižan nehmen (insgesamt ca. 17 km). Ab dem Nationalparkhäuschen Sića in Šisan (Eintritt von 30 KN/3 Tage) 12 km weiter auf gut präpariertem Makadam durch mächtige Buchenwälder zum Botanischen Garten. Weiter führt der Makadam Richtung Lukovo Šugarje.

• *Information* **Nationalpark Nord-Velebit,** ✆ 053/884-551, 851-113; www.np-sjeverni-velebit.hr. Auskünfte auch über Fremdenverkehrsamt Senj.

• *Übernachten* **Berghütte Zavižan** (1594 m), einfache Übernachtungsmöglichkeit (26 Bettenlager, 80 KN/Person) und einfache Mahlzeiten, geöffnet Juni–Okt., ✆ 053/614-200, 724-766.

Schutzhütte Rossijeva koliba (1580 m), nur Holzhäuser zum Schlafen, ohne Versorgung. Liegt auf 1/3 des Weges Richtung Lukovo Šugarje.

Weiter südlich das **Berghaus Alan** (1305 m), Übernachtung und einfache Bewirtschaftung. Anfahrt hierzu besser von Jablanac aus.

Ausflug zum Bärenrefugium Kuterevo: Beim gleichnamigen Ort liegen, mitten in der üppigen Natur an den nordöstlichen Abhängen des Velebitgebirges, die Bärengehege, die auch besichtigt werden können. Das Projekt wurde 2001 ins Leben gerufen, unterstützt von verschiedensten in- und ausländischen Stiftungen (u. a. auch von der Berliner Naturschutzstiftung). Momentan leben, nach Alter getrennt (2 ½ und 3 ½ Jahre), vier junge verwaiste Bären in jeweils zwei Gehegen auf 1 ha (soll auf 5 ha erweitert werden). Daneben gibt es auch eine Volontärstation (meist mit Volontären aus Holland und Deutschland), ein Büro und auch einen Bärenfriedhof. Die Jungbären kommen aus den unterschiedlichsten Regionen Kroatiens und wären in freier Wildbahn nicht lebensfähig gewesen. Um Überlebensfähigkeit und Immunität gegen Krankheiten zu erlangen, müssen die Tiere mindestens zwei Monate lang Muttermilch erhalten. Acht Monate Muttermilch benötigen die Bären, um die für ein Leben in freier Natur notwendige Entwicklung durchlaufen zu können. Verwaiste Bären brauchen dementsprechend viel Zuwendung und besondere Pflege. Bären sind sehr sensibel, Einzelgänger und Allesfresser, aber am liebsten mögen sie tonnenweise Beeren, auch mit Melonen sind sie zufrieden. Eine Bärin bringt nach 222 Tagen Tragzeit ihr Junges während der Winterruhe, meist zwischen Weihnachten und Hl. Drei König, zur Welt. Ab Sommer bis Herbst streift das Weibchen dann wieder alleine durch die Bergwelt. Das Projekt leitet vor Ort Ivan

Karte S. 185

Das Bärenkind Ljubo Lik

Crnković Pavenka, der lange Zeit in Deutschland lebte. Geöffnet von Ostern bis Ende November. Die Besucher sollten umsichtig sein. Auch die Dorfbevölkerung wurde in das Projekt integriert und sorgt für preiswerte Übernachtungsmöglichkeiten für Besucher.

• *Adresse/Anfahrt/Übernachten* **Bärenrefugium**, Pod crikvom 103, 53225 Kuterevo, ✆ 053/799-222, 📠 799-600, www.kuterevo-medvjedi.hr. Voranmeldung unter Mob. 091/5835-412. Eintritt: Es wird ein freiwilliger Beitrag erwartet, mindestens 2 € Erwachsene, 1 € Kinder. Schöne Unterkünfte in der Umgebung, ca. 11 €/Person. Anfahrt: Von Sv. Juraj ca. 35 km nach Kuterevo (Abzweig von der Hauptstraße in Richtung Otočac, ca. 10 km hinter Krasno Polje, dem Holz-Schild Medvid/Bär folgen).

Die Küstenstraße entfernt sich kurz nach Sv. Juraj vom Ufer. Erst eine schmale Stichstraße, die unmittelbar nach einem Tunnel abzweigt, bringt uns mit 15 % Gefälle wieder ans Meer und zum Dorf **Lukovo,** das sich mit ein paar Häusern, Kirche und Friedhof um eine Bucht mit schmalem Felsstrand erstreckt. Die Zimmervermittlung übernimmt ein Kiosk.

Die nächste Möglichkeit, ans Meer zu kommen in **Starigrad,** 7 km weiter südlich. Auf der Straße ist gerade Platz für ein Auto, die fehlende Straßenbegrenzung zehrt an den Nerven des Beifahrers. Wer sich hier einquartiert, macht nachts keinen Ausflug in die nächste Stadt.

Jablanac

Der kleine Fischerort ca. 45 km südlich von Senj ist Fährhafen für die Insel Rab und Ausgangspunkt für Ausflüge in den Nationalpark Nord-Velebit. In Jablanac stand die mittelalterliche Ansiedlung *Ablana,* 1179 wurde der Ort erstmals erwähnt, im 16. Jh. wurde er von den Türken niedergebrannt, die Einwohner flüchteten auf die gegenüberliegende Insel Rab. Seit dem 17. Jh. ist Jablanac wieder besiedelt. Heute dominiert der wehrhaft wirkende Neubau des Hotels Ablana das Dorfbild, altertümlich, fast idyllisch der Hafen mit seiner Kirche. 1 km südlich züngelt die 1 km lange, unter Naturschutz stehende fjordartige *Bucht Zavratnica* ins Land. Auf einem Fußpfad kann man von Jablanac aus in ca. 20 Minuten die Bucht erreichen.

• *Verbindungen* **Trajekt** Jablanac–Misnjak (Insel Rab) stündlich, in der Hochsaison halbstündlich von 5.30–22 Uhr mit Linie Rapska plovidba. Information ✆ 051/724-122. **Bus:** Es gibt keine direkte Busverbindung nach Jablanac, hier halten nur die Busse Rab–Rijeka oder Rab–Zagreb. Die Busse der Linie Split–Rijeka halten oben an der Küstenstraße (ca. 45 Min. zu laufen!).

• *Übernachten* **Hotel Ablana** (***), dominanter 50-Betten-Neubau oberhalb des Ortes; Restaurant/Bar, gut ausgestattete Zimmer und Appartements mit Balkon und Blick auf Rab; DZ/F 70 €. ✆ 053/887-216, ℻ 887-217; www.hotelablana.com.

• *Camping* **Autocamp Stinica,** völlig schattenlos in der nördlichen Nachbarbucht. Beigabe ist eine neu errichtete Touristenstadt aus Appartementblocks auf einer Landzunge. Tennisplätze, betonierter Badestrand; 10 € für 2 Pers., Zelt, Auto.

Hinter Jablanac windet sich ein Sträßchen zuerst 7 km auf Asphalt, dann 10 km auf Makadam hinauf in den Nationalpark Nord-Velebit. Von der einfachst bewirtschafteten Berghütte Alan (1305 m) kann man zum *Veliki Alan* (1406 m) laufen oder weiter auf dem *Premužić-Pfad* (siehe Nord-Velebit) nach Norden oder in Richtung Süden.

Kurz nach **Prizna** zweigt die Straße ab zum Fährhafen für die Insel Pag. Abgesehen von ein paar Kiosken, die Getränke und Sandwichs verkaufen, besteht der Fährort nur aus der Anlegestelle. Wer etwas Zeit hat, bis die Fähre ablegt, und vielleicht noch baden möchte, fährt die Adriamagistrale weiter bis **Cesarica** und **Ribarica** (ca. 6 km vor Karlobag).

Jablanac – Fährhafen zur Insel Rab, ansonsten ein Ort im Dornröschenschlaf

Blick auf die Pager Bucht und den Thunfisch-Beobachtungsturm

Insel Pag

Faszinierend, gleichzeitig unwirklich und erschreckend wirkt diese Insel: wie eine Mondlandschaft mit endlosen, von Mäuerchen durchzogenen Steinwüsten. Sengende Sonne auf dem gleißend weißen Geröll, das sich vom tiefblauen Meer scharf abhebt. Im Frühsommer bildet das Gelb der Disteln auf den Geröllhalden einen leuchtenden Kontrast. Entlang der Inselflanken ziehen sich zahllose Badebuchten, die man oft ganz für sich alleine genießen kann. Pag ist ein Paradies für Individualisten.

Die fünfte der großen Inseln im Kvarner Golf zählt schon zu den norddalmatinischen Inseln. Durch die Brücke zum Festland im Südosten rückt Pag in Zadars Nähe. Pag ist 60 km lang, im Südosten bis zu 10 km breit, an der Nordwestspitze nur 2 km. Auf 285 km^2 leben hier 7500 Menschen, die sich ihren Lebensunterhalt mit Schafzucht, Fischerei, Weinbau, Fremdenverkehr und in den Salzgärten beim Inselhauptort Pag verdienen.

Mit der Stadt *Pag* und vor allem *Novalja* hat die Insel zwei Zentren, und trotz all seiner Reize ist das von tiefen Buchten zerklüftete Pag noch nicht zu sehr von Touristen überlaufen. Für Mountainbikefans hat man ein breites Netz an ausgewiesenen Radwegen angelegt.

Der venezianische Gelehrte und Priester *Abbé Fortis* beschrieb ihre Bewohner als wild und ungehobelt. Es sei, „als hausten sie in der Wildnis ohne Umgang mit höflichen Menschen. Die Bessergestellten, die glauben, bessere Manieren zu haben als das Volk, sind in Kleidung, Benehmen und anmaßendem Auftreten erst recht groteske Figuren. Die Unwissenheit der Geistlichen ist kaum vorstellbar“, berichtet Fortis um 1770. Abgesehen davon, dass ihm die Pager zu unmanierlich waren, fand er

Wichtiges auf einen Blick

Telefonvorwahl: 053 (Gebiet Novalija), 023 (ab Kolan).

Allgemein: Zur Insel Pag gelangt man über die Brücke im Südosten, wenn man bei Posedarje die Autobahn oder die Magistrale verlässt, oder per Fähre.

Fährverbindungen: *Trajekt Prizna–Žigljen*, in der Saison nonstop stündl. rund um die Uhr; 1,60 €/Person, Auto 10 €.

Katamaran Rijeka–Rab–Novalja, ganzjährig 1x tägl.; Weiterfahrt nach Mali Lošinj über Ilovik und Susak, Mo u. Di (Di nicht Susak).

Personenschiff Lun–Rab, ganzjährig Mo, Mi, Fr–So (Lun 7.30 Uhr, 12 Uhr Rab); Juli/Aug. zusätzl. Di u. Do (Lun 10 u. 16 Uhr, Rab 9 u. 17 Uhr). Info bei Rapska plovidba, ✆ 724-122, Mob. 091/528-2110.

Busverbindungen: Regelmäßig zu allen Orten der Insel; zudem von Novalja und Pag nach Rijeka, Zadar, Split und Zagreb.

Tankstellen: Novalja u. Pag; Juni–Sept. nonstop geöffnet.

wohl auch keine angemessene Unterhaltung: „Sie waren alle so mit der Salzgewinnung beschäftigt, dass sie keinen anderen Gesprächsstoff kannten."

Karstig und kahl ist Pag. Kräuter und Sträucher sind in die Geometrie der Steinmäuerchen eingezwängt, und die 20.000 Schafe fressen begierig die letzten Reste des mageren Weidelands. Die Folgen menschlichen Raubbaus an der Natur sind auf der Insel deutlich zu sehen. Es waren Venezianer, die die Wälder für den Schiffsbau abholzten. Durch die starken vom Festland über die Insel peitschenden Fallwinde hatten neue Bäume und Sträucher kaum mehr eine Chance, die Bodenerosion nahm zu. In die unbewachsenen Flächen konnte der Regen ungehindert eindringen, und mit seiner Kohlensäure zersetzte er langsam das Kalk- und Dolomitgestein. Selbst die Bemühungen der Einwohner, die fleißig Stein für Stein zu Mäuerchen zusammentrugen, um das Land vor den Winden zu schützen, zeigen wenig Erfolg, ein Wiederaufforsten scheint fast unmöglich.

Die *Pager Bucht* ist eine fruchtbare, größtenteils jedoch überflutete Talwanne. Bei Novalja und Pag ist die Insel am grünsten. Hier gibt es Gärten und Felder und bei Novalja den *Wald Straško* mit Steineichen, Aleppokiefern und Zypressen. Ab und zu eine Pinie. An geschützten Stellen gedeihen die immergrünen Hartlaubgewächse, ansonsten nur Garigue mit Salbei, Thymian, Immortellen und vielen Disteln. Der Karstsee *Velo Blato* im Süden ist von Schilfgras umstanden und Brutstätte für viele Wasservögel; seine unterirdischen Quellen dienen auch der Trinkwasserversorgung. Sumpfschildkröte und griechische Landschildkröte, Zikaden, Eidechsen, Nattern und Sandvipern sind auf der Insel Pag heimisch – Fasane und Rebhühner wurden ausgesetzt, damit ihnen die Jagdurlauber den Garaus machen können; und vom Velebit, dem Küstengebirge, schaut manchmal ein Gänsegeier vorbei. Berge durchziehen die Insel der Länge nach und ragen in der Mitte bis zur höchsten Erhebung, dem *Sveti Vid,* 348 m auf. Die Berge sind zur Küste hin steil, fallen aber in ihren buchtenreichen Ausläufern sanft zur offenen See ab, wo vorgelagert die Inseln *Skrda* und *Maun* liegen. Letztere hat ein paar Hirtenkaten und Badebuchten im Südwesten. Ansonsten gibt es *Kies-Sand-Strände* in der Pager Bucht und an der Südwestseite der Insel.

Auf Pag wird es im Sommer durch die kühlen Maestral-Winde nicht zu heiß; der Winter ist mild und regenreich durch den Südwind Jugo, der das Meer zu Dreimeterwellen auftürmt. An der Nordostseite tobt die trockenkalte Bora, die sich durch die von den Bergen her wehende Tramuntana, den Nordwind, ankündigt

Insel Pag Karte S. 192/193

und mit ihren Böen die Salzgischt peitscht, das Land ausbleicht und zum Glitzern bringt. Im Herbst stürmt der Grbin mit Regen von Südwesten.

Rheumakranken seien die Schlammbäder bei den *Pager Salinen* empfohlen. Der Heilschlamm mit seinem hohen Schwefelanteil, auf den Körper gepackt und an der Sonne getrocknet, lindert die Beschwerden.
Eine weitere Besonderheit der Insel sind die geklöppelten *Pager Spitzen, Čipka* genannt. Noch heute sitzen die Frauen in den Gassen von Pag vor ihren Häusern und arbeiten an den bizarren Deckchen.

Inselspezialitäten sind der bekannte Pager Schafskäse *Paški sir,* eine Art Parmesan, der durch die salzigen Weiden seinen besonderen Geschmack erhält, die wohlmundenden *Weine,* wie der kraftvolle Dessertwein *Prošek,* der goldgelbe *Žutica* und der weiße *Paški gegić* und – nicht zu vergessen – die in der Gegend um Lun gedörrten leckeren *Feigen,* die Frauen zum Kauf anbieten.

Geschichte

Die Liburner errichteten im ersten Jahrtausend v. Chr. auf Pag ihre Wallburgen und Grabstätten. Plinius der Ältere nannte im 1. Jh. Pag *Cissa,* etwa dreihundert Jahre später, 361, versank die römische Stadt im Meer. Ein Kastell befand sich beim heutigen *Novalja,* das zur neuen Inselhauptstadt aufstieg. Reste einer römischen Seefestung sieht man heute noch in Svetojanj am Velebit-Kanal.

Auf die byzantinische Herrschaft folgten die kroatischen Könige. Einer ihrer letzten, König *Krešimir IV.,* machte 1071 eine verhängnisvolle *Schenkung.* Die Nordhälfte von Pag gab er der byzantinisch-dalmatinischen Stadt Rab, die Südhälfte schenkte er Zadar, das damals ebenfalls noch dem Oströmischen Reich unterstand (siehe Geschichte Insel Rab). Dann kämpften die ungarisch-kroatischen Könige mit den venezianischen Dogen um Dalmatien; Rab stritt mit Zadar um den Rest von Pag mit den Gewinn bringenden Salinen. Zadar machte die zu Rab gehörende Stadt *Cissa* Anfang des 12. Jh. dem Erdboden gleich. Erst im 13. Jh. entstand daraus Novalja. Die Stadt Pag kämpfte um ihre Selbständigkeit: Zwar hatte sie durch die Salzgewinnung an Bedeutung gewonnen, und auf eben dieses

Salz hatte Zadar ein Auge geworfen. Dem Streit machte 1376 der Kroatenkönig *Ludwig der Große* ein Ende, als er Pag zur freien Stadtgemeinde erklärte. Nach seinem Tod verkaufte *Ladislaus* seine Rechte auf Dalmatien – dies betraf Zadar und Pag – an Venedig. Rab fürchtete um seine Pager Ländereien und erkannte vorsichtshalber die Oberhoheit des Dogen an. Die Einwohner der Stadt Pag siedelten sich am Meer an, das mittelalterliche Pag hieß fortan *Stari Grad.* Kirchlich blieb die Insel Zadar untertan, Venedig behielt sich das Salzmonopol vor. Unter Österreich erwachte das kroatische Nationalbewusstsein, Pag wurde wieder eine administrative Einheit. Man baute Straßen, und Dampfschiffe liefen die Häfen an. Der heutige Name der Insel und ihres größten Ortes geht auf das lateinische Wort *pagus* (Dorf) zurück. Bis 1983 gehörte die Nordwestspitze, die Halbinsel Lun, zur Gemeinde Rab, dann mal wieder zu Zadar, heute untersteht sie verwaltungsmäßig der Lika-Senj-Region.

Insel Pag
Karte S. 192/193

Nach Novalja

Žigljen: Fähranlegestelle im Norden der Insel, gegenüber dem Festland. Die Straße windet sich den kahlen Steinhügel hinauf, bald wird der Blick frei auf die Pager Bucht, danach Abzweig Richtung Nordwesten.

Stara Novalja: Die alte Fähranlegestelle im Nordwesten ist heute beliebter Ferienort – die Bucht ist auf ganzer Länge mit neuen Häusern zugebaut, trotzdem herrscht geruhsame Stimmung. Zu den Anwesen gehört meist ein kleiner Strand, und das Meer ist sehr sauber. Am Buchtende die *Sandbucht Trinćel* mit Bootsanlegestelle. Nach wenigen Fahrminuten sichtet man das Meer wieder von Süden; an der Einbuchtung liegt Novalja.

• *Information* **Fremdenverkehrsamt,** ✆ 651-077; www.tzstaranovalja.hr; 7–15 Uhr. **Agentur Sv. Marija,** ✆ 662-250, ℻ 662-160.

• *Post* 8–12 und 15–19 Uhr.

• *Einkaufen* Etliche Minimärkte.

• *Übernachten* Großes Angebot an Unterkünften, Vermittlung über die Agenturen. **Privatzimmer** 8–10 €/Person, **Appartements** ab 34 €/2 Personen.

Kleines **Privatcamp** unter Pinien.

• *Essen/Übernachten* Sehr zu empfehlen das **Fischrestaurant Arka,** ✆ 651-125, sowie das **Restaurant Bolero,** das Peka-Gerichte nach Vorbestellung anbietet (✆ 651-219). Am

Ende der Bucht **Cafébar Trin** und **Konoba Tony.**

Vinski Podrum Boškinac, am Ortsende nach der Bucht Trinćel, Straßenabzweig nach Osten. Ca. 1 km Makadam. Mitten im grünen Tal liegt der Natursteinbau im mediterranen Stil mit hübscher Terrasse; gehört zum Kreis Chateau Relais. Gehobener Standard. Komfortable Zimmer, DZ/F 150 €. Novaljsko polje, ✆ 663-500, 📠 663-501, www.boskinac.com.

• *Tauchen* Tauchclubs sind hier gut vertreten: **Nautica,** Kunera, ✆ 651-023; **Lagoona Divers,** Livići 85, ✆ 651-240; **Ocean Pro,** Puntica 97, ✆ 651-036; **Connex Diving.** Mob. 091/7213-234 oder 091/5985-412.

Novalja

Das einstige Fischerdorf liegt an einer weit geschwungenen Bucht mit breiter Promenade, ein Marktplatz ziert den alten Ortskern, zahlreiche Zeugen aus römischer Zeit warten auf Entdeckung. Novalja war zeitweise Hauptstadt der Insel und hat sich wegen der vielen Strände in der Umgebung zum Badeort und touristischen Zentrum gemausert – bei Nacht locken die Diskotheken zum Ausschwärmen.

Rund 2500 Einwohner leben in der Kleinstadt, dem Touristenzentrum der Insel, aber nach Pager Maßstäben: Es gibt zwei unauffällige Hotels, viele Pensionen, Lokale und den gut gelegenen Campingplatz mit Sportzentrum in der Nähe. Doch auch hier bleibt die Zeit nicht stehen, und Jahr für Jahr wird um das Städtchen herum kräftig gebaut, Neubauten mit Pensionen und Appartements fressen sich immer tiefer in unberührte Natur.

Den alten Ortskern mit seinen wenigen verwinkelten Gassen hat man jedoch schnell durchquert, sofern man nicht an irgendeiner Haustür beim Wein- oder Käse-Probieren hängen bleibt – von Obst bis Knoblauch wird feilgeboten, was der Garten hervorbringt. Die *Loža,* der Hafenplatz, und der angrenzende, vom Grün der Sophorabäume beschattete Marktplatz, sind die belebtesten Flecken im Ort. Von den Cafés rund um den Platz kann man den feilschenden Frauen an den Obst- und Gemüseständen zusehen. Dazwischen ein paar Stände mit Pager Spitzendeckchen – alte Frauen in Schwarz sitzen häkelnd dahinter. An der mit Palmen, Lorbeer, Oleander und Tamarisken bepflanzen Uferpromenade reihen sich Straßenkneipen, Eisdielen und die unvermeidlichen Souvenirbuden. Frühmorgens erwacht Novalja am Hafenbecken wieder zum einstigen Fischerdorf: Kähne, gefüllt mit bunten großen und kleinen Fischen, warten auf Abnehmer und Feilscher, die bald auch von allen Seiten angelaufen kommen.

Als *Caska* (*Cissa*) versank, wurde Novalja zur neuen Inselhauptstadt. Das alte Weinbauerndorf Novalja gibt es noch heute – und in der archäologischen Sammlung *Stomorica* (neben der Pfarrkirche St. Katharina) die zu Stein erstarrte Geschichte einer glanzvollen Zeit: Gezeigt werden ein Inschriftenstein mit bischöflichem Taufspruch aus dem 4. Jh., Funde aus zwei frühchristlichen Kirchen des 5. und 6. Jh. und Reliquiare.

Von den Römern wurde eine *unterirdische Wasserleitung* gebaut, die von Polje (= Feldflur) bis zum Hafen durch den Fels verläuft, 44 m tief und 1402 m lang. Durch acht senkrechte Schächte gruben 16 Mann gleichzeitig im Stollen. Einer der Schächte, das italienische Loch, befindet sich bei der *Stara škola* (Alte Schule). Den Stolleneingang gegenüber dem Rathaus *(Kralja Zvonimira)* hat man überbaut und darin das **Stadtmuseum** eingerichtet (Juli/Aug. 9–13 u. 18–22 Uhr, später Mo–Sa 9–13 Uhr). Mit Führung kann man in den Schacht hinabsteigen und ca. 200 m weit an römischen Quadern entlanglaufen. Das Museum zeigt u. a. Amphoren aus der

Mitte des 2. Jh. bis zum Ende des 1. Jh. v. Chr. (s. u.), eine Fotoausstellung von *Damir Fabianić* und wechselnde Ausstellungen. Für Taucher gibt es eine besondere Überraschung: Die restlichen fast 100 Amphoren, die 2004 von dem Taucher *Dražen Peranić* ca. 1 km östlich von Žigljen bei der Vlaška Mala Bucht gefunden wurden, können am Meeresgrund besichtigt werden, sind allerdings durch einen Stahlnetzkäfig gesichert.

Spitzendeckchen aus Novalja sind ein beliebtes Souvenir

Die Steinklötze an der Uferpromenade und am Marktplatz entstammen römischen Steinbrüchen; am Marktplatz stehen frühchristliche Sarkophage, daneben erhebt sich die *Kleine Kirche*, 1828 anstelle eines im 17. Jh. abgerissenen Vorgängerbaus errichtet. Im Innern ist ein ikonenhaftes Madonnenbild zu besichtigen, das seit 1534 als wundertätig gilt. Hinter der Kleinen Kirche stieß man 1974 bei Erdarbeiten auf die Grundmauern einer frühchristlichen Basilika, deren Apsis mit 13 m Durchmesser die größte der Region Römisch-Dalmatien ist. Zudem legte man Mosaike frei, die aus dem 4. oder 5. Jh. stammen. Der Mosaikboden ist in der Kirche unter einer Glasscheibe zu bewundern.

Die *Kirche St. Katharina* nördlich vom Marktplatz wurde im 18. Jh. errichtet, sie brannte nieder und wurde 1906 wieder aufgebaut; sehenswert ist der aus Carrara-Marmor gefertigte Hochaltar mit einem Relief von Ivan Rendić.

Insel Pag
Karte S. 192/193

Information/Diverses

- *Telefonvorwahl* 053
- *Postleitzahl* 53291 Novalja
- *Information* **Fremdenverkehrsamt** (Turistička Zajednica Grada), Mitte der Uferpromenade, ✆/📠 661-404; www.novalja.hr.

Touristagentur Sunturist, Kranjčevićeva (am Ortseingang), ✆ 661-211, 📠 661-611; www.islandpag.com; geöffnet Juli/Aug. 7–22 Uhr; später 8–20 Uhr.

Gleich daneben **Agentur Chery,** Braće Radić, ✆ 662-174; Schiffsverbindungen, Zimmer etc. **Novalia Kompas,** ✆ 661-102, 661-215.

Jadrolinija, beim Hotel Loža. **Autotrans,** ✆ 661-655, am Hafen.

- *Verbindungen* **Busse:** Bushaltestelle für Lokalbusse westl. der Mole, für gesamte Insel und weiter gegenüber Tankstelle (Busverbindung zwischen beiden Haltestellen); Infos über Autotrans oder andere Agenturen (z. T. sind die Bustickets bei Autotrans am teuersten). Zu allen Fährabfahrts- und -ankunftszeiten Busverbindungen zwischen Pag und Novalja. Vor dem Campingplatz hält der Bus ebenfalls. Im Juli/Aug. Direktbusse (6.45, 15.35, 23.35 Uhr) nach Zagreb, später nur 1x tägl.; 15 €. Nach Rijeka 2x tägl. (5.40, 12.15 Uhr). Nach Zadar im Sommer 5x tägl. Nach Split 1x tägl., 13.30 Uhr.

Bus zum Strand Zrče (Abfahrt bei Mole, Stopp auch Busbahnhof), ab 5.20 u. 11 Uhr, danach stündlich bis 19 Uhr), im Hochsommer auch nachts.

Schiffsverbindungen siehe Einleitung Pag.

- *Geldwechsel* **Erste banka,** Braće Radić, geöffnet Mitte Juni–Mitte Sept. Mo–Fr 8–11.30 u. 8–20.30 Uhr, Sa 8–12 Uhr; zudem Geldautomat. **Privredna banka,** Trg bazilike,

Fischmarkt – frühmorgens wird um die besten Fische gefeilscht

geöffnet Juli/Aug. Mo–Fr 8–13 u. 15–20 Uhr, Sa 8–12 Uhr, sonst Mo–Fr 7.30–13 Uhr; Geldautomat. **Credo banka,** Braće Radić, geöffnet Mitte Juni–Mitte Sept. Mo–Fr 7.30–14 u. 18–21 Uhr, Sa 8–12 Uhr; Geldautomat.

• *Post* Trg Loža, geöffnet Mitte Juni–Mitte Sept. Mo–Fr 7–20.30 Uhr, Sa 8–12 u. 18–20.30 Uhr.

• *Gesundheit* **Ambulanz,** Braće Radić, ✆ 661-367; **Apotheke,** Dalmatinska ul., ✆ 661-370, geöffnet Mo–Sa 8–13 u. 17–21 Uhr, So 10–12 u. 19–20 Uhr.

• *Ausflugsfahrten* Vermitteln die Agenturen: nach Rab, Lošinj, Silba, zu den Kornaten und den Plitvicer Seen.

• *Tankstelle* Oblizanica, am Ortsausgang und Kreuzung Richtung Fähre bzw. Pag. Nonstop geöffnet Juni–Sept.

• *Einkaufen* Mehrere gut sortierte Supermärkte, z. B. am Ortseingang und -ausgang, Obst- und Gemüsemarkt, internationaler Zeitungskiosk.

• *Galerie* **Galerija kunkera,** nördlich der Kralja Zvonimira und westl. der Kirche St. Katharina; **Galerija Vesinaart,** Kralja Zvonimira; geöffnet im Sommer meist 8–12 u. 19–22 Uhr.

• *Nachtleben* Beste Adresse ist z. Zt. die **Disco-Bar Cocomo-Club** (neben Mobby Dick), man kann im Freien unter Palmwedelschirmen sitzen und Cocktails schlürfen. Am **Zrće**-Strand tobt nachts der Bär: **Discothek Zrće** (22–3 Uhr); **Diskothek Aquarius** und **Papaya;** zudem **Cocktailbar/Nightclub Plaža.** In allen Lokalitäten gibt es Snacks, Gegrilltes und Pizzen. Caska-Strand, **Disco-Club Kalypso** (22–3 Uhr); **Cocktailbar Tri Sunca** (10–2 Uhr).

• *Veranstaltungen* **Mariä Himmelfahrt,** 15. Aug., Prozession von Novalja nach Pag. **Patronatsfest Sv. Anton,** 13. Juni. **Kultursommer Novalja,** Mitte Juni–Mitte Sept.; Ethno-Festival, Klassik- und Klappakonzerte.

Übernachten/Camping/Essen

• *Übernachten* **Privatzimmer** je nach Kategorie 7–9 €/Person ohne Frühstück. **Appartements** für 2–8 Personen; z. B. Studio mit Balkon ab 25 €.

Hotel Liburnija (**), mit Pavillons hinter Palmen am Meer. Einfache Ausstattung mit TV und kleinem Kühlschrank, aber ohne Balkon; DZ/F mit Meerblick 112 € (zu teuer!). In den Dependancen etwas weniger. ✆ 661-328, 📠 661-332.

Hotel Loža (***), am Kai, jeden Abend Pianomusik auf überdachter Terrasse. DZ/F 106–

144 € mit Meerblick (ebenfalls zu teuer). ✆ 661-313, 661-326, 📠 661-304, www.turistdd.hr.

Villa Paščić, im Ortskern, westlich vom Marktplatz mit Konoba 85, moderne, aber zum Teil etwas stickige Zimmer. DZ/F ca. 100 €. ✆ 663-680, www.otok-pag.net.

• *Camping* **Autocamp Straško** (**), mit einer der schönstgelegenen Plätze, an der Südwestküste vor der Stadt, Richtung Pag. Großer Platz, auf dem Steineichen, Zypressen und Olivenbäume Schatten spenden. Weißer Fels- und Kiesstrand mit FKK-Gelände. Supermarkt, Restaurant, Pizzeria, Tennisplätze, Tauchclub. 6 €/Person, Auto 5 €, Zelt 5 €; Mobilbungalows 85 €. CCI-Rabatt 10 %. Geöffnet 1.5.–30.9.; ✆ 661-226, 📠 661-225.

• *Essen* Zahlreiche Restaurants und Cafébars gibt es entlang der Hauptstraße und versteckt in Nebengassen.

Restaurant Starac i More, beste Fischküche am Ort. Meist lange Wartezeiten; großer Gartenbetrieb unter Fischernetzen. Braće Radić, ✆ 662-423.

Restaurant Stari Mlin (Alte Mühle), Gerichte vom Holzkohlengrill. Obala Petra Krešimira IV, ✆ 662-275.

Konoba Adria, schattige Terrasse unter Obstbäumen, durch Fischernetze unterteilt; gute Fischgerichte. Obala Petra Krešimira IV, ✆ 661-205.

Konoba 85, angeschlossen Hotel Paščić, gute Fischgerichte. ✆ 663-680.

Konoba Ankora, westlich des Marktplatzes. Überdachte Terrasse, weißer Oleander säumt den Eingang. Im Angebot z. B. Hummer, Froschschenkel und natürlich Gegrilltes. Ribarska 10, ✆ 661-363.

Restaurant Laguna, ganz im Westen an der Strandpromenade. Gehobene Preise, dafür romantische Atmosphäre mit Kerzenlicht und Blick aufs Meer; Fisch- und Grillgerichte. Mob. 091/525-4702.

Empfehlenswert auch Restaurant **Moby Dick** an der Hauptstraße (Ortsmitte); bequem und hübsch sitzt man in Korbstühlen und speist Fisch oder Fleisch. ✆ 662-488.

Restaurant Antonio, am Ortseingang, gute Fischgerichte, vielfältige italienische Küche. Obala Petra Krešimira IV, ✆ 661-441.

Bistro Steffani, in Ortsmitte (Hauptstraße); modernes Lokal mit nettem Ambiente und italienischer Küche. Es gibt Salate, Reis- und Nudelgerichte, etliche Vorspeisen.

• *Internetcafé* **La Paloma,** (Trg Bazilike); im **Hotel Loža, Café Harpun,** Braće Radić.

Baden/Sport

• *Baden* Gute Bademöglichkeiten am Kiesstrand in der großen Bucht von Novalja. Auch für Kinder bestens geeignet, da es seicht ins Wasser geht. Wem es hier zu überlaufen ist, der kann um das **Kap Gaj** herumlaufen zur **Babe-Bucht** mit felsigem Strand und sandigem Grund. Ein paar Kilometer entfernt die Sandbucht **Trinćel.** Oder man fährt in die Pager Bucht zum Sand-Kies-Strand von **Caska.** Nebenan der Kiesstrand von **Zrće** (gebührenpflichtiger Parkplatz, sehr viel Rummel). Östlich vom Autocamp Straško (hier weht die Blaue Fahne) der Kiesstrand **Braničevica** (bei Gajac-Feriensiedlung). Mehr zu Baden siehe Abschnitt Pager Bucht.

• *Sonstiges* **Sportzentrum** neben dem Campingplatz mit Tennisplätzen, Minigolf, Tischtennis, Basketball, Boots- und Surfbrettverleih sowie Restaurant.

Bootsverleih über die Agenturen, im Autocamp und an der Zrće-Bucht. Surfbrett- und Paddelbootverleih an der Zrće-Bucht.

• *Fahrradfahren* **Fahrradverleih** bei der Busstation und im Autocamp. Von Novalja aus kann man herrliche Touren Richtung Lun (Vorsicht auf der Hauptstraße) oder auf dem Uferweg nach Pag unternehmen.

• *Tauchen* **Tauchclub Submarine,** Obala Petra Krešimira IV, ✆ 661-746 (nur in der Saison geöffnet). Tauchclub im **Autocamp Straško** (✆ 662-419). Zudem in Stara Novalija (siehe dort).

Halbinsel Lun

Wie eine Lanze stößt die Halbinsel von Novalja nordwestwärts ins Meer ein. Ihre Bewohner bauen Wein und Oliven an, züchten Vieh und schichten Steine zu Mäuerchen zum Schutz des verkarsteten Landes gegen den Wind.

Richtung Lun verläuft die Straße zwischen niedrigen Mauern: Karg und steinig ist das Land, nur Feigen- und Olivenbäume gedeihen hier. Auf der einen Seite das Küstengebirge, auf der anderen tiefblau das Meer. In der Ferne erheben sich die Inseln

Insel Pag Karte S. 192/193

Tausendjährige Zeitzeugen unter Naturschutz – wilde Olivenbäume bei Lun

Lošinj, Silba und Olib. Oben an der Straße wirkt alles einsam und verlassen, nur ab und zu ein Esel, Schafe, die unter den knorrigen, ausladenden Olivenbäumen Schatten suchen. Schmale Asphaltwege zweigen zu Weilern auf der Südwestseite der Insel ab, die sich langsam dem Tourismus öffnet.

Potočnica: Fels- und Kiesbuchten umgeben den Ort, ein kurvenreiches Sträßchen führt hinab zur kleinen Siedlung. Am Hafenbecken wird Fisch gegrillt; es gibt eine Zimmervermietung.

Dražica: Ein schmales Asphaltsträßchen, eingezwängt zwischen Buschwerk und Mäuerchen, schlängelt sich tief zum Meer hinab.

• *Camping* **Autocamp Dražica;** kleiner, terrassierter Platz unter Olivenbäumen an einer stillen Bucht. Grillengezirpe ist in der Mittagshitze das einzige Geräusch. Unterhalb des Camps Kies-/Felsstrand und Pfade zu weiteren Buchten. Kaltdusche und Toiletten; Holzbänke und Tische ums Privathaus. Eine Deutsch sprechende Frau leitet den Platz. In der **Konoba Mul** gibt es hausgemachten Käse, Schinken und Fisch. Person und Zelt 8 € (Mindestaufenthalt 5 Tage). Geöffnet 1.6.–31.9. Für Caravans nicht geeignet! ✆ 661-294.

Jakišnica: Einfamilienhäuser zwischen Oliven- und Feigenbäumen ziehen sich hinab bis zum Meer und zum Hafenbecken. Rund um Jakišnica Kies- und Felsbuchten. Die Einheimischen braten sich ihren Fisch vor der Haustür. Der Ort wird oft mit Ausflugsbooten von Rab „beglückt".

• *Übernachten* **Privatzimmer** 6–9 €/Person, z. B. in der **Pension Stella di Mare** mit Garten oder in der **Pension Jakišnica.** Zudem Appartementvermietung.

• *Essen* Am Hafenbecken **Konoba Sidro** (✆ 668-093) und **Palma** (✆ 668-117), die ebenfalls Zimmer vermietet.

Zum **Einkaufen** gibt´s einen kleinen Laden.

Dudići: Kurz vor Lun führt eine Abzweigung zu dem Olivenweiler mit sehr gutem Fischrestaurant und Pension Crnika unter Schatten spendenden Bäumen direkt am Hafenbecken (✆ 665-105, 665-104). Rechts vom Ort führt ein Waldweg zu vielen kleinen *Kiesbuchten.*

Lun: Kleiner Ort an der Straße, versteckt hinter Steinmäuerchen und Gärten. In einer Kneipe mit schilfgedeckter Terrasse bekommt man Pager Käse, luftgetrockneten Schinken und Wein – ein Ort zum Ausspannen. Wenn einem hier jemand aufgeregt nachläuft, so nur, weil er ein paar frische Feigen verkaufen möchte, die übrigens sehr lecker sind. Beschaulich ist der unter Naturschutz stehende 23,6 ha große Olivenhain mit knorrigen bis zu 1000jährigen wilden Olivenbäumen (olea oleaster).

Tovarnele: Am äußersten Zipfel im Nordwesten der Insel. Ein ruhiges, verschlafenes Örtchen mit einfachen Häusern, die sich bis zum Meer hinabziehen. Ab und zu kommen Ausflügler von Rab hierher, wo man in den Restaurants das Essen und die herrlichen Sonnenuntergänge genießen kann.

• *Information* **Fremdenverkehrsamt,** nur Mitte Juni–Mitte Sept., ✆ 665-005.

• *Verbindungen* Regelmäßig Busse nach Novalja. Täglich Bootsverbindung nach Rab (siehe Einleitung Pag).

• *Post* Geöffnet 8–14 Uhr.

• *Einkaufen* Laden und Zeitungskiosk.

• *Übernachten* **Privatzimmer** kosten um die 8 €/Person; auch Appartements.

• *Essen* **Gostiona Jadran,** oberhalb des kleinen Hafenbeckens. Hier isst man gut Fisch- und Grillgerichte.

Buffet Torvanele, gegenüber der Hafenbucht unter schattigen Bäumen.

Die Pager Bucht

Die weite, von weißen Bergen umschlossene Pager Bucht mit Sand- und Kiesstränden zeigt sich auf der Karte wie ein langer Schlauch, nur nach Osten öffnet sich die Meerenge zum Velebit-Kanal. Auf der Nordostseite verteilen sich ein paar Dörfer, am Ende der Bucht im Süden liegt der Hauptort Pag.

Zrće-Bucht: Von einem Kiefernwäldchen ist sie gesäumt, umrahmt von weißgrauer Bergkulisse; dazwischen spült das Meer feinen Kies aus, der im Wasser in Sand übergeht. Der Strand ist gepflegt, doch leider wurde die Bucht sehr kommerzialisiert: Clubs, Snackbars, Wasserpark, Internetcafé und ein großer Parkplatz, auf dem die Blechlawinen rasten. Eintritt ca. 2 €/Person.

• *Essen/Unterhaltung* **Discothek Zrće; Diskothek Aquarius** und **Papaya; Cocktailbar/ Nightclub Plaža;** zudem die **Zrće-Snackbar.** In allen Lokalitäten gibt es Pizza, Gegrilltes, Snacks. Abends ist Diskobetrieb von 22–3 Uhr. Ein Bus verkehrt mit Novalja Juli/Aug. bis 5 Uhr morgens, danach nur tagsüber.

• *Sport* Boots-, Surfbrett-, Sonnenschirmverleih etc.

Caska-Bucht: Ein paar Häuser zählt der gleichnamige Weiler, am türkisfarbenen Meer der 100-jährige Thunfischbeobachtungsturm und *Sand-Kies-Strand* und am Rand der Bucht die Mauerreste des untergegangenen Cissa und ein Altarstein.

• *Essen/Unterhaltung* **Disco-Club Kalypso,** nördlich am Strand, mit schilfgedeckten Barhütten, Getränke, Snacks. In der **Emko-Bar** (bis 23 Uhr) gibt es Strudel, Palatschinken und Pizza. **Cocktailbar Tri Sunca** (10–2 Uhr).

Richtung Metajna: Steinwüste begleitet die Strecke; die karg-grünen Flächen sind unterteilt von ungezählten Mäuerchen, die die Landschaft von weitem wie ein Labyrinth erscheinen lassen. Oberhalb das Felsgebirge. Die Straße führt an den Dörfern **Kustići** und **Zubovići** mit vielen Neubauten vorbei. Zwischen Zubovići und Metajna am Uferweg *Sand- und Kiesstrände.*

• *Post* In Zubovići; 8–12 und 18–21 Uhr.

• *Übernachten* In beiden Orten **gibt es Appartements** ab 32 € und **Privatzimmer** ab 7 €/Person (auch HP möglich).

• *Essen* **Konoba Marina** mit Terrasse.

Metajna und **Halbinsel Zaglava:** Auch in Metajna gibt es Privatzimmer; an der Hafenbucht, an der auch die Straße endet, die Cafébar *Draga* und *Gostionica Riva.* Busverbindung nach Novalja und Taxischiffe nach Pag.

Insel Pag Karte S. 192/193

Die Halbinsel Zaglava ragt hornförmig ins Meer. In der Talsenke wachsen Schilf und die Reben für einen schweren Rotwein. Die Bucht *Ručica* auf der anderen Seite, von karstweißen, nackten Bergen eingezwängt, ist über den Fußweg zu erreichen, der das Horn schnurgerade durchschneidet. Der Kiesstrand bietet einen Blick auf die Stadt Pag, aber keinen Schatten. Oberhalb des Strandes eine *Konoba* mit Meeresblick, man sitzt luftig auf dem Holzbalkon. Oberhalb der Ručica-Bucht verläuft ein schmaler Pfad weiter durch das weiße Gestade zur *Slana-Bucht*. Freeclimber betätigen sich an den Felsen hinter dem Ort.

Information **Fremdenverkehrsamt,** geöffnet nur 15.6.–15.9., ✆ 667-188.

Bucht Barkariž und **Sv. Duh:** Beide Buchten liegen an der Westseite der Pager Bucht; vor Kolan auf die alte Inselstraße abbiegen – sie windet sich ebenso kühn wie die Steinmäuerchen über die Hügel. Schilfrohrfelder, ab und zu eine Schar Rebhühner. In den Buchten ist FKK möglich; der *Kiesstrand* mit seichtem Sandgrund ist für Kinder gut geeignet. Auch hier verlangt man inzwischen Eintritt (ca. 1,50 €).

• *Camping* **Campingplatz Sv. Duh;** auf einer großen, durch Tamariskenbüsche unterteilten Wiese kann man in ruhiger Umgebung zelten. Sanitärmäßig leider eine Katastrophe – doch weiter westlich gibt es Süßwasserquellen. Neben dem Platz Kiosk und Snackbar mit Getränken und Gegrilltem. 3 €/Person, Zelt 1,70 €, Auto 1,40 €.

Von der *Sv. Duh-Bucht* westwärts bis zur *Katarelac-Bucht* und ostwärts bis zur *Dubrava-Bucht* gibt es viele einsame Badestrände mit Kies und Sand.

Kolan

Die Ortschaft unterhalb der Inselstraße ist die einzige Ansiedlung im Landesinneren. An den Häusern überall Verkaufsschilder für Wein, Käse und Schinken, Frauen sitzen beisammen und häkeln. Im alten Schulhaus befindet sich ein kleines *ethnographisches Museum*. Von Kolan aus kann man die mit 348 m höchste Erhebung der Insel, den *Sv. Vid*, besteigen – herrlichem Rundumblick auf die Insel und in die Ferne.

• *Post* 8–12 und 18–21 Uhr.

• *Einkaufen* Supermarkt.

• *Übernachten* **Privatzimmer** gibt es in den alten Häusern ab 8 €/Person, **Appartements** ab 25 €/2 Personen.

• *Essen* **Grill/Konoba** in der Ortsmitte, mit Blick auf das Tal von Kolan. Sehr ruhige Lage, guter Service und preiswertes Essen.

Restaurant Smrika, an der Inselstraße, mit Terrasse. Es gibt Fisch und Gegrilltes. Nebenan eine neu erbaute Pension.

In der Ortsmitte ist eine **Käserei.**

Ethnographisches Museum, Haus-Nr. 25. Geöffnet Mi, Sa, So 18–20.30 Uhr. Es werden Trachten, historische Haushaltsgegenstände und Werkzeuge gezeigt.

Wandern: Bergtour zum Sv. Vid (348 m)

Etwa 300 m nach dem Ortsende von Kolan in Richtung Pag zweigt in der großen Rechtskurve ein Schotterweg (rote Kreismarkierung) links ab. In der Bergsenke wächst Wein, umgrenzt von niedrigen Mauern. Der Weg verengt sich dornig. Ein Gatter versperrt den Pfad, und die Aufschrift bittet um das erneute Schließen des Tores (wegen der Schafe). Dahinter verändert sich die Landschaft schlagartig – es begrüßt uns Steinwüste mit nur noch kleinen Kräuterbüscheln zwischen den Steinhalden.

An der Weggabelung geht es links hoch. Geradeaus weiter kämen wir in rund 2 Std. nach Pag und in einer halben Stunde nach Šimuni. Halbzeit. Nun geht´s steil bergan. Blaue und gelbe Disteln und Salbei bedecken die Steinwüste, kratziges Gebüsch gesellt sich dazu. Eine Ebene folgt – ein Wassertümpel, blökende Schafe und

Badespaß in der Pager Bucht am Caska-Strand

nur noch Steine. Von hier aus erblickt man ein altes Gemäuer auf der Bergspitze, auf das wir zusteuern. Es entpuppt sich als Kirchenruine; daneben das Gipfelkreuz. Herrlicher Rundblick belohnt den Aufstieg: Unten liegt Pag an den Salzfeldern, in der Ferne Rab, Cres, Lošinj und die Inseln bis nach Zadar mit dem Küstengebirge im Hintergrund. Freeclimber finden am Nordhang ein Aktionsfeld.

Für die gesamte Wegstrecke (hin und zurück) benötigt man ca. 3 Std. Der Pfad ist markiert (roter Kreis). Gutes Schuhwerk erforderlich! Das Auto am besten am Ortsende von Kolan parken.

Mandre

Ein ruhiges Fischerdorf an der Südküste der Insel, das alte Ortszentrum liegt am kleinen geschützten, von Kiefern umstandenen Hafen. Fischernetze sind ausgebreitet, Kähne schaukeln im Wasser. In den Neubauten am Rand von Mandre werden Appartements und Zimmer vermietet. Gegenüber die Inseln Skrda und Maun und in der Ferne Olib.

- *Telefonvorwahl* 023
- *Information* 23293 Kolan-Mandre, **Touristinformation** am Hafenbecken, ✆ 682-203; geöffnet 7–12 und 18–20 Uhr.
- *Post* Am Hafenbecken; 8–11 u. 18–20 Uhr.
- *Verbindungen* Regelmäßig Busse nach Pag und Novalja.
- *Einkaufen* Am Ortseingang Obst-/Gemüsestand und Supermarkt (7–12 und 18–21 Uhr).
- *Übernachten* **Restaurant-Pension „5 Ferala“,** 2-stöckiger Neubau direkt am Meer mit großer Terrasse. Fisch und Gegrilltes. DZ mit Frühstück 35 €; Appartement mit 2 Zimmern, Bad/WC und Balkon 41 €. ✆ 682-123.

Weitere **Pensionszimmer** z. B. im Haus Nr. 18 (direkt am Meer mit Terrasse und kleinem Strand) ab 10 €/Person.

- *Essen* **Gostiona Porat,** Ortsmitte, mit Terrasse und leckeren Fischgerichten. **Gostiona/Grill Mandre,** am Ortseingang.

Ebenfalls am Ortseingang die **Eisdiele.**

- *Tauchen* **Diving Club Mandre,** Information unter ✆ 697-321.

Insel Pag Karte S. 192/193

Baden: Am Uferweg zum Teil mit Kies aufgefüllte Badestellen. *Bademöglichkeiten* entlang der Bucht Richtung Šimuni, jedoch schlechter Zugang zum Meer wegen der Felsen und der großen Kieselsteine. Wer ein Boot hat, findet auf der *Insel Maun* sehr schöne Badeplätze.

Šimuni

Der Ort liegt an der Südküste an einer fjordartigen Bucht mit kieferbewachsenen Hängen, die wenigen Häuser verstecken sich hinter dem Grün der Büsche und Bäume. Das große Hafenbecken bietet Jachten geschützte Ankerplätze und wurde zu einer ACI-Marina ausgebaut. In der Suha-Bucht ein sehr guter Campingplatz.

- *Telefonvorwahl* 023
- *Information* 23293 Kolan-Šimuni, **Touristinformation,** ✆ 697-437.
- *Verbindungen* **Busse** nach Pag und Novalja. Busstopp an der Straße oberhalb des Campingplatzes.
- *Einkaufen* Im Ort nur Wein- und Gemüseverkauf. Laden im Campingplatz.
- *Übernachten* **Privatzimmer** ab 8 €/Person.
- *Camping* **Autocamp Šimuni** (***), in der Rundung der Bucht von Suha mit Blick auf die Insel Maun. Neu angelegter Platz in einem Pinienwäldchen, Sanitäranlagen mit Natursteinmauern, leichte Hanglage, steiniger Untergrund; Fels- und Kiesstrand. Minimarkt, Café, Restaurant, Tauchschule. 6,80 €/ Person, Parzelle 14,50 €; Geöffnet 1.5.–1.10. ✆ 697-441, 📠 697-442; www.kamp-simuni.hr.
- *Essen* **Grill/Bistro Šimuni,** im Ort, mit kleiner, schattiger Terrasse unter ausladendem Pinienbaum; die Karte bietet Gegrilltes und Fisch.

Restaurant Marina Šobar, direkt am Hafenbecken, innerhalb der Marina; Fisch- und Fleischgerichte.

- *Jachthafen* **ACI-Marina Šimuni,** 150 Liegeplätze im Meer, 300 an Land, Slip, 15-t-Kran. Die Liegeplätze verfügen über Wasser- und Stromanschluss, bewachten Parkplatz, sanitäre Anlagen, Wäscherei, Restaurant, Minimarkt; ganzjährig geöffnet. ✆ 698-020, 698-021, 📠 698-025; www.aci-club.hr.
- *Tauchen* **Šimuni-Diving,** der Tauchclub ist neben der Marina untergebracht. Österreichische Leitung, Ausbildung nach CMAS und WDI. Auskünfte über ✆ 697-321.

Nach Pag

Die Strecke verläuft an Macchiahängen und Steinwüsten entlang; unten im Meer sieht man dunkle, weißgesäumte kleine Inseln im Dunst: Vir, Molat, Ist, Olib, Maun und Skrda. Schließlich schlängelt sich die Straße bergab. Dort liegt **Pag** an der Landbrücke zwischen Bucht und Saline. Oberhalb der Bucht ein Felsmassiv wie der Grand Canyon, dahinter das Küstengebirge, zartrosa in der Abendsonne, die die Salinengevierte in der Bucht rot-lila färbt.

Pag

Der Hauptort der Insel (2300 Einwohner) breitet sich am Ende der gleichnamigen Bucht aus, die sich nach der Landbrücke in den rechteckigen Formen der Salinen fortsetzt. Das Städtchen besitzt einen gut erhaltenen Altstadtkern.

Streng geometrisch wie die Salinen ist auch der Grundriss der Altstadt, den *Juraj Dalmatinac,* ein großer dalmatinischer Baumeister, entworfen hat. 1483 wurde mit dem Bau begonnen, 20 Jahre später stand die Stadt. Die nach Dalmatinac benannte Hauptstraße, zu der die Gässchen parallel verlaufen, kreuzt sich mit einer Querstraße am Hauptplatz, dem *Trg kralja Petra Krešimira IV.* Hier steht ein Denkmal für den Baumeister und die *Basilika* mit prachtvoller Fassade. Pag wirkt ruhig, es gibt wenig Unterhaltungsprogramm. In den schnurgeraden, engen Gassen, in die die geöffneten Fensterläden ragen, sitzen schwarz gekleidete Frauen Spitzendeckchen häkelnd vor den Haustüren, äugen, plauschen und bewegen virtuos ihre Nadeln.

Die *Große Straße* (Vela ulica), die eigentlich auch nur eine Gasse ist, führt vom Hauptplatz gerade nach unten zur Uferpromenade. Nachts leuchten bunte Lämpchen zwischen den grauen Natursteinhäusern. Dazwischen Laubbäume, ein Marmorbrunnen, dessen Geplätscher das der Gäste im Café untermalt. An der Uferpromenade die üblichen Souvenirstände, Cafés und Restaurants, wo man im Rhythmus der Hammondorgel speisen kann.

Reticella-Spitzen – Čipka

Schon im alten Venedig waren die Pager Reticella-Spitzen, schlicht Čipka genannt, berühmt und begehrt, und zu österreichischen Zeiten nähten Pagerinnen am Wiener Hof von Kaiser Franz-Joseph. Die Spitzen aus feinem Garn wurden später auch in Klöppeltechnik hergestellt, und es gab im Ort auch eine Spitzenklöppelschule. Inzwischen wurde sie neu eröffnet, um jungen Frauen die alte Handarbeitskunst innerhalb von neun Monaten zu vermitteln. Im Gebäude östlich der Basilika, am Trg kralja Petra Krešimira IV, wurde eine kleine Galerie für Spitzendeckchen eröffnet (Juli/Aug. 19–23 Uhr).

Information/Diverses

• *Telefonvorwahl* 023

• *Postleitzahl* 23290 Pag

• *Information* **TIC,** Katine 2 (Fußgängerbrücke), ✆ 611-281, ✆/📠 611-301, 611-286; www.pag-tourism.hr. Geöffnet Juli/Aug. 8–22 Uhr, später 8–15 u. 17–21 oder 20 Uhr; Nebensaison Mo–Fr 8–15 Uhr.

Agentur Meridijan 15, A. Starčevića 1 (nordwestl., neben Hotel Pagus), ✆ 612-162, 📠 612-161; www.meridijan15.hr; 8–20 Uhr.

• *Verbindungen* **Busse** nach Novalja (3–5x tägl., 2,80 €), Rijeka (2x tägl., 14 €), Zagreb (5x tägl., 18 €), Zadar (2x tägl.), Split (1x tägl., 14 €); Busbahnhof am alten Fährhafen.

• *Geldwechsel* **Erste banka,** mit Geldautomat, Vela ulica; Mo–Fr 8–11 und 17–20 Uhr.

• *Post* Uferpromenade, Mo–Sa 7–21 Uhr.

• *Ausflugsfahrten* Um die Insel Pag mit Fischpicknick.

• *Einkaufen* Supermarkt in der Ul. Edvarda Kardelja (beim Busbahnhof), Supermarkt am Hauptplatz; Obst- und Gemüsemarkt am Hauptplatz und nördlich davon. Im Laden **Paška sirana** (Produkte von Pag), Vela ulica, gibt es Käse, Wein, Schnaps etc. – alles von der Insel Pag.

• *Tankstelle* Östlich vom Zentrum (Zadarska ul.), hinter Kreuzung nach Novalja.

• *Veranstaltungen* **Mariä Himmelfahrt** 15. Aug., große Prozession, Beginn 18 Uhr an der alten Kirche in Stari Grad. **Mala Gospa,** 8. Sept. (kleine Prozession, siehe Kasten, Madonna von Stari Grad), Beginn um 17 Uhr am Hauptplatz von Pag, 18.30 Messe in Stari Grad. **Sommer von Pag,** Theateraufführungen und Abende mit klassischer Musik. **Sommerkarneval** am letzten Juliwochenende.

• *Gesundheit* Hinter dem Campingplatz ein Bassin für **Schlammpackungen** (gut gegen Rheuma und Abnützungserscheinungen), aber ohne ärztliche Aufsicht.

Ambulanz, Uskočka/Zadarska ulica, ✆ 611-001. **Apotheke,** östlich der Fußgängerbrücke, ✆ 611-043.

• *Nachtleben* Auf der kleinen Landzunge (bei der Fußgängerbrücke) vor der Altstadt, dicht nebeneinander: **Discothek Magazin No 5,** kurz vor der Fußgängerbrücke, große Tanzfläche im hohen Raum, Natursteinmauern; ab und zu Livemusik; geöffnet 22–3 Uhr.

Olympic-Club, im gleichnamigen Center hinter Ambulanz. **Vanga-Club,** Open-air-Terrasse, direkt vor der Fußgängerbrücke.

• *Sport* **Olympic-Center,** hinter Ambulanz (Landzunge und Stadtstrand), mit Fußballplatz, Tennis, Volleyball, Beachvolleyball, Bars und Pizzeria. **Fahrradverleih,** am Stadtstrand.

• *Tauchen* **Tauchbasis** neben Hotel Pagus. **Tauchclub** an der Fußgängerbrücke. Mob. 091/2430-163.

Übernachten/Essen

• *Übernachten* **Privatzimmer** ab 15 €/Person ohne Frühstück. Die schönsten liegen nördlich der Stadt, an der Bašaca-Bucht. **Appartements** ab 35 €/2 Personen; z. B. **Appartements Belveder** oder **Frane,** beide nordwestlich der Stadt an Uferstraße Šet. A. Starčevića.

Hotel-Restaurant Pagus (***), nordwestlich der Stadt, hinter dem ehemaligen Fährhafen. Feinkiesstrand, jedoch schattenlos, schöne Restaurantterrasse mit Blick aufs Meer; DZ/F mit Balkon zum Meer 90 €. ✆ 611-310, ℻ 611-101, www.coning.hr.

Die Basilika von Pag aus dem 16. Jh.

Hotel Tony (**), nördlich vom Hotel Pagus; schöne Badebucht. DZ 48 €. Dubrovačka ulica 3, ✆/℻ 611-370; www.hotel-tony.com.

Hotel-Restaurant Biser (***), westlich von Plaža, direkt am Meer, schön und ruhig gelegen, Kiesstrand, Zimmer mit Heizung, ganzjährig geöffnet. DZ/F und Balkon 80 €. A.G. Matroša 10; ✆ 611-333, ✆/℻ 611-444, www.hotel-biser.com.

Hotel Plaža (****), direkt am Meer in Richtung alte Straße nach Novalja; komfortable Zimmer und Restaurant. DZ/F ca. 110 €, ✆ 600-855, ℻ 600-856, www.plaza-croatia.com.

• *Essen* In der Altstadt, nördlich des Hauptplatzes in der Jure Dalmatinca ist die gemütliche, rustikale **Konoba Bile.**

Nordwestlich der Jure Dalmatinca verläuft die Vangrada, hier in der Nr. 19 Konoba Bodulo. Östlich vom Hauptplatz (Kralja Tomislava/Ivana Mršića) das gute **Fischlokal Ankora.**

An der Uferpromenade westlich der Fußgängerbrücke sitzt und isst man gut in der **Konoba Smokva,** deren Fassade eine Sonnenuhr ziert. Weiter westlich, beim kleinen Fährhafen/Mole **Konoba Barkarola.** Danach folgt das **Restaurant Pagus** (zum Hotel gehörig) mit schöner Terrasse und vielfältiger Speisekarte.

Gegenüber dem Hotel Pagus die kleine **Konoba Taverna** mit gemütlicher, pflanzenumrankter Terrasse. Fisch- und Fleischgerichte.

Gut isst man auch im **Restaurant Natal** am Beginn der Ul. Radićeva. ✆ 611-194. Treff der Einheimischen ist das **Café** am Hauptplatz. **Eisdiele Jadran** (Ulica Ožujka, oberhalb der Promenade) mit gutem Cappuccino, Kuchen und Meeresblick.

Baden: Rund um Pag gibt es Sand-Feinkies-Strände. Der Kiesstrand von *Prosika* (Stadtstrand) ist meist sehr voll und das Wasser nicht besonders sauber. Besser sind die Buchten Richtung Novalja oder die *Bašaca-Bucht* im Norden.

Sehenswertes

Die dreischiffige *Basilika* am Hauptplatz Trg Kralja Pedra Krešimira IV.; ihr Mittelschiff wird von acht sehenswerten Arkadenbögen getragen – von den Kapitellen gleicht keines dem anderen. Schön auch die filigrane große Rosette, die an Pager

Spitzen erinnert; der Glockenturm aus dem Jahr 1562 wurde nie vollendet. Unvollendet blieb auch der *Bischofspalast*, der Plan dazu entsprang reinem Wunschdenken – Pag wurde nie Bischofssitz. Im *Fürstenpalast* gegenüber der Basilika befindet sich heute ein Supermarkt, im dazugehörigen Uhrturm war früher das Stadtgefängnis. An der Uferstraße Reste der städtischen Befestigung, ein Stück weiter das *Benediktinerkloster*, das 1318 in Alt-Pag gegründet wurde und wertvolle Kunstschätze birgt.

Die Madonna von Stari Grad

Als im 15. Jh. die Pest wütete und die Pager sich nicht anders zu helfen wussten, holten sie die holzgeschnitzte gotische Madonna aus der Kirche von Alt-Pag (Stari Grad) in ihre Stadt – und die Epidemie klang ab. Zum Dank feiert die Bevölkerung das Ereignis alljährlich an Mariä Himmelfahrt (15. August) mit einer Prozession. Die Madonnenskulptur steht dann bis 8. September am Ort ihres wundersamen Wirkens, in der Basilika zu Pag. Bei der kleinen Prozession Mala Gospa wird sie wieder zurückgetragen, um ihren Platz für ein weiteres Jahr in Stari Grad einzunehmen.

Die Salzgärten: Sie erstrecken sich hinter Pag ostwärts. Schon 1215 wurden sie urkundlich erwähnt. Mit 25.000 t Jahresproduktion zählten sie nach Ulcinj zu den größten Salinenwerken des Landes. Salinen (lat. *salinus* = „zum Salz gehörig“) bestehen aus flachen, betonierten oder früher mit Ton ausgestampften Becken, in die man Meerwasser einleitet. Durch die Sonnenwärme verdunstet das Wasser, und der hochwertige Rückstand, die Sole, wird in Sudpfannen gepumpt und durch Verdampfersysteme zur beschleunigten Kristallisation gebracht. Früher überließ man diesen Prozess ebenfalls der Sonne. Die Pager Salzfabrik ist inzwischen modernisiert und bringt die größte Jahresproduktion Kroatiens.

Die Pager Käserei: Hier wird der berühmte Pager Käse *(Paški sir)* produziert. Die Bauern beliefern die Käserei mit wertvoller Schafsmilch. Da sie dies aber nur sechs Monate im Jahr, von Februar bis September, tun können (die Kuhmilch wird vom Festland importiert), gibt es drei verschiedene Käsesorten: halb Kuh- und halb Schafskäse, reinen Schafskäse (sehr schmackhafter, würziger Parmesan) und reinen Kuhkäse.

Von der Milch zum Pager Käse

Die besondere Note des Pager Käses ergibt sich aus der würzigen Pager Schafsmilch. Die Schafe sind das ganze Jahr über im Freien und fressen die salzigen Kräuter, die im Sommer der sengenden Hitze ausgesetzt sind. Die Bauern liefern die Milch in Bottichen ab. Sie wird in Wannen gefüllt und erhitzt, fermentiert, in mit Leinentüchern ausgelegte Formen gefüllt und zwei bis drei Stunden ruhig stehen gelassen, danach gepresst, bis alles Wasser ausgetreten ist, und in Salzwasser gelegt. Dieser Vorgang wird zweimal wiederholt. Schließlich wird der Käse nochmals drei Tage in Salzwasser gelegt, herausgenommen, gepresst und getrocknet. Die Käselaibchen lagern dann mindestens drei Monate bei konstant-kühlen 14 °C, sie werden jeden Tag kontrolliert und gedreht. Die Laibchen haben ein Gewicht von ca. 2 kg und kosten um die 25 €. Ein tolles Souvenir.

Stari Grad: Stadtauswärts Richtung Novalja zweigt östlich ein Sträßchen ab und führt entlang der Saline nach Stari Grad. Breite Steinstufen ziehen sich den Hang hinauf. Auf dem Kirchplatz mit großen schattenspendenden Bäumen die romanische Basilika aus dem 13. Jh., daneben die Ruinen eines Franziskanerklosters und der Stadtbefestigung, die sorgsam rekonstruiert wird. Bis auf die Kirche wurde Stari Grad im 15. Jh. für den Bau des heutigen Pag abgetragen. Seit der Pestepidemie (siehe Kasten) führt alljährlich eine Prozession aus Pag hierher. Dann werden die Kirchenpforten geöffnet, und man kann den geschnitzten Madonnenaltar in Blau und Gold bestaunen.

Košljun

Der Ort liegt an der gleichnamigen Bucht und war einst Schiffsstation des österreichischen Lloyd. Aus dieser Zeit stammen der Leuchtturm und das Aleppokiefernwäldchen mit seiner sturmzerzausten Frisur. Steiniger Strand mit ein paar Bootsstegen, gegenüber die Insel Vir.

• *Übernachten/Essen* **Privatzimmer** (ab 10 €/Person) und **Appartements** (ab 30 €) in den Häusern mit Gärten an der Uferstraße oder Ferienhäuschen in der neu erbauten Sommersiedlung.

Restaurant-Pension Renato, nahe am Meer mit großer Terrasse, sehr ruhig gelegen, Bootsanlegesteg. Es gibt Fisch- und Fleischgerichte. DZ/F 40 €. ✆ 632-045.

Autocamp Košljun, schöner Platz, sanitärmäßig in Ordnung; 3,50 €/Person, Zelt 3,50 €, Auto 3 €.

• *Tauchen* **Foka-Sub,** Košlujun 131, ✆ 023/699-004, Mob. 091/530-2072; www.foka-sub.com

Von Pag nach Povljana

Salzgärten und Schilfgras begleiten die Inselstraße; dazwischen am Wegesrand eine Salzfabrik, alte graue Häuser und von Schilf überwucherte Ruinen. Bei *Gorica* folgt

Weites Land – nur vereinzelt trifft man auf Mensch oder Tier

Alles wird zum Kauf angeboten, was Haus und Garten hergeben

die Abzweigung nach Povljana. Die schmale Straße ist von hölzernen Strommasten gesäumt und führt die *Bucht von Košljun* entlang, die sich fjordartig verengt. An der Einbuchtung *Minica* Bademöglichkeiten im flachen Wasser. Vorbei an Sumpfgebieten, Karstwüste und Natursteinhäuschen gelangt man zu einem fruchtbareren Landstrich.

Povljana

Povljana, ein einfacher, lang gestreckter Ort an der gleichnamigen Bucht, ist von Wein- und fruchtbaren Gemüsefeldern umgeben. Badefreuden bieten zahlreiche ruhige Buchten mit Kies- und Felsstrand, aber auch mit sandigem Untergrund.

Am kleinen Hauptplatz im Ortszentrum gibt es ein paar Läden, Obst- und Gemüsestände. Alte Frauen und Männer verkaufen mit breitem Lachen Produkte aus eigenem Anbau wie Öl, Essig und Wein, aber auch selbst gestrickte Wollsocken. Auf den Mauern liegen riesige Kürbisse und warten auf Käufer. Männer schaffen Schaffelle und Wolle auf Schubkarren herbei, die alten Frauen verspinnen das wollige Weiß. Westlich von Povljana ein Campingplatz und eine stetig wachsende Feriensiedlung. Gegenüber die Insel Vir, nur durch den Kanal von Povljana getrennt. Einsam und verlassen steht eine alte kroatische Kapelle aus dem 11. Jh. am Meer. Sie wurde von Kroaten erbaut, die im Osten von Povljana, jenseits der Feldflur, an der Bucht Stara Povljana lebten.

- *Telefonvorwahl* 023
- *Information* 23292 Povljana, **Touristinformation,** Stjepana Radića 20, (an der Straße westlich vom Hauptplatz), ✆/℻ 692-003; geöffnet Mo–Sa 8–12 u. 18–21 Uhr; So 9–11 Uhr.

Etwas weiter westlich **die Touristagentur P&M,** ✆/℻ 692-054.

- *Verbindung* Regelmäßig **Busse** nach Pag und Zadar.
- *Post* Neben Touristinformation; Mo–Sa 7–12 und 18–21 Uhr.

Insel Pag Karte S. 192/193

• *Geldwechsel* Touristinformation, Post.

• *Einkaufen* Am Hauptplatz Supermarkt (Mo–Sa 7–21, So 7–12 Uhr), Bäckerei, Obst- und Gemüsestände, Textilgeschäft und ein paar Minimärkte Richtung Touristinfo.

• *Übernachten* **Privatzimmer** ab 25 € ohne Frühstück; **Appartements** ab 30 €. Wer nur eine Nacht bleiben möchte, hat Schwierigkeiten, ein Zimmer zu bekommen – und wenn, ist es teuer.

• *Camping* **Mali Dubrovnik,** westlich des Orts an der Bootsanlegestelle. Person 4 € inkl., Parken 5 €. Geöffnet 1.5.–1.10. ✆/℻ 692-331.

• *Essen* Grill Mornar, am Ortseingang. Man kann nur innen sitzen.

Snackbar unter schattigen Bäumen am Hauptplatz.

Restaurant Nirvana, schöne Terrasse unter Pinien mit weitem Blick über die Bucht. Fisch- und Fleischgerichte. Stjepana Radića. In Richtung Strand (südlich des Ortes) die **Pension Perilo** und **Konoba Sirena** mit Pizza; in beiden Häusern Zimmervermietung, meist mit HP.

Baden: Rund um den Ort gute Bademöglichkeiten, ganz im Westen gibt es Sandbuchten. Fußwege führen ostwärts zur Bucht von Stara Povljana, die von der langen, spitz ins Meer ragenden Halbinsel Prutna begrenzt wird. Auch über die Halbinsel führen Fußwege zum Südzipfel – direkt gegenüberliegend die Insel Vir mit ihrer Landbrücke.

Nach Vlašići und Smokvica

Schwärme fliegender Ameisen, schwarz wie Windsäulen, begleiten die Fahrt. Im Schilf versteckt liegt der Süßwassersee *Velo Blato,* Lebensraum für viele Wasservögel, der im Winter auf das Fünffache seiner Fläche anschwillt.

Vlašići: Schon in der Nachsaison schläft Vlašići den Schlaf der Gerechten – die Eisdiele verriegelt, das Touristbüro geschlossen, ein paar Esel auf dem Fußballplatz. Im Umkreis gedeihen die grünsten Wiesen auf Pag, dahinter ein paar Neubauten mit Zimmervermietung, ein Steilhang und die *Bucht von Vlašići* mit Feinkiesstrand, der seicht ins Meer geht – das Wasser ist allerdings nicht sehr klar.

• *Information* **Touristinformation,** Vlašići-Smokvica, Ortsmitte, ✆ 616-002; geöffnet Mitte Juni–Aug., tägl. 9–12 u. 19–21 Uhr.

• *Einkaufen* **Supermarkt,** Mo–Sa 6.30–11.30 und 18–20 Uhr, So 11–11.30 Uhr.

• *Übernachten* Es gibt **Privatzimmer** ab 8 € und **Appartements.**

• *Essen* In der **Konoba-Bar** oberhalb des Strandes auf luftiger, schattiger Terrasse; **Eisdiele** in der Ortsmitte.

Smokvica: Vor Vlašići zweigt die Straße ab zu dem Örtchen am Ende der Stara Povljana-Bucht; Häuser gruppieren sich auf einem Plateau oberhalb des Meeres, und von hier bietet sich ein herrliches Panorama: Gegenüber ragt die Halbinsel Prutna ins Meer, dahinter liegt das Festland mit dem uralten Städtchen Nin.

Auch in Smokvica gibt es Privatzimmer und Appartements; Wein- und Käse werden angeboten. Pfade führen zu Badebuchten hinab.

Von Dinjiška bis zum Inselende

Das alte Salinendorf **Dinjiška** liegt an der gleichnamigen schlauchartigen Einbuchtung. Konobas, Privatzimmer, Camp und Feinkiesstrand liegen direkt an der Straße, die sich die Bucht entlang durch karges Grün schlängelt. Nach der Fischer- und Sommersiedlung **Miškovići** folgt Steinwüste; die Bucht weitet sich, darin verstreut ein paar Inselchen. Schon sieht man das Meer von der anderen Seite, im Hintergrund schiebt sich das Küstengebirge ins Blickfeld – Pags letzte Spitze im Südosten ist erreicht. Unten am Meer eine Burgruine, darüber schwingt sich die Brücke zum ebenso wild zerklüfteten Festland.

Pass Oštarijska vrata – Weitblick aufs Meer und das Landesinnere

Kroatisches Küstenland – Von Karlobag nach Ravni kotari

Die Küstenstraße wird ihrem Namen gerecht – begleitet vom Velebit-Massiv windet sie sich kurvenreich am Meer entlang auf **Starigrad-Paklenica** zu. Die schroffe, felsige Landschaft hinter Karlobag wirkt menschenleer. Vereinzelt weisen *Sobe*-Schilder und kleine Privatcamps auf Übernachtungsmöglichkeiten hin, Straßenrestaurants verheißen dem Magenknurren des Reisenden Abhilfe. Die wenigen Ortschaften liegen in kleinen, malerischen Buchten.

Karlobag

Das altrömische *Vegium* – das spätere kroatische *Bag* und heutige Karlobag – wurde in seiner Geschichte mehrfach zerstört. Der Namenszusatz erinnert an Erzherzog *Karl,* der die von den Türken 1525 niedergebrannte Stadt wieder aufbauen ließ. Karlobag verdankt seine historische Bedeutung einem Gebirgspass, der eine gute Verbindung nach Gospić und ins Velebit-Hinterland sicherstellte.

Ende des 17. Jh. kam es zu einem revolutionären Aufstand der landlosen Bauern und Hirten des Velebit. Sie marschierten zur Küste und setzten sich in einem von Türken, Österreichern und Piraten zerstörten Dorf, dem heutigen Karlobag, fest. Fünfhundert entschlossene Männer stießen von dort zur *Likaplatte* vor, verjagten die Grundherren und teilten deren Besitz gerecht unter sich auf. Diese frühchristliche oder frühkommunistische Gemeinschaft hatte nur ein Jahr Bestand und ließ sich dann für den blutigen Kampf gegen die Türken einspannen.

Zwei Jahrhunderte lang bauten die Österreicher an der Straße über den *Stara-Vrata-Pass,* die Karlobag noch besser mit dem Hinterland verbinden sollte. Über diese Straße, von der man eine wunderbare Aussicht über den Velebit-Kanal und die Insel Pag hat, wurden im 19. Jh. riesige Holzmengen aus den Wäldern der Lika herangeschafft. Diese Route ist bis heute eine wichtige Verbindung zur Eisenbahnstation in Gospić, zu den Plitvicer Seen und nach Zagreb.

Außer den Ruinen einer alten Burg oberhalb des Ortes und einem Kapuzinerkloster besitzt Karlobag keine großen Sehenswürdigkeiten. Ohne nennenswerte Bademöglichkeiten war der Ort, abgesehen von seiner bewegten Vergangenheit, in den letzten Jahren nur mehr als Fährort für Pag interessant, die Linie wurde jedoch eingestellt. Bergsteigern und Wanderern dient Karlobag als Ausgangspunkt für Touren auf den Velebit.

Umgebung: Für einen lohnenswerten Ausflug, evtl. mit Übernachtung, bietet sich **Baške Oštarije** an. Von hier aus gibt es sehr schöne Wanderwege in die *Dabarski kukovi* des Velebit, die Aussicht ist grandios – der Blick schweift über den Velebit und über die Kvarner Inseln. Highlights sind hier die Berge *Ljubičko brdo* (1320 m) und die *Kiza* (1274 m). Für beide Touren muss man ca. sechs bis sieben Stunden rechnen, Kartenmaterial gibt es in Karlobag oder im Hotel Velebno. Auch Kletterern und Freeclimbern bietet die Gegend schöne Steige und Mountainbikern wunderbare Touren.

Blick auf Karlobag und die Insel Pag

- *Telefonvorwahl* 053
- *Information* 53288 Karlobag, **Fremdenverkehrsamt,** Trg. Dr. Franje Tudmana 2, ✆/℻ 694-251, www.tz-karlobag.hr; geöffnet 7–22 Uhr.
- *Verbindungen* Sehr gute **Busverbindung** an der Küste zwischen Rijeka und Zadar sowie zur Bahnstation in Gospić. Die Busse nach Zagreb fahren über die Plitvicer Seen.
- *Übernachten* **Privatzimmer** kosten etwa 10 €/Person.

Hotel Zagreb (**), mit kleinem **Camp.** Liegt oberhalb des Meeres, Kiesstrand. Nette DZ/F 65 €. ✆ 694-032, ℻ 694-231; www.crv.com.hr.

Hotel Velebno (***), liegt in Alleinlage bei Baške Ostarije, ca. 22 km von Karlobag entfernt – ein idealer Ausgangspunkt für Velebit-Touren; ähnelt einer großen Berghütte; mit Restaurant, Terrassen. Einfache DZ/F 53 €. Der Bus von Karlobag hält hier 3x tägl. Brušane, ✆ 674-005, ℻ 674-045; www.crv.com.hr.

In Baške Ostarije gibt es noch schöne Unterkünfte in Holzbungalows, u. a. **Vila Velebita** (✆ 574-065, Mob. 098/9610-042) und **Kukina Kuča,** Cesta Marije Terezije.

• *Camping* Es gibt mehrere kleine Campingplätze: **Plitka Draga,** ✆ 886-080; **Žalo,** in Lukovo Šugarje (17 km), ✆ 695-095. **Ribarica,** in Ribarica, ✆ 886-056. **Velebit,** östlich Baške Ostarije (22 km) in Richtung Gospič; wunderschöne Lage auf 924 m Höhe am Bach mit Blick auf das Felsmassiv. Geöffnet Juni–Ende Aug.; Mob. 091/5473-211 (17–20 Uhr Rezeption).

▸ Gut 30 km hinter Karlobag trifft die Magistrale erstmals wieder auf einen größeren Ort: **Tribanj-Krušćica** – eine Ansiedlung von Häusern und Camps, mit der imposanten Bergwelt des Velebit im Hintergrund. Auch von hier kann man auf Wanderwegen den Velebit erkunden. Markierte Pfade führen in über 1200 m Höhe, es gibt Berghütten, allerdings ohne Verpflegung.

• *Information* Die besten Informationen über den Velebit erhält man in der Nationalparkverwaltung in Starigrad-Paklenica (siehe dort).

• *Übernachten* **Privatzimmer** – ein DZ kostet 15–20 €.

• *Camping* **Autocamp Vrata Velebita** (Trbanj-Ljubotić), idyllischer Platz oberhalb des Meeres auf ca. 300 m. Blick auf die vorgelagerte Hügelkette und das Meer, im Hintergrund das Velebit-Felsmassiv. Moderne Sanitäranlage, Küche. Es gibt Lamm, Honig, hausgemachten Käse; Ausflüge in den Velebit werden organisiert. 2,50 €/Person, Zelt und Auto 4 €. Geöffnet 15.4.–15.10. (oder nach Bedarf). Auch 2 ausgestattete Bungalows sind zu mieten. Anfahrt von Trbanj-Krušćica, nach 3,5 km ist der Weiler Ljubotić erreicht. Put Ljubotića, ✆/℻ 023/333-516.

Autocamp Punta Šibuljina, im gleichnamigen Ortsteil von Tribanj (12 km südlich). Schöner schattiger Platz, davor kleiner Obst- und Gemüsemarkt; warme Dusche nur morgens und abends; 200 m langer felsiger Kiesstrand; 8 €/2 Pers., Zelt, Auto.

Bei Tribanj gibt es weitere **Autocamps.**

Starigrad-Paklenica

Der nahe Paklenica-Nationalpark mit seinen bizarren Schluchten, die schon in Winnetou-Filmen als Kulisse dienten, lockt die Gäste an. Heute hört man keine Pferdehufe mehr dröhnen, sondern das Rasseln der Sicherungsketten und Steigeisen der Kletterer, die sich an den Schluchtwänden in Schwindel erregende Höhen hocharbeiten.

Bereits von weitem ist das Hotel Alan, das einzige Hochhaus des Straßendorfs, zu erkennen. Ein Blick hinüber in die mächtige Berglandschaft entschädigt jedoch für manche Bausünde. Der Eingang zum Paklenica-Nationalpark ist gleich am Dorfende. Die Touristen sind meist junge, drahtige Kletterfans, und viele von ihnen nächtigen auf den zahlreichen kleinen Campingplätzen rund um den Ort. Da das Klettern in den letzten Jahren immer populärer wurde, ist es kein Wunder, dass immer mehr Gäste kommen. Hier gibt es Klettersteige in allen Schwierigkeitsgraden und, nicht zu vergessen, das nahe Meer mit seinen herrlichen Badebuchten, wo man nachmittags ausspannen kann. Auch immer mehr Wanderfreunde kommen, erforschen auf den angelegten Pfaden die imposante, unberührte Bergwelt, erfrischen sich dabei ab und an im glasklaren Wasser des Velika paklenica-Bachs. Und wo sonst kommt man in den Genuss, morgens in der Kletterwand zu hängen oder eine Bergtour zu machen und nachmittags seinen müden Körper an den Strand zu betten!

Starigrads Geschichte beginnt in der Römerzeit mit der Siedlung *Argyruntum*. Ihren Namenszusatz legte sich die Stadt zu, als der südliche Ausläufer des Velebit zum Nationalpark erklärt wurde. Wahrzeichen von Starigrad ist die Ruine eines Wehrturmes der Večka-Burg aus türkischer Zeit, den Rest hat sich das Meer genommen.

• *Telefonvorwahl* 023

• *Postleitzahl* 23244 Starigrad-Paklenica

• *Information* **Touristinformation,** ✆ 369-245, 369-255; in der Hochsaison Mo–Sa 8–21 Uhr; sonst 8–12 u. 17–19 Uhr.

Nacionalni park Paklenica, Nationalparkverwaltung, Ul. Dr. Franje Tuđmana 14a, ✆ 369-202, 369-155, 📠 369-133; www.paklenica.hr; geöffnet Mo–Fr 8–15 Uhr, zusätzlich in der Hochsaison Sa/So 8–12 und 18–21 Uhr. Hier gibt es Infos, Bücher und gutes Kartenmaterial; auch geführte Touren können gebucht werden.

• *Verbindungen* Siehe Karlobag.

• *Geldwechsel* Kleine Bank vor der Nationalparkverwaltung, allerdings bei Öffnung (vormittags und spätnachmittags) immer Warteschlangen.

• *Post* Ortsmitte.

• *Gesundheit* **Apotheke** am Ortsbeginn nach Hotel Vičko, ✆ 369-258. **Ambulanz,** Straße gegenüber Nationalparkverwaltung, ✆ 369-238, ganztägig geöffnet.

• *Veranstaltungen* **Big Wall Street Climbing,** 1. Maiwoche internationaler Treff und Meisterschaften der Freeclimber in der Paklenica-Schlucht.

• *Ausflüge* Es gibt eine ganze Reihe interessanter Ausflugsmöglichkeiten in geringer Entfernung: Zadar, Rafting auf der Zrmanja, Nationalpark Plitvice und Nationalpark Krka bei Šibenik und natürlich der Nationalpark der Kornaten. Zudem organisierte Berg- und Mountainbiketouren sowie Kletterkurse.

• *Übernachten* **Privatzimmer** je nach Ausstattung im DZ 15–20 €. **Appartements** für 2 Personen 23–28 €, 4 Personen 35–43 €.

Hotel Vičko (***), an der Durchgangsstraße am nördlichen Ortseingang. Der Neubau hat einige Terrassen und wirkt wie eine kleine Burg, vielleicht auch deshalb, weil Familie Katić bereits um 1500 als Adelige erwähnt wurden. Das Restaurant der Traditionsherberge legt Wert auf gesunde, ursprüngliche Kost und errang schon etliche Auszeichnungen. 24 nette Zimmer, DZ/F 81 €. ✆/📠 369-304; www.hotel-vicko.

Hotel Alan (***), 9-stöckiger Bau mit über 200 Zimmern, kurz vor der Nationalparkzufahrt. Von der obersten Etage herrlicher Ausblick, ansonsten ist der Plattenbau in dieser Landschaft fehl platziert. Zum Hotel gehören Campingplatz und kleiner Strand; kinderfreundlich; Restaurant, Café, Pool,

Malerischer Badeplatz an der Ruine der Večka-Burg bei Starigrad-Paklenica

Wassersportmöglichkeiten, Tauchschule; DZ/F 85 €, ✆ 369-236, 📠 369-203; www.hotel-alan.hr.

Hotel Roli (*), kleines einfaches Hotel, zentral am Hafen. Restaurant und Terrasse mit Blick aufs Meer; einfache, preiswerte Zimmer mit Balkon: DZ/F 37 €. ✆ 369-018.

Hotel Rajna (**), kurz nach der Nationalparkzufahrt; sehr gutes, bekanntes Restaurant mit Terrasse. Die Wirtsleute sind sehr bemüht, die Zimmer sind einfach ausgestattet; DZ/F 38 €. ✆ 369-121, 📠 369-888; www.hotel-rajna.com.

Pension-Restaurant Croatia (***), nach der Zufahrt zum Nationalpark im Ortsteil Seline. Neubau mit großer überdachter Terrasse direkt am Meer, komfortable DZ für ca. 42 € inkl. Frühstück. Put jaza b.b; ✆ 369-190.

Pension-Restaurant Kiko (*), ein Stückchen südlicher, nach Pension Croatia, im Ortsteil Seline, auch am Meer gelegen. Die Küche hat einen guten Ruf. ✆ 369-784.

• *Camping* Im Ort gibt es fast 20 Campingplätze; hier sind nur die größten beschrieben. Viele kleine Plätze liegen nahe der Zufahrtsstraße zum Nationalpark.

Sehr schön das kleine **Camp Pinus,** direkt am Meer unter schattigen Kiefern, unterhalb der Magistrale. Wenige Kilometer vor Starigrad-Paklenica.

Camping Plantaža, am nördlichen Ortseingang, direkt am Strand; betonierte Molen, auf denen man gut liegen kann, ragen ins Wasser, sonst Kiesstrand mit Stranduschen; wenig Sanitäranlagen; Put Plantaže 2, 8 €/2 Pers., Zelt, Auto; ✆ 369-188.

Autocamp Nationalpark, schöner Platz im Föhrenwäldchen am Meer hinter der Nationalparkverwaltung. Kleine Kiesbuchten und Fels, Sanitäreinrichtungen für die Hochsaison etwas knapp bemessen. Kleiner Supermarkt am Eingang und Café-Snackbar. 4 €/Person, Zelt 3 €, Auto 2 €. Geöffnet 1.5.–1.10.; ✆/📠 369-202.

Autocamp Paklenica (**), auf einer Wiese neben Hotel Alan, dessen Einrichtungen benutzt werden können. Kinderspielplatz, Boot- und Paddelbootverleih; Grill-Pizzeria am Strand, Minimarkt. Tennis, Basket- und Handball, Minigolf. 5 €/Person, Auto 4 €, Zelt 5 €. ✆ 209-062, 📠 209-073, www.hotel-alan.hr; geöffnet 15.4.–30.10.

Autocamp Pisak, kleiner Platz, idyllisch und ruhig am Meer auf der gleichnamigen Halbinsel im Ortsteil Seline gelegen. Sanitärmäßig in Ordnung. 3 €/Person, Auto 2 €, Zelt 2 €. Put bunarića b.b, ✆ 656-129.

• *Essen* **Restaurant Vičko** mit seinen großen Terrassen wird sehr gelobt, erhielt viele Auszeichnungen – siehe Hotel Vičko. Spezialität sind Fischgerichte. ✆ 369-304.

Karte S. 211

Restaurant Rajna, mit Terrasse. Hier wird leckere Hausmannskost gekocht; bekannt für guten Fisch, auf Bestellung gibt es Fischbrodetto in Tomatensauce mit Polenta. ✆ 369-130.

Zudem empfehlenswert **Restaurant Paklenica,** an der Zufahrtstraße zum Nationalpark; **Restaurant Jabuka** (auch Pizza) und die **Restaurants Croatia** und **Kika** im Ortsteil Seline (siehe auch Hotels).

Paklenica-Nationalpark

Der 1949 zum Naturschutzgebiet erklärte Nationalpark umfasst zwei wilde Karstschluchten des Velebit-Gebirges – das mit 150 km Länge größte kroatische Gebirgsmassiv. Der Zugang zur größeren Schlucht, der *Velika paklenica,* beginnt am Ortsende von Starigrad und führt zuerst über eine schmale Asphaltstraße an Natursteinhäusern und Stallungen vorbei – hier besteht die erste Möglichkeit zu parken; nach weiteren 2 km endet das Sträßchen an einem winzigen Parkplatz beim Nationalparkhaus, der meist schon frühmorgens belegt ist. Von hier geht es nunmehr nicht motorisiert weiter. Je tiefer man in die Schlucht eindringt, desto enger wird sie. Die Wände türmen sich immer steiler, bis sie fast senkrecht aufragen, an manchen Stellen bis zu 400 m hoch. In dieser rauen, urwüchsigen, faszinierenden Landschaft wirken die verbissenen Mountainbikefahrer und die Kletterer und Freeclimber, die mit minimaler, doch hochspezialisierter Ausrüstung im Fels hängen, wie Eindringlinge.

Hinab in die Schlucht Velika paklenica

Durchwandert man die Schlucht, wandelt sich das in Küstennähe mediterrane Klima in kontinentales; die gerodete Landschaft in Küstennähe weicht reicher Flora und großen Wäldern. Buchen-, Eichen- und Kiefernwälder bedecken fast die Hälfte des Nationalparks – gute Lebensbedingungen für die vielfältige Tierwelt. Die *Velika paklenica*-Schlucht ist 10 km lang, der Höhenunterschied beträgt 1600 m. Man sollte sich deshalb nicht ganz unvorbereitet auf den Weg machen, gerade wenn man übernachten will.

Beide Täler – das kleinere der *Mala paklenica* erreicht man über den Ort Seline – sind im Lauf der Jahrtausende durch Verwitterung und Erosion entstanden. Damals flossen hier die Bäche noch oberirdisch. Von der ungebändigten Kraft des Wassers, das auch heute bei Regenfällen sturzbachartig durch den Canyon schießt, zeugen die für Karstgebiete typischen Grotten und Höhlen. Die größte Tropfsteinhöhle ist die 175 m lange *Manita peć*, die über Velika paklenica in etwa zwei Stunden zu erreichen ist (Wanderrouten siehe unten).

• *Anfahrt* Da nur kleine Parkplatzflächen zur Verfügung stehen, verkehren, wenn der hintere Parkplatz voll ist, von 9–15 Uhr Pendelbusse.

• *Eintritt* Die Nationalpark-Gebühr beträgt 4 €/Erwachsene, 2,70 €/Kinder 7–18 Jahre, unter 7 Jahre gratis. Für den Besuch der Grotte Manita peć (geöffnet Mo, Mi, Fr, Sa von 10–13 Uhr) müssen 1,40 € extra bezahlt werden. Eine 3-Tage-Karte (5-Tage) kostet 8 € (12 €).

▸ **Sportmöglichkeiten:** Die Hauptsportart dürfte hier **Klettern** bzw. das sog. **Free-Climbing** sein – es gibt über 300 Touren in allen Schwierigkeitsgraden. Eine Kletterschule befindet sich im Nationalpark, eine Klettererlaubnis muss eingeholt werden. Infos bei der Nationalparkverwaltung. Literatur und Kletterführer etc. bei der NP-Verwaltung (siehe Kroatien allgemein/Literatur).

Auch **Mountainbiketouren** in den Schluchten sind beliebt.

▸ **Wandern:** Auf angelegten Pfaden oder hoch ins Gebirge. Organisierte Touren gibt es über die NP-Verwaltung, Proviant, Schlafsack etc. muss man allerdings mitbringen und selbst hochtragen. Es gibt in diesem Gebiet ca. 15 einfachst ausgestattete Berghütten, die von Mai bis September geöffnet sind. Daneben kann man allerdings auch Tagestouren unternehmen. Die Damen in der NP-Verwaltung kennen sich gut aus und geben gern nützliche Tipps.

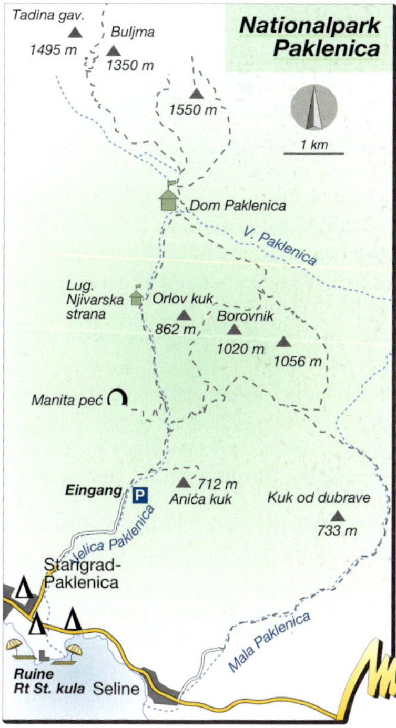

Wanderrouten durch die Schluchten und außerhalb

▸ **Familien-Wanderung zur Dom Paklenica-Hütte** (ab Nationalparkhaus insgesamt sechs Stunden mit Verschnaufpausen):

Der Weg führt vorbei an den gewaltigen Schluchtwänden; dann folgt ein ca. 45-minütiger Aufstieg über die in den Fels gehauenen Stufen, den Velika paklenica-Bach entlang, bis zum Schluchtrand. Rechts erblickt man das gewaltige weiße Massiv des *Anića kuk* (eine gefährliche Herausforderung für Kletterer und Free-Climber, die einige von ihnen mit dem Leben bezahlten). Dann verläuft der Weg ebener, mal ist der Wildbach nahe, mal tiefer unten; kleine Kaskaden beschleunigen seinen Lauf, oder er überwindet größere Felsbrocken und stürzt dann mit Getöse in ein Becken. Am Wegesrand geben Flaumeichen und Rotbuchen Schatten. Ab und zu bietet sich die Mög-

Karte S. 211

lichkeit, sich im Bach zu erfrischen, an einigen Stellen auch unter einem Wasserfall und in den Becken ein Bad zu nehmen oder die Kinder einfach nur plantschen zu lassen – drumherum nichts als Stille (allerdings nur in der Nebensaison!). Nach ca. anderthalb Stunden kommt der Abzweig zur Grotte *Manita peć* (geöffnet Mo, Mi, Fr, Sa 10–13 Uhr), die man in 30 Minuten steilen Aufstiegs erreichen kann. Auf dem Hauptweg weiter bietet sich in ca. 30 Minuten ein Stopp bei der *Njivarske strane*-Hütte an. Hier bekommt man Espresso vom kleinen Gaskocher oder auch mal Eier aus der Pfanne. Nach weiteren 30 Minuten erreicht man die *Dom Paklenica-Hütte*. Sie ist recht gut auf Gäste eingerichtet – aber nicht mit gut ausgestatteten österreichischen Hütten zu vergleichen, wo man vom Apfelstrudel bis Zwiebelrostbraten so einiges verspeisen kann. Die Hütte dient auch Alpinisten als Station für Proviant, da es im Umkreis keine anderen Versorgungsmöglichkeiten gibt. Von der Dom Paklenica-Hütte kann man noch höher in die einsame Bergwelt des Velebit bis auf über 1700 m wandern, phantastische Ausblicke über das Bergmassiv und das Meer genießen, Gänsegeier beobachten, vielleicht einem Wildschwein begegnen. Aber Vorsicht: Nur erfahrene Alpinisten sollten dieses Gebiet bewandern, und der gefürchtete Fallwind, die Bora, tritt hier ebenso mächtig wie unbarmherzig auf.

- **Rundweg Velika paklenica – Mala paklenica:** Für diese eindrucksvolle Tour braucht man ca. sieben Stunden. Ausgangspunkt ist wieder das Nationalparkhaus in der Velika paklenica-Schlucht. Nach ca. 1 1/4 Std. (kurz vor dem Abzweig zur Grotte *Manita peć*) geht ein markierter Pfad rechts ab. Steiler Anstieg, vorbei am *Jurasova*-Massiv und zur kleinen Siedlung Jurline mit ihren Natursteinhäusern. Weiter führt der Weg Richtung *Mala paklenica*. Diese Schlucht ist weit weniger besucht als ihre große Schwester. So konnten sich hier Gänsegeier in Ruhe einnisten. Der Weg hinab in Richtung Seline verläuft unspektakulärer, aber in der Hauptsaison wohl auch ruhiger.
- **Wassersport:** Beste **Bademöglichkeiten** mit Feinkiesbuchten und Schatten spendenden kleinen Bäumen rund um die Ruine des Wehrturms (südlich vom Hotel Alan); ebenfalls schöne Buchten gibt es auf der Halbinsel Pišak im Ortsteil Seline. **Tauchclub** beim Hotel Alan, **Bootsvermietung** am Hafen.

Umgebung von Starigrad-Paklenica

Auf den letzten gut 10 km bis zur *Halbinsel Ravni kotari* verläuft die Magistrale meist am Meer entlang. Beim kleinen Nachbarort *Seline* und auch danach finden sich immer wieder gute Bademöglichkeiten. Wer in dieser Ecke übernachten will, braucht nicht lange zu suchen. Der touristische Rummel wird überragt von der gewaltigen „Wildwest"-Kulisse des schroffen, kantigen, fast nackten Velebit-Massivs.

Hinter *Rovanjska*, einem Straßendorf mit ein paar Pensionen und Restaurants, geht es über die Meerenge und die sie überspannende Brücke Maslenica – ein imposanter Anblick. Hier gibt es viele Varianten der Weiterfahrt: über die neue Autobahn Richtung Šibenik oder nach Zagreb via Plitvicer Seen oder auf der Landstraße über Ražanac auf die Insel Pag oder nach Nin und Zadar.

Ravni kotari mit Blick auf die Küstenausläufer des Velebit-Gebirges

Dalmatien – Halbinsel Ravni kotari

Karte S. 218/219

Die Meerenge bei Novigrad verbindet den Velebit-Kanal mit dem Meer von Novigrad (Novigradsko more) und dem kleinen Meer von Karin im Süden. Hier mündet die Zrmanja, ihr Süßwasser mischt sich mit den salzigen Fluten der Adria, und hier endet das Kroatische Küstenland und beginnt Dalmatien. Ravni kotari, fruchtbare Halbinsel und Hinterland der Festung Zadar, war zwei Jahrhunderte lang Schlachtfeld im Kampf zwischen Türken und Christen und heiß umstrittenes Gebiet im Jugoslawien-Krieg.

Die *Zrmanja* ist ein aus unterirdischen Wasserläufen gespeister Karstfluss, dessen Oberlauf teilweise ebenfalls unterirdisch fließt – er nähert sich hier bis auf 10 km der Krka. Seine Mündung ist flussaufwärts bis Obrovac schiffbar, links und rechts ragen die Felsen der Zrmanja-Schlucht imposant in die Höhe.

Die über 300 m lange, fast 60 m hohe *Maslenica-Brücke,* die über den schmalen Schlund der Meerenge von Novigrad auf die Halbinsel *Ravni kotari* führt, wurde im letzten Krieg von den Krajina-Serben zerstört. Bis zur Erneuerung der Brücke 1997 führte der Verkehr über eine Ponton-Brücke und danach am Novigrader Meer entlang nach *Posedarje*. Dies alles ist Vergangenheit – heute überquert die brandneue Autobahn A1, die vom bergigen Landesinneren hier auf die Küste stößt, die Meerenge. Die Autobahn verläuft nach wenigen Kilometern in Richtung Zadar, im Landesinnern in Richtung Split.

Das einstige verschlafene Örtchen Posedarje liegt heute zentral neben der Magistrale und der Autobahn (mit Ausfahrt!). Die Bademöglichkeiten sind gut, am Strand finden sich schattige Bäume, einige Restaurants, es gibt Privatcamps, Privatunterkünfte und eine sehenswerte romanische Pfarrkirche.

1 km südlich von Posedarje geht es links ab nach *Novigrad* (11 km). Auf dem Weg dorthin an der schattenlosen Küste überall Bademöglichkeiten, doch ist das Wasser sehr flach, und man muss weit in das eher schlickige Binnengewässer hineinwaten. Beliebter Badeplatz ist eine aufgeschüttete Mole, die zu einer kleinen Insel mit dem *Heiliggeistkirchlein* (Sveti Duh) aus dem 15. Jh. führt.

Novigrad

An einem schmalen, fjordähnlichen Meeresausläufer breitet sich das Städtchen aus; seine Häuser schachteln sich den Berg hinauf, um den kleinen Hafen zieht sich die Promenade, und nur die Ruinen zweier mittelalterlicher Verteidigungsanlagen erinnern daran, dass Novigrad einst eine strategisch bedeutende, gut befestigte Stadt war. Attraktion der Gegend sind heute die Rafting-Touren, die auf der nahen *Zrmanja* organisiert werden.

Mit der von den Fürsten *Gusići-Kurjakovići* erbauten Festung aus dem 13. Jh. verbindet sich in tragischer Weise das Schicksal zweier Frauen. Während der Wirren um die ungarisch-kroatische Thronfolge nach dem Tod *Ludwigs I. von Anjou* wurde die Königin-Witwe *Elisabeth* mit ihrer Tochter *Maria* in der Novigrader Festung gefangen gehalten. Zu allem Unglück hatte der nach der Krone trachtende König *Sigismund* aus dem Hause Luxemburg Maria gewaltsam zur Heirat gezwungen. Ihre Mutter wurde 1387 erdrosselt. In der altkroatischen Pfarrkirche *St. Martin* wird ein kostbarer Brokatumhang aufbewahrt, den nach der Überlieferung Elisabeth webte und vor ihrem Tod den Frauen schenkte, die die letzten Stunden bei ihr verbrachten. *Ladislaus von Neapel,* der sich in Zadar zum Gegenkönig Sigismunds krönen ließ, verkaufte Dalmatien, einschließlich Zadar und Novigrad, sowie die Insel Pag für 100.000 Golddukaten an Venedig. Die Stadtrepublik eroberte von Novigrad aus das durch die Türken geschwächte dalmatinische Ungarn-Kroatien.

• *Telefonvorwahl* 023

• *Information* 51466 Novigrad, **Touristinformation** an der Uferstraße, ✆ 364-031; geöffnet Mo–Sa 7–15 Uhr.

• *Ausflüge* **Flashing Tour** (Hr. Frane Sinovčić) organisiert Rafting-Touren auf der Zrmanja. Weitere Rafting-Agenturen siehe unter Zadar/Sport.

• *Übernachten* **Privatzimmer** für das DZ ca. 15 €, **Appartements** mit 2–6 Betten kosten 20–51 €.

• *Camping* Die Uferstraße führt am Büro der INA-Raffinerie Zagreb vorbei direkt zum kleinen, einfachen und sauberen **Camp,**

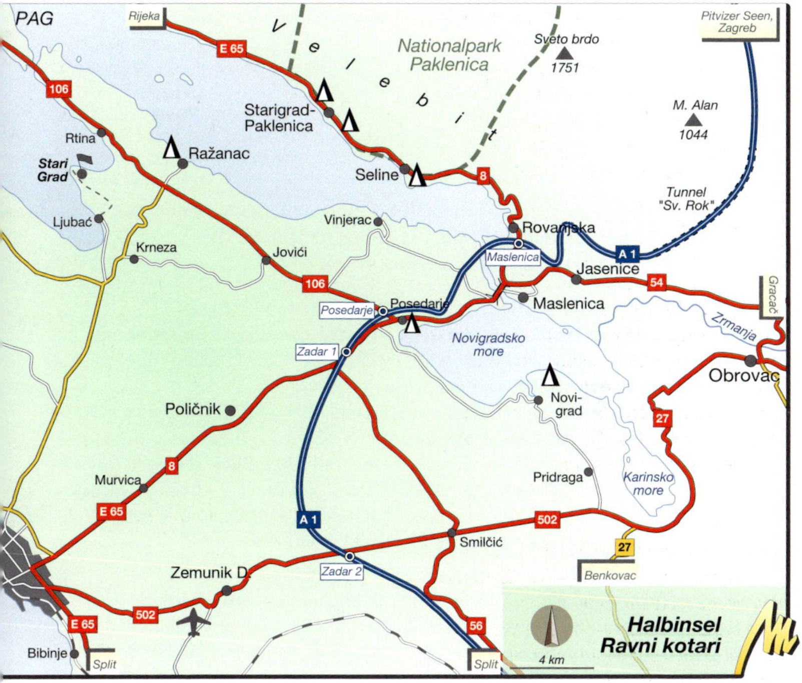

das zudem sehr billig ist: knapp 5 €/2 Pers., Zelt, Auto. Der Platz ist fast schattenlos, sonnengebadet wird auf Kies und auf einer Betonmole; kleiner Laden. Vom Humor der Besucher dieses doch recht ruhigen Flecks zeugt die Benennung der Campingstraße: „Bora-Boulevard“.

Richtung Ražanac: Bei Posedarje zweigt die Hauptstraße Richtung Ražanac und im weiteren Verlauf zur Insel Pag ab. Nach ca. 4 km zweigt von dieser Route (N 106) ein Sträßchen zum idyllisch am Meer gelegenen Fischerort **Vinjerac** ab (auch erreichbar über die kleine Straße direkt nach der Maslenica-Brücke). Die Sicht hinüber zum Velebit-Massiv ist gewaltig, Taxiboote verkehren mit Starigrad Paklenica und es gibt die gute *Konoba Pece* (✆ 275-069), die vorzügliche Fischgerichte anbietet.

Wieder zurück auf der Hauptstraße, führt die Strecke nach 13 km zu einer Stichstraße ans Meer und nach **Ražanac,** das, getrennt durch den Velebit-Kanal, schräg gegenüber von Starigrad-Paklenica liegt. Der Blick auf das imposante Velebit-Massiv im Hintergrund ist bei klarem Wetter grandios.

Ražanac

Ein Ort mit sympathischer Atmosphäre, wenn auch ohne markanten Charakter; das Leben hier geht noch seinen ursprünglichen, vom Tourismus kaum gezeichneten Gang. Die Bewohner haben und nehmen sich mehr Zeit, sitzen bei Musik und selbst gekeltertem Wein zusammen, flanieren abends zwischen Dorfplatz und

Restaurant. Neben *Sobe*-Schildern werben Schilder für den hausgemachten Wein – und der ist gut.

• *Essen* Kleines **Restaurant** gegenüber dem Hafenbecken, im Hintergrund die Kapelle. Sehr schön sitzt man im **Café** am Dorfplatz; hier trinken die Einheimischen gern ihren Schoppen.

• *Übernachten* **Privatzimmer** kosten 10–17 €; auf Hinweisschilder achten.

• *Camping* **Autocamp Planik,** schattiger, großer, ruhiger Platz, zum Meer mit Sandbucht 300 m. 3 €/Person, Zelt 3 €. ✆ 651-431, www.planik.hr.

▸ **Baden:** Mit seinen Geröllmassen gleicht der Ortsstrand einem Steinbruch. Ohne geeignete Unterlage liegt man auf Dauer reichlich unbequem. Das Meer ist ruhig, und im steten Wind lässt es sich prima surfen.

Umgebung

Wer mit dem eigenen Fahrzeug unterwegs ist, wird die kurzen Entfernungen auf Ravni kotari schätzen. Ein abendlicher Abstecher nach Zadar (20 km) über die gut ausgebaute Verbindungsstraße ist immer drin.
Fährt man weiter Richtung Insel Pag (von Ražanac nurmehr 10 km), zeigt sich die Halbinsel mit dem auf Pag weisenden Sporn von *Rtina* in ihrer rauen Schönheit, unberührt und ländlich ist sie abseits der Magistrale. Der Blick schweift rundum übers Wasser, das Meer ist glatt, die vielen kleinen Buchten erscheinen wie Seen. Nur wenige Häuser stehen einsam in dieser karstigen Landschaft. Der Anblick der Inseln Pag und Vir am Haltepunkt vor der Brücke ist gespenstisch – unbewohnbare Steinwüste, Mondlandschaft.

Die Strecke Ražanac–Zadar führt durch eine flache, landwirtschaftlich genutzte Ebene, überall eiförmige, um einen Holzpfahl aufgeschichtete Strohhaufen, die von herunterhängenden, mit Steinen beschwerten Seilen zusammengehalten werden. Ein paar Kilometer weiter, etwas abseits der Straße, erreichen wir rechts ab **Ljubač,** einen kleinen Ort mit kleiner Kirche, die Zugseile für die Kirchenglocken hängen vor der Fassade, Zimmer werden vermietet. Rund um die Bucht hat man bei Ebbe, ganz ungewohnt, Sandstrand.

Die Strecken von Ljubač nach Vrsir und Nin sind allesamt Schotterstraßen. Empfehlenswerte Alternative: bis zum Ortsanfang von Zadar fahren und erst hier die Straße Richtung Nin nehmen.

Vor Zadar erreichen wir die Siedlung **Diklo,** eigentlich nicht viel mehr als eine Uferstraße, an die sich links Restaurants reihen, rechts weisen Schilder auf Zimmer, Appartements und Bungalows hin. Am meterbreiten Kiesstrand reger Badebetrieb.

• *Information* 23000 Diklo, **Touristinformation,** geöffnet 8–20 Uhr, ✆ 023/314-338.

• *Übernachten* **Privatzimmer** der ersten Kategorie kosten ca. 20 €, ein **Appartement** für 2 Personen ca. 25 €.

6 km vor Nin erreichen wir **Petrčane,** einen kleinen, reizvollen Ort mit Bäumen an der lang gezogenen Bucht (Kiesstrand) und luxuriöseren, in den Hang gebauten Häusern. Auf den Ufermauern braten die Sonnenanbeter, entlang der Straße gemütliche Cafés und Restaurants.
Etwas außerhalb auf einer Landzunge liegt **Punta Skala,** eine große, moderne Ferienanlage mit allem Komfort und Sportmöglichkeiten. Pauschalreiseprospekte preisen Punta Skala oft als FKK-Oase; für Freunde des kleidsamen Urlaubs stehen Textil-Bungalows zur Verfügung.
Hier, auf der Westseite von Ravni kotari, gibt es sehr viel mehr organisierten Tourismus, die Landschaft ist hier auch wesentlich ansprechender und grüner.

• *Telefonvorwahl* 023

• *Information* 23231 Petrčane, **Touristinformation,** ✆ 364-052; geöffnet Mo–Sa 8–20 Uhr.

• *Verbindung* **Bus** nach Zadar und zurück mindestens 7x täglich.

• *Übernachten* **Privatzimmer** kosten 15–21 €. **Appartements** mit 2–8 Betten 30–66 €.

Hotel Pinija (***), große, wunderbar gelegene Anlage auf einer Halbinsel in einem Pinienwäldchen direkt am Meer (Kiesstrand); Friseur, Minimarkt, Restaurants und Europcar-Autovermietung. Im Sportangebot Surfen, Wasserski, Tauchen und Tennis, Minigolf und Bootsverleih. DZ/F 93–104 €, ✆ 202-500, ✆ 364-131; www.pinija.hr.

• *Camping* Vor der Schranke des Hotels Pinija links fahren – hier finden sich mehrere **Privatcamps.** Teilweise recht hübsch und am Meer gelegen; 7 €/2 Pers., Zelt, Auto.

• *Übernachten in Punta Skala* **Touristensiedlung Punta Skala** (**), weitläufige Anlage mit beheizbarem Meerwasserschwimmbad; die modernen zweistöckigen Appartements und das Hotel liegen wenige Meter vom Sand-Kies-Strand entfernt auf der bewaldeten gleichnamigen Halbinsel. Infos auch unter www.puntaskala.hr.

Appartements Punta Scala, für 4 Personen 81 €. ✆ 207-701, ✆ 213-107. In den **Appartements Planica** kosten die Studios für 2 Personen 70 € und 90 €/4 Personen. ✆ 207-802. Im **Hotel Makija** gibt es das DZ/F für 56 €. ✆ 207-751.

Nin

Kirchenbaukunst, illyrische Gräber und der mutige Bischofs Grgur Ninski machen das Städtchen geschichtlich von Interesse. Der für Kroatiens Geschichte so bedeutsame Ort strahlt heute eine friedvolle Ruhe aus: schattige Bäume, blühende Gärten, wenig Tourismus.

Die geschichtsträchtige kleine Idylle mit ihren Denkmälern hat man schnell abgelaufen. Als Standquartier ist Nin hervorragend geeignet, um z. B. per Mountainbike die Halbinsel Ravni kotari oder die umliegenden Inseln auf ausgewiesenen Fahrradrouten zu erkunden.

Im 14. Jh. buddelten die Niner aus Sicherheitsgründen einen Graben, mit dem sie die Halbinsel zur Insel machten. Zwei Brücken verbinden deshalb Nin mit dem Festland; die Stadttore und Teile der Befestigung sind noch erhalten. Ein romanischer Campanile überragt die kleinen Häuser des Lagunenstädtchens.

Nin wurde von den illyrischen Liburnern gegründet, Hunderte von Gräbern aus dieser Zeit wurden entdeckt – einer der reichhaltigsten illyrischen Funde Dalmatiens. Die Quellen belegen, dass Nin schon im 4. Jh. v. Chr. ein großes liburnisches Wirtschafts- und Kulturzentrum war. Ende des 1. Jh. kamen die Römer und befestigten *Aenona.* Die Stadt erhielt den Status eines Munizipiums,

Sv. Križ, die kleinste Kathedrale des Christentums (9. Jh.)

Karte S. 218/219

Bischof Gregorius zürnt dem Klerus

war bedeutende Hafenstadt und nannte Forum, Aquädukt, Amphitheater sowie den größten Tempel Kroatiens ihr Eigen.

Nach der Zerstörung *Aenonas* durch die Awaren im 7. Jh. bauten kroatische Siedler den Ort unter dem slawischen Namen Nin neu auf, das als Königsstadt und erster kroatischer Bischofssitz zentrale Bedeutung für Kroatien erlangen sollte. Um 800 versuchten fränkische Missionare, die Einwohner zum Christentum zu bekehren. Ein bedeutender Fund aus dieser Zeit ist das *Višeslav-Taufbecken.* Bischof *Gregorius (Grgur Ninski,* 10. Jh.), als kroatischer Nationalheld bis heute verehrt, führte von hier den Kampf gegen den dalmatinischen Klerus von Split um die Beibehaltung der slawischen Sprache im Gottesdienst.

Nin stand seit 1328 unter der Herrschaft Venedigs und wurde im 15. und 16. Jh. vorsorglich zerstört, um den Türken keinen unversehrten Stützpunkt zu lassen. 1699 baute man Nin wieder auf, doch ihre frühere Bedeutung erlangte die Stadt nie mehr – Nin blieb im Vergleich zu Zadar unbedeutend.

Nins einziger Industriezweig ist heute die Meersalzgewinnung in den seichten Lagunen. Wegen der Reinheit der Natur, des langen, seichten Meeresabschnitts und reichhaltiger Funde des Peloid-Meeresheilschlamms wird in Nin ein größeres Gesundheitszentrum geplant. Die Heilkraft des Meeres nutzten schon die Römer, wovon Überreste römischer Thermen zeugen.

Nin gehört neben Zadar zu den derzeit 123 europäischen Mitgliedern des 1990 gegründeten *Walled Towns Friendship Circle* (WTFC).

Information/Diverses

- *Telefonvorwahl* 023
- *Postleitzahl* 23232 Nin
- *Information* **Touristeninformation** (Turistička Zajednica Grada), Trg Braće Radića 3 (vor Fußgängerbrücke); geöffnet Juni–Sept. tägl. 8–21 Uhr; sonst 8–15 Uhr. ✆ 264-280, ✆/℻ 265-247; www.nin.hr.

Agentur Plus Travel, neben Touristinfo.

- *Verbindungen* Bushaltestelle bei der Post. **Bus** nach Zadar stündl. 5.10–20.50 Uhr.
- *Post* Vor der Altstadt, mit Wechselstube; geöffnet Juni–Sept. Mo–Sa 7–21 Uhr (Pausen: 9.30–10 Uhr und 17–17.30 Uhr), sonst 8–14 Uhr.
- *Veranstaltungen* Am 1. Montag im Mai **Sv. Marija-Prozession** zur vorgelagerten Insel Zečevo (zudem am 5. Mai und 5. Aug.). Mit Booten wird hinübergeschippert, und in der kleinen weißen Kapelle gibt es eine Messe.

• *Geldwechsel* **OTP banka,** mit Geldautomat, in der Altstadt.

• *Gesundheit* **Apotheke** bei Touristinformation. Geplant ist ein ca. 1500 Betten großes **Gesundheitszentrum**. Therapie u. a. für Patienten mit rheumatischen Krankheiten, Gelenkabnutzung, Frauen- und Hautkrankheiten. Auskunft über das Med. Zentrum Nin, ✆ 315-677; zmastrovic@hotmail.com.

• *Einkaufen* Minimarkt vor dem Altstadtkern, Obst- und Gemüsemarkt hinter Post. Großer Supermarkt in Richtung Vir.

Übernachten/Camping/Essen

• *Übernachten* **Privatzimmer** kosten 20–30 €/DZ mit Dusche, einstöckige **Appartementhäuschen** mit Balkon und Terrasse kosten für 2 Personen 30–50 €, z. B. **Appartements Vila Vukić** (****), im Ortsteil Mulo, 15 schöne Appartements mit Balkon, Klimaanlage, Minibar, Pizzeria, 30 m vom Meer entfernt. ✆ 360-321.

Villa Dalibor (****), im Ortsteil Ždrijac, nördlich der Salinen; mit Garten und Pool, mehr für Kinder; wenige Minuten vom Strand entfernt. Appartements mit Terrasse; DZ 51 €. ✆ 264-502, ✆ 01/377-1700, ℻ 01/572-222.

Aparthotel Condura Croatica (**), herrliche Lage oberhalb des Sandstrands in Ninske Vodice (6 km nördlich), von der Restaurantterrasse Blick aufs Küstengebirge. Appartements ab 50 €. Put Škrile 1, ✆ 272-330, www.condura-croatica.hr.

• *Camping* **Autocamp Dispet,** nördlich der Salinen, gegenüber der Altstadt an der Lagune. Fast schattenloses Camp ohne Restaurant und Laden, aber preisgünstig: 8 €/2 Pers., Zelt, Auto; Mob. 098/1643-051.

Autocamp Nick, hinter Dispet, schön gelegen beim Strand Žrijac, mit ähnlicher Ausstattung. Ul. Nikola i Stiven Burela, ✆/℻ 264-048.

Schöne Lage im Norden der Altstadt haben auch **Autocamp Nin,** ✆ 264-031, und **Autocamp Ninska laguna,** ✆ 265-574, ✆ 265-575, www.ninskalaguna.hr.

• *Übernachten in Zaton* (2 km südl. von Nin): Die Touristensiedlung **Holiday Village Zaton** mit **Autocamp** und **Appartements** entstand 1982 in einem Kiefernwäldchen, ist ca. 1,5 km vom Ort Zaton entfernt. Hier lebt es sich wie in einer eigenen Stadt: In punkto Unterhaltung und Sport ist nahezu alles geboten, es gibt Tauchschule. Restaurant, Pizzeria, Supermarkt, Taverne, Konditorei. Bootsanlegestelle mit Slipanlage; Windsurf- und Wasserskischule, Tauchclub, Reitstall; Paddel- und Ruderboote, Parasailing, Minigolf, Tischtennis, Fahrradverleih. Tanzterrasse und Kroatiens größte **Diskothek Saturnus.** Runde, windgeschützte Bucht mit flachem Wasser und Sand-Kies-Strand, Kinderspielplatz, Wasserrutsche, Swimmingpool. ✆ 280-280, 280-315, ℻ 264-225; www.zaton.hr.

Appartements (***) für 2–5 Personen; 2 Pers. 72 € (Topsaison 90 €), 4 Pers. 94 € (Topsaison 115 €), 5 Pers. 115 € (Topsaison 140 €).

• *Camping* **Autocamp Zaton** (***), schön schattig unter Kiefern; 7,50 €/Person, Parzelle f. Zelt/Auto 18 €. ✆ 280-280, ℻ 280-310; www.zaton.hr.

An der Rezeption werden auch **Privatunterkünfte** vermittelt. Regelmäßige **Busverbindung** von/nach Zadar.

• *Essen* **Konoba Branimir,** neben Kathedrale Sv. Križ. Das Natursteingebäude mit überdachter Terrasse wurde auf den Grundmauern eines königlichen Hauses aus dem 9.–11. Jh. errichtet. Spezialitäten sind Cripnjagerichte (= Gerichte aus der Peka) mit Oktopus, Lamm, Kalb, zudem Hummer, Fischgerichte und Fischcarpaccio – bester Platz in Nin.

Restaurant Sokol, gleich hinter dem Stadttor, in von Wein überwachsenem Innenhof; es gibt Pizza, Fisch- und Fleischgerichte. Des Weiteren in der Altstadt zu empfehlen **Konoba Stara kužina,** mit schönem Garten, und **Konoba Kalalarga.**

Fischrestaurant Aenona, unter Schatten spendenden Laubbäumen, befindet sich gegenüber von Sv. Križ. Gut und gemütlich ist auch **Restaurant Perin Dvor,** ✆ 264-307.

Karte S. 218/219

Sehenswertes

Beispielhaftes Zeugnis für altkroatische Kirchenbaukunst ist die vollständig erhaltene Kirche *Sveti Križ* (Heiligkreuz) aus dem 9. Jh., die „kleinste Kathedrale des

Anselmus und Ambrosius, die Schutzpatrone von Nin (ca. 12. Jh.)

Christentums". Bauherr war der damalige Gespan (Stadtverwalter) Godežav; sein Name, eine der ältesten erhaltenen Inschriften der Zeit, ist über der Tür verewigt. Lange rätselten die Forscher, warum bei einem derart vollkommenen Bau nicht darauf geachtet wurde, die Mauern gerade zu ziehen. Des Rätsels mögliche Lösung fand *Mladen Pejaković,* ein Maler aus Dubrovnik. Er ging davon aus, dass sich der Bauplan am einfallenden Sonnenlicht orientierte – das heißt, dass das Gebäude Kirche, Uhr und Kalender zugleich war und die Fenster- und Türöffnungen wie die gesamte Konstruktion genau nach dem Sonneneinfall angelegt wurden.
Neben der Kirche sieht man die Fundamente eines römischen Tempels, den einst die Statuen zahlreicher römischer Kaiser zierten. Die Tempelanlage zählt zu den größten ihrer Art in Kroatien. Sieben der Statuen, darunter die Bildnisse der Kaiser Tiberius und Augustus, sind heute im Archäologischen Museum von Zadar zu bewundern.

Die *Pfarrkirche Sv. Anzelmo* (St. Anselmus) an der Hauptstraße stammt in ihrer jetzigen Form aus dem 18. Jh. und wurde anstelle einer romanisch-gotischen Kathedrale errichtet; erhalten sind nur noch die Seitenkapelle, die Reliefs und das Nordportal. Der romanische Glockenturm daneben stammt aus dem 12. bis 13. Jh. Anselmus, der Überlieferung nach einer der 70 Jünger Jesu, bekehrte in Gallien die Menschen zum Christentum, kam nach Nin und wurde dort der erste Bischof der Stadt. Sehenswert ist die *Schatzkammer* mit Gold- und Silberpretiosen aus Nin. An der Außenfassade prangen die vom Ursprungsbau erhaltenen Reliefs von Anselmus und Ambrosius, der beiden Schutzpatrone von Nin. Die kleine Kirche des *St. Ambrosious* aus dem 13. Jh. steht im Norden der Stadt.

Auf dem Dorfplatz gegenüber der Kirche steht die *Bronzestatue des Bischofs Gregorius.* Dem kroatischen Bildhauer *Ivan Meštrović* gelang ein eindrucksvolles Standbild des Bischofs, der zürnend oder mahnend in Richtung Kirche einer imaginären Zuhörerschaft seine Worte entgegenzuschleudern scheint.

Einen Besuch wert ist auch das kleine *Archäologische Museum* der Stadt. In drei kleinen, kühlen Räumen zeigt es unter anderem Bauteile und ein Modell der Tempelanlage. Leider werden zahlreiche Fundstücke aus Nin in den Museen von Zadar, Split und Zagreb verwahrt – so das *Taufbecken von Fürst Višeslav* aus der Zeit der Christianisierung um 800. Eine Kopie des Beckens, gefüllt mit Geldscheinen und kleinen Münzen, ist im Museum zu bewundern.

Die im Südosten der Altstadt gelegenen *Salzgärten,* schon seit Römerzeiten in Betrieb, können besichtigt werden. Es gibt auch einen kleinen Shop mit Salzprodukten. Geöffnet Juli/Aug. 11–18 Uhr, ✆ 265-466.

Etwas außerhalb, an der Straße nach Zadar, steht auf einem Hügel, geschützt von zwei Pinien, die kleine Wehrkirche *Sv. Nikola* aus dem Ende des 11. Jh. Sie hat einen dreiblättrigen Grundriss, bekam während der Türkenkämpfe einen Wachturm mit Zinnen auf die Kuppel gesetzt und ähnelt seitdem einer kleinen Festung.
In der Umgebung von Nin gibt es vorchristliche Hügelgräber mit Grabbeigaben und anderen Zeugnissen aus liburnischer Zeit.

Die Tränen der Madonna von Zečevo

Nördlich von Nin liegt in Sichtweite der Küste das Inselchen Zečevo. Einst besiedelten Eremiten die Insel und erbauten der Muttergottes zu Ehren eine Kirche. Als aber im Jahr 1500 die Bürger von Zadar und Nin einen Angriff der Türken heldenhaft abwehrten, fielen diese aus Rache über Zečevo her, brandschatzten Kirche und Kloster, ermordeten die Eremiten und raubten die Madonnenstatue.
Die Türken warfen die Statue achtlos ins Meer, doch diese, so weiß die Legende, schwamm schnurstracks wieder nach Zečevo zurück. Schon auf halbem Weg begannen die Glocken von selbst zu läuten, und die Bauern eilten von den Feldern herbei, sahen das Wunder und verehrten das heilige Bildnis umso mehr. Bald veranlasste der Bischof von Nin den Wiederaufbau der Kirche, und ein paar Jahre später, 1516, erschien der Witwe Jelena die Madonna von Zečevo ganz lebendig – aus der Statue kamen Tränen. Nach wiederholten Besuchen in der Kirche holte die Witwe am 5. Mai die Würdenträger herbei, damit auch diese die Erscheinung sehen könnten, und alle kamen und sahen die Tränen der Muttergottes. So weit die Überlieferung.
Seit diesem Tag führt jedes Jahr am 5. Mai eine Prozession nach Zečevo, die Gläubigen kommen mit ihren Booten, um der weinenden Madonna zu Ehren eine Messe zu feiern.

Baden: Nördlich der Altstadt am *Sandstrand Ždrijac;* auf der Uferstraße vorbei an der Salzfabrik und den Campingplätzen Dišpet und Nick. Weiter östlich liegt der *Strand Zukve* mit gleichnamiger Siedlung. Schön ist die Bademöglichkeit in Ninske Vodice (6 km nördlich Richtung Vir, kurz vor Privlaka rechts ab) am so genannten Königsstrand, *Kraljičina plaža;* auch mit dem Fahrrad gut erreichbar. Hier gibt es Sandstrand, allerdings einige Steine im Wasser, Beachbar, Windsurfzentrum (s. o.) etc. und einen wundervollen Blick auf das Küstengebirge Velebit. Genügend Bademöglichkeiten gibt´s auch in Richtung *Vrsi* und in Richtung *Vir* an der Ostküste (langer Sandstrand).

• *Tauchen* **Scuba Adriatic,** im Holiday Village Zaton; ✆ 231-536, 280-350; www.scubaadriatic.com.

• *Windsurfen* **Surfmania,** am Kraljičina plaža in Ninske Vodice, www.surfmania.net. Geöffnet 15. April–15. Nov. Surfbrettverleih und

Am Königsstrand Kraljičina plaža – majestätisch gegenüber der Velebit

Schule, auch Kitesurfen. Ab nachmittags gute Surfwinde vom Velebit.

• *Reitzentrum Zaton* Reitschule, Ausritte, Kutschfahrten, Ponys. Mob. 099/442-160, www.horse-center-libertas.hr.

• *Mountainbike* Die flache Halbinsel Ravni kotari eignet sich bestens für Touren verschiedener Längen, z. B. in die Metropole Zadar, 24 km entfernt. Fahrradverleih ist bisher nur in Zaton möglich. Fahrradkarten gibt es in der Touristeninformation.

Insel Vir

Früher konzentrierte sich das Leben auf der kleinen, kargen Insel auf den gleichnamigen Hauptort – für die Bewohner des nahen Zadar ein beliebtes Ausflugsziel. Doch in den letzten Jahren hat die Ursprünglichkeit von Vir gelitten – durch den Bau von Ferienwohnungen wurde die Insel zersiedelt, ganze Küstenabschnitte verwandelten sich in Großbaustellen.

Über Nin und Privlaka geht es auf der 1979 erbauten Brücke über das tiefblaue Meer nach Vir. Bis auf ein paar Hügel mit den charakteristischen Steinmäuerchen ist die 22,5 km^2 große, von 600 Menschen bewohnte Insel karstig, kahl und flach. Von der Vegetation her ähnelt sie Pag – viele Steine und dazwischen ein paar Kräuter.

Neubausiedlungen ziehen sich die ganze *Sapavac-Bucht* in der Nähe von Vir entlang, im Norden breiten sie sich an der *Radnjača-Bucht* bei Lozice aus. Trotzdem braucht man für die Insel ein robustes Auto, denn die Asphaltstraße führt nur bis Torovi, wenige Kilometer hinter Vir. Oder man wandert die Makadam-Straßen entlang, die sich über die sanften Hügel hinab zum Meer und zu kleinen, meist felsigen Badebuchten schwingen. Mountainbiker finden hier zahlreiche Wege. Die Insel besuchen hauptsächlich kroatische Feriengäste, die hier ihre Grundstücke besitzen. Ausländische Touristen findet man selten und wenn, bleiben sie nur ein paar Tage.

Die Insel war schon in vorgeschichtlicher Zeit besiedelt. Auf dem 112 m hohen *Bandira* finden sich Überreste einer illyrischen Burgruine und ein paar Quader der 700 Jahre alten Kapelle *Sv. Juraj.* 1069 wird Vir in der Schenkungsurkunde des kroatischen Königs *Krešimir* erstmals erwähnt. Aus venezianischer Zeit erhalten sind die Grundmauern eines Kastells, das zum Schutz gegen Piraten erbaut worden war.

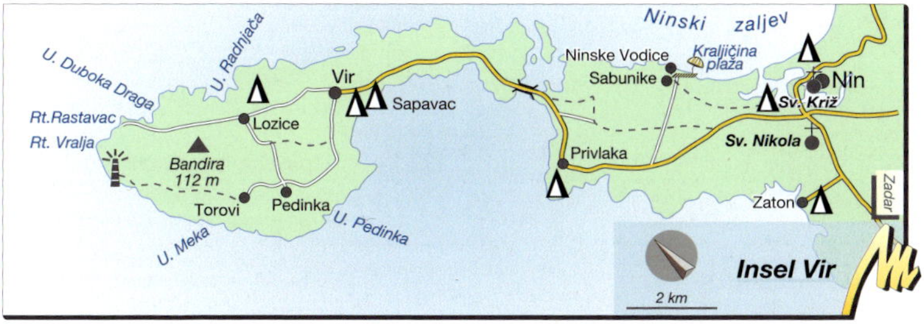

Vir

Der Inselhauptort zieht sich an der weiten *Sapavac-Bucht* in die Länge – vom neueren Ortsteil Uvala Luka bis zur Ortsmitte und zum alten Hafenbecken im Westen. Das quirlige, von Autos überquellende Zentrum mit Marktständen und Verkaufsbuden ist erstmal kaum zu finden. Am Hafen gibt es noch etwas ursprüngliches Inselleben, neben Fischerbooten stehen Holzfässer für den Fang parat. Sonnenhungrige tummeln sich am Fels- und Kiesstrand. Er verläuft weiter westwärts bis zur Burgruine mit einem karstig-kahlen Berg im Hintergrund.
Die Dorfkirche *Sv. Juraj* aus der Mitte des 19. Jh. wurde auf den Fundamenten einer kleinen Kapelle erbaut. Daneben ragt der frei stehende Kirchturm ins wolkenlose Blau. Etwas außerhalb des Ortes, Richtung Torovi, steht seit dem 13. Jh. die Friedhofskirche *Sv. Ivan,* die frühere Hauptkirche von Vir.

Information/Diverses

- *Telefonvorwahl* 023
- *Postleitzahl* 23234 Vir
- *Information* **Touristinformation,** kurz vor dem Hafenbecken; geöffnet Mo–Sa 7–20 Uhr. ✆/℻ 362-196; www.otok-vir.info.

Tourist Center & Shop Ivo, östlich vom Zentrum zum Meer, ✆/℻ 362-240, 098/351-6643, avd-koncept@zd.t-com.hr. Zimmervermittlung, Ausflüge, Boote etc.

- *Verbindungen* Regelmäßig **Busse** nach Nin und Zadar, stündl. 5.30–21.30 Uhr. Ticketverkauf neben Restaurant Katarina.
- *Post* Ortsende Richtung Lozice; geöffnet Mo–Sa 8–20 Uhr.
- *Geldwechsel* Post u. Touristinformation.
- *Einkaufen* Mehrere Supermärkte, Bäckerei, Obst- und Gemüsestände.
- *Gesundheit* **Ambulanz,** kurz vor dem Hafenbecken, ✆ 362-769.
- *Veranstaltungen* Am 28. Aug. **Dorffest** mit Prozession zu Ehren von Sv. Ivan, außerdem Folkloreveranstaltung mit Tanz und gutem Essen.
- *Nachtleben* **Disco-Bar Mora,** kurz vor der Post nach rechts; im Freien eine große Terrasse mit Springbrunnen.

Übernachten/Essen

- *Übernachten* Die Touristinformation vermittelt **Privatzimmer** ab 15 €/DZ. **Appartements Ivo,** kurz vor dem Meer, an der Promenade mit Terrasse, Garten und kleinem Anlegehafen; 2 Personen 40–50 €. ✆/℻ 362-240. Gemütlich und familiär ist auch **Pension Bašić,** ruhig gelegen, mit großer Terrasse und Garten, auf Wunsch auch HP, Preise etwas niedriger; ✆ 362-224. **Appartements Spavalice,** 3 Personen ca. 50 € Put Spavalice 1 (nähe Kirche), ✆ 362-033, ✆/℻ 363-064.
- *Camping* **Camping Matea** (***), an der Bucht Radovanjica, gute Ausstattung. 2 €/Pers., Zelt 3 €, Auto 2 €. ✆ 362-474, ℻ 362-102.

Campingplatz Vir (*), komfortloser kleiner Platz im Zentrum.

Camping Luka (*), kleiner Platz östlich von Camp Matea.

Karte S. 218/219

Die roten Sandsteinfelsen von Duboka Draga

Autocamp Slatina, nordöstlich von Vir, nahe dem Meer, mit betonierten Liegeflächen. Steiniger, ruhiger Platz unter Kiefern mit kleinem Restaurant; die Duschen sind in einer Nische im Freien. 2 €/Person, Auto 2 €, Zelt 2 €.

• *Essen* **Gostiona Viranka,** in Ortsmitte, mit großer, teils überdachter Terrasse. Auch innen sitzt man recht gemütlich; gut, preiswert und flinker Service.

Grill Katarina, im 3. Stock eines Neubaus. Man kann auf der Dachterrasse bei Diskobeschallung speisen. Gegrilltes und Fisch.

Restaurant Bili Galeb, direkt am Meer, hübsche Terrasse, Bootsanlegeplätze; Fisch- und Fleischgerichte.

Konoba Kod Spavalice, Natursteinhaus mit großem, gemütlichem Innenhof unter Fischernetzen, innen rustikal mit großem Kamin. Fischbecken; Fisch- und Fleischspezialitäten. Put Spavalice 1 (nähe Kirche), ✆ 362-033.

Weitere Inselorte

Lozice: Von Vir führt die Asphaltstraße an die Nordküste nach **Lozice.** Unterhalb die *Radnjača-Bucht,* deren westlicher Küstenabschnitt sich zu einer einzigen Baustelle entwickelt hat. Die Grundstücke am Meer sind fest in der Hand der Städter. Willkürlich stehen Einfamilienhäuser mitten in der Landschaft, umgeben von Baumaterial und Betonmischmaschinen. Die Straße weiter Richtung *Kap Rastavac* finden sich noch schöne Buchten, z. B. die von roten Sandsteinfelsen umgebene *Duboka Draga.*

• *Essen* **Konoba Stipe;** Sitzgelegenheit auf der mit bunten Sonnenschirmen bestückten, von ein paar Bäumchen gesäumten Natursteinterrasse. Es gibt Fisch und Gegrilltes. Auch Minimarkt. ✆ 362-143.

• *Übernachten* **Privatzimmer** ab 13 €/Person.

Vorbei am Friedhof von Vir führt die Teerstraße weiter Richtung **Torovi.** Ein paar alte Steinhäuser, Hühnerställe, Weingärten, Steinmäuerchen, die die Hügel geometrisch unterteilen, würzig duftender Weg hinab zum Meer. Voraus im Dunst liegt die Inselkette mit Olib, Ist, Molat, Sestrunj, Uglijan. Noch weiter reicht die Sicht vom 112 m hohen *Bandira* (nach Torovi den Makadamweg hoch) – herrlicher Rundblick von Vir bis Nin und Zadar, über die Inselkette vor Zadar, im Osten auf Pag und das Velebit-Küstengebirge. Und beim Blick auf den Boden entdeckt man die 700 Jahre alten Grundmauern der *Sv. Juraj*-Kapelle, die rekonstruiert werden soll.

Die Straße führt weiter nach Westen bis zum *Leuchtturm,* nur wenige Autofahrer verirren sich hierher. Besser auch, man schnallt sich den Rucksack um und macht sich zu Fuß auf die Suche nach einem Badeplatz am *Fels-* und *Kiesstrand.*

Es gibt auch viele lauschige Winkel in Zadar

Zadar

Gesäumt vom großen Fährhafen und von wuchtigen Mauern beschützt, liegt Zadars malerische Altstadt auf einer Landzunge. Die einstige Hauptstadt Dalmatiens ist eine Stadt der Baudenkmäler und Museen, eine Stadt zum Flanieren, Einkaufen sowie Sprungbrett zu vielen Inseln. Nicht zuletzt durch den Flughafen hat sich die 76.000-Einwohner-Metropole zu einem modernen Geschäfts- und Touristenzentrum entwickelt.

In den autofreien Gassen und auf den Plätzen drängen sich die Menschen über glatt poliertes Marmorpflaster durch die 2000-jährige Vergangenheit Zadars – ein buntes Gewirr verschiedenster Stilepochen und Baudenkmäler, die die Jahrhunderte überstanden und immer wieder restauriert wurden. Auch im 2. Weltkrieg und besonders im Krieg zwischen 1991 und 1994 hat die Altstadt sehr gelitten. Doch davon ist heute fast nichts mehr zu sehen; mit großem Aufwand wurde das historische Zentrum wiederhergestellt, alte Plätze wie z. B. der *Trg pet bunara* (5-Brunnen-Platz) wurden neu gestaltet. Reges Treiben herrscht in den Einkaufsstraßen und am *Narodni trg* (Nationalplatz) mit den Porträtzeichnern, am Markt mit vielen Obst-, Gemüse- und Souvenirständen. Beschaulich ist es dagegen abends bei einem Konzert auf dem römischen Forum. Wegen ihrer Kirchenschätze wird Zadar auch die Stadt von Gold und Silber genannt, der Besuch einiger Museen lohnt. In jedem Fall ist die Stadt ein paar Tage Aufenthalt wert – zudem ist sie ein guter Standort für schöne Ausflüge in die Umgebung. Auch an Mountainbikefans wurde gedacht – schöne ausgewiesene Fahrradstrecken führen von Zadar über die Halbinsel Kotari oder einfach nur zum nächsten Badestrand. Für Sonnen- und Badehungrige sind die Strände nicht allzu weit, und im Stadtteil Borik liegt – direkt am Meer – ein riesiger Hotelkomplex mit Freizeitzentrum.

Karte S. 234/235

Geschichte

Erstmals erwähnt wurde Zadar von den Griechen im 4. Jh. v. Chr. Unter den Römern hieß die Stadt *Jadera* und *Diadora.* Als das antike Salona bei Split von den Slawen und Awaren zerstört wurde, stieg Zadar 614 zur Hauptstadt des byzantinischen Dalmatiens auf. Häufig kam es zu Kämpfen mit den Venezianern. Zum Empfang von Papst *Alexander III.* sang das stolze Volk von Zadar nicht lateinische, sondern slawische Lieder. Doch 1409 verkaufte der letzte ungarisch-kroatische König, *Ladislav Napuljski* (Ladislav von Neapel), Zadar zusammen mit ganz Dalmatien für 100.000 Dukaten an Venedig. Die Türken besetzten im 16. Jh. das Hinterland der Stadt. Unter österreichischer und französischer Besatzung wurde Zadar erneut Hauptstadt Dalmatiens. Im Vertrag von Rapallo 1922 wurde die Stadt Italien zugesprochen, das damit einen wichtigen Seehafen erhielt. Zadar verlor jedoch an Bedeutung, da es vom Hinterland isoliert war. Nach der Kapitulation Italiens 1943 besetzten deutsche Truppen die Stadt. Am Ende des 2. Weltkriegs war sie fast völlig durch deutsche Bomben zerstört. 1947 wurde Zadar dem Staat Jugoslawien angegliedert. Man begann mit dem Wiederaufbau, restaurierte die Kunstdenkmäler, und Zadar entwickelte sich zu einem modernen Wirtschafts- und Fremdenverkehrszentrum. 1991 wurde dem Aufschwung eine jähes Ende gesetzt. In diesem Jahr, nach der Unabhängigkeitserklärung Kroatiens, besetzten Serben die Region um Knin (die Krajina), die Bemühungen um Autonomie scheiterten. Die serbische Armee sprengte die Maslenica-Brücke und rückte bis nahe an Zadars Tore heran. Vom Hinterland abgeschnitten, hielten die Bewohner in Kellern und Bunkern dem dreijährigen Beschuss stand oder verließen per Fähre das Land. Es gab viele Tote und Verwundete. Trotzdem begann man in der Altstadt bereits während des Krieges mit der Restaurierung. Heute hat man den Eindruck, es sei alles wie vorher. Doch der Schein trügt; nur eine Minderheit kann sich einen Besuch in den gemütlichen Cafés leisten, geschweige denn in den noblen Geschäften von Benetton oder Calvin Klein einkaufen.

Korinthische Säule und Kirchturm von Sv. Stošija (12. Jh.)

Information

- *Telefonvorwahl* 023
- *Postleitzahl* 23000 Zadar
- *Information* **Touristinformation TIC,** Mihe Klaića 2 (am Narodni trg), ✆ 316-166; Mai–Okt. tägl. 8–16 Uhr, im Juli/Aug. 8–22 Uhr.

Infostelle im Arsenal, Trg tri bunara 1. Hier auch Internet.

Infostelle Tifon – Autobahn (Ausfahrt Zadar), Mai–Mitte Okt., tägl. 8–22 Uhr.

Fremdenverkehrsverein der Stadt (Turistička Zajednica Grada Zadra), I. Smiljanica bb, ✆ 212-412, 212-222; www.zadar.hr. Kein Publikumsverkehr!

Fremdenverkehrsverein der Region (Turistička Zajednica Zadarske Županije), Sv. Leopolda Bogdana Mandica 1, ✆/℻ 315-107, 315-316; www.zadar.hr. Kein Publikumsverkehr!

Agentur Liburnija, Elizabete Kotromanić 1 (nach Narodni trg), ✆ 211-039. Juli/Aug. Mo–Sa 8–20 Uhr, sonst teils nur bis 15 Uhr. Informationen, Privatzimmervermittlung.

Agentur Jureško Aquarius, Nova Vrata bb, ✆/℻ 224-120, 212-919. Mo–Sa 8–20 Uhr. Zimmervermittlung.

Croatia-Express, Široka ulica (ggü. Kompas), ✆ 250-502, ℻ 250-499. Fahrkartenverkauf.

Croatia-Airlines, Poljana Natka Nodila 7, ✆ 250-094, ℻ 250-109.

Jadroagent, Poljana Natka Nodila b.b (gegenüber Croatia-Airlines), ✆ 251-447, ℻ 250-647. Nur Marina-Fähre.

Jadrolinija, Liburnska obala 7, (hinter dem Busbahnhof), ✆ 254-800, ℻ 311-151, www.jadrolinija.hr. Geöffnet 6–17 u. 18–22 Uhr, So 7–13.30 u. 15–22 Uhr.

Generalturist, Obala kneza Branimira 1, ✆ 318-997, ℻ 311-644, www.generalturist.com. Geöffnet tägl. 8–20 Uhr.

Miatours, Vrata Sv. Krševana, ✆ 254-400, 254-300, ℻ 254-401; www.miatours.hr. Information über Tragflügelboote nach Ancona, Božava. Tägl. 8–21 Uhr.

Verbindungen/Ausflüge

• *Verbindungen* **Ruderboot,** (ca. 1 €) überquert Bucht zwischen Fährhafen und Leuchtturm (in Saison frühmorgens bis Mitternacht) – eine jahrhundertealte Tradition.

Busse – Haltestelle an der Liburnska obala (am Kai vor der Stadtmauer), Verbindung zum Busbahnhof. Der **Busbahnhof** liegt 2 km außerhalb der Altstadt im Südosten, in der Ante Starčevića 1; Auskünfte ✆ 211-938 (Lokallinien), ✆ 211-555 (zu anderen Städten). Gepäckaufbewahrung tägl. 6–22 Uhr. 1x tägl. nach Zagreb (100 KN), Rijeka und Split. Nach Borik alle 15 Min. – stündlich startet auch ein Taxiboot vom Kai. Zubringerbusse zum Flughafen.

Für alle weiteren Fahrten Reservierung erforderlich! Von Zadar werden auch große Städte in Deutschland angefahren. Eine gute und komfortable Buslinie nach Split, Zagreb und Deutschland ist Contus (Büro im Busbahnhof, ✆ 314-477, 314-202, www.contus.hr). Infos am Busbahnhof, bei Contus, Croatia-Express u. Touring-GmbH, Deutschland (✆ 069/790-350).

Züge: Bahnhof, Ante Starčevića 4, ✆ 060/333-444 (nationale Info-Zentrale), www.htnet.hr; 2 km südöstlich der Altstadt beim Busbahnhof. Um nach Zagreb, Split, Šibenik zu kommen, muss man den Lokalzug nach Knin (100 km) nehmen und dort umsteigen (rund 2 Std.). Mit dem Bus geht es schneller und bequemer. Fahrpreis Zadar–Zagreb ca. 10 €. **Zugauskunft** ✆ 319-212 oder über Croatia-Express.

Flüge: Der Flughafen (Zračna luka Zadar), ✆ 313-311, www.zadar-airport.hr, liegt 9 km südöstlich von Zadar (Zubringerbusse vor der Altstadt am Kai und am Busbahnhof, ca. 20 KN). Linienverkehr mit Rijeka, Pula, Zagreb, und Dubrovnik. Ab Zagreb intern. Verbindungen nach München, Frankfurt, Wien, Zürich usw.; Flugpreis: Zadar–Zagreb ca. 65 €. Auskünfte bei Croatia-Airlines.

Im Sommer Charterflüge Zadar–München (Sa) mit Croatia-Airlines und Zadar–Augsburg (Sa, Mi) mit Augsburgairways und mit Germany Air am Sa nach Leipzig, Berlin, Düsseldorf u. München.

• *Schiffsverbindungen* An der Landspitze legen die großen Autofähren an; im Hafenbecken, gegenüber der Stadtmauer, die Trajekts nach Ugljan, Dugi Otok usw.; für diese Inseln auch Fahrkartenverkauf im Kiosk gegenüber an der Stadtmauer.

Trajekts: *Zadar–Preko (Ugljan)*, von 6.20–23 Uhr fast stündlich, in der Hauptsaison noch 5.30 u. 24 Uhr.

Zadar–Brbinj (Dugi Otok), 3–4x tägl.

Zadar–Bršanj (Iž), 1–2x tägl.

Zadar–Ist–Olib–Silba–Premuda–Mali Lošinj (Mitte Juni–Mitte Sept.): 5x wöchentl. (Mo–Sa) Olib, Silba, Premuda; nur Do bis Mali Lošinj; nur Di, Mi, Sa nach Ist.

Zadar–Rivanj–Sestrunj–Zverinac–Molat–Ist: Juli/Aug. Molat tägl.; ansonsten alle Inseln nur 4x wöchentl., Ist nur Mo.

Mit *Schiff Marina* (Mitte Juni–Anfang Sept.) 5x wöchentl. Zadar–Silba–Mali Lošinj–Pula (nur Di u. Sa Stopp in Unije, Fr bis Koper); Zadar–Pula: 23 €/Person, 62 €/Auto.

Personenfähren: Zadar–Sali–Zaglav (Dugi Otok), 1–2x tägl.

Katamaran: *Zadar–Premuda–Silba–Olib*: 1x tägl.

Zadar Karte S. 234/235

Zadar–Molat–Brgulje–Zapuntel–Ist: 1x tägl. *Zadar–Rivanj–Sestrunj–Zverinac–Božava*: 1x tägl.

Die **Küstenlinie** von Rijeka nach Dubrovnik und weiter nach Bari (Italien) stoppt seit Frühjahr 2006 nicht mehr in Zadar!!

Italienfähren (Reservierung im Voraus erforderlich): Zadar–Ancona (Jadrolinija), ganzjährig 4x wöchentl.; 1x tägl. in der Saison; Fahrtzeit 8 Std.

Mit Tragflügelboot Zadar–Božava–Ancona (Anfang Juni–Mitte Sept.): Fr, Sa (2x; nicht Božava), So; 70 € (Sa 80 €); Fahrtzeit 3 ½ Std. Info über Miatours (s. o.).

Zudem fährt die schnelle SNAV-Linie von Zadar nach Ancona; www.snavali.com

• Ausflüge Z. B. zu Krka-Wasserfällen, Plitvicer Seen oder per Tragflügelboot zu den Kornaten. Auskunft über Agenturen (s. o.).

Adressen/Diverses (siehe Karte S. 234/235)

• Geldwechsel **Erste banka,** Obala kneza Branimira 6 (gegenüber Fußgängerbrücke); mit Geldautomat; Mo–Fr 8–19.30, Sa 8–12 Uhr.

Zagrebačka banka, mit Geldautomat: Knezova Šubića Bribirskih 4, Mo–Sa 7.30–20.30 Uhr.

Splitska banka, Špire Brusine 19, Mo–Fr 7.30–13.30 u. 14–20 Uhr, Sa 8–12 Uhr.

Privredna banka, Obala Kralja Tomislava (am Beginn vom Kai).

Dalmatinska banka, mit Geldautomat; Trg Sv. Stošije 3.

• Post Ul. Šimuna Kožičića Benje (zwischen Seetor und Forum), Mo–Sa 7–21 Uhr. Gegenüber der Altstadt (über die Fußgängerbrücke, dann nördlich), in der Josipa Jurja Strossmayera, Mo–Fr 7–20, Sa 7–14 Uhr. **Hauptpost,** Kralja S. Držialava 1 (östlich, vor der Altstadt), ✆ 316-552; hier auch Poste restante Mo–Sa 7–21 Uhr.

• Taxi Beim Busbahnhof und Kai.

• Parken Alle Parkplätze sind gebührenpflichtig. Hinter der Altstadtmauer am Kai – aber aufpassen, hier stehen auch die Autos, die auf die Fähre warten. Auf der gegenüber liegenden Seite vom Hafenbecken nach der Fußgängerbrücke und ein Stück weiter östlich am Hafenbecken an der Obala kneza Branimira. Parkplätze südlich und östlich des Forums. Auch Garagenvermietung, Auskunft über Touristagenturen.

• Gesundheit **Krankenhaus** (bolnica), Bože Perčića 5, ✆ 315-677; 10 Minuten von der Altstadt, beim Hotel Kolovare. **Apotheken** (ljekarna): **Centar,** Jurja Barakovića 2, ✆ 302-931; **Donat,** Braće Vranjanina 14, ✆ 251-342.

• Auto-/Fahrradvermietung Z. B. **Dollar & Thrifty,** Bože Perčića 14 (Hotel Kolovare), ✆ 315-733; Flughafen, Mob. 098/424-891.

H-Zadar, Bana Josipa Jelačića 1, ✆ 236-600, 📠 236-500; 8–20 Uhr. **Eurobike,** Obala kneza Branimira 6c (östl. von Fußgängerbrücke), ✆ 241-243, riesiger Komplex mit Verkauf, Verleih, Service, Equipment. Geöffnet Mo–Fr 8–12.30 u. 16.30–19.30 Uhr, Sa 8–13 Uhr.

• Einkaufen Frisches **Obst** und **Gemüse** tägl. bis 18 Uhr am Markt. **Fischmarkt** tägl. 7–12 Uhr (hinter dem Tor beim Obstmarkt). Die Ulica Široka mit ihrer Verlängerung nach Westen ist die Hauptgeschäftsstraße: Supermarkt, Buchhandlung, Textil-, Schuh- und Kosmetikläden aller namhaften Firmen.

Spezialität von Zadar ist der Maraschino: ein klarer süßer Likör aus den Kernen der Weichselkirsche Maraska; zudem die Kräuterschnäpse Belinkovac und Vlachovac.

• Internet Im **Arsenal,** Trg tri bunara; **Multinet,** Stomirica 8 (südöstl. Rest. Dvi Ribara).

• Nachtleben Das „Nightlife" hat viele nette Novitäten erhalten: **Café-Cocktailbar The Garden (6),** Ul. Bedemi zadarskih pobuna, auf der Stadtmauer mit Blick auf den Fährhafen; groß, unter schattigen Bäumen mit Sitzkissen auf der Mauer, gute Musik, Snacks, Cocktails, wireless Surfen möglich, Schach – bester Platz an heißen Tagen. Geöffnet 7–24 Uhr.

Maya-Pub (5), Liburnska obala 6, am Fährhafen mit erhöhter Terrasse, tagsüber nettes Café, abends tobt der Sound, auch Livebands; geöffnet 7–3 Uhr.

Arsenal, Trg tri bunara, Café und Restaurant (Pizzen, Snacks, Salate), abends Szene-Treff an der Bar; riesiger Innenraum und Theke, auch im Freien Sitzmöglichkeiten. Geöffnet 7–4 Uhr.

Yachting, in der Borik Marina, moderne Bar, Cocktails, Livemusik.

Weitere nette Café-Bars (geöffnet 8–1 Uhr), u. a: **Jazz (17),** Matice dalmatinske 9; **Toni (10),** Mihe Klaiča 6; **In Time (20),** Treff des jüngeren Jet-Set-Publikums, Mihovila Pavlinovića 6; **Rio (19),** neben In Time, nette Latino-Musik, Putevac 5; **Gagica,** Matoša 8, Borik (7–3 Uhr geöffnet).

Diskothek-Club Forum (4), Ul. Marka Marulića; Musikmix, House; 3 Bars; geöffnet Fr/Sa 23–4 Uhr.

Gotham club, Marka Oreškovića 1a; Livemusik, Go-go-Tänzer, Café etc. Geöffnet 23–4 Uhr. Neustadt (Richtung Diklo).

Diskothek Saturnus, 20 km außerhalb in Zaton (kurz vor Nin), riesig.

Casino Zadar, Ivana Mažuranića (bei Marina Zadar). ✆ 239-400, geöffnet 20–5 Uhr.

• *Veranstaltungen* **Klassische Konzerte:** mehrmals die Woche in der Kirche Sv. Donat. **Theatersommer,** Mitte Juli–Mitte Aug. **Zadar snova** („Zadar der Träume"), neues internationales Theater, in den letzten beiden Augustwochen.

Übernachten/Camping/Essen (siehe Karte S. 234/235)

• *Übernachten* **Privatzimmer** kosten ab 35 €/DZ ohne Frühstück. Vermittlung siehe Agenturen. Schöne Privatzimmer/Appartements an der Uferstraße in Richtung Diklo/Borik. U. a. **Hotel Villa Hrešeć** (s. u.); **Villa Ivana,** Appartements und Zimmer, Obala kneza Domagoja 14 (Puntamika), ✆ 335-871, ℻ 335-870; **Appartements Maria** (***), DZ/F ca. 50 €, Straße nach Borik, Put Petrića 24, ✆ 334-244, www.pansionmaria.com; **Appartements Basioli,** in Diklo, moderne Ausstattung, Blick aufs Meer, Appartements 60–100 €, Krešimirova obala 116, ✆ 331-129.

Momentan gibt es nur ein Innenstadthotel. Alle anderen Hotels sind im Stadtteil Diklo, ein großer Hotelkomplex im Stadtteil Borik.

• *Innenstadthotel* **Hotel Kolovare (18)** (***), 1 km östlich der Altstadt kurz vor dem Meer. Modernisiertes, gut geführtes 327-Betten-Hotel, ruhig hinter grünen Hecken, mit Swimmingpool, Tennisplatz, großer Terrasse. Zum eigenen Strand nur über die Uferstraße; moderne, komfortable Zimmer mit Sat-TV, Balkon und Meerblick; großes Frühstückbuffet. DZ/F ca. 130–140 €. Bože Perčića 14, ✆ 211-017, 203-200, ℻ 213-079, www.tel.hr/hotel-kolovare-zadar.

• *Außerhalb* **Hotel Villa Hrešeć** (***), an der Uferstraße in Richtung Puntamika, wunderschöne renovierte Villa mit Zimmern, Appartements, Restaurant, Garten mit Pool. Blick auf die Altstadt von Zadar. DZ 90 €. Obala kneza Trpimira 28, ✆ 337-570, ℻ 334-336, www.villa-hrsec.hr.

Hotel-Restaurant Tamaris (***), modernes, kleines Hotel mit gutem Restaurant. DZ/F ca. 70 €. Zagrebačka 5, ✆ 318-700, www.tamaris-zadar.com.hr.

• *Falkensteiner Hotels & Resort Borik* Die Hotelgruppe Falkenstein hat die Hotelanlage Borik übernommen, modernisiert und komfortabel umgebaut. Sie liegt im Kiefernwald am Meer im Stadtteil Borik.

Es gibt zwei All-incl.-Hotels und ein Apart-Hotel. Vorherrschend ist ein riesiges Freizeit- und Sportangebot, es gibt auch eine Marina. Falkensteiner Hotels & Resorts Borik, Majstora Radovana 7, ✆ 206-637; ℻ 332-065; www.hoteliborik.hr, www.falkensteiner.com.

Hotel Adriana Select (****), ein sog. Lifestyle-Hotel mit 48 komfortablen Junior-Suiten im modernen Design, mit großen Balkonen. Wellness- u. Beautyoase, Pool, Gourmetküche; gedacht für Ruhe Suchende. 136 €/Person mit HP.

Club Funimation (****), All-incl.-Anlage, Fun u. Animation verbirgt sich hinter dem Namen und ist die Devise dieses Hotels; im Mittelpunkt steht Aquapura Borik, eine große Wasserlandschaft mit Rutschen etc., zudem ein großes Sport- und Aktionsangebot. 106 €/Person.

Café am Narodni trg

Zadar Karte S. 234/235

Hotel Donat (***), All-incl.-Hotel mit Sport- und Freizeitanimation, Pool etc.; 65 €/Person.

• *Weitere Hotels im Stadtteil Borik* **Hotel Mediteran** (***), modernes, gut geführtes 30-Zimmer-Hotel, 500 m vom Meer entfernt; komfortable Zimmer mit AC oder einfacherer Ausstattung; Garten, Pool, Restaurant mit Terrasse und Blick auf die Insel Ugljan, große Auswahl an Fleischgerichten und frischem Fisch. DZ/F 70–90 €. Matije Gupca 19, ✆ 337-500; 📠 337-528; www.hotelmediteran-zd.hr.

Hotel President (*****), edles, ausgefallenes Hotel im Stil des 18. Jh. Zimmer und Suiten ebenfalls in dieser Stilepoche; mit Balkon, mosaikverzierten Marmorbädern und modernster Schließtechnik. Bar Royal Club und Restaurant Vivaldi mit Kopien bekannter Ölgemälde. Raffiniert zubereitete Speisen, z. B. Orada in Salzlake, Kalbssteak im Lammtaschentuch, dazu ausgesuchte Weine. Leider keine Terrasse, nur ein lauschig-kleiner, kiwibewachsener Pavillon. Eigener Strandabschnitt 300 m entfernt. Vladana Desnice 16, ✆ 333-464, 333-696, 📠 333-595; DZ/F 200 €; App./FR ab 375 €; www.hotel-resident.hr.

Restaurant-Pension Amfora, gegenüber Hotelkomplex Borik; DZ/F mit Balkon ab 50 €. Gutes Restaurant, gute Pizza und Fisch. A.G. Matoša b.b. Mob. 091/3333-108.

• *Jugendherberge* **Omladinski Hotel,** 3 km nördlich vom Zentrum im Stadtteil Puntamika, mit Bus 5 ab Busbahnhof erreichbar. 2005 renoviert und gut gestaltet mit Restaurant und Sportplatz in ruhiger Lage. 2–8 Pers.-Zimmer. 16 €/Person inkl. F. Obala K. Trpimira 76; ✆ 331-145, 📠 331-190, www.hfhs.hr.

• *Camping* **Camping Borik** (*), neben der Hotelanlage, mit kleinem Kiesstrand, Restaurant, Supermarkt. Geöffnet 1.5.–30.9. 5,80 €/Person, Zelt 7 €, Auto/Wohnmobil 10 €. CCI-Rabatt 10 %. ✆ 332-074, 📠 332-065.

• *Essen* **Restaurant Foša (16),** malerisch am alten Hafen Foša gelegen, rustikal und sehr gemütlich. Terrasse direkt am Meer, umgeben von wuchtigen Mauern; Blick auf die Lichterkette von Ugljan und auf die Zitadelle gegenüber. Aus den Boxen tönt kroatische Musik. Große Auswahl an Fisch, aber auch Fleisch-, Reis- und Nudelspeisen. Ul. Kralja Dmitra Zvonimira 2, ✆ 314-421.

Restaurant Kornat (7), am Fährhafen mit Blick von der Terrasse auf die Trajekts. Leckere moderne dalmatinische Küche, große Weinkarte, guter Service. Spezialitäten sind

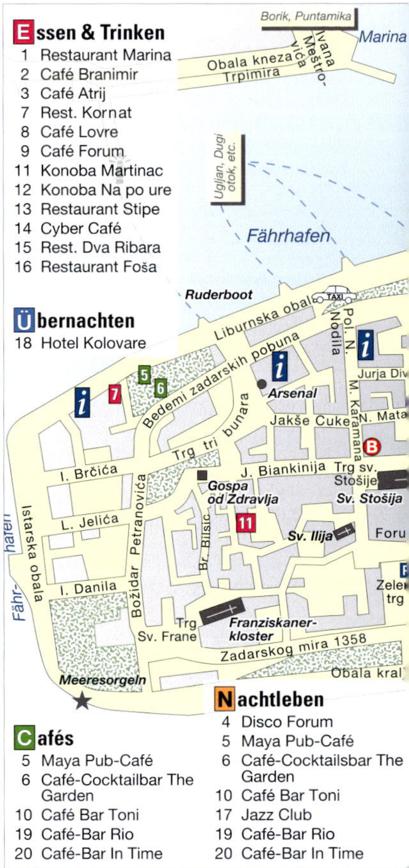

Fischgerichte und schwarzes Risotto. Liburnska obala 6, ✆ 254-501.

Restaurant Stipe (13), Ul. Plemića Borelli. Man speist in einem etwas düsteren Innenhof, dafür ist das Essen gut; Fisch- und Fleischgerichte.

Restaurant/Pizzeria Dva Ribara (15), gleich um die Ecke vom Restaurant Stipe in der Ul. Blaža Jurjeva, ganz modern mit kleiner Terrasse unter weißen Schirmen, freundliches Lokal, ebenso freundlich der Service. Pizza, Fisch- und Fleischgerichte.

Konoba Martinac (11), kleines, stilvolles und gemütliches Lokal mit Terrasse im Innenhof; dalmatinische Gerichte. A. Paravije 7.

Konoba Na po ure (12), eine typische kleine Konoba mit dalmatinischen Speisen wie

gegrilltem Fisch, Pašticada. Auch für einen schnellen Imbiss zwischendurch bestens geeignet. Špire Brusine 8.

Restaurant Ankora, Gourmetrestaurant etwas außerhalb (nördlich der Marina). Hübsche Terrasse und stilvolles Ambiente. Neben Hummer und Fischgerichten ist das Ankora für seine Steaks beliebt. Auch Pizza. Reservierung empfehlenswert. Oko Vrulja 10, ✆ 439-491.

Fischrestaurant Niko, traditionsreiches Fischlokal mit großer, überdachter Terrasse gegenüber der Marina Borik an der Uferstraße. Im Winter wird der kleine Innenteil benutzt und ab und an musiziert. Sehr guter Service, frische Fischgerichte in allen Varianten und Krustentiere; als Nachspeise z. B. leckeres Tiramisú. Immer gut besuchtes Lokal, Reservierung sinnvoll. Obala kneza Domagoja 9, ✆ 331-138.

Restaurant Marina (1), beim Jachthafen, wird von Geschäftsleuten empfohlen**.**

Restaurant Lungo Mare, schön zum Sitzen auf schattiger Terrasse, gutes, landestypisches Essen, guter Service. Obala kneza Trpimira 23 (gegenüber der Altstadt), ✆ 331-533.

Restaurant Roko, gutes Fischlokal in Borik; fangfrisch vom Besitzer, was gerade im Netz war. Put Dikla 74, ✆ 331-000.

Restaurant Tamaris, modern, einem kleinen Hotel angeschlossen; hierher gehen die Zadarer, um Lamm zu speisen; große Weinkarte. Zagrebačka 5, ✆ 318-700.

Zadar Karte S. 234/235

Café Lovre (8), schön gelegen am Narodni trg. Man hat immer etwas zum Gucken. Kuchen, Eis, Säfte etc.

Cafe Atrij (3), stilvolles Ambiente, ein paar Stühle und Tische im Freien; guter Kaffee, Cocktails und Pianomusik. Jurja Barakovića.

Café Branimir (2) gegenüber der Fußgängerbrücke, viele Tische und Stühle im Freien, großes Kuchenangebot, Eis, guter Cappuccino, Blick auf die Altstadtkulisse und die Abendsonne.

Café Forum (9), Blick auf das Forum; Eis, Kaffee, Kuchen.

Cyber Café (14), ital. Café, Spire Brisome 8. E-Mail, chat, PC-Spiele etc. Tägl. 9–24 Uhr, Sa 9–14 und 20–24 Uhr, So 20–24 Uhr.

Sport/Jachthafen

• *Sport* Großes Angebot beim Hotelkomplex Borik; Kurse (Tennis, Wasserski, Surfen) und Verleih von Sportgeräten. Siehe Hotelkomplex Borik.

• *Rafting/Canyoning* Knapp 40 km nordöstlich von Zadar und etwas östlich der Maslenica-Brücke mündet die Zrmanja. Etwas landeinwärts bei Obrovac bahnt sich die Zrmanja ihren Weg durch die Berge – hier ist es ideal zum Raften und Canyoning.

In Obravac gibt es die **Agentur Contra,** Mob. 091/4446-565, die im Hochsommer stündlich Touren zwischen 10 u. 17 Uhr anbietet.

Ansonsten die Agenturen in Zadar: **Ami Travel,** Zrinsko Frankopanska 16, ✆ 301-920; geöffnet 8–13 u. 17–20 Uhr.

Bora Tours, Majstora Radovana 7, ✆ 337-760; geöffnet 9–19 Uhr.

• *Mountainbike* Verleih/Service u. a.; gegenüber der Altstadt bei Eurobike (siehe Agenturen). Ausgewiesene Fahrradstrecken rund um Zadar in Richtung Insel Pag und nach Süden in Richtung Vraner See und Biograd. Fahrradkarten in den Agenturen erhältlich.

• *Tauchen* **Diving Center Fluctus,** Majstora Radovana 7, Borik-Strand, ✆ 337-644, www.extra-divers.li.

Zadar Sub, Dubrovačka 20a, ✆ 214-848, www.zadarsub.hr.

Scuba Adriatic, Holiday Village Zaton, ✆ 280-350, www-scubaadriatic.com.

• *Jachthafen* **Marina Zadar,** 300 Liegeplätze zur See, 200 an Land. Über 50 % jedoch dauerbelegt. 6,5- und 15-t-Kran, 50-t-Slip. Reparaturwerkstatt (spez. Volvo) und Holzbauwerft. Gute Sanitäranlagen, Restaurant, Snackbar; Charterfirmern. Ul. Ivana Meštrovića 2, ✆ 332-700, 334-222, 📠 333-917; marina.zadar@tankerkomerc.ri.t-com.hr

Marina Borik, mit 220 Liegeplätzen zur See, 50 an Land, Jachtservice, Slipanlage, 20-t-Lift, Restaurant und Café. Obala kneza Demagoja 1, ✆ 333-036, 📠 331-018, www.marinaborik.hr.

Die nächsten Marinas sind in Bibinje-Sukošan (groß und schön!) und auf der Insel Iž oder Insel Pag (Šimuni).

• *Jacht- und Motorbootcharter* In der Marina mehrere Charterfirmen, u. a. **Asta-Yachting,** Matice dalmatinske 6, ✆ 322-180, 317-720, 📠 322-060. Motorboote in der Hochsaison ab 1600 €/Woche, Segelboote je nach Größe 510–3200 €/Woche.

Rundgang durch die Stadt

Von der alten Stadtbefestigung sieht man noch die Turmmauern, und von den einst vier Stadttoren sind noch zwei erhalten. Das Befestigungssystem stammt aus dem 15. und 16. Jh., als Zadar sich gegen die Türken wappnen musste.

Vom Fährhafen gelangt man durch das **Seetor** ins Stadtinnere. Die Außenfront des Tores ziert der venezianische Löwe, die Innenseite trägt das Stadtwappen und eine Tafel, die den Sieg über die türkische Seeflotte 1571 bei Lepanto feiert. Wer mit dem Auto angekommen ist, kann sich erst einmal in einem der kleinen Straßencafés an der ehemaligen Hauptstraße, der Šimuna Kožičića Benje, niederlassen und sich von der Parkplatzsuche erholen. Hier saßen schon die Römer, und ihre Sandalen polierten so manchen Pflasterstein. Oder man begibt sich gleich auf Besichtigungstour. Neben dem Seetor befindet sich das **Narodni muzej** (Volksmuseum) mit einer kulturgeschichtlichen und einer naturwissenschaftlichen Abteilung, die Fauna, Flora und Fossilien Dalmatiens zeigt. Anhand von Modellen kann man sich

Die romanische Kirche Sv. Krševan, 12. Jh.

einen Überblick über die Stadt verschaffen und die bauliche Entwicklung Zadars gut nachvollziehen.

Öffnungszeiten Tägl. 9–13 u. 19–21 Uhr, Sa 9–13 Uhr, So geschlossen.

In Richtung Osten fällt der Blick auf die Kirche **Sv. Krševan.** Die heutige Kirche wurde im 12. Jh. im romanischen Stil erbaut, die Außenfassade zieren beachtenswerte Blendarkaden und drei Apsiden. Die Arkadenwände im Kircheninneren werden von antiken Säulen mit korinthischen Kapitellen getragen. Sehenswert auch der Barockaltar mit Marmorstatuen der Schutzheiligen von Zadar (Sv. Stošija, Sv. Krševan, Sv. Šimun) von 1701 sowie ein wunderschön bemaltes Kruzifix, das wahrscheinlich *Jacopo di Bonomo* 1380 gestaltet hat. Die Kirche gehörte lange Zeit den Benediktinern – das Kloster wurde im 2. Weltkrieg zerstört.

Läuft man hinter der Kirche in östliche Richtung (Ul. Brne Kmarutica), gelangt man zum großen bunten **Markt** *(tržnica)* mit Obst, Gemüse und Souvenirständen. Gleich daneben, an der Stadtmauer, wird frühmorgens der **Fischmarkt** (*ribarnica*) abgehalten.

Hält man sich vom Marktplatz aus südöstlich, kommt man nach einigen Minuten zum *Narodni trg*, dem Volksplatz, den heute die Porträtzeichner bevölkern. Bei einem Tässchen Kaffee kann man in Ruhe die angrenzenden Renaissancefassaden aus dem 15. Jh. genießen: die inzwischen verglaste städtische Loggia, die Stadtwache mit dem **Ethnographischen Museum** (war 2005 noch geschlossen) und dem Rathaus.

In der Hauptgasse (E. Kotromanić) weiter östlich steht die Kirche **Sv. Šimun.** Sie stammt aus dem 12. Jh., vereint aber durch ständige Umbauten die verschiedensten Stilrichtungen. Im Inneren prunkt der eine Vierteltonne schwere, aus Zedernholz gefertigte *Sarkophag des Hl. Šimeon.* Der mit vergoldetem Silberblech ummantelte

Zadar Karte S. 234/235

Schrein, verziert mit Reliefs und der Plastik des Heiligen, wurde um 1380 vom Mailänder Goldschmied *Francesco di Antonio da Sesto* geschaffen; er zählt zu den bedeutendsten Goldschmiedearbeiten Dalmatiens aus jener Zeit.

Wer sich für moderne Kunst interessiert, sollte die **Moderne Galerie** (Moderna galerija, Ulica Medulićeva 2, südlich von Sv. Šimun) mit Werken dalmatinischer Maler und Bildhauer besuchen (tägl. 9–13 u. 19–21 Uhr, Sa 9–13 Uhr, So geschlossen).

Touristenmagnet – das römische Forum

Weiter östlich befindet sich der neu gestaltete **Trg pet bunara** (Platz der fünf Brunnen). Die hintereinander stehenden Ziehbrunnen dienten früher bei Belagerungen der Wasserversorgung. Oberhalb der wuchtigen Bastionen erstreckt sich ein schattiger Park mit Blick auf den kleinen Hafen *Foša* im ehemaligen Wassergraben und auf das reich verzierte **Landtor** aus dem Jahr 1543. Das Tor mit seiner Zugbrücke war damals die einzige Verbindung Zadars zum Festland.

Entlang der schattigen Uferpromenade läuft man durch einen Park mit Palmen zum Ruinenfeld des **römischen Forums.** Es war 90 x 45 m groß und an drei Seiten von Säulenhallen und Statuen umgeben, daneben stand ein prachtvoller Tempel. Heute blickt man auf das geschichtsträchtige Pflaster, auf dem Schmuckverkäufer ihre Ware feilbieten, auf Säulenreste und Grabmäler, die als Sitzbänke und Turnplätze für Kinder herhalten. Mittendrin ragt eine gut erhaltene, 14 m hohe korinthische Säule gen Himmel, die im Mittelalter als Schandpfahl diente. Die Kulisse des Platzes bildet die monumental wirkende, in schlichtem Halbrund erbaute Kirche **Sv. Donat** aus dem frühen 9. Jh. – eines der beliebtesten Fotomotive Zadars; mit 27 m Höhe ist sie eine der größten Kirchen des frühen Mittelalters. Als Baumaterial dienten Reste römischer Bauten. Bei Belagerungen wurde Sv. Donat immer wieder als Speicher benutzt, heute weiß man ihr Inneres wegen der hervorragenden Akustik zu schätzen und veranstaltet darin Konzerte.

Neben dem Forums-Platz ragt mächtig der Glockenturm des Doms auf, der an die Kathedrale von Rab erinnert. Die dazugehörige Kirche, **Sv. Stošija,** stammt aus dem 12. bis 13. Jh. Säulchen und Arkaden schmücken die dreischiffige Basilika, zwei Rosetten und prächtige Portale ihre Stirnseite.

Rechts vom Platz das **Archäologische Museum** mit Funden aus den verschiedenen Epochen der Stadt (Mo–Fr 9–13 und 18.30–21.30 Uhr, Sa 9–13 Uhr, So 18–21

Uhr). Daneben die Kirche **Sv. Marija** aus dem 16. Jh. und ein Glockenturm aus dem 12. Jh., den König *Koloman* errichten ließ.

Östlich des Forums, vorbei an vielen Steinquadern und Säulen, steht die mittelalterliche, im 18. Jh. barockisierte serbisch-orthodoxe Kirche **Sv. Ilija** mit einer wertvollen Ikonensammlung aus dem 16. bis 18. Jh. Leider sind die Kirche und das Ikonenmuseum bis auf weiteres geschlossen.

Im Südwesten der Altstadt das **Franziskanerkloster** *(Trg Sv. Franje)* mit der Schatzkammer (Mo–Sa 9.30–15 Uhr). Kloster und Kirche wurden im 13. Jh. im Stil der Gotik errichtet, durch häufige Umbauten kamen weitere Stilelemente hinzu. Einst war *Trg Sv. Franje* das einzige Franziskanerkloster an der östlichen Adriaküste, und noch heute fungiert es als Ordenszentrum. Das weite Kircheninnere birgt mehrere Altäre und ein Chorgestühl im Stil der venezianischen Gotik. Daneben eine kleine Renaissance-Kapelle mit dem Altarbild des *hl. Franz von Assisi.* Den im selben Stil erbauten Kreuzgang zieren fein gearbeitete alte Steinreliefs. In der Sakristei befindet sich die Schatzkammer, deren kostbarstes Stück ein großes bemaltes Kruzifix aus dem Jahr 1180 ist. Es gilt als das älteste Kroatiens.
Gehen wir nordwärts durch die ruhige *Ul. Br. Bilsić*-Gasse, stoßen wir auf die barockisierte Renaissancekirche **Gospa od Zdravlja.** Etwas nördlich, beim *Trg tri bunara* (Drei-Brunnen-Platz), blickt man auf das große **Arsenal,** das 1752 als Hafenlager erbaut wurde. Heute ist es im Innern modernisiert und birgt Boutiquen, Infocenter, Internetraum, Bibliothek und Restaurant/Bar.

An der südlichen Altstadthalbinsel verläuft die Uferpromenade mit schattigen Sitzbänken unter Kiefern und einigen Besonderheiten, z. B. der **Alfred Hitchcock-Tafel:** Dieses Portraitfoto, das um die Welt ging, zeigt den bekannten Regisseur mit seiner ihm eigenen Mimik. Es wurde hier im Mai 1964 von dem Fotografen *Ante Brkan* geschossen, als Hitchcock Zadar besuchte und sagte: „Das ist der schönste Sonnenuntergang, den ich je sah". Ein Stückchen weiter entlang der Uferpromenade trifft man auf Stufen am Meer und auf staunende Touristen und ganz ungewöhnliche Klänge ...

Meeresorgeln (Morske orgulje)

Gehen wir meerwärts zur Südwestspitze der Altstadthalbinsel, hören wir schon von Ferne manchmal laute, manchmal ganz feine Töne, gleich einer Symphonie. Es sind die Meeresorgeln, die ertönen. Auf den breiten Stufen am Meer können wir uns niederlassen und ihrem Klang lauschen – sie sind „die" Attraktion Zadars und locken viele neugierige Besucher, die alle sehr erstaunt versuchen zu erkunden, woher diese Musik kommt. Besonders laut und klangvoll wird das Orchester, wenn ein Schiff vorbeifährt oder gar der Jugo bläst. Das Meer inspirierte den Architekten *Nikola Bašic* aus Murter schon in seiner Kindheit. Nun wurde sein Traum mithilfe des *Komponisten Ivica Stamać* aus Molat und einiger Hydraulikfachmänner in die Tat umgesetzt. Hierfür leitete man an der Kaimauer das Meerwasser durch 35 Röhren, an deren Enden Orgelpfeifen angebracht wurden. So bezaubernd das „Meereskonzert" für die Touristen sein mag, einige Anwohner finden es auf Dauer weniger unterhaltsam ...

Zadar Karte S. 234/235

Der Wehrturm von Olib (Ende 17. Jh.)

Archipel vor Zadar

Die Inselkette nordwestlich von Zadar ist vom außerkroatischen Tourismus weitgehend noch unberührt – ein Tipp für Individualisten, die Abgeschiedenheit und Stille lieben und auf größeren Komfort gern verzichten.

Einheimische oder ausgewanderte Kroaten verbringen hier im Juli und August ihre Ferien. Meist werden die Inseln von Bootsbesitzern angelaufen, und nur wenige, wie *Silba,* haben sich schon länger auf Urlaubsgäste eingestellt. Es sind Eilande, die viel Ruhe und Abgeschiedenheit ohne großen Komfort bieten und zu Erkundungen auf Pfaden einladen, die mitunter in der undurchdringlichen Macchia enden. Inzwischen verkehren zu diesen Inseln auch Trajekts, ein Auto ist für den Urlauber allerdings unnötig, da es kaum Straßen gibt. Den Einheimischen dient der Pkw zum Transport oder in den Städten zur Fortbewegung.

Wichtiges auf einen Blick

Telefonvorwahl: 023

Verbindungen: Die meisten Schiffe kommen von Zadar, nur wenige von Mali Lošinj (Insel Lošinj); sie verkehren nicht täglich, außerhalb der Saison meist noch seltener, und man sollte sich bestens über Hin- und Rückfahrt informieren.

Geldwechsel: Keine Banken, nur Poststationen, die oft nur wenige Stunden geöffnet haben. Nur Bargeldwechsel.

Informationen: Die Touristinformationen vor Ort haben bis auf Silba nur im Juli/August geöffnet. Beste Information erhält man in Zadar in den Touristinformationen oder auch unter www.zadar.hr.

Einkaufen: Nur kleine Läden.

Insel Olib

Von der Fähre aus wirkt die autofreie Insel wie ein mit Buschwald und Kiesbuchten verzierter einsamer Inselfladen. Um die schönen Badeplätze wussten bisher meist nur Bootsbesitzer oder junge Kroaten, die mit dem Vorgefundenen zufrieden waren und auf weiteres Amüsement keinen Wert legten.

Das flache, durch Steinmäuerchen unterteilte Olib ist 25,6 km^2 groß und bis auf wenige bewirtschaftete Wein- und Olivenplantagen von Macchia überwuchert. Der gleichnamige Inselort liegt ziemlich zentral an der schmalsten Stelle nahe der Westküste – nur 1,4 km sind es zum östlichen Meeresufer. Der Ort Olib ist von Weinfeldern, Olivengärten und Schafweiden umgeben, je weiter entfernt, desto verwilderter und urtümlicher. Pfade führen zu Badebuchten im Osten und Süden. Im Osten sieht man die Insel *Plavnik,* in der Ferne *Pag* und das Küstengebirge und im Westen, zum Greifen nah, Silba. Olib war einst eine der dichtestbesiedelten Inseln im Zadarer Archipel. Die heute noch verbliebenen 200 Menschen leben hauptsächlich vom Fischfang, daneben ein wenig vom Tourismus und der Landwirtschaft.

Geschichte

Schon zur Römerzeit war Olib besiedelt, ab 1409 gehörte es, wie alle Inseln des Archipels, zu Venedig. Die heutigen Siedler kamen vor über 500 Jahren von Vrlaka aus der Gegend von Split und waren Bauern. Ein Spliter Bischof versprach dem Völkchen auf der Flucht vor den Türken eine Insel namens *Ulbo,* wenn sie fleißig das Land bearbeiten würden. Unter ihrem Anführer, Pater *Juraj Cetinjanin,* siedelten sie sich 1476 auf der Insel an. Sie brachten ein Holzkreuz mit, das man heute in der *Pfarrkirche Sv. Marije* besichtigen kann. Die Insel gehörte damals der adligen Familie der *Filipis,* der die neuen Siedler Abgaben zahlen mussten. Sie bauten hauptsächlich Wein und Oliven an, züchteten Schafe und verkauften ihre Erzeugnisse in die Städte und nach Italien. Um 1900 starb der Clan der Filipis aus, und ein geachteter Bischof schlug vor, das Land aufzukaufen und unter den Bauern aufzuteilen. Am 14. Mai 1900 bekamen die Oliber ihr Land und waren frei. Wirtschaftlich erwies es sich allerdings als unklug, das Land derart aufzuteilen. Als dann noch die Reblaus die Weinstöcke vernichtete, war die Existenzgrundlage dahin. Vor dem 1. Weltkrieg begann die erste Emigrationswelle in die USA und nach Australien – bis dahin zählte Olib noch 2030 Bewohner. Nach dem 2. Weltkrieg sank die Zahl weiter rapide, ein neuer Auswanderungsschub setzte ein und viele suchten ihr Glück in New York und Kalifornien. Heute leben nur noch 200 alte Menschen hier, viele Häuser stehen leer.

Im Juli und August trifft man auf viele Männer mit Schirmmützen und breitem amerikanischem Slang, die ihre alten Häuser oder die der Eltern renovieren oder einfach nur Urlaub in der früheren Heimat machen. Abends plauscht man dann in der Konoba oder in der Post, wo man schnell mal in den Staaten nachfragt, ob alles o. k. ist.

- *Information* 23296 Olib, **Touristinformation** am Hafen, ✆ 370-162; in der Saison Mo–Sa 16.30–20.30 Uhr.
- *Verbindungen* Zadar–Olib (1x tägl.), Olib–Silba (1x tägl.), Olib–Premuda (1x tägl.), Olib–Ist (3x wöchentl.), Olib–Mali Lošinj (1x wöchentl. am Do), Olib–Rijeka (So).
- *Post* In der Hauptgasse; Mo–Sa 8–12 u. 18–21 Uhr.
- *Einkaufen* Laden am Kirchplatz (Mo–Sa 8–12 u. 15–20 Uhr), daneben Metzgerei; Minimarkt und Obstverkäufer am Hafen.

Karte S. 242/243

• *Veranstaltungen* **Fischfest** am 2. Samstag im Aug. Dann gibt es kostenlos Fisch für alle Gäste.

• *Übernachten* Privatzimmer, DZ ab 20 €, Appartements ab 30 €.

Restaurant-Pension Amfora, nahe Hafen, Neubau mit großer pflanzenumrankter Terrasse, gutes Restaurant. DZ/F 36 €; ✆ 376-010 u. 211-383.

• *Essen* **Gostionica Olib,** große überdachte Terrasse mit Tanzfläche in der Mitte. Die Musik wechselt zwischen Rock und Fox. Einfache, deftige Küche mit Fleisch- und Fischgerichten.

Gostiona Amfora, in einer kleinen mit Blumentöpfen geschmückten Laube vor dem Garten. Die Besitzerin ist Französin. Treff der Jachtler. Preise wie auch Essen sind etwas anspruchsvoller. Es gibt Fisch- und Fleischgerichte.

Konoba Plavnik, am Hafenbecken mit Tischen und Stühlen unter Strohmattendach. Treff der Einheimischen zum Kartenspiel und Plausch. Es gibt nur Getränke.

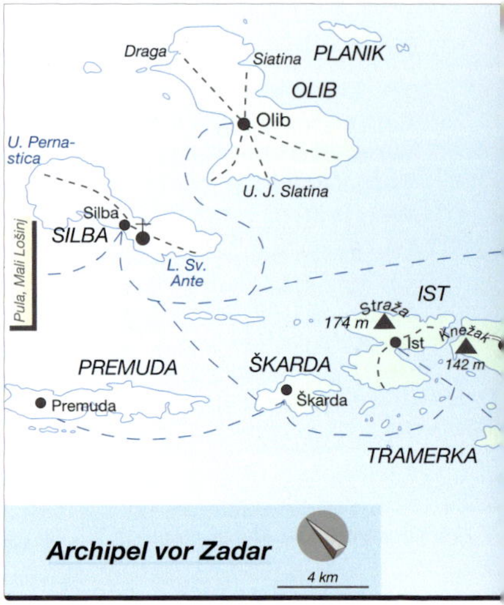

Sehenswertes

Das Ortsbild von Olib prägen bunt angemalte, stattliche Häuser mit fruchtbaren Gärten und Weinstöcken und der imposanten Velebit-Kulisse im Hintergrund. Aus dem Ort ragt der Kirchturm der Pfarrkirche *Sv. Marije* auf. An ihrer Rückseite steht eingemauert die ehemalige Kapelle, die 1786 zu dieser Kirche vergrößert wurde. Das geräumige Kircheninnere ist in hellen Farben ausgemalt und mit bunten Glasleuchtern geschmückt. Neben fünf Altären birgt sie das schlichte Holzkreuz, das die kroatischen Siedler 1476 aus ihrer alten Heimat mitbrachten. Es stand früher in der kleinen *Sv. Stošije*-Friedhofskapelle, in der auch ihr Anführer Pater *Juraj Cetinjanin* begraben liegt. Heute noch steht im Friedhof das geduckte Kirchlein von 1632 gegenüber der stattlichen neuen Kirche. Im Inselosten, nahe der Slatinica-Bucht, die Kapelle *Sv. Rok* aus dem Jahr 1888, die nach einer Pestepidemie als Votivkirche diente. Die Kirche *Sv. Nikola* (1881) steht im Südwesten der Insel an der gleichnamigen Hafenbucht – und direkt neben der Kapelle aus dem 17. Jh., die in eine Sakristei umgewandelt wurde. Etwas weiter westlich sieht man die Ruinen der Kirche und des *Klosters Sv. Ante Opata,* das ab 1934 eine Klosterschule beherbergte. Zwischen 1727 und 1948 lebte hier die Ordensgemeinschaft Peter und Paul, die die glagolitische Schrift pflegte (siehe Krk, Glagoliza), und es gab 179 Priester, die bis 1968 an dieser Schrift festhielten.

Neben der Pfarrkirche Sv. Marije steht eine riesige, einem Fußballplatz gleichende *Zisterne* aus dem Jahr 1913. Südlich davon, inmitten von Weinstöcken, ein *Wehrturm* aus dem Ende des 17. Jh. Das 1934 erbaute *Monument* in Hafennähe erinnert an die Inselübergabe durch die Familie Filipi an die Oliber Bauern am 14. Mai 1900. Der Freikauf aus der Leibeigenschaft wurde seitdem am 15. Mai gefeiert. Später verlegte man das Fest auf Anfang August, wenn sich die Auswanderer zum Urlaub wieder auf ihrer Heimatinsel einfinden. Der Kontakt zu den Zurückgebliebenen ist

immer noch sehr innig. Einige Emigranten unterstützen die Insel mit Spenden, und dem beginnenden Tourismus begegnen sie sehr kritisch: Probleme der Müllbeseitigung, die geringe Größe der Insel, die alten Häuser, die urwüchsige Natur – es ist sehr verständlich, dass sie ihre Heimat unberührt vorfinden möchten, aber welche Alternative haben die wenigen verbliebenen Bewohner?

Baden

In der großen Bucht beim Ort gibt es Kies- und betonierte Liegeflächen, Umkleidekabinen, Toiletten und Stranddusche. Weiter südlich davon Kiesbuchten. Ein Fußpfad führt in rund 20 Min. auf die Ostseite der Insel zur *Slatinica-Bucht*. Sehr seicht und sandig ist der Strand, man kann allerlei Krebsgetier beäugen und blickt auf das Velebitgebirge. Links und rechts der Bucht wird es grobkieselig und felsig. Nach Südwesten führt ein Pfad zur *Sv. Nikola*-Bucht mit der gleichnamigen Kapelle oberhalb des Ufers. Im Nordwesten liegt die *Draga-Bucht* mit Kies- und Felsstrand.

Insel Silba

Die Bewohner von Silba haben sich längst mit dem Tourismus angefreundet und gehen auf die Bedürfnisse der Gäste ein – doch noch ist die Insel ruhig und natürlich, ein kleines Idyll. Die Schönheiten von Silba entdeckt man auf den macchiagesäumten Wegen zu vielen Fels-, Sand- und Kiesbuchten.

300 Menschen leben auf der 15 km² großen Insel, die, obwohl unweit der Insel Lošinj gelegen, noch zum Zadar-Archipel gehört. Die Insel ist flach, es wachsen vielerlei Macchiagehölze. Zu den Sand- und Kiesbuchten wurden Pfade angelegt. Alles wirkt etwas lieblicher und nicht so urwüchsig wie auf der Nachbarinsel Olib. Die Bewohner von Silba lebten nicht von der Landwirtschaft, sie waren Seefahrer. Die Insel war reich und ein wichtiges Seefahrerzentrum – bis zum 1. Weltkrieg gab

Archipel vor Zadar
Karte S. 242/243

Sv. Ante – hübsche Bade- und Ankerbucht

es hier noch 190 Segelschiffe. Zwar verdrängten die Dampfschiffe bald die traditionellen Segler, doch die Menschen konnten sich nie so recht mit der Umstellung auf Schafzucht und Fischfang anfreunden. Wie Olib liegt auch der Inselhauptort Silba in Inselmitte, seine Häuser ziehen sich die wenigen hundert Meter von der Ostküste über einen Hügel zur Westküste hinüber.
Silba ist längst kein Geheimtipp mehr; es wurde fleißig gebaut und die Haupterwerbsquelle dürfte mittlerweile der Tourismus sein. Dennoch bemüht man sich wenig um Gäste – sie sind da oder auch nicht – es sind mehr die Einheimischen selbst, die sich hier in ihrem Idyll zurückziehen und ab und an ihre übrigen Zimmer vermieten. Das wichtigste Verkehrsmittel ist mittlerweile, anstelle des Esels, der Kleinbulldog – ein fahrbares Maschinchen mit Lenkstange, das man vor einen Anhänger spannt. Ebenso löste der elektrische Strom die Kerzenscheinromantik ab. Doch ab und zu wird man durch ein Gewitter zurück in alte Zeiten versetzt, dann werden wieder die Petroleumlampen hervorgeholt, und es wird noch beschaulicher. Trotz aller Neuerungen hat sich der Ort seine Ursprünglichkeit bewahrt, die Neubauten fügen sich mit all ihrer Pflanzenpracht gut in die alte Bausubstanz ein.
Wer den Ort oder gar die Inselschönheit entdecken möchte, sollte gut zu Fuß sein!

Silba war wie Olib schon zur Römerzeit besiedelt, im 10. Jh. wird sie unter dem Namen *Selbo* erstmals erwähnt. Seit 1409 gehörte die Insel zu Venedig und nach dessen Fall 1797 zu Zadar. Die Blütezeit der Insel lag im 17. und 18. Jh., als Silba ein wichtiges Seefahrerzentrum war.

• *Information* 23295 Silba, **Touristbüro,** Ortsmitte, gegenüber Kirche, ✆ 313-175, www.tz.silba.net; geöffnet vormittags. Wenig Information.

• *Verbindungen* Der Fährhafen liegt im Westen; nur wenn es stark stürmt, legt die Fähre im Osten an. Jadrolinija-Büro am Fährhafen, ✆ 370-010, geöffnet 6–12 Uhr und ehe die Fähre ablegt. Silba ist mit Zadar (zudem Premuda und Olib) 1x tägl. verbunden (Katamaran), 2x wöchentl. mit Ist, 1x wöchentl. Mitte Juli–Ende Aug. (So) mit Rijeka.

Mit *Schiff Marina* (Mitte Juni–Anfang Sept.) 5x wöchentl. Zadar–Silba–Mali Lošinj–Pula (nur Di u. Sa Stopp in Unije, Mi bis Koper); Silba–Pula (Zadar): 13 €/Person (7,50 € Zadar).

• *Post* In der Quergasse Richtung Liebesturm; geöffnet Mo–Sa 7–21 Uhr.

• *Geldwechsel* Post.

• *Gesundheit* **Ambulanz** beim Liebesturm, geöffnet Mo und Do.

• *Einkaufen* Mehrere Läden im Ort; Obst- und Gemüsestand am Kirchplatz. Kurz nach Liebesturm und gegenüber Fischladen.

• *Übernachten* **Privatzimmer/Appartements** ab 25/35 €. Die schönsten Pensionen liegen an der westlichen Hafenbucht.

• *Essen* Es gibt einige Lokale, u. a. **Pizzeria/Rest. Velebit** am Hauptplatz neben Kirche. Hier sind auch Bäckerei und Cafés.

Konoba Zalić, oberhalb in der Hauptgasse der westlichen Hafenbucht; überdachte, von Blumenkübeln umgebene Terrasse. Hier speist man gut Fisch und Fleisch, was gerade frisch ist – jedoch muss man Zeit mitbringen.

Konoba Mule, gemütliche Schenke kurz vor dem östlichen Hafenbecken.

Restaurant Silba, am östlichen Hafenbecken.

• *Nachtleben* **Skipper Club,** südlich vom Kirchplatz; Essen, Trinken, Tanzfläche im Freien; Spielautomaten, Billardtische, dazu heißer Sound von 22–3 Uhr.

• *Wassersport* **Jachthafen Silba,** im Osten, hier auch **Hafenamt** (✆ 370-047), geschützter Hafen (bis auf Bora und Tramontana, dann zur Westseite ausweichen). Wasserauftanken möglich, zwei Slipanlagen für kleine Boote. In der Bucht Sv. Ante 30 Bojen.

Sehenswertes

Der Ort Silba zieht sich vom Fährhafen im Westen über einen Hügel bis zum Jachthafen im Osten; ein verzweigtes, betoniertes Wegenetz verbindet den Ort mit den Badebuchten. Die Hauptwege sind mit Bäumchen bepflanzt und beleuchtet – verlaufen kann man sich in dem Labyrinth von Gassen trotzdem leicht. Um die Buchten im Westen und Osten ziehen sich Uferpromenaden mit Sitzbänkchen zum Verweilen. Im Inselosten viele Jachten.

Rund um die Insel gibt es viele versteckte Badebuchten

Archipel vor Zadar
Karte S. 242/243

Am Hauptplatz Obst- und Gemüsestände und ein einsamer Kirchturm – die dazugehörige barocke *Pfarrkirche* (Mitte des 16. Jh.) steht ein paar hundert Meter weiter. Hier wurde früher die silberne Krone aufbewahrt, die beim alljährlich am 25. Dezember stattfindenden *Königswahl*-Fest als Schmuck diente. Heute befindet sie sich im so genannten Paštorić-Haus, einst ein kleines *Privatmuseum,* das aber momentan geschlossen ist.

Die älteste Kirche des Ortes, *Sv. Marko,* steht etwas südlicher auf dem Friedhof. Es ist ein mittelalterlicher Bau mit wertvollem Holzaltar.

Eine Gasse biegt nördlich zum sechseckigen *Liebesturm* ab, um den sich eine Freitreppe hinaufwindet. Ende des 18. Jh. ließ Kapitän *Petar Marinić* diesen Turm für seine „grande amore" errichten, auf dass sie immerzu Ausschau nach ihm halten konnte.

Wie auf den anderen Inseln des Archipels sind viele Bewohner Silbas ausgewandert, erst der Tourismus brachte einen bescheidenen Aufschwung.

Wassersport/Baden

Für den schnellen Sprung ins Wasser eignet sich der Strand an der westlichen und östlichen Uferpromenade – teils Sand, Kies und Fels. Schöner, jedoch weiter entfernt die FKK-Buchten bei **Sv. Ante, Nozdre** und **Pernastica.**

Nach **Sv. Ante:** Vom Hauptweg an der Kirche nach Süden abbiegen (ausgeschildert) und eine gute halbe Stunde laufen – meist unter schattigen Bäumen und durch üppiges Grün, das sich im Frühjahr als ein blühendes Meer von Ginster, Baumheide, Rosmarin, Zistrosen und Liliengewächsen zeigt und im Herbst im leuchtenden Rot des Mastix-Strauchs und im Gelborange des Erdbeerstrauchs. Die Vegetation reicht fast bis ans Meer. In der *Sv. Ante-Bucht* eine kleine Kapelle und Ankerplätze. Weiter südlich folgen die Kies- und Sandbuchten *Kavrova Dobra Voda* und *Slatina,* die auch für Kinder bestens geeignet sind.

Nach **Nozdre** am besten den Weg kurz vor dem Jachthafen nach Süden nehmen, auch dort rundum sehr schöne Badebuchten.

Nach **Pernastica:** Vom Hauptweg im Ort nach Norden, vorbei am Liebesturm. Hier muss man gut zu Fuß sein (ca. 1 Std.). Doch schon vorher gibt´s Bademöglichkeiten in der **Paprenica**-Bucht – ein Strand mit großen Kieseln und interessanter Unterwasserwelt. Danach führt der Weg durch ein Wäldchen. In der Bucht von **Pernastica** Sand- und Kiesstrand.

Insel Premuda

Auf dem kargen Inselchen steckt der Tourismus noch in den Kinderschuhen. Premudas Hauptanziehungspunkte sind das Tauchgebiet um die „Kathedrale" und die schönen türkisblauen Badestrände.

Premuda, die nordwestlichste Insel des Zadarer Archipels, ist 9 km² groß. Ihr vorgelagert sind kleine Inseln, Masarine genannt. Die meisten der 100 Inselbewohner leben im Ort Premuda. Der alte Ortskern liegt oberhalb des *Hafens Loža* im Nordosten und ist auf betoniertem Fußweg zu erreichen – von oben ein herrlicher Blick auf Silba und die umliegende Inselwelt. Auch im Ort Premuda entstehen rund um die alten Natursteinhäuser viele Neubauten. Ein Fußweg führt hinab zur Westseite zum Hafen Krijal (wird nur bei Bora angelaufen). Das Meer leuchtet in Türkistönen. Für Taucher gibt es hier ein sehr schönes Revier, die *Kathedrale,* mit einem Eingang in 30 m Tiefe und Ausgang in 10 m Tiefe. Auch bei Bootsbesitzern

Premuda ist ein beliebter Anlaufpunkt für Taucher und Bootsbesitzer

ist der *Hafen Krijal* mit seinen netten Restaurants sehr beliebt, nicht zuletzt deshalb, weil er vor der stürmischen Bora schützt. Etwas südlich noch die unbewohnte Bucht Premuda.

• *Information* 23294 Premuda; Infos über das Restaurant.

• *Verbindungen* Katamaran Zadar–Premuda–Silba–Olib: 1x tägl.; 1x wöchentl. (Do) nach und von Mali Lošinj; Premuda–Ist: Di, Mi (nur Juli/Aug.), Fr; nach Rijeka: 1x wöchentl. So (Mitte Juli–Ende Aug.).

• *Post* Im Ortskern, vormittags geöffnet.

• *Einkaufen* Zwei kleine Läden.

• *Gesundheit* Jeden Mittwoch 8–9.30 Uhr ist die **Ambulanz** im Ort tätig. ✆ 370-135, Mob. 098/714-221.

• *Übernachten* **Privatzimmer** kosten ab 20 €/DZ.

• *Essen* **Restaurant Masarine,** am Hafen Krijal, mit überdachter Terrasse; bekannt für sehr gute Fischgerichte. ✆ 396-025.

Nebenan, ebenfalls am Hafen Krijal, die **Konoba Grmalj** mit Terrasse. Hier isst man vorzüglich Lamm und Zicklein. Geöffnet 13–24 Uhr. ✆ 396-070.

Südöstlich von Premuda liegt die Insel **Škarda,** dann folgen **Ist** und **Molat** – alle auf einer Linie mit weiteren verstreuten Inselchen.

Insel Ist

Hauptsächlich Bootsbesitzer sind es bisher, die zum Übernachten und Essen im Hafen der autofreien Insel einlaufen – und Unterwasserbegeisterte, die mit dem hier ansässigen Tauchclub auf Entdeckungsreise gehen. Langsam hält auch auf Ist der Tourismus Einzug.

Von der Ortschaft sind es nur ein paar hundert Meter zur nördlichen und südlichen Bucht, noch kürzer ist es zur Nachbarinsel Molat. Die höchste Erhebung von Ist und der Inseln rundum ist der *Berg Straža* mit 174 m. Die 150 Bewohner des

Archipel vor Zadar Karte S. 242/243

Der Vela Straža (Insel Ist) ist mit 174 m die höchste Erhebung des Archipels

kargen, rund 10 km² großen Eilands leben von etwas Schafzucht, Landwirtschaft und vor allem vom Fischfang. In letzter Zeit stellte man sich mehr und mehr auf den Tourismus ein. So eröffneten einige Restaurants, die vor allem von den abendlich ankommenden Bootsbesitzern besucht werden.

Um 1500 wurde die Insel unter dem Namen *Gistum* erstmals erwähnt. Ihre Bewohner lebten vom Fischfang, von der Seefahrt und besaßen eine eigene Flotte. Heute haben viele Ister auf französischen Schiffen angeheuert.

• *Information* 23207 Ist, **Touristinformation** am Hafen, ✆ 372-517. In der Saison 8–11 und 18–21 Uhr.

Ist-Tourist, Ortsmitte; ✆ 372-419, ℻ 372-464. Falls geschlossen, nebenan im Restaurant Maestro nachfragen.

• *Verbindung* Katamaran Zadar–Molat–Brgulje–Zapuntel–Ist: 1x tägl. Zadar–Ist–Olib–Silba–Premuda: Di, Mi (nur Juli/Aug.) und Fr. Zadar–Rivanj–Sestrunj–Zverinac–Molat–Ist: 1x wöchentl. am Mo.

• *Post* Nördlich des Hauptplatzes; geöffnet Mo–Fr 8–12 u. 18–21 Uhr, Sa 8–15 Uhr.

• *Gesundheit* **Ambulanz,** Ortsmitte; der Arzt pendelt zwischen Ist und Molat; ✆ 372-510.

• *Einkaufen* Es gibt 3 Läden; in der Saison kleiner Obst- und Gemüsestand am Hafen.

• *Übernachten* Einfache Zimmer in den Pensionen **Maestro** und **Caruba; Privatzimmer** ab 10 €/Person; **Appartements** ca. 15 €/Person.

• *Essen* Beste Adresse ist **Restaurant Katy,** ganz im Osten an der Uferpromenade, mit großer Terrasse und Blick auf die Bucht. Große Weinauswahl, sehr gute Fischgerichte und Gegrilltes. An der Promenade im Ort **Restaurant Caruba** mit großer Terrasse. Hier speist man ebenfalls sehr gut Fisch – zu gehobenen Preisen. Gegenüber, ohne Blick aufs Meer, dafür mit Garten, **Restaurant Maestro** mit leckeren Fisch- und Fleischgerichten und gutem Service. An der Promenade **Cafébar** mit Eis, Kuchen, Espresso.

• *Tauchen* **Diving Center Ist,** am Hafen; Taucherausrüstungs- und Flaschenverleih, Kompressorstation, verschiedene Tauchkurse. HP, inkl. täglichen Bootsausfahrten mit Non-Limit-Tauchen; die Leitung spricht englisch/deutsch. ✆/℻ 372-419, www.dalmatia-ist.com.

• *Jachthafen* **Marina Ist,** 40 Liegeplätze, Strom, Wasser, Dusche, Toiletten. ✆/℻ 372-464. **Hafenamt,** ✆ 372-449.

Der Ort Ist breitet sich von der *Široka-Bucht* im Südosten bis zur *Kosirača-Bucht* im Nordwesten aus. Wie ein kleines Labyrinth erscheint der Ortskern mit seinen Natursteinhäusern: viele Gassen, gesäumt von Mäuerchen, hinter denen es üppig wuchert. Im Ortszentrum ein kleiner Laden. Ehe dieser aufmacht, versammeln sich die Leute davor, sitzen auf der Bank und plaudern – vermutlich ein ebenso wichtiges Ereignis wie die Sonntagsmesse. Die Dorfkirche ist im Innern in rosa und meeresblauen Farbtönen gefasst. Die wenigen Touristen bedenkt der Pfarrer mit einem Gebet. Aber bald werden es mehr sein – es wird gebaut. An der neu angelegten Promenade blüht der Oleander, in der Hafenbucht ankern neben alten Fischerbooten stolze Jachten, im seichten, sandgrundigen Wasser planschen Kinder. Spätnachmittags laufen die Jachten ein, und die Promenade mit ihren neuen Restaurants füllt sich. Dagegen ist es auf der anderen Küstenseite ruhig. Ein paar alte Fischerhütten und ein Anlegeplatz mit bunten Kähnen – nur Boote laufen ständig zum Fang aus.

Auf dem *Berg Straža* (174 m) oberhalb von Ist steht eine *Kapelle,* die man über einen Serpentinenweg in einer halben Stunde erreichen kann. Von oben ein herrlicher Ausblick über die Inselwelt ringsum: unten spielzeugähnlich der Ort, im Nordwesten Lošinj, im Osten das Küstengebirge und im Süden in der Ferne das lang gezogene Dugi Otok.

Baden: An der Promenade mit betonierten Liegeflächen. Bessere Bademöglichkeiten in der *Kosirača-Bucht;* Pfade führen durch Macchia zu Felsbadebuchten mit Blick auf vorgelagerte Inselchen.

Insel Molat

Die mit üppiger Macchia bewachsene Insel empfiehlt sich wie der Inselnachbar Ist nur für Individualisten und Bootsbesitzer. Wer Ruhe sucht, gerne wandert, gegen einfache Zimmer und meist felsige Badebuchten nichts einzuwenden hat, ist auf Molat richtig.

Wer möchte, kann inzwischen sogar sein Auto mit dem Trajekt auf die Insel bringen – leider. Meist ist es jedoch nur der Arzt und der Bäcker, der die schmale Inselstraße entlang düst. Molat ist von vielen Buchten zerklüftet und reckt im Süden einen langen Arm ins Meer. 27 km² ist die Insel groß, 200 Einwohner leben in den Ortschaften Molat, Brgulje und Zapuntel mit dem Fährort Porat, deren Ortskerne oberhalb des Meeres angelegt wurden – zum Schutz vor Piraten. Die Menschen hier lebten seit alters her vom Fischfang, und mit Makrelen und Blaufischen erzielten sie gute Fänge. Daneben verdienten sie ihren Unterhalt als Schafzüchter, machten schmackhaften Käse und bauten Wein an.

Auch auf Molat sind die meisten Bewohner nach Nord- und Südamerika ausgewandert. Die Insel besitzt ein paar Erhebungen, die höchste, der *Knežak,* ragt 142 m hoch aus dem Meer. Ein schmales Asphaltsträßchen verbindet die Inselorte: im Südosten Molat, in der Mitte Brgulje, im Nordwesten Zapuntel mit dem Fährort Porat. Die Landschaft ist felsig und mit Erdbeerbäumen, Zistrosen, Wacholder, Baumheide und vielen Gewürzkräutern dicht bewachsen – in Meeresnähe wächst die gelb blühende Immortelle.

König Eduard VIII.

Der englische König Eduard VIII., anscheinend ein passionierter Inselfreund, machte 1936 mit einer gewissen Wallis Simpson nicht nur auf Rab, sondern auch auf dem abgeschiedenen Molat Station. Seine Hoheit verkosteten den Käse und geruhten zu bemerken, man habe nie zuvor einen besseren gegessen. Dazu schlürften die königlichen Lippen den köstlichen Wein, der den königlichen Gaumen mit vollendetem Genuss ergötzt haben soll.

Und auch einen Poeten besitzt Molat: *Fahrudin Nikšić,* 1929 in Mostar geboren, heiratete auf der Insel ein. Wer das Kroatische beherrscht, kann seine Gedichte über Molat lesen; Nikšićs Werke stehen in der großen Bibliothek im Touristbüro.

Wichtiges auf einen Blick

Touristinformation: 23292 Molat, ✆ 371-799; vormittags geöffnet.

Verbindungen: Molat hat drei Fährhäfen: Molat, Bruglje und Zapuntel, die aber nicht immer alle angefahren werden. Katamaran Zadar–Molat–Bruglje–Zapuntel–Ist: 1x tägl. Trajekt Zadar–Rivanj–Sestrunj–Zverinac–Molat: 1x tägl. Mo, Di, Do; Juli/Aug. zusätzl. noch Zadar–Molat Mi, Fr, So.

Post: Molat, geöffnet 8–12 und 18–21 Uhr.

Übernachten: In Molat und Bruglje.

Essen: In Molat und Bruglje.

Molat wurde in der zweiten Hälfte des 10. Jh. von den dalmatinischen Romanen besiedelt, die der Insel den Namen *Melata* gaben. Seit alters her ist Molat durch seine Fischerei bekannt. Schon 995 wird über den Verkauf der Fischereigewässer der Insel durch die Gemeinde Zadar an adlige Familien berichtet. Seit dem 11. Jh. gehörte die Insel dem Benediktinerkloster Sv. Krševan aus Zadar, ab 1409 herrschten die Venezianer auf Molat.

Molat

Der Inselhauptort zieht sich von der Anlegestelle an der *Lučina-Bucht,* an der ein rot-weiß gedecktes Haus mit spitzturmigem Erker auffällt, den Hügel hinauf. Oben steht die Kirche *Sv. Marija* aus dem Jahr 1479 mit ihrem ockerfarbenen Kirchturm. Hinter Mäuerchen inmitten von wucherndem Wein und Gemüsegärten Natursteinhäuser. Am Hauptplatz dominiert das frühere Rathaus, in dem auch die Schule und das Touristbüro untergebracht waren. Die Dorfatmosphäre ist sehr heimelig, jeder kennt jeden, auch die wenigen Urlaubsgäste sind schnell bekannt. Das bisher fehlende üppige Süßwasser ließ den Plan, die Insel zu einem Jagdrevier für Fasane zu machen, platzen. Es wurden zwar Fasane ausgesetzt, aber in Ermangelung des raren Wassers stürzten sich die Federtiere auf die wohlmundenden, ebenso raren Weintrauben.

Nördlich des Ortes Molat, auf dem Weg zur Jazine-Bucht, weisen drei Türme auf ein ehemaliges Konzentrationslager der Italiener hin.

• *Gesundheit* **Ambulanz** (siehe Ist), Mo–Sa 7–13 Uhr.

• *Einkaufen* **Kiosk** am Hafen, im Juli/Aug. nonstop geöffnet. **Laden** bei der Post; geöffnet Mo–Sa 8–12 u. 18–20 Uhr, So 17–20 Uhr. **Bäckerei:** an der Jazine-Bucht und beim Gemeindehaus, es gibt Brot und leckeren *burek* (pizzaförmige Stücke aus einer

Molat – die hübsche Lučina-Bucht

Art Strudelteig mit Quark, Fleisch, aber auch süß, mit Äpfeln gefüllt).

• *Übernachten* **Privatzimmer** kosten ab 10 €/Person. Am Hafen werden Appartements vermietet.

• *Essen* **Restaurant Mare,** am Hafen mit großer Terrasse.

• *Baden* **Jazine-Bucht,** an der Nordseite (in 10 Min. erreichbar). Die Bucht hat Süßwasserquellen, einen Anlegeplatz und ist kiefernumstanden. Seicht und sandig ist der Meeresgrund, mit großen weißen Kieselsteinen. Ostwärts geht es durch Kiefernwald zu weiteren Buchten.

Brugljе

Das Asphaltsträßchen führt auf den Bergkamm von Molat (eine halbe Stunde Fußmarsch) und zu dem Dorf in der Inselmitte. In nördlicher Richtung fällt der Blick auf weiß gesäumte, vorgelagerte Inseln und auf das bei wolkigem Himmel wie Marmor wirkende Velebit-Gebirge. Am Wegesrand wachsen Stechginster, Myrte, Ölbaum, Erdbeerstrauch, Mastix, Wacholder und Baumheide – es riecht harzig-würzig. Auf dem von alten Natursteinhäusern und Ruinen umgebenen Dorfplatz gibt es eine Zisterne, im Hintergrund ragt der Campanile empor. Tomaten und Kohl wachsen in den weinberankten Gärten.

Die Straße führt hinab zum neu angelegten Hafenbecken an der Südküste (Fußmarsch 15 Min.). Jachten ankern vor der Inselsilhouette. Gegenüber eine kleine, kieferngrüne Insel, im Hintergrund kegelförmig die zweithöchste Erhebung des Archipels. Neubauten und nummerierte Anlegeplätze reihen sich entlang der Bucht, die eine Landzunge schützend umschließt.

• *Einkaufen* Am Dorfplatz ein kleiner **Laden;** Mo–Sa 9.30–13 u. 17.30–20.30 Uhr.

• *Übernachten* **Privatzimmer** und **Appartements;** in den Restaurants nachfragen.

• *Essen* **Grill Janko,** am Hafen, mit herrlichem Blick und weinberankter Terrasse oberhalb des Meeres – die blauen Trauben wachsen einem in den Mund. Es gibt lecker zubereiteten Fisch – am besten soll er schmecken, wenn er in Weinstockreisig geräuchert wurde. **Grill Papa,** westlich an der Promenade, Terrasse mit Blick aufs

Archipel vor Zadar
Karte S. 242/243

Meer. Die Fische, die man essen möchte, kann man individuell auswählen.

• *Wassersport* **Jachthafen Bruglje,** gut geschützt, mit Strom und Wasser; besser noch am Ende der großen Bucht von Bruglje, einer der bestgeschützten natürlichen Ankerplätze im Umkreis.

• *Baden* An den betonierten Liegeflächen. Ganz im Westen grobkiesige Abschnitte. Zwischen Molat und Bruglje kleine Sandbuchten, die nur mit dem Boot zu erreichen sind.

Zapuntel

Die Straße führt von Bruglje weiter nach Zapuntel (45 Min. Fußmarsch). Der Ort mit seinen alten Häusern liegt 2 km vom Meer entfernt in einem Tal. Früher wurde hier auch Wein angebaut, inzwischen liegen die Felder brach. Bekannt war der Ort durch seine Kalkbrennerei. 1464 wird er erstmals als *Zampotel* schriftlich erwähnt. Die *Pfarrkirche Marijina* wurde 1579 erbaut und in letzter Zeit erneuert. Es gibt eine Kneipe und einen Laden. In Richtung Nordwesten führt die Straße zur Anlegestelle Porat mit *Gostiona* und gut geschützten *Liegeplätzen*. Gegenüber, zum Greifen nah, die Insel Ist.

Insel Zverinac

Die macchiaüberzogene, 4,5 km² große Insel liegt nordöstlich vor Dugi Otok. Der gleichnamige Ort mit 100 Einwohnern breitet sich oberhalb des Meeres aus. Ein paar Häuser, ein Restaurant – nach Zimmern muss man sich durchfragen. Die Insel wird meist von Bootsbesitzern als Zwischenstation oder von Bozava (Dugi Otok) aus für Badefahrten angelaufen. Die Anlegehäfen *Zverinac* und *Kablin* liegen an der Südwestseite. Ein Weg verläuft über die Insel an der höchsten Erhebung, dem *Klis* mit 117 m, vorbei. Am 31. Juli feiert man hier das *zverišku feštu* – das Inselfest.
Die Zverinacer sind tüchtige Bauern, die sich mit dem Anbau von Oliven, Wein und Feigen beschäftigten. Viele der Felder liegen jedoch wegen der vielen Auswanderer brach. Noch immer berühmt sind der Käse und der Wein aus Zverinac.
1421 taucht der Name der Insel erstmals in Dokumenten auf. Im 16. Jh. gehörte sie adligen Familien aus Zadar. Bis 1746 existierte der Palast der Familie Fanfogna. Auch auf Zverinac fand man Spuren römischer Besiedlung.

Verbindungen Katamaran Zadar–Rivanj–Sestrunj–Zverinac–Božava: 1x tägl.; Trajekt Zadar–Sestrunj–Zverinac und weiter Molat–Ist: siehe Molat.

Inseln Sestrunj und Rivanj

Nur noch 150 Menschen leben auf **Sestrunj** und im gleichnamigen Ort, der hoch oben auf den Fels gebaut ist. 14 km² ist die mit Buschwerk dicht bewachsene Insel groß, höchste Erhebung ist der Berg *Obručar* mit 186 m. Pfade führen zu Buchten und durch die Bergwelt. An der Südostseite die kleinen Anlegestellen *Kablin* und *Dumbočica*. Touristisch ist Sestrunj so wenig erschlossen wie Zverinac. Nach Zimmern muss man sich durchfragen.
Die Bewohner leben von Fischfang, vom Olivenanbau und Wein. Sie orientieren sich an Božava (Dugi Otok). Im 10. Jh. erwähnte ein byzantinischer Schreiber die Insel als *Estiun,* auf deren Hügel Gračinica bereits die Illyrer lebten.
Im Osten die wesentlich kleinere und flache Insel **Rivanj** mit ein paar vorgelagerten Eilanden. Nur 60 Menschen leben noch auf Rivanj – die einzige Verbindung zur Außenwelt ist die Fähre.

Verbindungen Wie Insel Zverinac (s. o.).

Verlagsprogramm

Ägypten
- Ägypten
- Sinai & Rotes Meer

- **Baltische Länder**

Belgien
- *MM-City* Brüssel

- **Bulgarien** – Schwarzmeerküste
- **Dominikanische Republik**

Deutschland
- Allgäu
- Altmühltal & Fränk. Seenland
- Berlin & Umgebung
- *MM-City* Berlin
- Bodensee
- Franken
- Fränkische Schweiz
- Mainfranken
- Nürnberg, Fürth, Erlangen
- Oberbayerische Seen
- Ostseeküste – von Lübeck bis Kiel
- Ostseeküste – Mecklenburg-Vorpommern
- Rügen, Stralsund, Hiddensee
- Schwäbische Alb
- Usedom

- **Ecuador**

Frankreich
- Bretagne
- Côte d'Azur
- Elsass
- Haute-Provence
- Korsika
- Languedoc-Roussillon
- *MM-City* Paris
- Provence & Côte d'Azur
- Südfrankreich
- Südwestfrankreich

Griechenland
- Athen & Attika
- Chalkidiki
- Griechenland gesamt
- Griechische Inseln
- Karpathos
- Kefalonia & Ithaka
- Korfu
- Kos
- Kreta
- Kykladen
- Lesbos
- Naxos
- Nord- u. Mittelgriechenland
- Peloponnes
- Rhodos
- Samos
- Santorini
- Skiathos, Skopelos, Alonnisos, Skyros – Nördl. Sporaden
- Thassos, Samothraki
- Zakynthos

Großbritannien
- Cornwall & Devon
- England
- *MM-City* London
- Südengland
- Schottland

- **Irland**
- **Island**

Italien
- Abruzzen
- Apulien
- Chianti – Florenz, Siena
- Dolomiten – Südtirol Ost
- Elba
- Friaul-Julisch Venetien
- Gardasee
- Golf von Neapel
- Italien
- Italienische Riviera & Cinque Terre
- Kalabrien & Basilikata
- Liparische Inseln
- Marken
- Mittelitalien
- Oberitalien
- Oberitalienische Seen
- Piemont & Aostatal
- *MM-City* Rom
- Rom & Latium
- Sardinien
- Sizilien
- Südtirol
- Südtoscana
- Toscana
- Umbrien
- *MM-City* Venedig
- Venetien

Kroatien
- Istrien
- Kroatische Inseln & Küste
- Mittel- und Süddalmatien
- Nordkroatien – Kvarner Bucht

- **Malta**, Gozo, Comino
- **Niederlande**
- *MM-City* Amsterdam
- Niederlande

Norwegen
- Norwegen
- Südnorwegen

Österreich
- *MM-City* Wien
- Wachau, Wald- u. Weinviertel
- Salzburg & Salzkammergut

Polen
- Polen
- Polnische Ostseeküste

Portugal
- Algarve
- Azoren
- *MM-City* Lissabon
- Lissabon & Umgebung
- Madeira
- Nordportugal
- Portugal – gesamt

Schweden
- Südschweden

Schweiz
- Genferseeregion
- Graubünden
- Tessin

Serbien und Montenegro
- Montenegro

- **Slowenien**

Spanien
- Andalusien
- *MM-City* Barcelona
- Costa Brava
- Costa de la Luz
- Gomera
- Gran Canaria
- *MM-Touring* Gran Canaria
- Ibiza
- Katalonien
- Lanzarote
- La Palma
- *MM-Touring* La Palma
- Madrid & Umgebung
- Mallorca
- Nordspanien
- Spanien – gesamt
- Teneriffa
- *MM-Touring* Teneriffa

Tschechien
- *MM-City* Prag
- Südböhmen
- Tschechien – gesamt
- Westböhmen & Bäderdreieck

- **Tunesien**
- **Türkei**
- *MM-City* Istanbul
- Türkei – gesamt
- Türkei – Lykische Küste
- Türkei – Mittelmeerküste
- Türkei – Westküste
- Türkische Riviera – Kappadokien
- **Ungarn**
- **Zypern**

Aktuelle Informationen zu allen Reiseführern finden Sie im Internet unter www.michael-mueller-verlag.de

Michael Müller Verlag GmbH, Gerberei 19, 91054 Erlangen, Tel. 0 91 31 / 81 28 08-0; Fax 0 91 31 / 20 75 41; E-Mail: mmv@michael-mueller-verlag.de

Register

A

Adriatic Dolphin Project Blue World 104
Alan, Berghaus 187
Alexander, König 23
Anića kuk, Berg 215
Apotheken 52
Appartements 40
Arbe (Rab) 150
Artatore 98
Ärztliche Versorgung 52
Augustus, Kaiser 98
Auslandsschutzbrief 28
Auslandsversicherung, private 52
Autofähren (Trajekts) 35
Autokarten 55
Autoreisezug 31

B

Baden 48
Bahn 30, 36
Bakar 126
Bakarac 126
Balkanpakt 25
Bandiera, Berg 228
Banjol 164
Barbat 164
Bärenrefugium Kuterevo 187
Baška 145
Baška, Tafel von 145
Baške Oštarije 210
Batomalji 145
Belej 89
Beli 80
Bernsteinstraße 91
Bier 47
Bife (Büffet) 43
Bora (Wind) 15
Borov vrh, Waldreservat 187
Brestova 59, 77
Bribir 172
Broz, Josip (Tito) 24
Brseč 59, 76
Bruglje 251
Budriić,Mande 163
Bus 31, 36

C

Camping 41
Canyoning 48
Ćićarija-Gebirgskette 72
Cissa (Pag) 192, 194
Čižići 144
Cres 82
Cres, Insel 77
Crikvenica 168
Crni Lug 125
Čunski 97
Curicum (Krk) 128

D

Dabarski kukovi, Berg 210
Dalmatinac, Juraj 202
Degen, Arpad 186
Deklaration von Korfu 23
Diadora (Zadar) 230
Diklo 220
Dinjiška 208
Diplomatische Vertretungen 53
Dobreć 71
Dobrinj 143
Draga Bašćanska 145
Dražica 198
Drivenik 172
Dudići 198
Dundowald, Wald 162

E

Eco-centar Caput Insulae 81
Eduard VIII., König 161, 250
Erster Weltkrieg 23
Essen und Trinken 42

F

Fähren in Kroatien 34
Fahrradfahren 37, 48
Fährverbindungen, Italien/Kroatien 29
Fauna 18
Feiertage 56
Feste 53
Finanzen 53
Fischfang 49
Flora 16
Flugzeug 32, 37
Fortis, Abbé 190
Frankopan, Fürst 128, 134, 135
Frankopan, Ivan 134
frankopanische Städte 129
Franz Ferdinand, Erzherzog 23
Freeclimbing 49
Fremdenverkehrsbüros 54
Friedensvertrag von Dayton 26
Fulvinium 130

G

Gänsegeier 19
Geschichte 21
Getränke 47
Glagoliza 129
Glavotok 134
Goli, Insel 148
Gostiona (Gaststätte) 43
Grižane 172

H

Hajdučki kukovi, Reservat 187
Hajdučki und Rožanski kukovi, Totalreservate 184
Haračić, Ambroz 103
Hefner, Hugh 134
Heilbäder und Kurorte 13
Heimtierausweis 56
Hotels 40

I

Ičići 68
Ika 68
Illyrer 21
Ilovik, Insel 108
Informationen 54
Informationen für Kraftfahrer in Kroatien 34
Ist, Insel 247

J

Jablanac 188
Jadera (Zadar) 230
Jakišnica 198
Jugendherbergen 40
Jugo (Wind) 15
Jurandvor 145
Jurjevo 184

K

Kaffee 47
Kamenjak, Berg 162
Kampor 162
Kanu- und Kajakfahren 49
Karl der Große 21, 150
Karl Stephan von Habsburg, Erzherzog 105
Karlobag 209
Karten 55
Kavana (Café) 43
Klima 14
Klović, Juraj Julije 172
Kolan 200
Koloman, König 22, 151
Konoba (Lokal) 43
Košljun, Klosterinsel 139, 206
Kožičić, Šimun 124
Kraljevica 126
Kranječević, Silvije Strahimir 178
Krasno Polje 187
Krešimir IV., König 192
Krinić, Bildhauer 91
Krk 135
Krk, Insel 127
Kroaten 21
Kupa, Fluss 125
Kuril, Halbinsel 97
Kustići 199
Kuterevo 184, 186, 187
Kvarner Bucht 58

L

Ladislaus, König 22, 193
Ledenice 175
Levant (Wind) 15
Liski, Bucht 98
Literatur 55
Ljubač 220
Lokale 43
Lopar 151
Lošinj, Insel 93
Lovran 68
Lozice 228
Loznati 85
Lubenice 87
Lučica, Bucht 97
Ludwig der Große, König 193
Lukina jama 187
Lukovo 188
Lukovo Šugarje 187
Lun 199
Lun, Halbinsel 197

M

Madonna von Zečevo 225
Maestral (Wind) 16
Mali Lošinj 98
Mali Orjule, Insel 103
Malinska 132
Mandre 201
Manita peć, Höhle 216
Marinus, Heiliger 152
Martinšćica 88
Maun, Insel 191
Medveja 74
Merag, Fährhafen 82
Mertorides, Geograf 150
Mesič, Stipe 26
Metajna 199
Method 178
Metrović, Bildhauer 91
Mietwagen 38
Mihičić, Andro Vid 81
Miškovići 208
Mišnjak 166
Mošćenice 76
Mošćenička Draga 74
Molat 250
Molat, Insel 249
Mundanije 162

N

Nachrichten 55
Napuljski, Ladislav 230
Nerezine 94
Newera (Wind) 16
Niklić, Fahrudin 250
Nin 221, 226
Ninski, Grgur 221
Njivice 131
Nord-Velebit, Nationalpark 184
Notruf 57
Novalja 192, 194
Novi Vinodolski 173
Novigrad 218
Nozdre, Bucht 246

O

Obzova, Berg 127
Öffnungszeiten 56
Olib, Insel 241
Oltari 186
Omišalji 129
Omišalji-See 127
Opatija 60
Osor 90
Oštarije 187
Oštarijska vrata, Pass 184

P

Pag 202
Pag, Insel 190
Pager Bucht 199
Pager Käse 205
Pager Salinen 192
Pager Spitzen 192
Paklenica, Nationalpark 214
Palme, Giacomo 146
Papiere 56
Paragliden 49
Pavelić, Ante 24
Pernastica, Bucht 246
Petrčane 220
Petrić, Franjo 84
Platak 125
Plitvicer Seen, Nationalpark 179
Pogana 90
Porat 134
Porozina 80
Posedarje 217
Post 56
Potočnica 198
Povljana 207
Premuda, Insel 246
Premužić-Pfad 187, 189
Princip, Gavrilo 23
Privatunterkünfte 40
Privlaka 226
Prvić, Insel 148
Pudarica 166
Punat 139
Punta Skala 220

R

Rab 155
Rab, Insel 149
Ravni kotari, Halbinsel 217
Ražanac 219
Razologe 125
Reiseschecks 54
Reisezeit 14
Reiten 49
Restaurant 43
Reticella-Spitzen 203
Riblji restoran (Fischrestaurant) 43
Rijeka 115
Risnjak, Nationalpark 124

Rivanj, Insel 252
Riviera von Opatija 59
Rosadrić, Bildhauer 91
Rossijeva koliba, Felsen 187
Rožanski kukovi, Reservat 184, 187
Rudine 144

S

Salzgärten (Pag) 205
Samoposlužni restaurant (Selbstbedienungs-restaurant) 43
Schnorcheln 49
Schrift, glagolitische 128
Seekarten 55
Selce 171
Seline 216
Senj 175
Sepno, Bucht 130
Sestrunj, Insel 252
Silba, Insel 243
Šilo 144
Šimuni 202
Sinoge, Meister 130
Sisol, Berg 77
Skrda, Insel 191
Slastičarna (Eisdiele) 43
Smokvica (Pag) 208
Snacks 43
Snježnik, Berg 124
Soline 144
Sparcard 54
Spirituosen 47
Sport 48
Sportschiffahrt 50
Stara Novalja 193
Stari Grad 206
Starigrad 188
Starigrad-Paklenica 212
Štirovača, Waldvegetationsreservat 187
Strom 56
Suha Punta 163
Süleyman der Prächtige, Sultan 22
Supetarska Draga 154
Surfen 50
Susak, Insel 113
Sv. Ante, Bucht 246
Sv. Damijan 166
Sv. Grgur, Insel 148
Sv. Juraj 184
Sv. Petar, Insel 109
Sveta Eufemija, Kloster 163
Sveti Jakov 97
Sveti Vid, Berg 191
Sveto brdo, Berg 184
Svetojanj 192

T

Tauchen 50
Taxi 38
Telefon 56
Televrin, Berg 96
Tennis 51
Testen, Ambroz 163
Thunfischwächter 125
Tito (Josip Broz) 24
Tomislav, König 21, 150
Torovi 228
Tovarnele 199
Tramontana (Wind) 15
Tramuntana 80
Tribanj 211
Tudjman, Franjo 26

U

Učka, Bergzug/Naturpark 72
Unije, Insel 111
Unterwegs mit dem eigenen Fahrzeug 33
Uskoken 176
Ustaša 24
Ustrine 89

V

Valbiska 135
Valle d'Augusto, Bucht 98
Valun 86
Valun, Tafel von 87
Vela Draga, Naturdenkmal 72
Vele Orjule, Insel 103
Velebit, botanischer Park 186, 187
Velebit, Gebirge/Naturpark 184
Veli Lošinj 104
Veliki Alan, Berg 189
Veliki Risnjak, Berg 124
Velo Blato, See 191, 208
Veprinac 74
Veranstaltungen 53
Vertrag von Rapallo 230
Vidocići 88
Vinjerac 219
Vinoteka (Weinlokal) 43
Vir 227
Vir, Insel 226
Visibaba, Reservat 187
Vivarini 159, 163
Vlašići 208
Vorspeisen 43
Vorwahlnummern 56
Vraner-See 88
Vrbničanin, Dinko Vitezić 142
Vrbnik 141
Vrh 135
Vučjak, Berg 184, 187

W

Währung 53
Wakeboarden 50, 140
Wandern 51
Wasserski 51
Wein 47
Wellness 13
Wetterprognosen 55

Z

Zadar 229
Zaglava, Halbinsel 199
Zagore 59, 76
Zajc, Ivan von 122
Zapuntel 252
Zavižan, Berg 184
Zavižan-Balinovac, Reservat 186
Zavratnica, Bucht 189
Žigljen 193
Žlahtina, Wein 143
Zoll 57
Zrmanja, Fluss 236
Zubovići 199
Žverinac, Insel 252
Zvonimir, König 22
Zweiter Weltkrieg 24